シリーズ 大学と宗教Ⅱ

戦時日本の大学と宗教

江島尚俊・三浦周・松野智章❖編
大正大学綜合佛教研究所「大学と宗教」研究会

大正大学綜合佛教研究所叢書 第31巻

法藏館

はじめに

本書では、「大学と宗教」という共通テーマを掲げた上で、主にアジア太平洋戦争期（以下、戦時下）における〝宗教の研究〟および〝宗教者の教育〟について実態解明を行っていく。なお、本書での戦時下とは、満州事変から昭和二〇（一九四五）年の敗戦までを想定している。とはいうものの、戦争のための社会体制は突如として始まったのではなく、それ以前の時代を再編しながら整備されていった。ゆえに、本書は戦時下を主たる対象時期としてはいるが、必要に応じてそれ以前の時期についても論及している。

前作『シリーズ大学と宗教Ⅰ　近代日本の大学と宗教』では、日本が暗中模索をしながらも近代化を歩んでいく過程に焦点を当て、大学（もしくは専門学校）という高等教育の制度と機関のなかで、宗教がどのように位置づけられ、教育・研究され、宗教者が養成されたのかについて実証的に明らかにしていった。無論、そこで扱えた事例は現実のごく一部に過ぎない。「大学と宗教」という研究領域がほんの数年前に考案されたに過ぎない以上、より多くの事例を積み重ねていくことが最も肝要であることは我々も自覚している。しかしながら、「近代日本」を語るのであれば、その行く末である戦時下を避けて通るわけにはいかなかった。

日本が近代化を歩んだ先に国家間の戦争があったこと、その最大の戦争がアジア太平洋戦争であったことは周知の事実である。昭和六年満州事変から同一二年日華事変を経て、近代国家日本は急速に総力戦体制を整えていく。

その過程で、近世期から継承されてきたもの、明治期に新しく導入・形成されたもの、その他あらゆるものを十把一絡げに再編していったのが戦時下であった。そこでは、大学も宗教も例外ではなかった。両者に関する制度や組織の再編のみならず、両者の存在意義や理念、社会的役割までもが再構築・再解釈されていったのである。そこでの作業を通じて、大学と宗教は総力戦体制のなかに強制的に組み込まれて、または自主的に参加していった。明治期に、曲がりなりにも近代的な領域として形成された大学および宗教は、戦時下において如何なる現実を迎えることとなったのか。当時の教育制度や大学論、各大学（専門学校を含む）における組織体制、宗教関連の学問・科目、さらには学内での実践活動等に焦点を当てながら戦時下における実態に迫っていきたいと考えている。

本書は、上記のような関心を共有しつつも、原則として、著者ごとの問題設定に基づき各章が執筆されている。以下では、それぞれの概略と意義について紹介しておきたい。

第一章（江島論文）は、教育・学問・宗教が戦時下において融合していった背景を日本の近代化に見出し、それらの融合は総力戦体制化の進展において必然であったと論じている。近代国家日本が形成される過程において、そもそも教育・学問・宗教は各々独立した領域として形作られていった。しかし、なぜ戦時下においてそれらが融合するに至ったのか。この疑問を基点に、江島はまず総力戦体制研究における動員概念に着目する。当該研究分野における動員概念の整理を行った上で、日本の近代化が機能主義社会を形成したこと、機能性が追求されていった結果、教育・学問・宗教が「天皇」を基準としながら〝読み替え〟られた上で融合せざるを得なかったことを論じている。

第二章（松野論文）は、戦時下の天皇論が宗教性を具備しながら大学という近代的空間を覆っていったのはなぜか、という疑問から出発する。この疑問を解決するための具体的方法として、松野は「日本主義」に焦点を当てていく。その結果、時代が下ると天皇に関する言説（天皇論）が変化し、最終的には、新しい天皇論が発生したことが指摘されている。そこでの天皇論とは、日本国民が切り拓くべき新しい「世界」や「歴史」を展望せしめる概念枠を兼ね備えた言説であったと言う。それを踏まえた上で、筆者は日本の〝近代〟を捉えようとする。それ以前の時代には決して人口に膾炙することはなかった拡大解釈された天皇論、その天皇論の出現は決して日本国内のみで語り得る現象ではなく、「世界史」的近代化のなかで理解すべき現象であるという、マクロな視点が提示されている。

第三章（ナカイ論文）は、上智大学というカトリック系の高等教育機関に焦点を当て、そこでの教育および研究の方針が、戦時下における「日本精神」とどのように対峙したのかを大学の内部資料を用いて論述している。そもそも日本におけるキリスト教学校研究では、その多くがプロテスタント系を対象にしてきた。上智大学を取り上げている時点で、ナカイは研究の不在を突いている。無論、本章の意義はそれだけに留まらない。もともとプロテスタント系諸学校とは異なる社会状況と理念において設立された上智大学が、戦時下における種々の圧力のなかで自らの教育方針と「日本精神」を如何にして両立させていこうとしたのか。同じキリスト教でもプロテスタント系とは別種の苦悩と苦難が明らかにされている。

第四章（安中論文）は、明治期から昭和前期に至る日蓮宗と高等教育機関の関係、および僧侶養成制度の変遷について、日蓮宗大学（後の立正大学）を舞台に論じている。他の伝統仏教教団と同じく、日蓮宗でも明治以降は、近代学校制度の枠組内で僧侶養成制度が整備されていった。しかしながら、そこでの養成内容に対し知識偏重といった批判が生まれると、体験および身体的実践を重視する信行道場という新しい養成課程が創設されるに至った

（昭和一三年）。興味深いのが、この道場が当時の立正大学配属将校によって「日本精神」「軍隊教育」に一致しているという評価を得ていた事実である。戦時下における同大学の資料が極めて少ないなかで書かれた貴重な論稿と言えよう。

第五章（藤本論文）は、戦前期の國學院大學、神宮皇學館大學に焦点を当てて、神職養成科目での教育内容を明らかにするとともに、そもそも大学での神職資格の付与とは何を意味しているのかについて、前近代からの事例を踏まえつつ再検討している。戦前の神職養成を考えるには、それを所轄していた内務省はもちろんのこと、内務省より神職資格付与を委託されていた皇典講究所、さらには同所が全国各地に開設していた分所も視野に入れる必要があるという藤本の指摘は、極めて重要であるとともに、これまで体系的には論じられてこなかった点である。複数の養成課程が並立していた戦前の状況を丁寧に論述しており、実証研究を重んじる筆者ならではの内容となっている。

第六章（大江論文）は、立教大学と聖公会神学院の間でかつて存在していた二重学籍制度という新事実に焦点を当てている。旧学制下における大学制度上では宗教者養成は認められていなかったが、両者の密接な連携関係が二重学籍という特殊な状況を生み出していた。しかし、戦時体制化の進展とともに日本聖公会内部において合同派・非合同派の対立が生じた結果、立教大学との連携関係は消失し、聖公会神学院は法制度上廃校を余儀なくされていく。大学制度上での教育と宗教者養成が例外的に成立していたという、戦前の日本で唯一の事例について詳述している。

第七章（奈須論文）は、キリスト教系四大学（同志社、立教、上智、関西学院）における戦時下のカリキュラム変容に関し、高等学校高等科教員無試験検定指定という新しい切り口から論じている。戦時体制化の進展とともに大学への国家介入は激しさを増していくが、文部省は教員無試験検定指定の審査基準を変更していくことで、同省が望む科目と人員を各大学のなかに強要していく仕組みを作り上げていった。建学の理念や入学者確保をめぐる葛藤を抱えながら、上記四大学が直面した困難とカリキュラム変容の実態およびその背景を、国立公文書館での資料発掘と丁寧な読み込みを通じて明らかにしている。

第八章（三浦論文）は、明治以降に近代的な解釈に基づいて生成された〝仏教〟が、戦時下においてどのように発信されていったのかを、大正大学、およびそこでの学問（仏教学）に着目しながら明らかにしている。総力戦体制進展のなかで、宗門系大学としての方針、仏教学の貢献が如何に語られていたのか、大学の内部資料を用いて丁寧に論証している。なお、同大学における戦時下ならではの動向として、皇道仏教研究所や東亜学科の新設が挙げられる。これまでこの両者は事実のみが知られるだけで、その内実は全くの不明であった。両者について新資料に基づき論及している点も、本章の意義ある点と言える。

第九章（寺山論文）は、これまで誰も着目してこなかった、戦時下の大学における慰霊の実態と変容について論じている。寺山によると、大学における慰霊・追悼は決して戦時下のみのものではなかった。少なくとも大正大学においては、学徒動員以前においても死別した教員・同僚に対して追悼儀礼が行われていた。重要なのは、その儀礼が僧侶養成を念頭に置いた大学独自の訓育として位置づけられていたことである。この位置づけが大きく変化していく契機となったのが、国民精神総動員運動と報国団結成であった。戦時体制化の進展とともに、大学内における慰霊・追悼の意味が変化していったという事実を筆者は明らかにしている。戦時下においてすべての大学は体制内化を余儀なくされるが、その過程を慰霊・追悼という新たな視点から論じているのが本章の特徴と言えよう。

第十章（齋藤論文）は、研究機関であり宗教者養成機関でもあったキリスト教系専門学校が、戦時下における統合を経た上でなぜ創設され、何のために存在したのかという疑問から出発する。一九三〇年代から四〇年代にかけて、日本でも総力戦体制化が劇的に進んでいった。そのようななか、プロテスタント系教会の再編統合と同時に、神学校の再編統合も行われる。その結果、日本基督教団は日本唯一の公的なプロテスタント教会となり、そこが管轄する神学校はその新教団の目的を叶えるための学校として設置されることとなった。それは一方で「受難」であり、また一方で、日本社会独自の、日本社会のために存在する神学校の誕生でもあったことが指摘されている。

以上述べてきたように、本書では「大学と宗教」を共通テーマとしつつも、各々の視点や方法に基づき、様々な対象が取り上げられている。編者としては、この共通テーマを考える上で、前半部分に抽象度が高い論稿を、後半部分に具象度が高い内容を配置したつもりではあるが、前作と同様、今回も統一見解を提示していない。とはいえ、各章が国家行政との関わりのなかで論じられている点は共通している。教育行政、学校行政、神社行政、宗教行政、治安行政など、総力戦体制とは国家による行政権能が極大に発揮される体制であった。本書で取り扱った戦時下とは、まさに総力戦体制化が進展する時期である。如何にして国家と対峙するのか、近代国家の住民である以上それは避けては通れない命題であり宿命ともいえるが、その対峙を強制的に迫るのがこの戦時下だったのである。

先に述べたように、前作第一巻で対象としたのは「近代日本」である。その「近代日本」が歩んでいった先にアジア太平洋戦争があった。前作と本書の歴史的関係性を意識しながら、各章を繙いていただけると幸いである。なお本書は、日本学術振興会科学研究費補助金基盤研究（C）「戦時下・宗教系大学における宗教研究と宗教者養成に関する実証的研究」（研究課題／領域番号二六三七〇〇六七、平成二六～二八年度、研究代表・星野英紀）における成果として刊行されたことを付記しておく。

編者代表　江島尚俊

戦時日本の大学と宗教＊目次

戦時日本の大学と宗教

第一章　総力戦体制下における教育・学問・宗教

江島尚俊

第一節　はじめに

教育・学問・宗教が、各々独自の領域として認識され、かつ、制度化されていったのは近代という時代の特徴であった。しかし、それが大きく変化するのが総力戦の時代であり、日本においてはアジア太平洋戦争期であった。それは一体何故なのだろうか。これに答えるべく本章においては、総力戦体制研究における動員概念を援用しながら、教育・学問・宗教が「天皇」を基準に〝読み替え〟られていったことを論じていきたいと考えている。

そもそも教育・学問・宗教にとって戦時下とは如何なる時代だったのか。これについては数多の蓄積があるが、明治期との比較を通して戦時下の特質を指摘した鶴見俊輔には今もって耳を傾ける価値がある。そこで最初にそれを確認しておきたい。

鶴見によると、日本の国民国家形成過程において、明治新政府の為政者たちは二つの教育を準備した[1]。一つは、初等教育・軍隊教育（教育）であり、もう一つは高等教育（学問）であった。開かれた空間である前者は、大多数の国民を対象として「日本国家の神話に軸を置く世界観」を基に教育を提供していた。一方、閉じられた空間である後者では、一部の学歴エリートを対象に「ヨーロッパを模範とする教育方針」を採用していた。近代的な国民国家の形成を喫緊の課題と掲げる当時の為政者たちは、前者によって一般国民層の形成を、後者によって指導者層の養成を企図し、この両者を明確に区分した上で近代日本の教育体系を設計した、と鶴見は分析している。なお彼は、歴史学者黒田俊雄が提唱した顕密体制論を援用して、前者を「顕教」、後者を「密教」になぞらえる。鶴見によると、当時の日本国内では、表向きとして、万世一系の天皇によって統治されているという理念（＝「顕教」）が大多数の国民に共有されていた。しかし一方で、近代高等教育を受けた一部の統治エリートらは国家が合理主義的に運用されていることを周知していた。ただし、それは隠された理念（＝「密教」）であった。しかし、満州事変を境に両者の関係は崩壊し、徐々に「顕教」が「密教」を凌駕するようになっていく、と鶴見は言うのである。その具体例として簑田胸喜による天皇機関説排撃を挙げており、美濃部達吉の退陣は、まさに「顕教」が「密教」を凌駕した代表例として位置づけられている。

教育史学を専門とする寺﨑昌男も戦後の早い段階で教育と学問の分離を指摘していたが[2]、鶴見による上記の解釈を基にしながら、戦時下の大学をめぐる状況変化を「教育と学問の一元化」と表現している。寺﨑によると、「顕教」を担っていた初等中等教育（教育）と「密教」を担っていた高等教育（学問）は明治以来二重構造をなしていたが、昭和一〇年代に入ると国体原理のもと両者の一元化が試みられた、というのである[3]。確かに、「密教」（学問）の制度や内容が戦時下において変化し、人文社会学全域に大きな変質をもたらしていったことは、『総力戦体制と教育科学』（一九九七）、『戦時下の経済学者』（二〇一〇）、『戦時下学問の統制と動員』（二〇一一）などが明らかにしている通りである。

さて、ここで宗教との関わりについて述べておきたい。戦時下における「教育と学問の一元化」現象と類似したことが、実は宗教との関係にも起きていたというのが筆者の主張であり、それは近代社会の必然であったという主張こそが本章で検討していきたい内容となる。

制度的に遡ってみるに明治期においてすでに、「教育と宗教」、「学問と宗教」は一応の分離が完成していた。まず「教育と宗教」について触れておこう。筆者の調査によると、明治二〇年代中頃までは学校内での宗教教育を法的に認可しようという形跡がみられた[4]。しかし、最終的には明治三二（一八九九）年文部省訓令第一二号に落ち着く。久木幸男や谷川穣が指摘しているように訓令の解釈と運用をめぐっては種々の議論と多様な実態があったが[5]、制度上では、「教育と宗教」の分離はその時点で完成し、宗教と「顕教」の関わりは否定されたのであった。一方、「学問と宗教」の分離についてはより早期に制度化されていた。たとえば、明治初期には大学が学術専門機関であり国民教化機関ではないことが明確化されるが[6]、これは宗教教団や宗教者が国民教化という名目では大学に関与できなくなったことを意味した。また、明治六年公布の学制二篇追加においては、「外国語教師ニテ高尚ナル学校」（＝当時でいう専門学校）で実学以外の「神教修身等ノ学科[7]」の設置を禁止する一文がわざわざ盛り込まれてもいた[8]。いわゆる御雇外国人が、「神教」（神学）や「修身」（後の道義学や倫理学）を講じることを排除していたのである。この措置がキリスト教への警戒心に基づくものであったことは言うまでもない。官立大学内に設置された唯一のキリスト教関連講座（京都帝国大学・基督教学講座）でも、信仰探求のための学科組織ではないことが前提とされた[9]。加えて言うならば、この分離はキリスト教だけに止まるものではなかった。東京大学初の仏教関連科目「仏書講読」は、対西洋を意識した東洋的ナショナリズムの発揚過程において科目化され特定の宗派に依拠しない通仏教的な講義内容であったし、[10]同大学の古典講習科では平田派にみられるような幽冥論などの宗教的な要素は抑えられていた。[11]つまり、「密教」の場では宗教的な価値や態度を排除することが前提とされていたのである。

このように「教育と宗教」、「学問と宗教」は、明治期にはすでに制度的分離を成し遂げていたのである。このことは、教育と学問には宗教（勢力）の関与を許さず、国家が独占掌握する近代的領域として教育・学問を確立せしめていったことを意味していた。しかし、教育と学問の関係が揺らぐ敗戦前の昭和期（以後、昭和前期）になると、その両者と宗教の関係もまた揺らいでいく。「教育と宗教」の関係で言えば、昭和一〇（一九三五）年に出された文部次官通牒「学校に於ける宗教的情操の涵養に関する件」は、教育現場における教育勅語徹底を目的とした宗教の新しい動員施策であったことが指摘されている。[12]「学問と宗教」については、植民地獲得に伴う国策主導の南方仏教研究の進展、[13]回教研究の創始、[14]日本宗教学の動員、[15]さらには、東京大学の宗教学科創設構想などが挙げられる。明治期に制度化されたはずの分離を超えるような様々な変化が生じたのが、昭和前期であった。この変化は、単なる異常事態として、逸脱した特殊事例としてのみ捉えるべきなのであろうか。筆者はその立場をとらない。これらの現象を、総力戦体制構築過程における必然的な現象として位置づけたいと考えている。そのように考える方法論的根拠は、総力戦体制研究における知見（動員と資源化）にあるため、まず次節ではそれを押さえておきたい。

第二節　総力戦体制研究の概観

「顕教」による凌駕、「教育と学問の一元化」、「教育と宗教」並びに「学問と宗教」の関係変化。これらが総力戦体制構築過程において生じた現象であった点を考慮すると、詰まるところ、総力戦体制とは何なのかを問わざるを得ない。そこで本節では、日本ファシズム研究から総力戦体制研究が生じてくる背景と要因、当該研究の学問的意義について確認しておくこととする。

第一項　日本ファシズム研究から総力戦体制研究へ

一九八〇年代に勃興してくる総力戦体制研究の母体は日本ファシズム研究であったが、更に遡るとそのルーツには丸山眞男がいる。彼による「上からのファシズム」論[16]は、学界のみならず、一般社会における「戦時認識」(＝昭和二〇〈一九四五〉年八月もしくは九月以降の戦後において戦時を振り返るときの眼差し)へも多大な影響を与えた。「上からのファシズム」論では、国家指導者らによる権威主義的施策、天皇制の徹底、「千年王国」の語りなどを通して、指導者たちが如何にしてファシズム体制を構築していったのかという視座が基盤となっていた。日本のファシズム体制を批判的に捉える論者として、「全体主義論」を主張した藤田省三[17]は非常に有名であるが、本章の関連分野において言えば、教育史では久保義三[18]、宗教史では村上重良[19]なども挙げることができる。彼らは、日本ファシズム研究の一翼を担った研究者たちであった。

そもそも、日本ファシズム研究ではその大勢が戦時批判を目的とした規範的な研究と言え、担い手たちの多くが昭和前期を〝異常の歴史〟として捉えた点に特徴があった。たとえば、先の久保は「日本ファシズムという一つの権力構造のなかで、またその形成過程を通じて、日本の教育課程の特殊な発展形態をあきらかにしようとした[20]」と自身の研究目的を語り、また、「歴史的発展の諸段階においては……特定の要因が帝国主義やファシズム運動に癒着し、それらがナショナリズムにおけるマイナスの極限概念として、ファシズムへと昇華する過程がみられる[21]」というように、「ファシズム」をネガティブに捉えている。久保にとって、「ファシズムへと昇華する過程」とは、まさに〝異常の歴史〟であった。同じく村上重良においても、「満州事変の勃発を境に、国内の思想言論の統制は加速度的に強化され、国家神道はファシズム的国教へと最後の展開をとげることになった[22]」というように、昭和前期がネガティブな時期として捉えられている。特に村上は国家神道を、超宗教として君臨し国家祭祀を担うとともに、極めて抑圧的な思想を持ちそれを実践した制度であった、と強く批判したことで知られている。

ただし実際のところ、日本ファシズム研究は実に多様であった点は付記しておきたい。たとえば、藤原彰[23]や木坂順一郎[24]らは、「上からのファシズム」が与えた社会的・物質的・精神的影響に着眼しており、単なるネガティブな評価のみならず、ファシズムが持つ近代化推進機能に着眼した成果を報告している。赤澤史朗は、戦時下における思想動員に着眼し、総力戦体制構築過程において行われた倫理面・宗教面の政治的動員を国家による制度構築過程から論じている[25]。その他にも、国際比較を通して日本ファシズムの特異性を強調する成果があれば、そもそも日本ファシズムは不成立だったとする主張も行われた。これら全てを含むのが日本ファシズム研究であり、実に多くの論者が様々な動機のもと参加していたのであった。

さて、このような動向を母体としながら総力戦体制研究は生まれてくることとなる。先に、母体との違いを挙げるならば、それは着眼点と「戦時認識」の違いであった。日本ファシズム研究では、ファシズムを主導・扇動した（とされる）人物や団体の思想や運動の内容、さらにはそれを受け止める民衆の心情に着眼することが多かったが、総力戦体制研究では、体制構築過程における国家形態や社会制度・社会構造の変化に着眼した。「戦時認識」について言えば、前者では昭和前期を〝異常の歴史〟と強調する傾向が強かったが、後者では当該時期を合理性の枠組みで把握しようと試み、かつ、戦時と戦後の連続性についても論証しようとする点で母体とは大きな違いがあった。

第二項　纐纈厚による総力戦体制研究

日本において本格的に総力戦体制研究に着手したと言えるのが、政治史学者・軍事史学者の纐纈厚である。彼は、総力戦体制構築のルーツを求めて、日本ファシズム研究が主対象としていた昭和前期ではなく第一次世界大戦期に注目した。その時期を総力戦体制化の始点であると定め、そこから時代を下っていき昭和前期の叙述を試みたのである。一般的には大正デモクラシーとして肯定的な評価を与えられていたその時期に、すでに総力戦体制化が着手されていたという事実は、日本ファシズム研究に衝撃を与えた。纐纈は、ファシズムなるものが如何にして形成されたのか、という構築主義的研究手法を採用し、その成果は、『総力戦体制研究―日本陸軍の国家総動員構想―』（一九八一）として上梓された。そこでは、欧州の第一次世界大戦に衝撃を受けた陸軍将校が高度国防国家建設を将来構想と掲げながら、近代的な国家体制の完遂に向け、すでに大正中期頃から計画立案に取り組んでいたことが詳細な軍事資料を用いて実証されている[26]。それとともに、総力戦を可能ならしめる資源の効率的な動員体制が、合理的な思考に基づき計画的に準備されていたことも明らかにされた。日本ファシズム研究から出発し、総力戦体制研究へと視座を移した纐纈の存在は、本人が自負している通り[27]、確かに日本における総力戦体制研究の先駆けであった。ただし、纐纈の意義はそれだけに留まらなかった。日本陸軍による周到な計画とそれに基づく実現過程の解明は、日本ファシズム研究が内包し続けてきた前提に再考を促すことになったのである。日本ファシズム研究では、昭和前期を〝異常の歴史〟と見なし非合理に覆われた時期と設定してきた。しかし、実際には合理的な思考に基づいて計画的に戦時体制が構築されてゆき、それに付随して数々の社会制度が変革された時期であったことが明らかにされたのである。その後、総力戦体制研究が隆盛を見せ、日本ファシズム研究が衰退していった事実に鑑みる時、纐纈の研究は、日本ファシズム研究に引導を渡す一端を担うこととなったと筆者は考えている。[28]

第三項　山之内靖による総力戦体制研究

一九九〇年代になり社会学者・山之内靖の参画によって総力戦体制研究はダイナミックな展開を見せていく。当該研究分野は纐纈によって独自路線を歩み始めたとはいえ、戦争史・軍事史からのアプローチを主としていた。しかし山之内は、国民国家論と近代批判を総力戦体制研究に持ち込んだのである。このことによって、当該研究分野の裾野が一挙に広がることとなった。彼自身は、社会科学における新しい認識論・方法論を批判的に模索した末に総力戦体制研究に着手するに至ったのだが、そこで主張された「戦前戦後連続説」や「システム社会」論などは、斬新な学説であったとともに、現代社会を理解するための理論的枠組みが提示されていたことから、学問分野を超えて大論争に発展していく。平成九（一九九六）年五月に行われた『総力戦と現代化』（山之内ほか編著、一九九五）の合評会では、「近来希にみるとも言える白熱した論争が展開された」[29]ほどであったと言う。日本ファシズム研究が規範的と言えるのは先にも触れたが、それは過去の過ちを明らかにし反省材料とするためでもあった。ただし、その際に研究者自身が有していた過去観では、戦時と戦後の断絶が暗黙の前提とされていた。しかし、山之内はM・ウェーバーの「価値自由」の読み直しに基づきながら、その前提を批判する。研究者であったとしても過去との連続を意識して自らを位置づけなければならない、と宣言したのである。学問的な意義において言えば、彼の主張は、戦後歴史学と市民社会派社会科学が共有してきたマルクス主義的解釈を批判するものであり、何より研究者が暗黙に共有してきた「学問的《戦後合意》[30]」を根底から覆そうとする試みであった。ゆえに、賛意・批判を交えて山之内は論争の的となったのである。

ただし、もともと山之内は、彼が批判する側、つまり「市民社会派の潮流」に位置した存在であり、その一翼を担って近代日本を批判的に考察する存在だった。それが変化していったのが一九七〇年代以降である。彼は、「近代西欧社会自体の巨大な構造変化」を理解するために認識論的転換を試み、「近代から現代への移行という新たな視角」(31)を模索し、その結果として、総力戦体制研究に着手するに至った。つまり、山之内による総力戦体制研究とは、縦縞のそれとは異なり、現在を説明するマクロな社会理論構築を根源的な動機として開始されたのである(32)。特に、近代社会を「階級社会」と概念化し、それが総力戦体制構築過程において急激に「システム社会」へと再編成され、その延長に現在があるという主張(33)は、日本のみならず近現代社会を地球規模で射程化した理論でもあった。先述した『総力戦と現代化』の帯には「銃後の《戦時動員》は未だ継続中なり」と記されているが、これは「戦前戦後連続説」を端的に言い表している。彼の総力戦体制研究では、過去との連続性・不連続性に関心を寄せながら現在を問おうとする。現在を生きる我々は、如何なる歴史的特質を有した社会の中に配置されて（＝システムの一部となって）生活しているのか。フーコーに即して言うならば「如何にして生かされているのか」を歴史社会学的に問い質そうとするのが、山之内の企図する「システム社会」論であった。

この「システム社会」論についてここでは是非を問わないが、九〇年代になって彼の視点と成果が多くの分野に取り入れられ、二〇〇〇年代にかけて大きな盛り上がりをみせたことは紛れもない事実である。現在においては沈静化してきているが、それは一方で総力戦体制研究の主張がある程度共有されたことを意味している。戦時期を〝異常の歴史〟と断罪せずに、戦後との連続性を意識しながら考察することは、今や常套の研究方法となってきたほどである(34)。

総力戦体制研究が勃興して約三〇年が経過した現在、縦縞自身が振り返っているように、その裾野は軍事・政治体制への着眼のみならず、経済、文化、思想、芸術、教育、学問などの領域にも広がってきている[35]。近年に刊行された書籍の中で主な成果を挙げるだけでも、政治体制、社会体制の変革に着眼した成果[36]、陸軍や軍関係者に着眼した成果[37]、経済体制の変革に着眼した成果[38]、音楽や女性、教育、学問などの動員実態[39]、植民地からの視点[40]などがあるように、総力戦体制下における様々な事実が明らかにされるとともに、総力戦体制研究において重要な方法論的概念である動員の視点から体制構築過程の実態が論じられてきている(動員については次節で詳述)。また、歴史実証的な視点からだけで戦時を捉えるのではなく、山之内が企図したように現代社会や近現代史を把握する理論としても幅広く用いられるようになってきた。現代史の起点を第一次世界大戦に求める視点[41]、世界システム論や近現代社会論からの視点[42]などがそうである。総力戦体制研究が耳目を集めた一九九〇年代を境にして、その対象・方法・関心などは多岐にわたるようになった。その意味において、山之内が意識していた認識論的転換は、成功を収めたと言えるのではないだろうか。

このように、総力戦体制研究が独自の展開を見せることができたのは、新しい着眼点もさることながら、詰まるところ「戦時認識」を転換させたためであった。陸軍の中に合理性と計画性を見出した纐纈、総力戦体制構築を現代社会への過渡期とみなした山之内、この両者は昭和前期を〝異常の歴史〟とはみなさなかった。哲学者の今村仁司は、近代社会の特徴を、変化、自立、設計という三つの概念で説明している[43]。そこでは、合理的かつ計画的に自己と社会を設計していくのが近代精神の特徴と指摘されている。今村に基づけば、総力戦体制構築を目指した社会とは異常な社会なのではなく、むしろ近代社会の必然的結実として出現した社会とみなすことができるのである。

第四項　「動員史観」の登場

近年においては総力戦体制研究を踏まえた上で、二〇世紀の総力戦のみならず、近現代史そのものを批判的に捉えようと試みる「動員史観」が主張されるようになっている。日本において、それを唱導しているのが、畠山弘文と桑野弘隆である。総力戦体制の延長線上に誕生した「動員史観」ではあるが、その特徴を一言で言えば、近代を国民国家形成史として捉えるとともに、国民国家による動員の歴史として把握しようとする史観のことである。

「動員史観」とは、もともと畠山が提唱した概念であり、極めてマクロに構想された歴史的社会的な理論と言い換えることができる。「動員史観」においては、従来我々が有していた政治・社会への認識が「一九世紀型社会科学」に規定されていることを再認識させた上で、それとは異なる歴史観・社会観の提示が企図されている。[44]その際、特に焦点化されるのが国民国家である。畠山によると「動員史観」では、近代の国民国家は他の国民国家との戦争を通してよりラディカルに自身を形成しようとするが、その過程でありとあらゆる財貨・物資・制度、そして人間すらも動員して国家形成（近代化）の完遂を試みる、と考える。ただし、この史観が掲げる真の目的とは、近代の本質を明らかにすることであり、究極的には「二一世紀的末路をも一個の視野に収めようとする」[45]。近代が現在においても継続中であると考える点では、山之内による「システム社会」論の認識（近代を終えて現代へ）とは異なっている。このような関心を持つ畠山に対しては、トックヴィル（国家権力による行政権能掌握史を視座としながら前近代と近代の連続性を強調）との相似が指摘されている。[46]

一方、桑野弘隆[47]は自身の研究において「動員史観」という語を用いてはいない。しかし彼の関心が、近代資本主義国家を「国民的総動員システム」として捉え、そこでの歴史と論理の解明を企図していることから、[48]「動員史観」として包括可能な研究であることは間違いない。ただし桑野の場合は、特に近現代資本主義国家に焦点をしぼって、そこでの動員メカニズムに関心を向けている点が畠山との違いである。

さて、畠山によると、「動員史観」の特徴は、他の歴史社会学よりは「グランドセオリー志向がはっきりしている」[49]点にある。そこでは、歴史法則的な因果説明のための枠組みではなく解釈的な枠組みが志向されており、かつ理念的な枠組みとして動員が提示されている。さらに「動員史観」では、世界史的観点の強調によって歴史形成力の解明を問題とし、社会理論の構築も目指している、と説明する。同様に、桑野においても、「近代資本主義国家はつねにすでに〈国民的総動員国家〉である。……戦争や資本蓄積を目的とする動員こそが国民を立ち上げてきたのである」[50]と断言し、総力戦体制構築に端を発する社会の再編成が、現代社会のハウスホールドの再編へと繋がっていると指摘する。[51]桑野は、現代資本主義社会においても動員は間断なく継続されている、と主張するのであった。

この両者では、総力戦体制研究、特に山之内による社会科学理論をより発展させたかたちで、近現代社会を理解するための歴史理論・社会理論を構築することが試みられている。両者においては、近現代という時代と動員が不可分の関係にあることが問題化されており、かつ、私的領域（個人の内面や家族関係）さえも動員対象とされてしまっていると警鐘を鳴らすのであった。

第三節　総力戦体制と「精神動員」

前節では、「戦時認識」の転換（戦時における合理性と計画性への着眼）によって、総力戦体制研究は自身の母体と袂を分けたことを述べた。では、具体的には何に対して合理性と計画性を見出したのか。それは、動員に対してであった。そこで本節では、動員という視点から総力戦体制を捉えるとともに、合理的かつ計画的に総力戦体制構築を追求していくと、「精神動員」が必然とならざるを得ないことを論じていく。

第一項　総力戦体制にとっての〝最大の敵〟

もともと、日本ファシズム研究における動員とは、国家権力による強制や弾圧を背景として民衆が動員されたという前提に基づき、権力による一方的な動員を図式化する傾向にあった（そのルーツが「上からのファシズム論」）。しかし、総力戦体制研究では動員を構造的理解において把握しようとする。動員主体（権力側）も動員対象（民衆側）もそれぞれが動員体制（＝構造）の構成要素とみなされるのである。権力対民衆という二項対立ではなく、両者およびその関係性も含めて、動員をシステムとして把握しようと試みるのであった。大正一四（一九二五）年、イタリアにおいて全体主義政権を確立したムッソリーニは「すべてを国家の下に。国家の外にいる者、国家に反対する者がいてはならない」と演説した。総力戦体制構築を目指した動員は国家領域内のあらゆるものを対象とするが、それは国家権力ですら例外ではない。動員システムの潤滑運用という至上命題の前では、財貨も制度も人間も、そして国家権力であってもシステムを構成する要素でしかない、と総力戦体制研究はみなすのである。

写真１　「貯蓄戦」の宣伝広告（昭和17年）

さて、動員システムを潤滑に運用していくには、要素不足が生じてはならない。ゆえに、現実問題としては、司法、立法、行政、徴税、通商、外交、戦争などのあらゆる手段を用いて資源の獲得が実践される。これについては、たとえば、アジア太平洋戦争が資源獲得戦争と別称されることで容易に想像し得るであろう。一般的に、戦争は他者征服とみなされがちだが、日華事変以降のアジア太平洋戦争では、他者征服よりも資源獲得のための戦争という色合いが強くなっていった。国内の物資不足が緊迫化していくなか、昭和一五（一九四〇）年八月に「国防国家建設の為皇国を中心とする経済的大東亜圏[52]」建設構想が閣議決定されたことは、南方資源の獲得および流通のために日本主導の経済圏を新たに構築する意図の表れであった。総力戦体制研究の視点から言えば、動員システム潤滑運用のために理念が構築され具体的な計画案が提示されたことになる。また、資源獲得と同時に有効資源の発掘も行われていく。科学技術の進展に伴って軽工業から重化学工業へと産業転換していくなかで、新たなエネルギー資源の発掘が必要となっていたのである。獲得とは既存の資源を対象とする動員であるが、発掘とは動員対象の拡大を意味していた。

さらに、総力戦体制下においては人間も「人的資源」として概念化され動員システムの構成要素としてみなされる。昭和二年、首相直轄機関として資源局が新設されているが、そこでは「人的及物的資源ノ統制運用計画[53]」を主たる事務と規定された。当初、資源局の事務は主に「物的資源」に関心が寄せられていたが、満州事変を経て日華事変の頃になると、「人的資源」の動員も本格化していく。典型的な「人的資源」の獲得事例としては、昭和一三（一九三八）年の朝鮮人内地渡航制限の解除が挙げられる。日華事変勃発および戦線拡大に伴う国内労働力不足の解消を目的に、昭和九年以来の渡航制限を解除したのである。また同時期には、日本学術振興会による「研究動員」建議（昭和一二年）が行われ、その翌年には厚生省設置や国民健康保険法、国家総動員法公布がなされている。人間は「人的資源」として発掘され、総力戦体制のなかに組み込まれていったのである。以上、ここまで整理してきたように、要素不足に対処するには二種の実践がある。それは、獲得と発掘である。動員システムを潤滑に運用していくためには、この両者が同時並行的に実践されることが必須なのである。

ただし、である。先述した要素不足とは、動員システムにとって敵となっても〝最大の敵〟にはならない。動員システムにとっての〝最大の敵〟とは、システム内に取り込んだ要素同士の関係性がシステム運用にとって障害となる場合であり、特に「人的資源」間に起こる対立や葛藤のことである。

山之内によると、近代社会の内実とはその社会が掲げる平等理念とは裏腹に、一級市民（行政権能者、資本家、男性、本国住民など）とそれ以下の劣位の市民（一般国民、労働者、女性、植民地住民など）といった階級によって形成され、常にそれら同士の対立を内包してきた「階級社会」であったという。しかし総力戦体制では、国家領域内の全面的な動員を必須とするため、当然のことながら劣位の市民も動員対象とされていく。しかし、彼らは政治的責任を負うべき立場に置かれていない（選挙権の不保持、官吏登用資格の欠如など）。ゆえに、既存の体制へと主体的に参加していくための内面的動機が欠如しやすくなる。したがって、彼らが動機を持つように近代社会（「階級社会」）そのものを変革する必要性が生じてくる。そこで、近代社会が成立以来に内包してきた階級間の紛争や排除のモーメントに直接介入して、全ての人間を〝国民共同体の運命的一体性〟というスローガンのもと統合しようと試みる。総力戦体制構築の過程において、実際に行われた様々な政策・社会改革の本質を、山之内は「強制的均質化」という概念で表している。近代社会が内包する階級性を解体し、全住民を強制的に均質化していこうとする諸実践は、ドイツのナチス政権においてもアメリカのＦ・ルーズベルト政権においても、同様に見られた現象であったという(54)。

そこで、山之内は総力戦体制を以下のように定式化する。

総力戦体制は、社会的紛争や社会的排除（＝近代身分性）の諸モーメントを除去し、社会総体を戦争遂行のための機能性という一点に向けて合理化するものであった。……こうした対立・排除の諸モーメントを社会制度内に積極的に組み入れること、そうした改革によってこれらモーメントを社会的統合に貢献する機能の担い手へと位置づけ直すこと、このことを総力戦体制は必須要件とした[55]。

言い換えれば、総力戦体制とは、社会に内在する対立・葛藤の諸モーメントを、①社会制度内に積極的に組み入れ、②社会的統合に貢献する機能の担い手へと再定置する、という二つの実践を兼ね備えた体制なのであった。

先のムッソリーニをもじって言えば、国家の外にいる者、国家に反対する者、は総力戦体制にとっての敵である。ただし、それは〝最大の敵〟ではない。なぜなら、それらは反国家（反システム）的であっても要素でしかないからである。要素に対しては代替可能な別の要素を準備して、その後に国家権力を背景に一方的な弾圧・排除を行えば良い。むしろそのような姿勢を見せることは国家権力の権威強化に繋がる。では、〝最大の敵〟とは何か。すでに述べたように、それは要素間に生じる対立・葛藤である。それこそが、総力戦体制（より正確に言えば合理的・計画的な動員システムの潤滑運用）にとって、〝最大の敵〟なのである。具体的には、資本家と労働者、地主と小作農、男性と女性、本国住民と植民地住民など、総力戦体制に不可欠な構成要素（＝「人的資源」）の間に生じてしまう闘争や不平等な権力関係であり、それこそが総力戦体制にとって〝最大の敵〟となり得るのである。それらを完全に消滅させるには、要素同士の関係性を解体し再編成する必要がある。それが「強制的均質化」と概念化されたものであり、山之内曰く「社会の編成替え」と呼ぶ実践であった。ドイツにおける婦人参政権承認やアメリカのニューディール政策における労働者優位の諸政策がその実践例にあたる。この「社会の編成替え」を通じて、要素間対立のモーメントは解消され、かつ、体制強化機能に転化させていく。「強制的均質化」とは〝最大の敵〟を登場させない防止策であるとともに、〝最大の敵〟が体制にとっての〝最大の味方〟となるよう「社会の編成替え」を行う実践のことであった。あらゆる要素を体制内に取り込むだけでなく、要素間の対立すらも体制強化のモーメントとして制度化していく。これはひとえに、機能性と効率性を追求した動員システムの構築と運用を指向していく実践であり、それこそが総力戦体制の本質であると山之内は喝破するのであった(56)。

第二項　〝最大の敵〟克服のための「精神動員」

前項で整理してきたように、総力戦体制にとっては要素間において生じる対立・葛藤こそが〝最大の敵〟であった。ゆえに、総力戦体制ではそれを体制強化のモーメントへと転換すべく、要素同士の関係性再編に着手することを必須実践とした。ただし、実は再編を行うだけでは総力戦体制構築を完遂することはできない。そこで本項では、その完遂のためには「精神動員」が生じざるを得ないことを指摘したいと考えている。

総力戦体制の構築、ひいては動員システムの潤滑運用には、現実に生じている社会的不平等や制度的不均衡を是正していくことが必要であることは既に述べた。しかし、是正を目的として「社会の編成替え」を行った結果、新たに別の対立や葛藤が生じることになれば、〝最大の敵〟が再び登場することとなり、せっかくの実践が無意味となってしまう。そこで、対立・葛藤を生じせしめる構成要素自体の改変を行えば、いかなる再編成を行ったとしても〝最大の敵〟は登場しなくなる。つまり、人間を動員システムのためにより良い資源へと変革させる（＝資源化する）ことが最も重要な実践として浮上せざるを得ないのである。資源化のための具体的な方策としては、人口調整や労働力確保、個々人の健康・福祉等に関する諸制度の立案・実施、または、学校教育、家庭教育、工場教育を通しての精神感化などがそれにあたる。つまり、究極的には人間そのものを変革せしめる方策こそが、〝最大の敵〟を完全克服するための実践として選取されるのであった。

さて、当然のことながら、資源化とは人間を対象とするわけであるが、その際に最も関心を寄せるべきは「想像の共同体」（ベネディクト・アンダーソン）としての国民観念を、如何にして国民全員が抱けるのか、言い換えれば、私を滅して公を奉じる国民形成が如何にして可能か、という点である。国家の領域内に住む全員の内面に共同体理念を獲得せしめることができれば、彼らは全員が同邦（利益共有者）となり、対立や葛藤が生じにくくなる。この点について山之内は、

階級や身分による差別は、国民としての運命的共同性を損なう重大な要素である。死の運命的平等性を前提とする国民主義的イデオロギーは、政治的権利としてのデモクラシーという理性的要請をはるかに超えた感情的動員力を備えている。(57)

と述べている。国家や民族という類概念の中に個人を投じさせた上で、類の死を共有させていくことは、その個人の中に極めて能動的かつ強烈な「感情的動員力」を生じせしめていく。動員システムの観点から言えば、〝最大の敵〟の撲滅および再浮上抑制のために人間の内面を変革させていくという資源化の実践（＝「精神動員」）は、システムの潤滑運用にとって最も重要な実践となる。いやむしろ、極地的な観点から言えば、最善の「人的資源」（＝最良の構成要素）を求めれば求めるほど、「精神動員」こそが不可欠な実践とならざるを得ないのである。

第四節　日本における「精神動員」体制の着手

前置きが非常に長くなってしまったが、本節から具体的な検討に入っていきたい。総力戦体制構築にとって、究極的には「精神動員」が最も肝要な動員となることを前節で論じた。そこで本節においては、日本における総力戦体制構築の過程において「精神動員」がどのように理念化されていったのかを整理しておくとともに、「精神動員」を実現するために既存の制度や概念が〝読み替え〟られていくことを論じておきたい。

第一項　田中義一による総力戦構想

総力戦を最初に概念化したのは、フランス人レオン・ドーデによる『総力戦　La guerre totale』（一九一八）であったというのが通説である。しかし、総力戦なるものへの関心は既に一九世紀において発生しており、クラウゼヴィッツ『戦争論』のなかにもそれを垣間見ることができる。日本においては、田中義一が第一次世界大戦時の欧州交戦国視察の経験を踏まえて、大正四（一九一五）年一二月三日の講演で、すでに総力戦体制への明確な意思を表明している。

今の戦争は、独り軍隊のみが之に任ずるのではない。全国民の総力を以てするにあらざれば、到底勝利を得られないのである。日露戦争当時の我が国民は、燃ゆるが如き敵愾心を発揮し、全力を尽くして軍隊を後援したので、克く大捷を博することができた……戦争の終期に近づく頃には、国民の緊張が漸次弛緩して、軍隊の力も亦弱くなった事実に徴して、露国の敗戦に鑑み、大いに反省せねばならぬのであって、これがための軍隊としては、先ず従来の内務を改善すべき必要を痛感したのである。(58)

日露戦争が国家の総力を挙げての、文字通り総力戦として戦われたとの認識を示しながら、その後の対応策（「内務を改善」）が述べられている。「全国民の総力」を背景にしたからこそ、日露戦争では日本が勝利したと語る田中には、すでにこの段階で総力戦が先取りされていたことが窺える。

大正四年に上記のように語る田中であるが、実はもともと軍主導での総力戦体制構築を企図していた。その顕著な例としては、「良民良兵」観念の転換である。日露戦勝利の二年後である明治四〇（一九〇七）年に、田中は本格的な大陸進出構想を描いた「帝国国防方針」を策定しており、その後はそれを実現させるための体制整備に取り組んでいく。たとえば田中は、明治四三年一一月に帝国在郷軍人会（総裁伏見宮貞愛親王、会長寺内正毅陸相〈当時〉）を組織している。これは近代日本の軍民関係を根本的に転換する思想的意義を備えたものであった。というのも、明治維新以降の軍制は形式的には近代的な軍制を指向するものであったが、軍民関係についていえば近世的慣習を引き継いでいた。具体的には、「良兵」（良き軍隊）がその他国民を「良民」（良き国民）へと導いていくという観念がごくごく一般的であった。しかし、それでは総力戦を戦い抜けないとする田中は、いざ戦時となったとき容易に「良兵」となり得る「良民」を平時より育成しておく体制こそが不可欠である、と考えたのである。これこそが「良民良兵」観念の転換であり、実現の第一歩が、帝国在郷軍人会の設立であった。その後、欧州視察（大正三年二～八月）から帰国した田中は、翌月に大隈内閣へ全国青年団組織の再編を提案し、それを実施せしめている。ここでの再編は、青年団→軍隊→帝国在郷軍人会という、軍主導による直接的な国民教育を実施するための制度化を意味していた。この当時、田中は、「国民教育」の中に「軍事思想」を注入し、軍隊教育と国民教育とを一致させる方法が必要であると発言している[59]。総力戦を意識した軍主導の「国民教育」が田中のなかに明確に意識されていることが窺える。「軍隊の国民化」・「国民の軍隊化」を思い描く田中のことを、纐纈は「総力戦国家の先導者」と位置づけている。詰まるところ、田中が目指したものとは、軍主導での総力戦国家体制構築であり、軍が国民の「精神動員」を推進していくという体制であった[60]。

第二項　中心概念としての「精神動員」

田中義一が総力戦に着目した時期は非常に早く、それは第一次世界大戦以前にまで遡ることができることを前項では述べた。とはいえ、具体的な立案行動としては第一次大戦時からである。日本における総力戦体制は軍部、特に陸軍主導で開始されていくが、その過程で特別な位置を与えられたのが「精神動員」であった。本項においては、総力戦体制の立案を主導した永田鉄山に焦点を当てて、彼が主張した「精神動員」の意味と意義について論じていくこととする。

来るべき総力戦が意識され始めた大正中期頃、総力戦体制を実現化しようと最初に画策したのが陸軍であり、その中でも軍制改革を担当する軍部官僚たちであった。重要なことは、永田鉄山をはじめとしてそこに集った官僚の多くが、観戦武官として第一次大戦に従軍していた点である[61]。彼らはその戦争が従来の戦争とは質的にも量的にも全く異なることを早々と理解し、帰国後、来るべき新しい戦争（総力戦）に耐え得る国家体制構築を画策していった。

その嚆矢として、大正四（一九一五）年一二月に臨時軍事調査委員会（以下、調査委員会）が設置される。この委員会は、総力戦に対応できる動員方法の研究と、国内工業の実態把握を目的とした組織であった。調査委員会は八班に分かれており、担当業務として第一班（建軍及編制・制度）の次に、本章で着目しておきたい第二班（動員及補充・教育）が設定されていた[62]。第二班では、戦時における教育とともに「平戦両時ノ国民教育竝国民教育ト軍隊教育トノ連繫」に関する調査も業務として挙げられていた。ただし、この委員会では、主に軍隊や戦争に関わる軍事教育・教練について調査された模様であり[63]、学校教育や社会教育についてはそれほど積極的ではなかった。

とはいうものの、国民教育に対する関心はその後の陸軍内に増大こそすれど、減少することはなかった。たとえば、大正六年九月に参謀本部から秘密文書扱いとして関係方面に配付され、翌年制定の軍需工業動員法のきっかけとなった『全國動員計畫必要ノ議』（以下、『必要ノ議』）という文書がある。そこでは「開戦準備ノタメ平時施設スヘキ事項ノ概要」の一つとして、外務行政や内務行政などと同列に「F、教育行政事項」が取り上げられている。そこでは、平時でも軍部が教育行政に介入できるよう制度化した上で軍部主導で国民教育を行っていく体制が構想されていた[64]。先に触れた田中の構想「軍隊の国民化」・「国民の軍隊化」の実現に向けて、より具体化した内容が示されていたのである。

その後、調査委員会では活動の集大成として、『国家総動員に関する意見』（大正九年五月、以下『意見』）を作成している。これは、総力戦理論の推進者であった永田鉄山が執筆したとされている[65]。『意見』では、国家総動員が五つの動員（「国民動員」、「産業動員」、「交通動員」、「財政動員」、「其の他の諸動員」）に分類されている。教育については「教育界の動員」として「其の他の諸動員」の中に含まれている。そこでは、先述の『必要ノ議』における「F、教育行政事項」よりも具体的な方策が示されていた。ただし、筆者が考えるに、最も着目すべきは「精神動員」の位置づけである。『意見』では、先の五つの動員は重なり合うところがあり相互に連携した動員が求められる、としている。しかし、「精神動員」はそれらの動員とは全く異なる位置づけが与えられている。

精神動員若は民心動員と謂ひ得べけむも此の動員は実に国家総動員の根源にして各種有形的動員の全局に亙り形影相判ふを要し此等と比肩併立すべきものにあらず寧ろ全局を支配すべきものなるが故に分類表中には故らに之を省略せり(66)

「精神動員」(「民心動員」)とは「国家総動員の根源」であり、先の五動員の「全局に亙り」「全局を支配すべき」動員と位置づけられている。「軍隊教育令」起草以来、永田は国防への国民参加をどのように実現していくか頭を悩ませていた。彼は、第一次大戦におけるドイツ敗戦の原因を国民の自発的な「精神動員」が欠如していたため、と理解していた。日本がドイツの二の舞いとならないよう、政党ひいては国民に理解、協力を得られるように軍隊教育や国民教育を改善し、「精神動員」が可能となる国家体制の構築を企図していたのである(67)。来るべき総力戦を円滑に遂行していくために国民の軍隊支持を揺るぎないものにしておく、この動機こそが軍による直接的な国民対策(国民の統合と教化)を本格化させていくのであった。

陸軍による総力戦体制構想において「精神動員」が中核の動員として語られていること、これはまさに資源化を意味し、人間を効率的な「人的資源」へと変革させていく意思表明であったと言える。それとともに留意すべきなのが、その構想には二重の資源化が企図されていた点である。ここまで論じてきたように、総力戦体制完遂のためには「精神動員」は絶対の必須条件である。その実現のため新しい制度や組織を立ち上げると共に、既存の諸制度・諸組織を動員していくことが企図されていく。前者の典型例としては、資源局(昭和二年)や国民精神文化研究所（昭和七年）の新設がある。資源局は「精神動員」を含めた動員体制を、国民精神文化研究所は「精神動員」そのものを目的として新設された。一方、後者の動員については注意が必要である。なぜなら、そこでの動員とは既存のものをそのまま動員していくことを意味していなかったからである。「精神動員」がより効率的に実践されるために、既存の諸制度・諸組織を「精神動員」という目的のために変質させた上で運用していく必要がある。それを現実化した代表例に、配属将校制度（大正一四年）がある。同年四月に公布された「陸軍現役将校学校配属令」によって、中等学校以上の教育機関に軍事教練を目的として現役陸軍将校を配属することが義務化された。無論、学校と軍隊の関係は明治期の兵式体操導入以来からのことであり、決して目新しいものではない。しかし、配属将校の人事権や教練内容については軍部管轄（＝教育行政上の管轄外）として同令内に明記されたことは、「学校教育の一角を軍部が直接掌中におさめたこと」を意味していた[68]。本章の視点で言えば、「精神動員」を含めた人的動員を実践していくために既存の教育制度が新たに〝読み替え〟られて資源化への着手がなされたのである。軍部にとっての学校教育とは、個人の幸福や資質向上を叶える制度などではもはやなく、総力戦体制を支えることのできる人材育成と〝読み替え〟られたのであった。当然のことながら、それは教育に限らない。大学や学問、そして宗教も〝読み替え〟られていくのである。

第五節　資源化される教育・学問・宗教

ここまでの内容を踏まえて、本節においては、戦時日本で教育・学問・宗教が実際に資源化される（＝〝読み替え〟られる）ときには、「天皇」に関わる諸理念に基づき資源化されたことを指摘していく。ただその前に、「天皇」と資源化の関係は、そもそも実は日本の近代化に根ざした現象であったことを論証しておきたい。

第一項　近代日本＝機能主義化社会と天皇

政治史学者の三谷太一郎は、日本の近代化にとって天皇の存在は不可欠であったと論じている。三谷曰く「ヨーロッパというモデルはあったが、ヨーロッパ化のモデルはなかった」[69]がゆえに、近代化を指向する日本にとって、その具体的方法の確立は喫緊の課題であった。確かに、非ヨーロッパ世界での近代化（なるもの）は、インドやトルコ等で既に着手されてはいた。しかし、そこでの近代化は未だ部分的な段階であり、国家レベルでの近代化とは到底言えない状況にあった。良く言えば、当時の日本は、非ヨーロッパ世界での近代化という世界史的実験の舞台でありトップランナーであった。しかしそれは同時に、「ヨーロッパ化のモデル」なしに近代化を模索するという五里霧中の船出を意味していた。

さて、近代化を先進する欧米の各国は、当然ながら歴史的地理的実体である。ゆえに、そこでの近代化を時間軸に沿って日本が模倣することは不可能であった。遠く離れた極東日本において、「ヨーロッパ化」を如何に成し遂げることができるのか。近代化を指向する日本人にとって、それは最大の難問であった。それを克服すべく日本近代化の方法として採用されたのが、機能主義的にヨーロッパを導入する方法である。欧米各国の視察、人物招聘、文物や制度・習慣の学習を通して、各国における法律、社会制度、思想、文化、学問等がそれぞれ如何なる機能を有しているのかという関心のもと抽象概念化する、つまり、「歴史的実体としてのヨーロッパを（日本に）導入可能な諸機能の体系」[70]（カッコ内は筆者）とみなした上で、日本を近代化（＝「ヨーロッパ化」）していったのが一九世紀中葉以降の日本であった、と三谷は指摘している。

ただし、当然のことながら機能の導入だけでは国家を構築し運営することはできない。それら諸機能の正当性を保障し、価値づけるための根源や体系が必要となる。そこで、日本ではその根源・体系に天皇が位置づけられた。三谷は、ヨーロッパ＝キリスト教という図式を用いながら、以下のように述べる。

ヨーロッパ近代は宗教改革を媒介として、ヨーロッパ中世から「神」を継承したが、日本近代は前近代から「神」を継承しなかった。そのような歴史的条件の下で日本がヨーロッパ的近代国家をつくろうとすれば、ヨーロッパ的近代国家が前提としたものを他に求めざるをえない。それが神格化された天皇であった。(71)

周知のように、「天皇」を神格化することは近代以前にも主張されていた。『神皇正統記』では「天皇」を神代から続く日本の統治者として記述しているし、そもそもそれは記紀にまで遡ることができる。「神格化された天皇」や「神国日本」の言説とは、決して近代だけの特徴ではない。重要なのは、それまでに提示されていた「天皇」に関する言説が、一九世紀中葉以降になると近代化（＝「ヨーロッパ化」）を至上目的として機能主義的に用いられたという点である。先に述べたように、日本が近代化をなし遂げていくには欧米から導入する諸機能の正当性を保証する根源が必要である。その根源を「天皇」に求めたのである。「ヨーロッパ的近代国家」の根底にキリスト教を見出した当時の為政者は、その役割を果たす存在として「天皇」を位置づけた、つまり、従来までの「天皇」を機能主義的に再定置したのである。これによって、「天皇」は二つの役割を担うこととなる。一つは神格化され信仰の対象となる役割、もう一つは近代国家日本を正当化する根源としての役割である。歴史的経過に伴い欧米における近代化は脱キリスト教化に転じていくのと異なり、日本の近代化は機能主義的な「ヨーロッパ化」であったがゆえに「天皇」と共に進展していく。三谷曰く、これこそが「機能的ヨーロッパ化の極致であり、その所産としての天皇制は日本近代の最大のメルクマール」[72]となりえた理由であった。「天皇」は国民的な信仰対象となると同時に、天皇が統治する国家も同様の地位を得ることとなる。日本の近代化（＝「ヨーロッパ化」）と天皇制の確立とは、別々の歴史現象ではなく、車の両輪関係なのであった。

ここまでは三谷の主張を基にしながら、日本の近代化と「天皇」の関係を理論的に整理してきた。以下では、それを踏まえたうえで総力戦体制への接続を試みておきたい。日本の近代化とは欧米を機能主義的に導入することと述べてきたが、それは単なる導入のみならず、日本の社会自体も機能主義社会へと再編されることを意味していた。ここで考えてみたいのが、機能主義社会が内包する不安についてである。機能主義社会では、機能性を重視するため必然的に社会の効率化と専門化が進展していく。ゆえに、その社会では効率的であることが重要な価値基準の一つとなるが、遅かれ早かれ人間さえもその基準において計測されるようになる。言い換えれば、人間の価値をその社会が求める効率性に還元してしまうのである。無論、それは人間の尊厳を相対化し、心理的な不安や不信を生じさせていく。また、社会の専門化とは、現実の現象としては社会が細分化していくことを意味する。職業、階層、世代、学歴、知識など、社会内のあらゆるものが細分化され、機能性を基準として社会の中に配置されていく。そして、細分化の結果として誕生する各領域（職種ごと、階層ごと等）には、それぞれに価値が形成されていく。このことは、社会内の諸価値が常に相対化され社会全体で共有可能な価値が生じにくくなることを意味し、結果的には社会不安を内包していくこととなる。

このように考えると、日本の近代化（＝「ヨーロッパ化」＝社会の機能主義化）とは、理念上では統一国家を掲げての近代化ではあるものの、現実としては心理面でも社会面でも相対化に伴う不安を内包した歴史現象であったとみなすことができる。ゆえに、近代化が進展すればするほど、統一国家理念を保持するために根源存在としての「天皇」が日本では強調されることとなる。すでに見てきたように日本社会の機能主義化がラディカルに進展するのが戦時下であり、総力戦体制の構築過程においてである。山之内が定式化していたように、総力戦体制とは社会全体を戦争遂行のために機能性という一点に向けて合理化していく体制であった（第三節第一項）。日本が総力戦体制へと突き進むなか、それと全くの同時期に、「天皇」に深く関連する様々な理念（国体・日本主義・皇国など）が大きく強調されていくのは、〝異常の歴史〟などではなく、日本近代化が到達する必然的な歴史現象として理解可能なのである。総力戦体制を目指したからこそ、日本においては「天皇」を根源として、様々な概念や制度、思想、価値が〝読み替え〟られていかざるを得ないのであった。

第二項　教育・学問・宗教の資源化

戦時下において「総力戦教育」を唱導した一人である倉澤剛は、昭和一九（一九四四）年、大学の役割について以下のように述べている。

> 総力戦国家における大学の職分は如何。それはまづ第一に、国力の根基たる精神建設に対して最も厳粛なる責務を負ひ、教学刷新の根源力として、あくまで皇国世界観に徹し、道義的国防国家の建設に対して主導的使命を果たさなければならない。……第二に、大学は国家に須要なる学術の蘊奥を攷究するといふ職分を有する。研究機関としての大学の職分がこれである。……いはゆる「総力科学」の体系の中に、みづからの地位と職分とをみいだすべきであらう。(73)

大学とは国家に益するものでなければならないと断じる倉澤の発言は、「皇国」の思想に基づき大学を〝読み替え〟て、総力戦体制へ向けての資源化を企図するものであった。上記のような倉澤に対し、戦後ではファシズム牽引者という評価が与えられてきた。ファシズムの定義は種々あるが、筆者もその評価はおおよそ間違いないと考えている。ただし、前項で検討した日本の近代化の特質（両輪としての機能主義社会と「天皇」）に鑑みれば、倉澤の大学観は決して異常ではない。社会の機能主義化を押し進めていけば、日本の場合は、必然的にそのような大学観が生まれて来ざるを得ないのである。以下、倉澤の類例として、科学的な教育学を志向し教育学の革新を主張した教育科学研究会（昭和一二〜一六年、以下、教科研）を取り上げてみたいと思う。

国民学校制度の創設をはじめとして、戦時下の教育界は官主導によって急激に再編されていった。そのようななか、民間による教育研究運動の最後の拠り所だったのが教科研である。そこでの活動内容や参加者の思想遍歴を検証した佐藤広美の研究は、本章にとって極めて示唆深いのでここで検討しておきたい[74]。というのも、教育革新を目指した教科研での主張が、科学的な教育学（実証的な教育科学）を志向し社会における機能性を追求したからこそ体制内化していったことがみてとれるからである。

佐藤によると、教科研とは一九二〇年代のドイツやアメリカで起きた教育科学の提唱に端を発し、日本においては一九三〇年代になって展開された新しい教育運動であった。その特徴として、①教育を学校教育のみに捉えずに広く社会全般との関係において機能させようと企図した、②明治以来、教育学の主流であった哲学的教育学を思弁的だと批判し「科学的実証主義の教育研究の必要を説いた[75]」、という二点が挙げられる。たとえば、「天皇のもとでの社会主義」を教育科学の立場から主張した城戸幡太郎は、教育を国家的企画と合理的統制の下に置くことを繰り返し主張した[76]。「教育改革のための教育科学」論を展開した阿部重孝は、学校制度改革を主張し国家の需要に応える人材供給こそが教育の使命であり、それを実現するために科学的な教育が必要だと説いた。さらに阿部は、植民地での教育制度の目標は教育勅語精神の実現であるとし、その点で国内と全く差別なく教育の機会均等が実現されつつあると主張していた[77]。このように、教科研では合理性と社会における機能性を重視した実証的・実践的な教育科学論が叫ばれたのである。教科研を研究対象に定めた佐藤は、教科研への批判として「欧米の学問の成果を吸収し、合理主義的な精神を形成する努力を積み上げてきたであろう教科研の指導者たちが、結局は戦争とファシズムの流れに身を投じた、そうした事態がなぜ生じたのか。多数を疑い、時流を避け、おのれの生と学問の良心に忠実に従い、真実は細部にやどるという信念をなぜもつことができなかったのか[78]」と述べている。佐藤は、教科研の参加者たちが総力戦体制の枠組みを抜け出ることができなかった点を矛盾として批判的に捉えているが、第五節第一項で検討したように、それは全くもって矛盾ではない。欧米に倣い合理主義的で、かつ、機能主義的な社会を理想とすればするほど、それは総力戦体制に合致する指向性を持つこととなり、かつ、「天皇」を根源としながら「ファシズム」的にならざるを得ないのである。

さて、国家による高等教育機関の統制について、大きな分岐点となったのは三・一五事件であった。それは、昭和三年三月一五日に治安維持法違反容疑で共産党員への一斉検挙が行われた事件である。検挙者は一道三府二七県に及んだが、その中に学生一五〇名が含まれていたことが、政府にとって大きな衝撃を与えた。これを機に、文部省を主として学生の思想問題対策が開始されていくこととなる。同省は、翌月一七日「文部省訓令第五号」を発している。そこでは、「教養及学術ノ研究」が「国体」、「国運」に資するものでなければならないという主張がなされている。

抑々光輝アル我カ国体ニ由来セル国民道徳ヲ涵養シ国民精神ヲ作興スルハ我カ国家文教ノ根幹タリ是ヲ以テ学校ノ種類如何ト其ノ程度ノ高低如何トニ論ナク又固ヨリ学校ノ内外ヲ問ワス我カ国民ノ教養及学術ノ研究ハ一ニ我カ国体ノ精華ヲ発揚シ国運ノ隆昌ニ貢献スルヲ以テ其ノ基本トナササルヘカラス(79)

別名、思想善導訓令とも呼ばれるこの訓令は、翌年に新しく展開する教化総動員運動へと継承されていく。昭和四年八月に文部大臣小橋一太は、「国体観念の明徴と国民精神の作興」、「経済生活の改善と国力培養」を目指した教化総動員運動を提唱している。小橋は、神社参拝、国旗掲揚、虚礼廃止、禁酒禁煙などを指示し、天皇崇敬の喚起、国民消費の統制、倹約の推進などを図ろうとした。一方で、在郷軍人会、愛国婦人会、青年団、宗教団体などの民間団体を、府県市町村の行政機関を中心に連携させ、全国各地に「教化総動員委員会」を設置させた。以降、国家主導の動員体制が本格化していくが、それは既存のものを単にバラバラに動員するのではなく、国家が行政権能を発揮して直接的に諸団体を管理・統制していく体制へと変化していった。赤澤史朗によると、満州事変以降の国民動員は官製団体が徐々に組織化され、従来の教化政策の社会的基盤であった民間の修養団体や宗教団体などは相対的に地位が低下していった(80)。それに替わって登場してきたのが、壮年団・産業組合青年連盟に代表される「国民運動」であった。この「国民運動」とは、「国策」協力という枠のなかで、それぞれの思惑にもとづいて自らの集団の利益を実現し、権力への接近を目指す運動(81)」という性格を有していたとされる。萩野富士夫は、上記のような文部省の新たな国民動員方法について、「思想統制」から「教学錬成」へ変化していったと指摘する。思想問題に取り組み始めた当初の文部省は既存の諸団体・諸思想を統制・管理する行政姿勢（「思想統制」）であったが、それを徐々に変化させていき、最終的には同省が思い描く理想的な人材への育成・誘導を行っていく行政姿勢（「教学錬成」）へ達したと言うのであった。[82]「教学錬成」の段階はもはや単なる動員ではない。動員システムの機能性を追求していく過程において、人を資源化することが現実化していったのである。

このように国民全体が資源化されていくなか、教育と学問にも大きな変化が訪れる。前田一男によると、満州事変を経て日華事変が起きる時期になると、従来までの「知」が大きな問題となっていた。ここでいう「知」とは、教育と学問の機能的統合のあり方を指し、明治以来の教育と学問の分離がこの時期を境に大きく変化していったのである。[83]この変化に決定的な役割を果たしたのは、教学刷新評議会であった。天皇機関説事件を機に始まる国体明徴運動への対応を図る過程で、昭和一〇年に教学刷新評議会が設立され、翌年一一月には「教学刷新ニ関スル答申」が発表されている。評議会が目指した「教学刷新」には三つの特徴があった。第一に、祭祀と政治と教学を一体不可分としたこと、第二に、明治以来の学問と教育の二元的存立を一元化させたこと、第三に、学校における優先順位を知識教授より修練や修養と設定したこと、であった。「教学」とはもともと教育と学問を指す造語であったが、この時期になると両者が一体不可分として考えられるようになり、「教学刷新」とは、「国体原理に基づく新たな「知」を教育の世界はもちろんのこと、学問の世界においても創出し再編しようとする大がかりな試み」[84]というものであった。ただしそれは、明治政府が導入・構築してきた近代教育原則や西欧的アカデミズムと真っ向から対立する内容を含んでいた。ゆえに、答申を具体化していくレベルで種々の矛盾と確執を内包していった。[85]

同じく国体明徴運動への対応のなかで日本諸学振興委員会も誕生することになる。この委員会は、既設の国民精神文化研究所を母体に同研究所が果たしていた機能をより一般化し、国家的な貢献を命題に誕生した組織であった。[86]ゆえに、一部の例外はあるものの、原則としては総力戦体制構築に寄与するための学問が志向されることとなる。たとえば、和辻哲郎は、同委員会での講演で、「御稜威」のもとに世界特にアジアの地に道義の実現をはかること、そのためにはあらゆる学問を動員すること、さらに既存の学識そのものの内実を転換することを主張している[87]。なお、この委員会では学問分野ごとに分科会が開催されていた。哲学会では、文部省が思い描く「日本精神」による「日本哲学」の構築には至ることがなかったとされる。もし、「日本精神」を基盤とするようであれば、西洋由来の発想と方法を前提としてきた従来型の哲学の土台を破壊する危険性を感じていたからであった。ただし、哲学会においても、価値中立的で実証的な社会学的研究への傾斜が促されていったことは事実であることから[88]、従来型の思弁的な哲学に対して、実践重視の目的論的な〝読み替え〟が行われたと言えるだろう。国語国文学会においては、古典研究を通じて「日本精神」や「国体」の観念を基礎づけようとすることに学問的な意義が見出されていた[89]。経済学会では、はじめ「日本経済学」の構築を指向していたが、第一次近衛内閣による「人東亜新秩序建設」提唱によって大きな方針転換を迫られることとなった。以後、戦時体制や「大東亜建設」に対して直接的、具体的に対応しようとしていくのであるが[90]、ここでも経済学が目的論的に〝読み替え〟られた形跡を確認することができる。あらゆる学問が動員されるとともに、あらゆる学問が一つの価値を共有することを強制される、別の言い方をすれば、一つの俎上に全ての学問が配置される、という前代未聞の状況を日本諸学振興委員会は演出していった。そこでの価値・俎上というのは「国体」や「日本精神」といったものであるが、当然のことながらそれは究極的には「天皇」へと接続していく。教学刷新評議会および日本諸学振興委員会を本章の視点から捉えるならば、教育も学問も「天皇」という俎上に載せるための資源化を本格的に議論し、制度化を模索していった組織と理解できるのである。

最後に、宗教について触れておきたい。明治以降に形成された教育・学問という領域に比べ、宗教なるものの領域は、近代国家日本の歴史より古い。では、宗教（として領域化されたもの）に対し、資源化は如何にして行われたのか。この点については、実はそれほど難しいことはない。なぜならば、日本の近代国家形成過程において、宗教問題は国家の根底を揺るがすような事態にまで発展することはなかったからである。たとえば、統一国家ドイツを掲げるビスマルクは、国家権力確立のために一八七〇年代において国内カトリック勢力に対し文化闘争を繰り広げなければならない状況にあった。しかし日本の場合は、神道勢力や仏教勢力、またはその他の宗教勢力が国家権力を相対化しうるような力を持つことはあり得なかった。特に、廃仏毀釈からの復権を掲げる仏教勢力は、自身を教化者として位置づけ、近代国家日本の枠組みのなかで自らの社会的役割を見出し、そして実践していった(91)。つまり、すでに自らが動員されやすい資源化を内面倫理として保有していたのである。

小川原正道は、近代日本の戦争と宗教の視点から以下のように述べている。

日本人の多くが仏教を信仰し、その檀徒であるという事実は陸軍にとっても見逃しがたく、戦争に従事する将兵の士気を鼓舞するため、また戦争に対する国民の支持を獲得するために、これに影響を与える仏教団体の支持・支援を得る必要があり、そのために宗教統制を強化し、内部工作さえおこなった。神社は日本の勢力圏拡大にともなって海外に進出し、汎太平洋地域に渡っていった多くの移民たちを精神的に支え、国内からも多くの物的精神的支援を展開し、それによって「国家機関」としての役割をはたすこととなった。政府側の神社・神職動員は、戊辰戦争以来長らく、消極的なものであったが、日中戦争以降に急激に加速していったのが特徴である。キリスト教の戦争協力は、政府や国民からスパイや異端の疑いを持たれていたキリスト教にとって、社会的公認を得るために不可欠の手段であり(92)、……

ここで小川原は、戦争遂行に伴って軍部による宗教利用があったことを指摘している。ただし、それは一方的な利用ではなかった。小川原は、昭和前期の軍・宗教関係をオーケストラにたとえ、「相互依存」の関係にあったとも指摘している(93)。

そもそも、宗教を各々の教団・集団レベルで考えたとき、そこにはそれぞれの教義があり、世界観が存在する。ゆえに、宗教には対立・葛藤（＝〝最大の敵〟）が生じかねない要因が内包されているのである。事実、仏教界は概ねキリスト教に批判的であったし、仏教界内部でも常に対立が生じていた。当然のことながらそのような対立や葛藤は、神道や新宗教にも見られるものであり、政府といえども宗教問題は無視できない問題であり続けた。しかし、徐々にではあるが国家による介入および特定宗教の優遇が制度化されていくことによって、それらの対立・葛藤は体制強化のモーメントとして転換され、特に国家認証を受けた宗教は、反体制的な宗教に対して自発的に攻撃を行っていくことになる。その完成形態が宗教団体法（昭和一四年公布、翌年施行）であった。この法令によって、政府は宗教団体の内部まで干渉し、教団運営まで掌握することが合法的に可能となった(94)。国家は、この法令に基づきながら行政権能を行使し、宗教勢力を容易に体制内化、もしくは合法的に排除・弾圧することが可能となったのである。

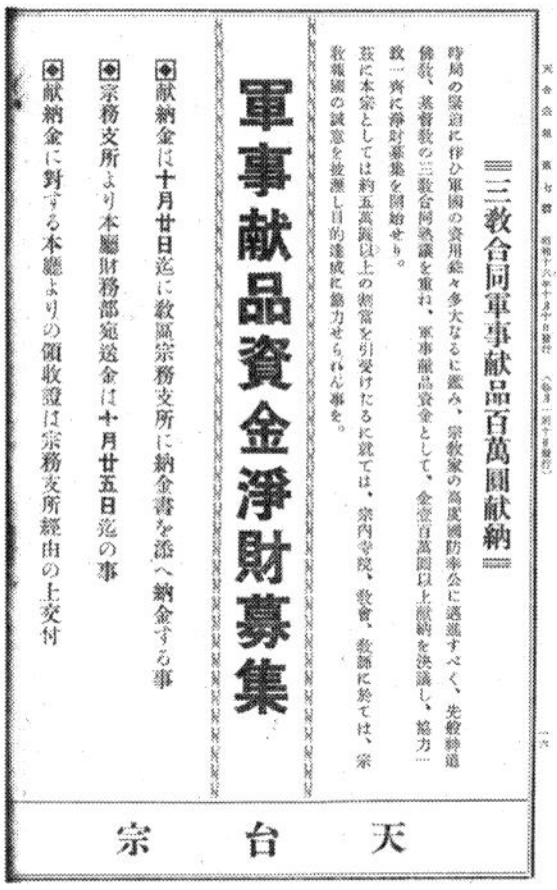

写真2　仏教教団による軍事献品募集広告（昭和16年10月）

近代日本宗教史を概観するとき、「教化」・「教導」という視点の重要性を林淳は指摘しているが、筆者もそれを支持している(95)。その教化機能を最大に発揮しようとした帰結の一つに、仏教勢力に見られた戦時教学があった。浄土真宗における真諦と俗諦の融合、浄土宗における皇道仏教、曹洞宗における皇国禅など、これらは国家総動員を実現ならしめるための戦時ならではの教学であり、従来の教養とは大きく異なっていた(96)。ただし、それは自己の教養を現実社会（＝機能主義社会）に順応させるための合理的産物であり、自らの教化機能を発揮するために教養を〝読み替え〟る実践であった。その証左に、戦時教学の構築を担ったのは、仏教勢力の中でも高等教育を受けた知的エリートらであったことは興味深い事実であり、先に触れた教科研への参加者と合致する。戦争や侵略を肯定する戦時教学に対しては批判的な意見が多いが、戦時教学を矛盾もしくは誤っていたと一方的に断罪することは極めて困難、というのが筆者の考えである。無論、戦争は人間に大きな被害と悲しみをもたらす。それは筆者も首肯している。しかし、アジア太平洋戦争期における戦時教学の問題を取り上げるならば、究極的には近代化という歴史的課題と対峙せざるを得なくなる。戦時教学の背景にも、日本仏教の近代化、ひいては日本の近代化という歴史的なダイナミズムが潜んでいることを決して見逃してはならない、と筆者は考えている。

自らの機能性を発揮しようとするときに根源となったのが「天皇」であることは既に述べた。これは、キリスト教においても例外ではなかった。種々の弾圧や内部対立を経て、体制を擁護し「天皇」を肯定する教養や言説を発していった[97]。総力戦体制が進展していくなかで、ほとんどの宗教者は教化者としての社会的役割に殉じていく、つまり機能主義化した社会において国民形成という機能を果たす存在として宗教は期待され、そして、自身もそれに参加していったのである。言い換えれば、教育や学問と同様に、宗教も「天皇」の俎上に上ることを期待され、そして上っていったのである。ここにおいて、教育・学問・宗教は、同じ位相に立つこととなった。本章冒頭で触れた昭和一〇年の文部次官通牒「学校に於ける宗教的情操の涵養に関する件」は、教育と宗教が「天皇」という共通価値の俎上においてそれぞれの役割を演じることが期待された事例であった。戦時体制が進展するさなか、教育現場において教育勅語徹底を目的とした動員施策の一環として、教化の役割を担う宗教者を対象化するのはむしろ必然だったのである。

以上のように、総力戦体制下においては教育・学問・宗教が急激に資源化されていくのであるが、当然のことながら、それは前史あっての現象であったことは言うまでもない。明治二三（一八九〇）年には教育勅語によって教育方針の根底が定められ、学校（特に初等学校）は児童・生徒への教育とともに「天皇のマツリ」を実践する場となっていった[98]。明治一九年には帝国大学令が定められ、「国家ノ須要ニ応スル学術技芸ヲ教授シ及其蘊奥ヲ攷究スル」（第一条）という内容は、敗戦までにおける高等教育機関の基本方針とされた。宗教についても、明治五年の大教院制度以来、国家の枠組みの中に収まることが原則とされた。これら三つの領域は、国家にとって国家を超えるような領域として想定されておらず、国家の枠組みの中で国益に利する機能を果たす領域として期待されていたのであった。とは言うものの、それらは近代化に伴う新しい領域として形成されたことから、各々の定義（＝領域確定）および役割（＝機能）について様々な主張や議論が行われていたのが前史だった。重要なのは、そのような前史が総力戦体制化にともなって、急激に「天皇」を至上理念として〝読み替え〟られていった点である。本章冒頭に述べたような「顕教」による凌駕、「教育と学問の一元化」、「教育と宗教」・「学問と宗教」の関係変化は、まさに〝読み替え〟られた結果であった。それが、総力戦体制構築＝動員システム潤滑運用＝社会の機能主義化、という日本近代化の道程を外れない〝読み替え〟であったことは、これまで論じてきた通りである。

第六節　おわりに

以下では、本章の要約と残された課題、および筆者なりに考える日本の近代化について述べておきたい。まず、要約である。本章においては、総力戦体制の本質を機能性追求の動員システムとして捉えた上で、システムにとっての〝最大の敵〟が構成要素間の対立であることを論証し、それを究極的に解決するためには「精神動員」が浮上せざるを得ないことを論じた。その後、日本における総力戦体制を主導した二人の軍人（田中義一、永田鉄山）に焦点を当て「精神動員」の歴史的端緒を探ったが、「精神動員」はあらゆる動員の中核として位置づけられていたことを明らかにするとともに、そこには二重の資源化が企図されていることを指摘した。そして最後に、資源化の具体的な例として、教育・学問・宗教を取り上げ、それぞれが総力戦体制に則した機能を発揮するために〝読み替え〟られていったことを結論として提示した。

次に、課題である。総力戦体制と教育・学問・宗教という大きなテーマを設定したがゆえに、論じきれていなかった部分も多い。理論面に力点を置いたため具体的な事実を丁寧に追っているとは言いがたく、近代国家形成にとっての重要なファクターである慰霊についても論じることができていない。そして何より、「天皇」に関わる様々な言説の精査を行っていない。これらの点については、今後充分に補完していきたいと考えているが、総力戦体制下における教育・学問・宗教の関係を考える際の大まかな見取り図は描けたと考えている。

最後に、日本の近代化に対する筆者なりの考えを、総力戦体制が生み出した「天皇」という視点から述べておきたい。戦争は日常生活にとって異常であり理解しがたい苦しみを生みだす。ただし、戦争可能な体制を構築する、もしくは戦争を継続しようとしていく過程は、決して異常でも非合理でもない。特に先の総力戦体制下では、合理的に「社会の編成替え」が実践されていった。その一方で、そこでの合理は万人にとっての合理ではなかったことも事実である。総力戦体制（＝動員システム）にとって合理的ではない、機能的ではないと判別されたものは、容易に排除・弾圧の対象になった。それは、合理の暴力であり、合理が合理であり続けるための暴力であった。その暴力を正義として現実社会に実現せしめた体制こそが総力戦体制であった。一旦、近代化へと歩みだせばもはや後戻りは許されない。有形無形のあらゆるものを包摂しながら日本は近代化を突き進んだが、自身の正当性の根源を「天皇」に求め続けた結果、「天皇」は無限に拡大解釈されていくこととなってしまった。総力戦体制への道程、よりメタの次元では、日本が機能主義的な社会形成の道程を一途に歩んだからこそ、この世もあの世も合理も非合理も、あらゆるものを包摂可能な「天皇」が出現せざるを得なかったのである。

なお、本稿は日本学術振興会科学研究費補助金若手研究（B）「大正期の大学行政と宗教系大学昇格背景に関する実証研究」（代表者江島尚俊、一六K一六七〇七）での成果も兼ねている。

註

（1）　鶴見俊輔『戦前期日本の精神史―一九三一～一九四五―』（岩波書店、二〇〇一〈初版一九八二〉）所収の「国体について」を参照。

（2）　寺﨑昌男「森文政と学校令」（土屋忠雄・渡部晶・木下法也編著『概説近代教育史―わが国教育の歩み―』〈川島書店、一九六七〉）四二頁。森有礼は帝国大学を学問の場とし、尋常中学校以下を「薫陶」「訓令」が施される教育の場所として位置づけ、エリート教育と大衆養育とを質的に分極化させたことが、寺﨑によって指摘されている。

（3）　寺﨑昌男「序章二　戦時下の高等教育政策」（老川慶喜・前田一男編『ミッション・スクールと戦争―立教学院のディレンマ―』東信堂、二〇〇八）。

（4）　拙稿「なぜ大学で宗教が学べるのか―明治期の教育政策と宗教系専門学校誕生の過程から―」（『宗教研究』第三八一号、二〇一四）。

（5）　久木幸男「訓令十二号の思想と現実（一）・（二）・（三）」（『横浜国立大学教育紀要』第一三・一四・一六号、一九七三・七四・七六）、谷川穣「教育・教化政策と宗教」（『岩波講座　日本歴史』編集委員編『岩波講座　日本歴史（第一五巻）』〈岩波書店、二〇一四〉）。

（6）　拙稿「第一章　近代日本の高等教育における教育と教化」（江島尚俊・三浦周・松野智章編『シリーズ大学と宗

教Ⅰ　近代日本の大学と宗教』〈法藏館、二〇一四〉）参照。

（7）この当時の学科とは、現在でいうところの科目を意味する。

（8）文部省編『学制百年史（資料編）』（株式会社帝国地方行政学会、一九六七）二四頁。

（9）小柳敦史「第四章　京都帝国大学文学部基督教学講座の成立」（江島尚俊・三浦周・松野智章、前掲書）。

（10）木村清孝「原坦山と「印度哲学」の誕生―近代日本仏教史の一断面―」（『印度学仏教学研究』第四九巻第二号、二〇〇一）。

（11）藤田大誠『近代国学の研究』（弘文堂、二〇〇七）所収の「第五章　近代国学と高等教育機関―東京大学文学部附属古典講習科の設置と展開―」を参照。

（12）高橋陽一「宗教的情操の涵養に関する文部次官通牒をめぐって―吉田熊次の批判と関与を軸として―」（『武蔵野美術大学研究紀要』第二九号、一九九八）。

（13）大澤広嗣『戦時下の日本仏教と南方地域』（法藏館、二〇一五）を参照。

（14）臼杵陽「戦時下回教研究の遺産―戦後日本のイスラーム地域研究のプロトタイプとして―」（『思想』第九四一号、二〇〇二）、大澤広嗣「昭和前期におけるイスラーム研究―回教圏研究所と大久保幸次―」（『宗教研究』第三四一号、二〇〇四）、店田廣文「戦中期日本における回教研究―『大日本回教協会寄託資料』の分析を中心に―」（『社会学年誌』第四七号、二〇〇六）、臼杵陽編『日本・イスラーム関係のデータベース構築―戦前期回教研究から中東イスラーム地域研究への展開―』（科学研究費補助金〈基盤研究A、二〇〇五―二〇〇七年度〉研究代表者・臼杵陽、二〇〇八）、店田廣文「戦中期日本における回教研究機関―『大日本回教協会寄託資料』の検討―」（『日本中東学会年報』第二八巻第二号、二〇一三）を参照。

（15）前川理子『近代日本の宗教論と国家―宗教学の思想と国民教育の交錯―』（東京大学出版会、二〇一五）。

（16）丸山眞男『現代政治の思想と行動』（未来社、一九五六）。

（17）藤田省三『天皇制国家と支配原理』（未来社、一九七四［第二版］）。

（18）久保義三『日本ファシズム教育政策史』（明治図書、一九六九）。なお、久保は戦時下の教学局の全体像についても、『新版昭和教育史―天皇制教育の史的展開―』（東信堂、二〇〇六）で論じている。

(19) 村上重良『国家神道』(岩波書店、一九七〇)、同『天皇制国家と宗教』(日本評論社、一九八六)。
(20) 久保義三、前掲書(一九六九)一頁。
(21) 同書、七頁。
(22) 村上重良、前掲書(一九七〇)二〇〇頁。
(23) 藤原彰「太平洋戦争」(家永三郎ほか編『岩波講座日本歴史(第二一巻現代四)』(岩波書店、一九六三))。
(24) 木坂順一郎「日本ファシズム国家論」(木坂順一郎編『体系・日本現代史(第三巻)』(日本評論社、一九七九))。
(25) 赤澤史朗『近代日本の思想動員と宗教統制』(校倉書房、一九八五)。
(26) 纐纈厚『総力戦体制研究―日本陸軍の国家総動員構想―』(三一書房、二〇一〇[初版一九八一])。
(27) 同書所収の「『総力戦体制研究』の復刊に寄せて」を参照。
(28) 最終的な引導を渡すことになったのは、片山杜秀『未完のファシズム―「持たざる国」日本の運命―』(新潮社、二〇一五)であろう。片山は、日本的ファシズムの特徴とも言える精神論が実は合理的な思考の結果として導出されたことを明らかにするとともに、不磨の大典である大日本帝国憲法に規定された分権的政治体制が独裁的ファシズム体制を「未完」に終わらしめたと結論づけている。
(29) 赤澤史朗「特集にあたって」(赤澤史朗ほか編『年報・日本現代史(第三号)―総力戦・ファシズムと現代史―』現代史料出版、一九九七)ⅱ頁。
(30) 畠山弘文『近代・戦争・国家―動員史観序説―』(文眞堂、二〇〇六)一八〇頁。
(31) 山之内靖『社会科学の現在』(未来社、一九八六)所収の「あとがき」を参照。
(32) 山之内靖の思想遍歴については、山之内靖著/伊豫谷登士翁・成田龍一・岩崎稔編『総力戦体制』(筑摩書房、二〇一四)所収の成田龍一「解説　山之内靖と「総力戦体制」論をめぐって」を参照。
(33) 山之内靖『システム社会の現代的位相』(岩波書店、一九九六)。
(34) 吉田裕「近現代史への招待」(大井透ほか編『岩波講座日本歴史(第一五巻)』(岩波書店、二〇一四))一〇頁。
(35) 纐纈厚、前掲書、二八一頁。
(36) 雨宮昭一『総力戦体制と地域自治―既成勢力の自己革新と市町村の政治―』(青木書店、一九九九)、三宅正樹・

庄司潤一郎・石津朋之・山本文史編著『検証　太平洋戦争とその戦略一　総力戦の時代』（中央公論新社、二〇一三）、奥村哲編『変革期の基層社会—総力戦と中国・日本—』（創土社、二〇一三）。

(37) 纐纈厚『日本陸軍の総力戦政策』（大学教育出版、一九九九）、纐纈厚『田中義一—総力戦国家の先導者—』（芙蓉書房出版、二〇〇九）、由井正臣『軍部と民衆統合』（岩波書店、二〇〇九）、伊勢弘志『近代日本の陸軍と国民統制—山縣有朋の人脈と宇垣一成—』（校倉書房、二〇一四）。

(38) 戦時統制経済の研究は一九七〇年代より本格化しており、東京大学社会科学研究所編『ファシズム期の国家と社会（第二巻）—戦時日本経済—』（東京大学出版会、一九七九）、中村政則編『戦争と国家独占資本主義』（日本評論社、一九七九）などを嚆矢として、近代日本経済研究会編『戦時経済』（山川出版社、一九八七）、下谷政弘・長島修編著『戦時日本経済の研究』（晃洋書房、一九九二）、大石嘉一編『日本帝国主義（第三巻）—第二次大戦期—』（東京大学出版会、一九九四）、山崎志郎・原朗編著『戦時日本の経済再編成』（日本経済評論社、二〇〇六）、山崎志郎『戦時金融禁錮の研究—総動員体制下のリスク管理—』（日本経済評論社、二〇〇九）、同『戦時経済総動員体制の研究』（日本経済評論社、二〇一一）など、その他にも多くの蓄積がある。

(39) 佐藤広美『総力戦体制と教育科学—戦前教育科学研究会における「教育改革」論の研究—』（大月書店、一九九七）、上野千鶴子『ナショナリズムとジェンダー』（青土社、一九九八）、伊藤彰浩『戦間期日本の高等教育』（玉川大学出版部、一九九九）、戸ノ下達也・長木誠司編著『総力戦と音楽文化—音と声の戦争—』（青弓社、二〇〇八）、戸ノ下達也『音楽を動員せよ—統制と娯楽の十五年戦争—』（青弓社、二〇〇八）、佐々木陽子『総力戦と女性兵士』（青弓社、二〇〇一）、小森陽一・酒井直樹ほか編『岩波講座近代日本の文化史（第七巻）—総力戦下の知と制度—』（岩波書店、二〇〇二）、阿部恒久・大日方純夫・天野正子編『男性史（第二巻）—モダニズムから総力戦へ—』（日本経済評論社、二〇〇六）、松永典子『比較社会文化叢書XI「総力戦」下の人材養成と日本語教育』（花書院、二〇〇八）、牧野邦昭『戦時下の経済学者』（中央公論新社、二〇一〇）、駒込武・奈須恵子・川村肇編『戦時下学問の統制と動員—日本諸学振興委員会の研究—』（東京大学出版会、二〇一一）など。

(40) 近藤正己『総力戦と台湾—日本植民地崩壊の研究—』（刀水書房、一九九六）、近藤正己・北村嘉恵『内海忠司日記　一九四〇～一九四五—総力戦体制下の台湾と植民地官僚—』（京都大学学術出版会、二〇一四）、林琪禎『日本

学研究叢書一八　帝国日本の教育総力戦—植民地の「国民学校」制度と初等義務教育政策の研究—』（国立台湾大学出版中心、二〇一五）など。

(41) 山室信一『複合戦争と総力戦の断層—日本にとっての第一次世界大戦　レクチャー第一次世界大戦を考える—』（人文書院、二〇一一）、山室信一・岡田暁生・小関隆・藤原辰史編『現代の起点　第一次世界大戦』第一〜四巻（岩波書店、二〇一四）など。

(42) 山之内靖、J・V・コシュマン、成田龍一編『総力戦と現代化』（柏書房、一九九五）、酒井直樹・伊豫谷登士翁、ブレット・ド・バリー編『ナショナリティの脱構築』（柏書房、一九九六）、赤澤史朗・栗屋憲太郎・豊下楢彦・森武麿・吉田裕編『年報・日本現代史第三号　総力戦・ファシズムと現代史』（現代史料出版、一九九七）、伊豫谷登士翁・成田龍一編『再魔術化する世界—総力戦・「帝国」・グローバリゼーション—』（御茶の水書房、二〇〇四）など。

(43) 今村仁司『近代性の構造』（講談社選書メチエ、一九九四）。

(44) 安武真隆「「動員史観」再考—畠山弘文『近代・戦争・国家—動員史観序説—』（文眞堂、二〇〇六）を読む—」（『政策創造研究』第九号、二〇一五）七六頁。

(45) 畠山弘文、前掲書、六八頁。

(46) 安武真隆、前掲論文、八六頁。

(47) 桑野弘隆の業績としては、共編『一九三〇年代・回帰か終焉か—現代性の根源に遡る—』（社会評論社、二〇〇七）のほか、『社会科学年報』（専修大学社会科学研究所）掲載の論考「国民的総動員体制について」（第四七号、二〇一三）、「総力戦体制から国民的総動員システムへ」（第四八号、二〇一四）、「資本主義国家という概念について」（第四九号、二〇一五）、「ハウスホールドの再編をつうじてのフォーディズムへの国民総動員について」（第五〇号、二〇一六）などがある。

(48) 桑野弘隆、前掲論文（二〇一六）一〇一頁。

(49) 畠山弘文、前掲書、三一五頁。

(50) 桑野弘隆、前掲論文（二〇一四）二一五頁。

(51) 桑野弘隆、前掲論文（二〇一六）を参照。
(52) 山本有造『「大東亜共栄圏」経済史研究』（名古屋大学出版会、二〇一一）一八頁。
(53) 『官報』第一二二号（一九二七年五月二七日）一頁。
(54) 山之内靖「方法的序論」（山之内靖、J・V・コシュマン、成田龍一、前掲書）一一―一二頁。
(55) 同書、一二頁。
(56) 山之内によると「強制的均質化」は不可逆の社会改革であったと指摘されている点にも留意しておきたい。総力戦体制化を経験した、つまり、総力戦での動員を至上目的として機能主義的に社会変革を推進した社会は変革以前には戻れず、変革後の延長線上においてのみ新たな社会制度を構築せざるを得なくなってしまう。「第二次大戦後の諸国民社会は、総力戦体制が機能主義的再編成という新たな軌道についてはそれを採択し続けたのであり、この軌道の上に生活世界を復元したのである。」という山之内は、総力戦体制構築過程において実践された社会変革こそが、近代社会（「階級社会」）から現代社会（「システム社会」）への移行を促したと主張している。同書、一二頁。
(57) 山ノ内靖著／伊豫谷登士翁・成田龍一・岩崎稔編、前掲書、一五頁。
(58) 纐纈厚『田中義一―国家総力戦の先導者―』（芙蓉書房出版、二〇〇九）六二頁。
(59) 同書、七六頁。
(60) 同書所収の「第二章　軍近代化に乗り出す」を参照。
(61) 纐纈厚、前掲書（二〇一〇）三三―三七頁。
(62) 「業務担任区分表提出の件」（JACAR［アジア歴史資料センタ―］レファレンスコードC03024648600、『大正五年「歐受大日記　五月」』所収）。
(63) 纐纈厚「臨時軍事調査委員会の業務内容―『月報』を中心にして―」（『政治経済史学』第一七四号、一九八〇）五〇頁。
(64) 『全國動員計畫必要ノ議』（大正六年九月於参謀本部印刷）。防衛研究所史料閲覧室所蔵。
(65) 陸軍士官学校第十六期生故永田中将伝記編纂委員編『鉄山永田中将』（川流堂小林又七本店、一九三八）一五一頁。

(66) 臨時軍事調査委員『国家総動員に関する意見』(陸軍省、一九二〇、国会図書館所蔵) 八頁。
(67) 森靖夫『永田鉄山―平和維持は軍人の最大責務なり―』(ミネルヴァ書房、二〇一一) 六八―六九頁。
(68) 平原春好『配属将校制度成立史の研究』(野間教育研究所、一九九三) 一三六頁。
(69) 三谷太一郎『近代日本の戦争と政治』(岩波書店、二〇一〇) 一九五頁。
(70) 同書、一九五頁。
(71) 同書、二〇〇頁。
(72) 同書、二〇一頁。
(73) 倉澤剛『総力戦教育の理論』(目黒書店、一九四四) 三七八―三八一頁。
(74) 佐藤広美、前掲書。
(75) 同書、三三頁。
(76) 同書、「第二章 「天皇のもとでの社会主義」と教育科学」を参照。
(77) 同書、「第三章　総合国策機関と学校制度改革論」を参照。
(78) 同書、三―四頁。
(79) 「文部省訓令第五号」『官報』第三八八号（一九二八年四月一七日）一頁。
(80) 赤澤史朗、前掲書（一九八五）一一頁。
(81) 北河賢三「翼賛運動の思想」(木坂順一郎、前掲書) 五三頁。
(82) 萩野富士夫『戦前文部省の治安機能―「思想統制」から「教学錬成」へ―』(校倉書房、二〇〇七)。
(83) 前田一男「「教学刷新」の設計者・伊東延吉の役割」(寺﨑昌男・編集委員会共編『近代日本における知の配分と国民統合』第一法規出版、一九九三) 三六八頁。
(84) 前田一男「「教学刷新」の設計者・伊東延吉の役割」(寺﨑昌男・編集委員会共編、前掲書) 三六八頁。
(85) 寺﨑昌男・戦時下教育研究会編『総力戦体制と教育―皇国民「錬成」の理念と実践―』(東京大学出版会、一九八七) 一三―一四頁。
(86) 川村肇「第二章　教学局と日本諸学振興委員会」(駒込武・奈須恵子・川村肇、前掲書) 七五頁。

(87) 寺﨑昌男・駒込武「第一章　機関誌『日本諸学』にあらわれた学問論」（同書）四〇七頁。
(88) 川村肇「第一章　哲学界」（同書）四五〇頁。
(89) 駒込武「第三章　国語国文学会」（同書）四八六―四八七頁。
(90) 木村元「第五章　経済学会」（同書）五五四頁。
(91) 林淳「近代仏教の時期区分」（『季刊 日本思想史』第七五号、ぺりかん社）を参照。
(92) 小川原正道『近代日本の戦争と宗教』（講談社選書メチエ、二〇一四）二一五―二一六頁。
(93) 同書所収の「エピローグ　それぞれの「終焉」」を参照。
(94) 平野武「宗教団体法下の本願寺宗制」（『龍谷法学』第四二巻第四号、二〇一〇）四六（一五三一）頁。
(95) 近代国家日本が仏教に期待した役割を「教化」という概念で提唱したのは、谷川穣『明治前期の教育・教化・仏教』（思文閣出版、二〇〇八）であった。林淳は、その概念を宗教者全般に適用可能と位置づけている。林淳「明治仏教から近代仏教へ」（『禅学研究所紀要』第四二号、二〇一三）を参照。
(96) 戦時教学に関する研究成果としては、福嶋寛隆・「戦時教学」研究会編『戦時教学と真宗』全三巻（永田文昌堂、一九八八・九一・九五）、大西修『戦時教学と浄土真宗―ファシズム下の仏教思想―』（社会評論社、一九九五）、菱木政晴『開放の宗教へ』（緑風出版、一九九八）、近藤俊太郎『日本仏教史研究叢書　天皇制国家と「精神主義」―清沢満之とその門下―』（法藏館、二〇一三）、ブライアン・アンドレー・ヴィクトリア著／エイミー・ルイーズ・ツジモト訳『禅と戦争』（えにし書房、二〇一五〈原著一九九七、邦語訳初版二〇〇一〉）などを参照した。
(97) 同志社大学人文科学研究所編『戦時下抵抗の研究―キリスト者・自由主義者の場合―（Ⅰ・Ⅱ）』（みすず書房、一九六八・六九）、同志社大学人文科学研究所キリスト教社会問題研究会編『戦時下のキリスト教運動―特高資料による―』全三巻（新教出版社、一九七二・七二・七三）、塚田理『天皇制下のキリスト教―日本聖公会の戦いと苦難―』（新教出版社、一九八一）、金田隆一『戦時下キリスト教の抵抗と挫折』（新教出版社、一九八五）、キリスト教史学会編『戦時下のキリスト教―宗教団体法をめぐって―』（教文館、二〇一五）などを参照。
(98) 山本信良・今野敏彦共著『近代教育の天皇制イデオロギー―明治期学校行事の考察―』（新泉社、一九七三）、同『大正・昭和教育の天皇制イデオロギー〈Ⅰ〉―学校行事の宗教的性格―』（新泉社、一九七六）を参照。

第二章　大学における日本主義

――日本近代化における歴史哲学試論――

松野智章

第一節　はじめに

本章の狙いは、大学における日本主義とは何かという問いに対して、歴史哲学的解答を与えるものである。したがって、概論的な議論（悪くいえば大ざっぱな議論）を行うが、その結果得られる結論は具体的な実証主義的歴史研究の見方・解釈に貢献できるものだと考えている。そして、この問いを明らかにすることで、近代化において重要な役割を果たした大学という観点から、日本の近代化における天皇の果たした役割に言及できると目論むものである。

何故、このような試みが必要なのか。それは、近代を「世界史」の観点から捉え、その観点から個別の歴史・出来事を捉え直す必要があるからだ。世界の近代化という枠組みに、日本がどのように組み込まれるに至ったのか。近現代ということもあり、この分野は膨大な資料が存在し、歴史学・政治学・憲法学といった個別分野から微細で地道な研究がなされてきた。しかし、世界は全体論として歴史を構築していくものだという問題提起がなされるように至っているのが現状である。その端緒は、I・ウォーラーステインによる「世界システム」論の提唱である。それは、これまでの国単位の歴史を寄せ集めた作り上げた世界史ではなく、世界を一元論で捉え、世界全体の動きの中で特殊事例を理解するという「世界史」である。この研究の登場で、これまでの研究の多くは国単位の「単線的発展段階」論を前提とした研究の限界性が指摘されるようになった[1]。

近代日本について言えば、まさに天皇に関する議論がそれに相当する。戦後の歴史学を鳥瞰するに、天皇に批判的であれ擁護的であれ、左派・右派の両者ともに、天皇を国内事象として語る傾向を強く有していた[2]。確かに、天皇そのものは日本独自の事象であったかもしれないが、「世界史」的近代のなかで機能したことを考慮すると、天皇という存在を「世界史」において再検討する必要性がでてくる。

本来、「歴史」は世界規模で発展するものであり、「世界史」は個別の国や地域の寄せ集めではない。人類の歴史のすべてを俯瞰的に捉え、体系的に有機的に探究する学問こそが世界史である。筆者の知る限り、日本においては歴史研究者の武井正教が先駆的にこの分野を探究していた。予備校講師でもあった武井が作り出した講義テキスト『武井の体系世界史』(のちに市販)は、地域(国)と時代区分を横軸と縦軸に配列し全世界の動向を一元化した上で論じようとする画期的なテキストであった。それは、歴史を網の目のように捉え理解していく方法[3]であり、地球規模で包括的に捉えられた世界史はウォーラーステインの「世界システム」論と同値であると言っても過言ではない。

この観点から日本主義や天皇を論じることは日本の近代化を考える上で重要であり、ともすれば政治的な立場からの研究に陥りやすい主題でありながら、それらの研究と一線を画し、世界史における必然としての近代化と日本の伝統ある天皇を客観的に関連づけることを可能とさせる。武井の言葉を借りれば「近世」から「近代」、「世界史的世界」から「国際世界」への移行が本章の取り上げる時代背景である。世界システム論は世界分業体制という経済的観点から論じられるが、本章は、概念の観点からそれを論じたい。具体的には「日本主義」という、つい最近までは見向きもされなかった素材を取り上げることで天皇の問題に繋げるものである。日本主義は天皇という存在の近代世界に対する反応だったのであり、この日本主義を理解することで日本の近代化の特質が明示化されるからである。

具体的な論述に進む前に、「大学と宗教」を主題とした本書において、天皇及び日本主義を取り上げる意義について述べたい。戦時下の日本において、宗教的世界観ともいえる天皇論が大学という近代的空間を覆ったことをどのように理解すべきなのか。これは「世界史」的近代の受容の結果であったという視点を筆者は採りたいと考えている。戦後における戦時研究では、昭和前期の学界状況は異常もしくは逸脱であり戦時特有と考えられ批判するのがかつて主流であった。「世界史」からみると戦前・戦中の大学を特定の絶対的価値で覆った天皇とは決して国内のみから語られる事象ではなく、近代化のなかで普遍性をもつ事象として位置づけられるべきものなのである。

第二節　具体的な問題の提起——京都帝国大学と「日本精神史講座」——

一九三七（昭和一二）年は、大学と日本主義という主題においてターニングポイントとなる重要な年である。この年は、文部省の『国体の本義』発行の年であると共に、日本主義を掲げる文部省の方針を大学が受け入れた年でもある。その象徴的な事例が、京都帝国大学における「日本精神史講座」の開講である。なぜ、京都帝国大学[4]での

「日本精神史講座」の開講が大学全般を象徴するのかと問われれば、京都帝国大学こそ一九三三年の京大事件（瀧川事件）のこともあり、自由な学問研究の象徴的存在であったと思われるからだ。『京都大学百年史』においても、「満州事変後ますます盛んとなった国家主義・軍国主義は自由主義を排撃し、自由な学問研究を建学の精神とする京都帝国大学もその攻撃対象になった」とし、文学部出身の総長らが「困難な時局の中で、国家権力を背景とする国家主義・軍国主義者たちの圧力によく抗し、戦時下の大学組織・施設の拡充と伝統維持のために懸命に尽くしている」と評価している。[5] 京大事件とは、法学部の瀧川幸辰が、マルクス主義寄りの講演を行ったとして文部省が退職を迫るのに対し、学問の自由を守るべく法科大学をはじめとした教員が瀧川教授を守り続けようとした事件である。京都帝国大学は学問の自由を主張し、文部省ともっとも激しい対立関係にあった。

　京都帝国大学において日本主義に関する講座が開設された経緯は明らかではないので、実は、屈服しての開講なのか、時節柄そうなったのかの判断がつかないのであるが、一九三七年、京都帝国大学図書館において、「図書閲覧特殊施設／国体、国策、満州事情ニ関スル図書ヲ蒐集、特別ノ書架ニ展示シ、学生等ニ対シ之ガ貸出手続ヲ簡易ニシテ播読《ママ》ヲ奨励ス／昭和十二年十一月一日以降／図書館」[6] とあるように国策に同調する図書のフェアを開いている。このフェアを通して学生にそうした本を借りやすく提供したとあるので、このような企画が展開されていることに鑑みるなら、すべてが強制されたわけではないと思われる。

　日本主義に関する講座の開講は京都帝国大学のみならず多くの大学で実施された。東京帝国大学においても、同じく一九三七年に日本主義の講座として、「日本思想史講座」が設けられた。『東京大学百年史』では、この流れを「総動員体制」の一環であったという解釈を与えている。同書では、講座設置のきっかけは日本主義の代表的人物でもある平泉澄教授が一九三六年五月六日の教授会で神道講座の「教授増員につき考慮ありたい」という申し出をしたことにあるとし、開講に関する議論を次のように紹介している。

同年十二月十六日の教授会では桑田学部長から次のような説明があった。開会中の第七十帝国議会に①考古学講座新設、②神道講座充実、③国体学講座新設の予算が提出されている。①は本学部からの要求、②は文部省の申し出だが、形式上は学部の要求、③は本学の要求外である。①②は予算請求上問題とすべき点はないが、③は疑義がある。そこでこれをうけるべきか否か、講座の名目を変えるか（これは可能であるとされた）、既設講座の一つを改訂し、その内容を国体明徴に関するものとするか、が論点として桑田学部長より提起され、なお審議は継続すべきものとして当日は解散した。(7)

結果として、考古学講座、神道講座、国体学講座の三講座とも予算を通過し開講されるに至る。そして、「国体学についてはまず大学の意志を明らかにする必要がある」としながらも、長與又郎総長が文学部の意向を尊重したいという態度を示したため、一九三六年九月一六日の教授会にて「国体学」講座の名目が「日本思想史講座」となった。これは、京都帝国大学の「日本精神史講座」を参考にしたという。(8)では、このように大学で問題となった日本主義とは何であろうか。ただし、この問いは日本主義の内容を紹介するための問いではない。日本主義が席巻したという事実の評価に関する問いである。

第三節　抽象的な問題の提起——戦時下の歴史観を考察するのに必要なこと——

日本主義を理解するためには、単に事典を引くように日本主義の思想内容を調べればよいというものではない。その思想がおかれた時代背景や機運、さらには歴史性を知る必要がある。特に日本主義を理解するために気をつけなければならない点は「歴史」や「進歩」といったものの捉え方である。というのも、今日と異なり一九七〇年代頃まで人々は、人類の歴史がある方向性をもって進歩していくものだと思っていたからである。このことは、サブカルチャーであるSFやマンガ作品を歴史的に並べればその推移が確認できる。藤子・F・不二雄が一九六九（昭和四四）年から描いた『ドラえもん』や一九六七年のディズニーランドの「ニュー・トゥモローランド・プロジェクト」における二一世紀像と、大友克洋が一九八二年に描いた『AKIRA』や同年に公開された映画「ブレードランナー」の二一世紀像の差が如実にこのことを物語っている。C・レヴィ＝ストロースが「進歩」という概念を相対化したように一九七〇年代頃までは、漠然とではあるが人類が進歩し続ける未来像というものがあった。そして、だからこそ『AKIRA』や「ブレードランナー」によって描かれた未来は衝撃的であった。これらの作品では、『ドラえもん』や「トゥモローランド」が描くようなきれいで進歩した未来ではなく、都市は汚く、人々は混乱し、多少テクノロジーは進歩しているものの、そこにある未来は今日と大差ない社会が描かれていた。これらの作品には「未来」はあっても「進歩」という概念はない。

社会学・宗教学においても、このような歴史観はあったといえる。宗教の個人化こそが時代の流れであり、「伝統宗教」というものはいずれ消滅すると素朴に考えられていた[9]。しかし、一九七九年、ホメイニによるイラン革命や一九七八年の米国における人民寺院の事件を始めとしたカルト宗教の現象など、進歩史観とはほど遠い出来事が世界中でみられるようになった。単純な啓蒙主義のような見方が許されなくなったのである。また、政治学においてもF・フクヤマのヘーゲルの歴史哲学を背景に自由主義の発展こそが歴史の神髄であり、米ソ冷戦の集結でもって歴史は終わりを迎えたという単純な見方も、当の本人によって「歴史の終焉」の概念など、修正されるにいたった[10]。

もちろん、歴史学／史学において、歴史はそのような単純な発展をしているのではないという考え方は、G・W・F・ヘーゲルの歴史哲学に抗したL・ランケの歴史学の登場をもって語られる。しかし、歴史学をよそ目に世界を席巻したマルクス主義という大きな物語は歴史哲学そのものであり、それを解体する現代思想のポストモダンもまた反動的な歴史哲学である。ポストモダンは大きな物語の終焉を宣言したが、近代という物語の強固さを際立たせる結果をもたらした。そして、後に述べるが客観的な歴史学の代名詞であるランケもまた物語という観点から逃れられていない。つまりは、歴史と向き合うことは、少なからず歴史から物語を読みとるという行為になってしまうのである。

したがって、戦前・戦中の日本の大学を今日と同じような感覚で眺めても意味をなさないと主張したい。当時の大学を支配した歴史観／物語、すなわち歴史哲学を理解することが必要なのである[11]。

第四節　歴史とは何か——歴史哲学と歴史学の境界線の不明確さ——

歴史哲学といえばヘーゲルである。ヘーゲルの歴史哲学の内容を一言で説明するのであれば、「世界史とは、絶対精神の自己展開である」となる。これは、世界史という人類の歴史の本質の内実／背後に、絶対精神の発展があるというものである。これは、どういうことだろうか。例えば、個人の歴史を振り返ってみよう。年表に表されるのは、何時、何々小学校を卒業したとか、中学生の時に引っ越しをしたとか、卒業旅行はどこにいったとか、そういった「事実」の記述である。しかし、個々人が、その当時を振り返って感じるのは「あの時は退屈だったな」とか「あそこで心を入れ換えたのだ」とか、そうした心、哲学的に言えば「精神」の発展過程として自己の歴史を顧みるはずである。ただ年表のように自身の歴史を出来事だけならべて振り返る人は稀であろう。そして、今の自分を形成している要素として、過去の出来事を捉える。年少の時に、欲しいものを親が買ってくれなかったことで沸き起こった苦悩は、現在、我慢を覚えるということにおいて意義のある過程であったと大人になってから理解することができる。このような個人史とおなじような観点を世界史に持ち込んだのがヘーゲルである。我々が知ることができる世界史は事実の羅列の年表である。せいぜい、このときの出来事が次の出来事を生んだという程度の認識である。しかし、ヘーゲルは「世界史」を世界精神とも言い換えることができる「絶対精神」の体現した形跡だと捉えた。むしろ、絶対精神の観点からみれば、絶対精神の自己展開こそが歴史といわなければならないものだ。したがって、ヘーゲルの歴史は観念の範疇になる。このヘーゲル流の歴史理解を精神の流れから物質の流れに裏返して、経済学／経済活動という観点から歴史を紐解いたのが、K・マルクスである。どの時代においても必ず貧富の差という社会矛盾が生まれる。これを解決しようと次の社会体制が形成され、また、貧富の差が生まれて、これを解決しようと次の社会体制がうまれる。[12] この繰り返しの過程・段階を経て、最終段階として労働者が特権階級を否定し、労働者階級の社会を形成することが「自由」の自己展開の歴史の必然だとマルクスは説いたのである。

日本において「世界史」は、明治以降の近代化の中で意識されるようになったというのはいうまでもない。これは、実は欧州においても同じである。所謂、論文を書き学会で評価を受けるというような知の体系となる近代的な学問は一八世紀以降に確立したものであり、歴史学もそのうちの一つである。そして、この欧州で確立した学問を日本は熱心に学んだ。日本ならではの近代化が求められ、中央集権国家として天皇を中心とした国づくりがなされた。そうしたなか、日清・日露戦争を通して日本は自信をつけて一等国の仲間入りを果たせたと思っていた。その最中、第一次世界大戦が勃発し、欧州は荒廃し、ロシアでは皇帝が処刑され共産主義国家が誕生した。日本では、三国干渉以降のナショナリズムと相まって、日本こそが「世界史」に登場した理想の国家だという使命感が生まれたのである。欧州においては、O・シュペングラーの『西洋の没落』（上下、一九一八・二二）が書かれた時代でもあった。そうした意識の中で昭和を迎えたのである。

歴史学の客観性に関する疑義、つまり、学問と政治性の問題は用語としての「歴史」史をコンパクトにまとめた三島憲一「西欧近代のトポスとしての歴史哲学―普遍主義と個別主義の抗争―」[13]に詳しい。

多くの人は、「歴史」はいつの時代にも語られ、書かれてきた、と考えるかもしれないが、それは、現代の習慣を過去にナイーブに投影したにすぎない。過去において語られてきた「歴史」とは、個別の事件や王朝の交代についてのお話である。それに対して、さまざまな「お話」や「物語」（Geschihten, stories）がまとまって、過去についての語りを総称する単数集合名詞としての「歴史」（Geschihte, history）という単語が教養言語として定着したのは、ようやく一八世紀後半のことなのである。[14]

そして、ヘーゲル亡き後、史料を重視した歴史学が台頭するのであるが、史料を重視したランケの歴史学もまた政治的なのである。

だが、歴史学派にあっては、その資料重視の態度の裏には、ランケやドロイセンがどれだけ自覚していたかは別にして、彼らの仕事を支える暗黙の解釈学的前提があった。目指されていたのは、実は、過去の実証主義的な記述ではなく、膨大な資料を駆使しての現在の正当化にあった。しかも、「民族精神」というキーワードが示す通りにナショナリズムなものの正当化であった。さらに、その「民族精神」はヨーロッパの歴史全体の枠の中でも正当化されるという二重の正当化であった。

例えば、ランケにとって歴史とはなによりも政治史であり、国際関係の歴史、外交の歴史であった。そして歴史の頂点は、自らがその首都の大学で長期にわたって教鞭を執ったプロイセンであった。この枠組みは『プロイセン史』九巻に結実している。またそれと並んで、『英国史』や『フランス史』といったヨーロッパ各国史に見られるように、近代初頭のヨーロッパ諸国民が歴史の主体とされている。経済史や女性史は眼中にない。労働運動などは書くにもあたいしなかったようだ。ランケは、諸国民を通じて歴史の中で働く「道徳力」についてしきりと語るが、これこそ、およそ資料中心とは相容れない、なかば形而上学的前提ではなかろうか。しかも、ナショナリズムの時代の相対性がまったく見えなくなったことによって可能な前提ではなかろうか[15]。

マルクスの「唯物史観」であれ、E・サイードの「オリエンタリスム」であれ、あるいは「フェミニズム」であっても、政治性が介在する。そうした時、何故、戦前の「日本主義」が特殊なものとして扱われるのであろうか。むしろ、後発型の近代化を推し進める上で、日本主義は必然的な歴史観として理解すべきものなのではないだろうか。

第五節　日本主義による歴史哲学的歴史理解

一九三七（昭和一二）年に文部省編纂により出版された『国体の本義』は、まさに日本主義が完成した形でまとめられている。そして、日本の存在意義が歴史を通して確認されていることに注意したい。『国体の本義』の編纂委員は次の通りである。[16]

吉田熊次（国民精神文化研究所部長・教育学）
紀平正美（同研究所員・哲学）
和辻哲郎（東京帝国大学教授・倫理学）
井上孚麿（国民精神文化研究所員・法律学）
作田荘一（京都帝国大学教授・経済学）
黒板勝美（東京帝国大学名誉教授・国史学）
大塚武松（維新史料編纂官・国史学）
久松潜一（東京帝国大学教授・国文学）
山田孝雄（国文学）
飯島忠夫（学習院教授・漢文学）
藤懸静也（東京帝国大学教授・美術史）
宮地直一（考証官・神道学）

河野省三（國學院大学長・神道学）
宇井伯寿（東京帝国大学教授・仏教学）
調査委託として
山本勝市（国民精神文化研究所員・経済学）
大串兎代夫（同研究所員・法律学）
志田延義（同助手・国文学）
文部省から
小川義章（調査課長・哲学）
近藤寿治（督学官・教育学）
横山俊平（同・心理学）
志水義暲（同・社会学）
藤岡継平（図書監修官・国文学）
佐野保太郎（同・国文学）
藤本万治（同・倫理学）

決してトップダウンということでもなく、「編纂にあたっては、教育現場からの要望や意見を徴し、師範学校・中学校・小学校の教員をよび発言を求め[17]」、また委員会で各委員の意見を踏まえながら完成に至る。『国体の本義』は、A5判、一五六頁、定価三五銭の小冊子で、「初版二〇万部、再版八万部、三版一〇万部で、昭和一八年一一月末までに実に一七三万部余も発行され、不明確であるが、敗戦時まで、最終的に三〇〇万部ちかい部数が出たのではないかと推測される。これらは、全国の学校や教員、教育・教化施設に配布され、また市販されて普及した。中学校では副読本的な扱いをうけ、受験、とくに陸海軍の学校を受験する者にとっては必読の書とされた」[18]という。現在では、この本は有名な割にあまり精読されていないが、当時の学生の世界観／思考の概念枠となっていったことは想像に難くない。そして、『国体の本義』は、歴史哲学的理解を全面に打ち出している。その内容は、西洋の行き詰まりと日本の可能性という一言に尽きる。なかでも、次の一文のように、「抑々人間は現実的の存在であると共に永遠なるものに連なる歴史的存在である。又、我であると同時に同胞たる存在である。即ち国民精神により歴史に基づいてその存在が規定せられる。これが人間存在の根本性格である[19]」と紀平正美の主張が採用されたのかヘーゲルを強く意識したような文面も見受けられる。そうしたなか、『国体の本義』の主張をもっとも表現している一文を抄出するのであれば、次のものであろう。

併しながら西洋の現実が示す如く、個人主義は、畢竟個人と個人、乃至は階級間の対立を惹起せしめ、国家生活・社会生活の中に幾多の問題と動揺とを醸成せしめる。今や西洋に於ても、個人主義を是正するため幾多の運動が現れてゐる。所謂市民的個人主義に対する階級的個人主義たる社会主義・共産主義もこれであり、又国家主義・民族主義たる最近の所謂ファッショ・ナチス等の思想・運動もこれである。

　併し我が国に於て真に個人主義の齎した欠陥を是正し、その行詰りを打開するには、西洋の社会主義乃至抽象的全体主義等をそのまゝ輸入して、その思想・企画を模倣せんとしたり、或は機械的に西洋文化を排除することを以てしては全く不可能である。

　今や我が国民の使命は、国体を基として西洋文化を摂取醇化し、以て新しき日本文化を創造し、進んで世界文化の進展に貢献するにある。[20]

この文章を読んでわかるように、『国体の本義』は決して排他的な主張ではない。国体明徴を主張しながらも「現下国体明徴の声は極めて高いのであるが、それは必ず西洋の思想・文化の醇化を契機としてなさるべきであつて、これなくしては国体の明徴は現実と遊離する抽象的のものとなり易い。即ち西洋思想の摂取醇化と国体の明徴とは相離るべからざる関係にある」[21]というように、西洋文化との関係の中で、世界史的な理解に基づき日本と皇室を位置づけている。その結果、日本の国家の在り方が、如何に優れているかが西欧との対比において示されている。

また、同盟関係にあったと思われるナチス（NSDAP・国家社会主義ドイツ労働者党）に関しても『国体の本義』は、一歩距離を置いている。対ソ連という点において利益を共有したことで一九三六（昭和一一）年に日独防共協定が結ばれたが、必ずしも日本のすべての国粋主義者がナチスドイツを歓迎していたわけではない。ヒトラーはビアホールでの演説から誕生したならず者であり、階級社会を否定するナチスは日本の貴族層には合わない。大逆事件を担当し第三五代総理大臣を務め、最盛期には会員数二〇万人を数える国本社を設立し日本主義・国粋主義の喧伝化に尽力した平沼騏一郎はナチスについて次のように評価していた。

近頃は英米崇拝をやめて獨逸崇拝となり、ナチスにかぶれている。そしてあんなものを作らねばならぬと言って居るが、それは国体に反する。宛も平家源氏の如く形の違った党派である。日本では幕府は国体に反するものだと云うので之を倒し、明治維新となった。然るに之を忘れてナチスの真似をしようとしている。

デモクラシーの思想が廃れ、獨逸の独裁思想が入って来た。これは国家社会主義で、ソ聯の赤とそんなに距たりがあるものでない。日本の国体に反する点は殆ど同様で、共々に害を流すものと思ふ。[22]

これは、名称の問題もあり、国家社会主義という言葉にもあるように、結局は「社会主義」だという理解もある。当時の日本では、「社会」という言葉が使われるだけで警戒したと言われる。[23]それほどまでに、社会主義の弾圧は徹底していた。

したがって、今日の「右翼」と「左翼」という感覚で、日本主義が単なる右翼的な主張で、また共産主義が単なる左翼的な主張であるというように、この次元で捉えることは誤りである。この対立は、歴史観ひいては世界観をかけた戦いであった。それ故に、国家による社会主義の弾圧は、単なる弾圧ではなく、異なる歴史哲学の存続をかけた対立であり、だからこそ、社会主義の弾圧は徹底されたのである。

宗教と政治の問題を戦争やテロという暴力の側面から研究をすすめるM・ユルゲンスマイヤーは、宗教戦争の問題に対してコスミック戦争という理解を提唱している。[24]では、そもそも戦争の定義とはいかなるものか。ユルゲンスマイヤーは次の通りに纏めている。

戦争の概念を詳しく見てみると、絶対的な二項対立に直面する。それは単なる意見の相違ではない。それどころか、対立する者との争いですらない。結局のところ、双方の相違点を明瞭にし裁定を下そうとする試みは、戦争という手段によっては進展しない。戦争とは、断固打倒しようとする敵を相手にした、勝つか負けるかの闘争なのだ。妥協の余地はまったくない。敵の存在そのものが脅威であり、その敵がつぶされるか封じ込められるまで、自らの存在もまた安全ではありえない。この好戦的姿勢に際立っているのは、自分の立場についての確信と、最後までそれを守りぬこうとする、あるいはそれを相手に押しつけようとする意志である。[25]

裏を返せば、そのような状態になるものを戦争と位置付けることが可能ということであり、日本主義と社会主義の対立は単なる政治論争ではなかったことが読み取れる。さらに、ユルゲンスマイヤーは現実的な政策の違いから、宗教戦争へと発展する要因、世俗世界の対立が如何に宗教を巻き込むのかということについて、三つの要素をあげている。[26] ①「争いが、当事者の基本的なアイデンティティと尊厳を守るためのものと見なされる」場合、「その争いが、命ばかりではなく文化全体を守るためのものと考えられるなら、宗教的意味合いを伴う文化戦争と見なされる可能性が高まる」。②「争いに負けることが考えられない場合、その争いは人間の歴史を超えた次元で起きていると見なしてよい」。③「争いが行き詰まり、現時点であるいは現実問題として、勝利できない」場合、「争いが人間の次元では絶望的なものと見なされれば、それは勝利の可能性を神の手にゆだねる宗教の次元で再考されるかもしれない」という。「以上の三つの特徴のどれかがあれば、現実世界での紛争が聖なる戦争としてのコスミックな次元で捉えられる可能性が高まる」のである。これら三つは、宗教戦争を分析するためのものであるが、世界史からみれば、一九二九年のアメリカでおきた大恐慌以降、世界中でおきた社会の混乱のなか、世俗的問題の解決方法として、自由主義・社会主義・全体主義が台頭し、『国体の本義』で述べられたような世界観の対立が、コスミック戦争の様相をみせたといっても過言でないだろう。日本主義もまたそのうちの一つである。では、具体的に日本主義とはどういったものであろうか。

第六節　松永材の日本主義

松永材（一八九一―一九六八）は、日本主義を唱導した哲学者である。[27]東京帝国大学文学部を一九一九（大正八）年に卒業し、翌年早稲田大学教授、一九二四年には國學院大学教授を兼任した。日本主義運動を展開し、日本主義研究所を自ら創立し所長に就任している。

カント研究者であった松永材は國學院大学道義学科の哲学担当であったが、東洋思想にも造詣が深く『日本主義の哲学』（一九二九）を著している。『国体の本義』より八年前に出版されているが、より詳細に松永独自の歴史哲学が述べられており、注目に値する。後の蓑田胸喜の信仰ともいえるような日本主義ではなく、哲学者らしい歴史哲学的な試みとしての日本主義である。

松永は、非常に注意深く議論を進めていく。冒頭に、「『日本主義の哲学』とは表題そのものが既に非学的な感を起こさしめる。純粋な学究者はかかるものを著すべきではない。熱狂的な御用学者の挙である。これ等の評が或は真面目な学究者からあびせられるかも知れぬ」とあるように、自ら扱う主題が誤解を受けやすいものであることを自覚している。しかし、真摯に展開される松永の議論は御用学とはいいがたいものがある。例えば、神道思想史において最も重要とされる本居宣長の神道思想についても松永は、「その巧妙な理屈に感心しながらも、何処となしに空虚を感じ、不満を覚ゆる[28]」とし、これを「一種の力弱い運命思想である。都合のよい時は直毘霊神が支配したことになり、不都合なときは禍津日神が荒れていると云う。この不徹底な思想から上述の相対主義や懐疑的言語が生じたのである。然し、不徹底者は自己の不徹底に気が附かず、不徹底なることに徹底している。……如何様に見

写真1　松永材の墓碑「大日本主義に生き大日本主義に死す」（多磨霊園）

ても宣長の云うところは不徹底である[29]」と断定し批判している。神道思想であれば、それゆえの神祭りの必要性に議論が接続されるのであるが、松永はこれを単なる神秘主義として排し、さらには「然し古学者の保守は動もすると文化や進歩を排斥する傾がある。これは実際日本主義に当て嵌まらない。日本は古来外国の新規な文物を至って敏速に吸収した[30]」と主張する。『国体の本義』同様に海外の文化との交流・摂取を肯定的に日本主義の特徴と見て取る。

　当然、松永にとっても、歴史とは何かという課題が与えられる。松永は、ヘーゲルやマルクスの歴史観を精神世界の展開とそのひっくり返した唯物史観であると指摘したうえで、「所謂世界史の立場に立っているから、明らかに吾人の目的とする日本主義の問題に比しては余りに大きすぎるのである。吾人はかくの如き一原理主義的世界観は、その範囲が世界的であり、その要求が普遍的妥当にあるだけに、それだけ個々の国史に対して暴力を加え、国史又は国民史を無視し蹂躙する傾があることを見受ける[31]」と、世界史的な歴史哲学は大きな問題なので踏み込まないと自らの議論を限定しているが、その後展開される議論は、十分歴史哲学と呼べるものである。唯物史観と日本主義の差異を松永は、「唯物史観者は階級闘争史を書いている点に於て参考にはなるが、その階級史はやがて階級を除いて歴史を否定することを目的とするから、この意味に於て吾人の敵であって、吾人と氷炭相容れない。勿論吾人はここで唯物史観そのものが無価値であるか否かを論ずるのではない。ただ日本主義を発見せんとする目的を有する限り、歴史を否定するべからず[32]」と歴史そのものの扱いの差異を問題にしている。

松永の日本主義の主張は、東西交流を通して、それぞれの利点を吸収していくというものであった。天皇は、中国の天の思想と比較すれば、物質主義的であり内在的である。しかし、西洋的な科学主義からみれば精神的であり超越的である。超越性と内在性を併せ持つ天皇は、超越国や内在国の両文化を併せ飲むことができる存在である。それは、インドと中国から精神を学び、西洋から科学を学び、成長する国家である。洋の東西を問わず、超越的精神主義が猛威を振るう時は、内在的物質主義は影をひそめ、その逆も真である。松永にとっての天皇とは、超越した存在としての一貫性を保ちつつ、内在的変化を受け容れる存在だったのである。

第七節　大学における日本主義

大学における日本主義というと蓑田胸喜が思い浮かぶが、蓑田胸喜は日本主義の代表的人物というより、日本主義の最も先鋭的・排外的な側面における代表的人物であって、その思想は日本中心主義・日本絶対主義と呼ぶべきものである。蓑田の思想は天皇主義の観点に立つことを強要するのみで、非常に観念的である。そして、蓑田というキーワードが意味をもつのは、蓑田によるその活動が、一九三五（昭和一〇）年に天皇機関説の美濃部達吉を公職追放したことを頂点にして一段落つくことにある。その後、大学粛正運動へと展開するが、これは、大学において日本主義が概念枠として受け入れられたと言い換えることができる。そして、より重要なのは、この天皇機関説排撃運動が引き起こした岡田啓介首相の一九三五年八月三日と一〇月一五日の二度にわたる国体明徴声明である。この声明は、一度目は天皇機関説排撃運動を激化させ二度目はそれを鎮静化させている。その差異について増田知子『天皇制と国家―近代日本の立憲君主制―』では丁寧にこの問題を読み解いている。増田によれば、この背景には岡田内閣が考える立憲君主制と日本精神主義者の国体論の攻防があったという。美濃部の天皇機関説を一言で説明すれば、国家には司法機関から郵便局に至るまで様々な機関が存在し、国家の頭ともいうべき機関が天皇であるという憲法学説である。これに対して、日本精神主義者の考えは国家の上位概念に天皇を位置付ける国体憲法論だと指摘する。

四半世紀にわたり政官界に通用していた美濃部憲法学説が、事件発生早々政府から否定されたのは、たんに右翼の攻撃によるだけではなかった。美濃部が法と道徳の分離に忠実な近代憲法学説を打ち立てていたこと、西欧の立憲政治の通則を現実政治の規範としたことが原因であったのである。だが、その一方で、岡田内閣は斎藤内閣同様、日本精神論・国体論について特定の教義を与え、国家組織改革の「国家的指導原理」とすることを回避した。官製・国体明徴運動が国家組織改革を切り離して展開され、政府が立憲君主制再編の主導権を独占し続けようとしたことが、機関説排撃運動との抗争を激化させていく原因となっていた。(33)

一度目の声明の結果は、天皇が国家の外にあるのか内にあるのかあいまいな形で事態の決着を迎えたという。その結果、紆余曲折がありながらも二度目の声明では天皇が国家の上位に位置付けられるよう徹底されたのである。それが、先に取り上げた『国体の本義』に繋がる。しかし、天皇を上位概念に置く日本主義者も決して一枚岩でなく、二つの勢力が形成されている。一つは、革新右翼と言われ、「総力戦に耐えうる高度防衛国家の建設を目指し、そのためには一党独裁体制や統制経済政策も辞さない」という立場と、もう一つは観念右翼と言われ[34]、「国体明徴と憲法護持を掲げて革新勢力による急進的な国家改造を阻止しようとし、そのためには財界や既成政党や自由主義者といった勢力との連帯も辞さない」という立場である。[35] この対立は、陸軍における永田鉄山・東條英機などの統制派と荒木貞夫・真崎甚三郎などの皇道派に対応している。

国体明徴声明の翌年、陸軍においては、皇道派の青年将校が二・二六事件を起こし岡田内閣を瓦解させるものの鎮圧されるに至る。これにより皇道派は勢いを失い統制派が軍部を掌握する。ところが、大学内部は異なっていた。大学では、学生の主流は観念右翼であり、その代表として日本学生協会（一九四一年のピーク時には四〇〇〇人いたと言われる）などが存在した。[36] 松永材も、「戦時中、東条英機首相が専横を極めて居た頃、國學院大学の講義中、堂々と東条の今のやり方は幕府的だと痛烈に攻撃されたことがあった」[37]と教え子が述べているように、日本主義の立場から統制派を批判している。そして、こうした革新＝統制、観念＝皇道の両者の対立は、一九四〇年の近衛文麿内閣の新体制発足時、近衛のブレーンで東京帝国大学法学部教授であった矢部貞治の「近衛新体制についての手記」（一九四六）で明確に示されている。

表1　革新右翼と観念右翼の理念型[38]

革新右翼	国家改造、高度国防国家、解釈改憲、指導者原理、統制経済、親ソ・親独、世界史的な使命	陸軍統制派、革新官僚、無産政党、国家社会主義
観念右翼	国体明徴、国民精神総動員、護憲（不磨の大典）、臣道実践、資本主義擁護、反共・反独裁、日本史的な道統	陸軍皇道派、財界、既成政党（現状維持派）、自由主義者

重要視したいのは、このような対立が、左翼を追放し右翼化した大学において展開されたという事実である。

第八節　天皇と近代の関係における歴史哲学的アプローチ

これまでの近代天皇研究は、一九三二（昭和七）年、「赤旗」（七月一〇日）で発表された『日本における情勢と日本共産党の任務に関するテーゼ』の通称三二テーゼに代表されるように、西洋史になぞらえて、天皇を欧州における絶対君主として捉える研究であり、それらの研究を批判したターニングポイントが安田浩「近代天皇制国家試論」であろう。安田は、「天皇制国家が地主的土地所有や共同体を基盤とする絶対主義的権力であったからではなく、社会を国家にあわせて形成しようとする後発資本主義の権威的秩序であり、近代天皇制国家の固有の統治様式の産物に他ならなかった[39]」とし、次のように纏めている。

近代天皇制国家の問題性は、君主の個人的専制にあったのではない。天皇の個人的意思が政治的決定を左右する事態がなかったわけではないが、個人専制の色彩はむしろ希薄な権力であった。問題は、天皇の権威の下に国家装置が強大な自律性を発揮し、社会の自立性を抑圧し、社会そのものの中に国家の求心性・依存性を内包させていったことである。[40]

同じく、安丸良夫も菅孝行との対話の中で、次のように述べている。

日本の天皇制についての議論も、そういう議論の中の一環であって、発展段階論的に考えて、大体こういう位置づけを持った絶対主義権力だということで、そのような捉え方は非常な重みを持っていました。……発展段階論的にいうと、天皇制は、アジア的生産様式だとか封建的だとか、〃遅れたもの〃というふうに考えやすかった。ただ、自分でいろいろやってみて、一つ見つけられたと思うことは、近代天皇制は非常に古い古代的なものを持っているかもしれないけれども、でも、それは近代化のための動員装置だったということです。……近代化のための動員装置という特徴を持ったものであって、そういう要素は、天皇制の中で決して副次的なものではない。平田篤胤のかなりファナティックな議論にしても一種の近代化論の要素を持っている。さらにそれ以降になれば、むしろ近代化に対応するのが国学だったといえるかもしれない。大国隆正などは典型的にそうですけれども、そういう近代化の論理を提供しようとする。そういう要素を天皇制の中で重く考えることで、天皇制論を再構成する必要があるのではないだろうかということを、初めのころに考えていました。[41]

宗教政策を、近代の象徴である大学を通して捉え直し、特に近代国家の要素である「総力戦体制」という観点から捉え直す必要性は、同じく、天皇・国体論についても当てはまるであろう。しかし、本章では日本史・政治史における天皇研究とは異なり、天皇を西欧史の君主・王朝として比較検討を行うよりも西洋キリスト教文化圏における〈神〉の言語ゲームと対応させることを試みたい。もちろん、天皇は神道の「神」であったとしても、ヒト科ヒトである。しかし、国体論などの言説に登場する天皇は、いわば絵に描いた餅であり記号としての天皇であって、現実存在としての天皇とは異なるものである。

国体論における天皇とは、単なる一人格としての天皇ではなく、歴代天皇の御霊である皇祖皇宗と一体化した概

写真 2　上杉慎吉の墓碑
（多磨霊園）

念としての天皇である。それ故に、美濃部達吉と論争を繰り広げた上杉慎吉の天皇論は非常に重要である。というのも、「上杉の学説は非学問的と評されて学会では孤立するが、体制の「顕教」としての役割をあてがわれ、初等教育・軍教育の世界を支配し、天皇機関説事件をきっかけに正統の座を独占することになる[42]」からである。上杉は、自らの天皇主義のことを「皇道」と名付けている。前川理子は上杉について次のように論じている。

> 上杉は「皇道」の信仰を儒教仏教よりはキリスト教に近いものと捉えているが、キリスト教よりも優れていると述べている。神人交渉により神命を知り、小我を捨ててこれに「憑依」し、安心幸福を得て理想に至ることを信じるのは両者とも同じだ。だが、キリスト教の神は無形の想像であり、キリストを通じての神人交渉や神命啓示なるものも無を有とする迷信にすぎない。これに対し「現実ナル意思ノ主体」である天皇を「現人神」として奉ずる「皇道」では、信仰対象が有形であり、神人交渉も神命の啓示も「現実」のものであって、他に優る「完全」な信仰だといえる[43]。

上杉の思想では、皇祖皇宗の意思と天皇の意思は一体化したものである。上杉は『国体論』において、次のように述べている。

天皇は天祖血統の子孫として、萬世一系統治の御位にましますのである、天祖の遺霊を承り、之を一身に体得したまひ、天祖今も在すが如く之を知ろしめすのである、民の天皇を仰ぐこと祖宗を仰ぐと異る所はない、天祖の霊魂は永久に亡びず、今も尚ほ在ますが如く生活活動し給ふのである、皇位継承の意味は実に茲にあるのであつて、歴代の天皇彌継ぎ継ぎにましますけれども、上下一貫して、天祖の遺霊である、天祖が皇孫を此の国に降り給はせられたる時、賽鏡を皇孫に給はり、猶ほ我を見るが如くすべしと宣給はせられたのは、此の意に外ならぬ、皇位継承と云ふと雖も、天皇が皇位なる物体を相続継承せらるるのではない、天皇崩ずれは皇嗣即ち践祚す、皇統連綿一貫して天皇であるのである。(44)

しかし、現実における天皇という文脈は、現実存在としての今上天皇を指すときもあれば、観念としての皇祖皇宗を意味するときもある。皇祖皇宗の具体性については、歴代天皇の和歌や「みことのり」に表現されていると考えるのが一般的である。(45)この二重の言語ゲームを無自覚に混同しつつ「天皇」という言葉が一人歩きした状態が、戦前の天皇という言語ゲーム（言説及び付随する行為）である。したがって、その二重性は、必然的に露呈する。先に取り上げた国体明徴運動における内閣と陸軍の論争においても、増田知子は、当事者である昭和天皇と美濃部達吉は実際、蚊帳の外であったことを指摘する。

昭和天皇は美濃部を高く評価し機関説支持を明らかにして、軍首脳に機関説攻撃をやめるように圧力をかけた。昭和天皇は、天皇の地位について国家の機関でも器官でもよい、有機体説でも法人説でも天皇は主権者になるのだからいいではないかと主張していた。折衷主義でも美濃部でもよいというのは、一九三五年時点では最も許容範囲の広い見解である。また、天皇を怒らせたのは、現実に軍が満州事変以来天皇の意思を無視し続けながら、天皇主権を振りかざすその矛盾であった。昭和天皇は軍部が自分の意思を無視し機関説を批判することは、軍の真意が天皇を神に祭り上げて天皇主権を否定しようとすることにあると見抜いていた(46)。

また、二・二六事件の首謀者の一人である磯部浅一の獄中日記を引用したい。天皇という言葉が一人歩きしている事例を確認できる。

> 八月一日　余は多弁を避けて結論だけを云つておく、日本改造方案《ママ》は一点一画一角一句悉く真理だ、歴史哲学の真理だ、日本国体の真表現だ、大乗仏教の政治的展開だ、余は方案《ママ》の為には天子呼び来れども舟より下らずだ(47)。
>
> 八月十一日　天皇陛下は十五名の無雙の忠義者を殺されたのであらふか、そして陛下の周囲には国民が最もきらつてゐる国奸等を近づけて、彼等の云ひなり放題に御まかせになつてゐるのだらふか、陛下　吾々同志程、国を思ひ陛下の事をおもふ者は日本国中どこをさがしても決しておりません、その忠義者をなぜいぢめるのでありますか、朕は事情を全く然〔ママ〕ぬと仰せられてはなりません、仮りにも十五名の将校を銃殺するのです、殺すのであります、陛下の赤子を殺すのでありますぞ、殺すと云ふことはかんたんな問題ではない筈であります、陛下の御耳に達しない筈はありません、御耳に達したならば、なぜ充分に事情を御究め遊ばしませんので御座いますか、なぜ不義の臣等をしりぞけて、忠烈な士を国民の中に求めて事情を御聞き遊ばしませぬので御座いますか、何と云ふ御失政ではありませう(48)

八月十七日　元老も重臣も国民も軍隊も警察も裁判所も監獄も、天皇機関説ならざるはない、昭和日本は漸く天皇機関説時代に迄進化した　吾人は進化の聖戦を作戦指導する先覚者だつた筈、されば元老と重臣と官憲と軍隊と裁判所と刑ム所を討ちつくして、天皇機関説日本を更に一段階高き進化の域に進ましむるを任とした然るに天皇機関説国家の機関説奉勅命令に抗することをも為し得ず終りたるは、省みてはづ可き事である[49]

八月廿八日　今の私は怒髪天をつくの怒りにもえてゐます、私は今は、陛下を御叱り申上げるところに迄、精神が高まりました、だから毎日朝から晩乞《ママ》、陛下を御叱り申して居ります。天皇陛下　何と云ふ御失政でありますか、何と云ふザマです、皇祖皇宗に御あやまりなされませ[50]

磯部が「歴史哲学」という言葉を使っていることは興味深いが、それはさておき、日記にある通り、まさに言説上の天皇と現実存在としての天皇とのずれをうかがい知ることができる。そして、昭和天皇が疎外感を覚えたように国体論の天皇は超越的な存在として機能する。この点は、松永材の指摘に表れている。それは、日本の本質としての天皇の両義性であり、日本の近代化における天皇の大きな役割を松永は見抜いていたともいえる。なぜなら、日本における社会矛盾の改革を表現するときに天皇は、その有用な存在として機能したからである。革新右翼と観念右翼の対立、陸軍における統制派と皇道派の対立は象徴的な対立である[51]。前者は、当時の社会矛盾を昭和維新[52]の実現と農本主義という天皇の伝統を通して解決しようとしたものであり、後者は、ソ連など迫りくる脅威に対して、さらに積極的に産業立国・工業化を目指すことで解決できるとした。天皇は、この両者をともに引き受ける存在であった。それが、束帯を付けた伝統を継承する天皇であり、同時に軍服を着た近代国家の象徴としての天皇という存在である。このように捉えると、天皇とは弁証法を一人で引き受ける存在であり、矛盾を内包する存在である。

言ってみれば天皇とは、「古い」と「新しい」という形式論理学上の矛盾を内包する超越的存在である。そして、このような包括的な概念としての天皇が存在したことが、日本の近代化において、近代化と合致しながら、重要な役割を果たしたと思われるのである。

近代化は、西欧においてなされたわけだが、これはキリスト教の概念枠の中で確立したものといって良い。キリスト教のカルバン派における選挙制が民主主義の起源であり、職業の肯定が資本主義の基盤を形成したことはすでに社会学が明らかにした通りである。(53) 中世以来の封建的な伝統を継承するカトリックとプロテスタントならびにその対立は神のもとで行われてきた。神が旧教と新教と両方の主張を可能にさせたように、日本においては天皇がその役割を果たしたという構図が用意できる。天皇は、矛盾する両者を一手に引き受け、封建的な貴族的階級社会を温存しつつも、近代的な一君万民という思想を生み出すことを可能にしたのである。

もちろん、時間的なスパンを踏まえれば簡単に比較できるものではない。しかし、後発の近代化を急速に展開した日本にとって、近代の象徴である大学が日本主義一色に染まったことは見過ごせるものではない。当然、日本主義の結末が一九四五年の終戦にあることに鑑みて批判されるべきものであろう。しかし、近代化やコスミック戦争といった理論ならびに当時の時代背景を踏まえれば、日本において近代化を可能ならしめたのは天皇という存在にあったという今日からは想像し難い可能性が見出される。そして、この主張は、これまでの天皇に関する研究者がいうような近代化に天皇が利用されたというものではない。そうではなく、近代化に利用されることを可能にする文脈が天皇にあったことを評価するものである。

第九節　まとめ

一九三六（昭和一一）年には、「教学刷新評議会」の答申案[54]がまとめられた。ここでいう「教学」の「教」とはもともと「教育」が念頭に置かれていたが、実質的には、教化の意味としても用いられていた。そして、この評議会の後の一九四一年に、「国民学校」制度が開始、初等教育はすべて官立化された。実質的に私立学校を認めないこの制度は、行政権能が完全に教育権を掌握した事例であり、義務教育制の上においては、全国民を国家が直接的に「教化」していくための制度であったと見なすことができる。また、「教学」の「学」とは学問であり、現実問題は別として、それ以前は、大学の自治、学問の自由が主張できる言論空間は確保されていた。しかし、この評議会答申では「我ガ国ニ於テハ祭祀ト政治ト教学トハ、ソノ根本ニ於テ一体不可分ニシテ三者相離レザルヲ以テ本旨トス」とし、「学問研究ニ関スル事項」において「国体・日本精神ヲ学問的体系ニ於テ明ニシ、我ガ国独自ノ立場ニ於テ、独特ノ内容ト方法トヲ有ツ精神諸学ヲセシムルコト」とした。さらに、「大学ノ刷新ニ関スル事項」において「我ガ国ノ大学ハ国家ノ重要ナル学府トシテ、国体ノ本義ヲ体シ、以テ学問ノ蘊奥ヲ攻究シ、教養アル指導的人材ヲ養成スルヲ本分トス」と定め、教（教化）と学（学問）が一体化された。その結果、「国体」を前提とした学術研究が推奨され、逆にそれを批判する研究は弾圧・排除の対象となったのである。

その前後を境として、多くの大学で日本精神を学ぶ講座は開講されていった[55]。上杉慎吉をはじめ筧克彦や平泉澄といった名物学者の講義は、矛盾を内包する天皇の偉大さをとにかく喧伝するものであった。本章の狙いは、明治期より教育勅語などを通して認知された天皇という存在が、昭和期に入り、思想を表現する概念枠として後退した事実を指摘するものである。これは、逆説的に日本主義の教化が終わったことを示している。天皇という存在を通して「歴史」と「世界」を理解したのが戦時の概念枠なのであり、大学の動向がその証左である。

近代日本の「大学と宗教」という観点で結論を言い直すならば、天皇の抽象と具体の二重性が西欧の〈神〉と近代化の構造と類似性をもって捉えられる可能性を示し、大学の概念枠として日本主義が機能したことは、天皇という存在が日本の近代化に貢献し、近代と融和性の高かったものであることを示すものである。

註

（1）川北稔『世界システム論講義―ヨーロッパと近代世界―』（筑摩書房、二〇一六）二四頁。
（2）歴史学においては、天皇と西欧の王政との比較などもなされるが、国単位の単線的発展段階論に立つ傾向がみられる。
（3）武井正教『新編集　武井の体系世界史―構造的理解へのアプローチ―』（栄光、二〇〇六）二頁。
（4）京都帝国大学は一八九七年に発足し、一八九九年に法科大学、一九〇六年に文科大学が設置された。
（5）京都大学百年史編集委員会編『京都大学百年史（部局史編一）』（京都大学教育研究振興財団、一九九七）四五頁。
（6）京都大学百年史編集委員会編『京都大学百年史（資料編二）』（京都大学教育研究振興財団、二〇〇〇）三九〇頁。
（7）東京大学百年史編集委員会編『東京大学百年史（部局史一）』（東京大学出版局、一九八六）四三三頁。
（8）同書、四三四頁。
（9）P・バーガー／薗田稔訳『聖なる天蓋―神聖世界の社会学―』（新曜社、一九七九）二一二―二一三頁。ならびにTh・ルックマン／赤池憲昭、ヤン・スィンゲドー訳『見えない宗教―現代宗教社会学入門―』（ヨルダン社、一九七六）一一六頁。
（10）F・フクヤマは、「歴史の終焉」という考え方自体は放棄しなかったものの、ネオコンの代表的な存在であった彼自身が、自らネオコンを修正する必要性を論じている。F. Fukuyama, *After the Neocons: America at the Cross-*

roads, Profile Books Ltd. 2007. pp.xxv-xxvii.

(11) 本章は「自己言及のパラドックス」に陥るのではないかと危惧ないしは批判されるかもしれないが、この点は自覚している。当時の物語を「歴史学」的に語ることも、これもまた物語の提示にすぎない。しかし、当時の大学が日本主義という物語に覆われたという物語の提示は、新たな物語を提起するものであり、このような視点の可能性の欠落にこそ問題があると主張できる。これが、自己言及のパラドックスに対する回答である。

(12) K・マルクス、F・エンゲルス／堺利彦・幸徳秋水訳『共産党宣言―決定版―』（彰考書院、一九四七）三頁。

(13) 三島憲一「西欧近代のトポスとしての歴史哲学―普遍主義と個別主義の抗争―」（『岩波講座哲学一一　歴史／物語の哲学』（岩波書店、二〇〇九）。

(14) 同論文、一九頁。

(15) 同論文、二六頁。

(16) 久保義三『昭和教育史―天皇制と教育の史的展開―』（東信堂、二〇〇六）。第八章の三に詳しいが、本章では、久保を要約した阿部猛『歴史文化ライブラリー七七　太平洋戦争と歴史学』（吉川弘文館、一九九九）二六―二九頁を参照ならびに引用した。

(17) 阿部猛『歴史文化ライブラリー七七　太平洋戦争と歴史学』（吉川弘文館、一九九九）二八頁。

(18) 同書、二八―二九頁。

(19) 文部省編『国体の本義』（内閣印刷局、一九三七）一四五頁。

(20) 同書、一五四―一五五頁。

(21) 同書、一五五頁。

(22) 平沼騏一郎回顧録編纂委員会編『平沼騏一郎回顧録』（平沼騏一郎回顧録編纂委員会、一九五五）七七―七八頁。

(23) たとえば、大正大学宗教学研究室のルーツの一つである「社会事業研究室」は、創設時において、その名称が「社会主義」との混同を招く恐れがあるとの忠告を受けた経緯がある。石川到覚・落合崇志「宗教大学社会事業研究室の開室をめぐって　一」（『日本仏教社会福祉学会』第一五号、一九八四）二一―二二頁を参照。

(24) ユルゲンスマイヤーによれば「そうしたイメージを「コスミック」と呼ぶのは、それらが現実以上に誇張されているからである」というように、現代の宗教戦争やテロリズムが、現代において世界観を賭けた戦争になぞらえるという意味で使われているが、その感覚を地で行っているという点において、過去の戦争もまた同様である。M・ユルゲンスマイヤー／立山良司監修、古賀林幸・櫻井元雄訳『グローバル時代の宗教とテロリズム―いま、なぜ神の名で人の命が奪われるのか―』（明石書店、二〇〇三）二七四頁。M. Juergensmeyer, *Terror in the Mind of God: The Global Rise of Religious Violence*, University of California Press, 2003, pp.149.（kindle）

(25) 同書、二七八頁／p.152.（kindle）

(26) 同書、二九七―二九九頁／pp.164-165.（kindle）

(27) 松永材の娘である松永貞子の回顧によれば、「『カント哲学』より『日本主義の哲学』へと哲学思想の進展は、國學院大学教授井上哲次郎、河野省三両先生の感化によるのでは、との母の話であった」とある。松永貞子「父の遺言」（松永材『カントの哲学』思索の道舎、一九八八〈初版：一九二三〉）三九六頁。

(28) 松永材『日本主義の哲学』（思索の道舎、一九八八〈初版：一九二九〉）八六頁。

(29) 同書、九二―九三頁。

(30) 同書、九〇頁。

(31) 同書、一一七―一一八頁。

(32) 同書、一一九頁。

(33) 増田知子『天皇制と国家―近代日本の立憲君主制―』（青木書店、一九九九）二六四頁。

(34) 陸軍荒木貞夫大将に付けられた揶揄する言葉であった。

(35) 井上義和『日本主義と東京大学―昭和期学生思想運動の系譜―』（柏書房、二〇〇八）一七二頁。

(36) 日本学生協会は団体としてはマイナーであり、当時、元首相の平沼騏一郎が率いた国本社は、五・一五事件の頃には会員数二〇万を擁しており、また、玄洋社・黒龍会が代表的存在であった。

(37) 伊沢甲子麿「序文」（松永材『天皇―生命体制―』今日の問題社、一九六七）四頁。

(38) 井上義和、前掲書、一七五頁。

(39) 安田浩「近代天皇制国家試論」（藤田勇編『権威的秩序と国家』〈東京大学出版会、一九八七〉）一三三頁。

(40) 同書、一四六頁。
(41) 菅孝行『菅孝行『天皇制論集』（第一巻）―天皇制問題と日本精神史―』（御茶の水書房、二〇一四）二二頁。
(42) 前川理子『近代日本の宗教論と国家―宗教学の思想と国民教育の交錯―』（東京大学出版会、二〇一五）三一三頁。
(43) 同書、三一八―三一九頁。
(44) 上杉慎吉『国体論』（有斐閣、一九二五）六四一―六四二頁。
(45) 現在はあまり為されていないが、戦前において「みことのり」の研究は盛んに行われた。代表的なものとして、日本精神協会の『大日本詔勅謹解』全七巻などがある。
(46) 増田知子、前掲書、二八九頁。
(47) 河野司編『二・二六事件―獄中手記・遺書―』（河出書房新社、一九七二）二七九―二八〇頁。
(48) 同書、二八六―二八七頁。
(49) 同書、二九四―二九五頁。
(50) 同書、二九九―三〇〇頁。
(51) 二・二六事件を起こした青年将校は皇道派でありながら、天皇親政や昭和維新という行動右翼が目指していたものに近い理念を持っていた。さらに、彼らに思想面で多大な影響を与えた北一輝『日本改造法案大綱』（一九二三）の内容は実は、社会民主主義に近いものであったといわれる。
(52) 「日本臣民は大御心に従って無窮に進む、日本臣民はこれを翼賛し奉ればよいのであって、国家革新ということは考え得ないことです。これが即ち昭和御維新である、国家革新ということは断じてあり得ない。」（統制派の永田鉄山少将を斬殺した皇道派に属する相沢三郎中佐による軍法会議での発言。『報知新聞』一九三六年一月二九日号）というように、昭和維新は大御心にそった形で行われなければならない。それを統制派は無視をしているという思考である。
(53) J・ロックの人権思想も同様である。唯物論者であったT・ホッブズの『リヴァイアサン』（一六五一）における社会契約論が抽象的な神を用いずに議論を展開したのに対し、ロックの『統治二論』（一六八九）は絶対権力の上位概念である〈神〉を用意して議論を展開した。

(54) 高野邦夫『天皇制国家の教育論—教学刷新評議会の研究—』(あずみの書房、一九八九)六〇三—六〇七頁参照。

(55) 官立と私立では、文部省の意向に対する対応に個々の差があるのも事実である。例えば、慶應義塾大学では日本主義に関する講座を設けよという文部省の意向に対し、一九三八年に「明治文化史」を開設したが、その内容は福沢諭吉の精神を教えるということで対応した(慶應義塾編『慶應義塾百年史(中巻〈後〉)』〈慶應義塾、一九六四〉八〇九頁)。また、早稲田大学は「国民精神総動員強調週間第一早稲田高等学院特別科外講義」として、一九三八年二月一七日だけ、早稲田大学の教員であった松永材が「日本精神論」を講義しているだけで、大学のカリキュラムには日本主義に対応する授業が見受けられないケースもある(早稲田大学大学史編集所編『早稲田大学百年史(第三巻)』〈早稲田大学出版部、一九八七〉八二四頁)。

第三章　戦時下の上智大学

――カトリック系大学はいかに「日本精神」と取り組んだか――

ケイト・ワイルドマン・ナカイ
（翻訳　田中アユ子）

第一節　序

上智大学は一九一三（大正二）年にイエズス会によって創設され、その五年後に制定された大学令のもと、一九二八（昭和三）年に正式な大学に昇格しており、戦前日本では唯一のカトリック系男子高等教育機関であった。キリスト教系教育機関であるこの大学は、プロテスタント系教育機関と同じ問題を抱え、これに取り組まざるを得なかった。しかし、当時は両教派間での交流や対話が限られていたため、上智大学の創設者たちは問題に直面すると、独自の路線を歩むことが多かった。

よく知られているように、キリスト教系教育機関が共通して抱えていた問題は、学内での宗教活動や布教を制限する政府方針に端を発していたが、これは一八九九（明治三二）年の文部省訓令第一二号に象徴的に表れている。

当時、プロテスタント系の有力な学校は、布教活動等は別として、日本の教育制度のなかで認められた地位を確立しつつあった。そのため、この訓令が発せられたことは、キリスト教系教育機関にショックを与えた。この時から戦時中にいたるまでの数十年にわたり、（高等・中等・初等の別を問わず）プロテスタント系教育機関を特徴づけたのは、訓令の影響を回避し、キリスト教教育の実質を守らんとする努力であった。他方、イエズス会が日本にやってきた（ないし、「戻ってきた」）のは、プロテスタント各派よりもはるかに遅い、一九〇八年のことである。開国以来二〇世紀を迎えるまで、日本でのカトリックの布教活動はパリ外国宣教会（Société des Missions étrangères de Paris）にほぼ独占された状態であった。日本に遅くやってきたイエズス会にとって、訓令第一二号に表れた政教分離の政策は当初からの制約であり、みずからの活動もその枠内で進めていくほかなかった。彼らはこうした状況に躊躇なく適応し、この枠組みのなかで活動する方策を編み出し、当局との衝突を避けようとした。

イエズス会にとって、日本での活動の大きな障壁となったのは、むしろ別の問題であった。イエズス会は当初、西洋思想・文化の「正しい」理解を広めることを目標としていたため、第一世代の会士たちは日本関係の科目（歴史、文学、その他を問わず）を上智の教育課程に取り入れる努力をほとんど行わなかった。また、一九一〇年代以降に政府が神社参拝を教育の一環に取り入れようとした際にも、こうした政策から距離を保ち、国家式日の儀式など、神道と結びつくと思われた行事への参加も避けようとした。神社参拝に消極的なイエズス会の姿勢は、一九三二年に、カトリック信徒の学生数名が靖国神社での敬礼を行わないという事件を引き起こしてしまう。この事件は社会的に大問題となり、大学の存続が危ぶまれる事態を招くことになった。

しかし、この事件は大学の姿勢を転換させるきっかけにもなった。事件後、カトリック教会はその立場を改め、神社参拝は宗教的行為ではなく、忠誠や愛国心の表現であるという政府の見解を公式に受け入れるようになる。こうした変化にともない、また若い世代の会士がより大きな役割を果たすようになっていたこともあって、上智のイエズス会士たちは「日本精神」のいくつかの側面と折り合いをつけようとした。一九三〇年代半ば以降、日本精神の涵養に努めるべきだとする政府からの要求が強まると、彼らはそれまで距離を置いてきた国家にかかわる儀式を学園生活に取り入れるようになった。またその一方で、日本文化の研究を深めるための積極的努力も行った。こうした努力は授業の面よりも、研究・出版の面で行われた。授業面では相変わらず西洋関連の科目が大きな比重を占めていたが、研究・出版面では日本に関する知識を海外に広める橋渡しの役割を担うことで、会士たちはみずからの立脚点を作り出していったのである。こうした努力は戦時中にも続けられた。以下では、カトリック教育と日本文化の関係が変化していく過程のいくつかの側面を取り上げて検討することにしたい。

以下の議論のかなりの部分は、Kate Wildman Nakai, "Between Secularity, Shrines, and Protestantism: Catholic Higher Education in Prewar Japan"（*Japan Review* 近刊）にやや違った形で発表したものである。本論で参照したドイツ語史料の読解にあたっては、ベティーナ・グラムリヒ＝オカ氏の助力を得た。記して感謝の意を表したい。

第二節　宗教と教育——政教分離政策に対するカトリックの反応

第一項　日本での教育に関するカトリックの方針——一九〇八年まで

一八六〇年代に活動を開始した当初から、プロテスタントの宣教師たちは「教育」を日本社会での足がかりを得るための手段、福音伝道への入り口と考えていた。通常、彼らは布教活動をさまざまな教科（とりわけ英語）を教えることと組み合わせて行った。戦前の有力なプロテスタント系男子校が、祈りや聖書に関する授業といった宗教活動を教育課程に取り入れようとしたことには、こうした背景があったのである。プロテスタントは早くから活動を始めていたため、その中等・高等教育機関は、まだ日本の教育政策がはっきりと定まっていなかった頃から発展を始めていた。訓令第一二号がプロテスタント系の学校に動揺を引き起こした理由の一端は、こうした事情に求められる(1)。

一方、カトリックの宣教師たちは、プロテスタントと同じようなやり方で宗教と教育を結びつけてはいなかった。すでに述べたように、二〇世紀初頭まで、日本におけるカトリックの福音活動・宣教司牧活動は基本的にパリ外国宣教会の指導下にあった。パリ外国宣教会の神父たちは、日本人の司祭や伝道師を養成するための神学校を開いたが、より広い形での教育活動は行わなかった(2)。こと男子教育に関する限り、このような広い形での教育の最初の一歩が踏み出されたのは、一八八八(明治二一)年にマリア会(Société de Marie, Marianistes)が来日してからのことである。マリア会はフランスの修道会で、初等・中等教育に力を入れていた。マリア会は初等・中等教育に特化していたことから、日本の高等教育へのカトリック教会の参入は一九〇六年、教皇ピオ一〇世がイエズス会に対し、日本で「高等学術機関」を創設するよう要請するのを待たねばならなかった。

この決定が下される大きなきっかけとなったのは、ヨセフ・ダールマン(Joseph Dahlmann　一八六一―一九三〇)の提言である。ダールマンはイエズス会士で、一九〇三年の終わりに日本を訪れ、そこで見聞きしたことをいくつかの報告書にまとめていた(3)。

その提言では、人々を即座に改宗させたり、カトリック教義を広めるための学校を作るべきだといった議論は展開されていない。ダールマンが重視したのは、むしろすでに世俗化が進み、近代的な社会になっていた日本で、カトリックの知的存在感を強めていくための効果的な方法を見出だす必要がある、という点である。ダールマンは、日本の教育・知的水準は高く、技術的にも進んだ国である、と述べ、次のような議論を展開している。

日本の知識人階級は伝統的な土着の宗教に傾倒してはおらず、むしろそれらには足りないものがあると考えている。と同時に、日本の知識人たちは、宗教的・道徳的な空虚さを自覚してもいる。このような空虚を生み出した主たる原因は、彼らが西洋の学問や宗教を誤った形で学んだための悪影響であり、その責任の大部分はプロテスタントが負っている。日本の知識層が知っているキリスト教は、主に自由主義プロテスタントが信奉するそれであった。このような状況は、「宗教に対する無関心と唯物主義をはびこらせ、これが日本においてキリスト教に対する大きな脅威となっ」てきた。これまでカトリック教会はこのような脅威に対して有効な対抗策を打ち出せずにきた。それは遅れた、未開の諸民族に対して行ってきた布教活動のやり方に依存し過ぎていたためである。その結果、プロテスタントに後れを取ることとなり、さらには日本人の間に、カトリックとは主にフランスの教会だ、という残念な印象を与えるはめになってしまった。日本の知識人はドイツの文化・学問に敬服しているにもかかわらず、ドイツはもっぱら新教国であると考え、ドイツにカトリックが存在することを知りもしない。これらの諸問題を克服するには、日本社会の現在の状況に合致したやり方で、カトリックのものの見方を紹介していくことが肝心である[4]。

教皇の要請を受けて、イエズス会総会長は一九〇八年にダールマンを含む、三人のイエズス会士を日本に派遣した。その任務は、哲学を中心とする高等学術機関を何らかの形で創設することを視野に入れ、現地の状況を調査することであった。ダールマンの提言にしたがい、この教育機関の方向性を決める上で主導的役割を担うことになったのは、イエズス会ドイツ管区の会士（当時はドイツ政府によって国内での活動を禁じられていた）とアメリカにいたその分派だった。

第二項　上智大学の創設

一九〇八（明治四一）年に来日した三人のイエズス会士は、設立すべき高等学術機関のあり方について明確な案を持っていたわけではなく、またこうした教育機関を日本の教育制度の枠組みのなかにどう位置づけていくかについても具体案を持っていなかった。それから数年間にわたり、彼らは一緒に加わった人々とともにこうした問題について話し合い、この事業が意図する結果を実現していくには、当局に認可された高等教育機関の創設を目指さなければならない、という結論に達した。一九一二（大正元）年終わりから翌年の初めの数カ月にかけて、彼らは専門学校令（一九〇三年）に基づく「大学」として認可されるよう交渉を進めた。立教は一九〇七年にすでに専門学校令のもと「大学」と称することを認められており、専門学校としての歴史では立教より古い同志社も、一九一二年に大学と称する認可を受けていた。この先例にならい、上智大学と命名されたイエズス会の教育機関は、他のプロテスタント系の学校を飛び越えて、一九一三年には専門学校令のもとで認可された三番目のキリスト教系「大学」となった。上智大学は予科二年（そのほとんどはドイツ語と英語の授業に費やされた）と本科三年（哲学とドイツ文学、および商学の二つの専門分野を設けた）で構成された。

会士たちは、日本の知識層におよぼすプロテスタントの影響（と彼らが思っていたもの）に対抗しうる学術機関の創設を目指してはいたが、政府とのやりとりのなかでは、上智のカトリック的な面を強く主張しなかった。彼らが来日したのは、学校教育から宗教を排除する決定が訓令第一二号を通じて明らかにされてから、一〇年も経った後のことだったからである。彼らは、正規の教育機関は宗教的要素を取り入れるべきではない、という政府の立場を順守する姿勢を見せるよう配慮した。文部省との交渉の際には「ミッション系の学校になるのですか」「宗教を教えるつもりですか」といった問いがたびたび上がったが、そのたびに彼らは「いいえ」と答え、宗教は正規の教育課程には組み込まれず、宗教教育は希望する者にのみ施されることになる、と述べたのだった。[5]

こうした姿勢に沿う形で、上智学院（土地を購入し、大学を運営するために設立された財団法人）の寄附行為（法人存立の根本原則。上智学院の寄附行為は一九一一年にまとめられ、当局に提出された）にも、また大学の学則にも宗教的な目的を思わせるような文言はなく、創設者がイエズス会士であることさえ記されなかった。ヘルマン・ホフマン（Hermann Hoffmann　一八六四―一九三七）は、一九一〇年に東京にあった小さなイエズス会士グループのリーダーとなり、文部省との交渉を主導した人物だが、寄附行為においては単に財団法人の設立者とされている。その肩書きには「独逸国臣民」とだけ記され、財団法人の目的についても「青年男子ヲ教育シ其知力上道徳上社交上及体力上ノ幸福ヲ増進スルニ在リ」とされている。また、専門学校令に基づく大学としての学則の第一条でも、大学の目的は次のようにだけ記されている。「第一条　本大学ハ哲学、独逸文学及ビ商業ニ関スル完全ナル高等教育ヲ授クルヲ以テ目的トス」[6]。東京府や文部省に対し、大学の設置認可を申請すべく提出された書類にも同様の慎重さがうかがえる。申請書類に含まれたホフマンの履歴書には、哲学と神学両方の分野で博士号を持っていることが記載されていたが、申請書の署名欄には「哲学博士ヘルマン・ホフマン」とだけ記されている。[7]

それから一五年経った一九二八（昭和三）年になっても、イエズス会の立場は変わらなかった。一九一八年の大学令に基づく大学へと昇格するためには、基本財産供託金を集め、また施設・教員の充実を図らねばならなかったが、上智がこれを達成したのは一九二八年のことだった。大学令に基づく大学として認可されたキリスト教系教育機関としても、上智は同志社、立教に続く三番目の学校となった。認可申請の過程で、学校当局は大学学則を改正している。改正された学則に記載されている大学の目的は、発足当初のそれよりも若干詳細なものとなってはいたが、宗教の位置づけについては相変わらず慎重な姿勢が以下のように示されていた。「第一条　本大学ハ大学令ニ依リ哲学、文学及商業ニ関スル学術ノ理論及応用ヲ学得セシメ其蘊奥ヲ研究セシメルヲ目的トス」[8]。

上智がカトリックの大学であることが、大学の設置にかかわる文書に明確に記されるようになったのは戦後のことである。学校教育法（一九四七年）のもと新制大学として再編された上智の学則第一条には、「本大学ハイエズス会ノ設立ニカカリ其ノ法的設立者ハ財団法人上智学院デアル」とある。また、第三条には「本学ハ設立ノ精神ニ依リ学生ヲシテ伝統的キリスト教文化ニ精通セシメ以テ諸民族間ノ理解ヲ助成スル」と記されている[9]。さらに、上智学院が一九五一年に財団法人から学校法人へと改組された際、新たに制定された寄附行為にも、学校法人の目的を示す部分で真っ先にカトリックとのつながりが明記されている。「この法人は、教育基本法及び学校教育法に従い、且つカトリシズムの精神に基き、学校を設置することを目的とする」[10]。こうした変化は、上智大学の設立者が長年抱き続けてきた目的を公にしただけだとも言えるが、その一方で、世間に対し、どういった大学像を打ち出していくべきかという、大学側の戦略がそれまでとは明らかに変わったことを示すものでもあった。

第三項　教育と宗教活動の切り離し

専門学校令に基づく大学認可を受けた当時に文部省に宣言した通り、また戦前に制定された二つの学則に記された大学設立目的の当たりさわりのない内容そのままに、イエズス会は、上智の教育課程にあからさまなキリスト教的要素を取り入れなかった。また、プロテスタント系の学校とは異なり、次世代の聖職者を養成する神学教育などもほどこさなかった（ただし、イエズス会が神学教育にたずさわらなかった理由は、必ずしも政府に対し遠慮していたからではない。むしろ、パリ外国宣教会神父の指導下にある司教区に対するイエズス会の立場の微妙さ、また日本における両修道会の役割分担の問題によるところが大きかった(11)。

イエズス会は、正式な教育課程にはっきりとした形で宗教要素を取り入れなかったが、カトリックの世界観を伝えるという目的を断念していたわけではない。彼らは、それまでにも道徳的・政治的制約条件が厳しい環境で活動してきた豊富な経験を活かし、当局の政策から課される制限に対しては、問題を切り分けて処理したり、慎重な配慮を示すといったやり方を組み合わせることで対処しようとした。彼らがとった戦略の一つは、学生寄宿舎のように、近隣にあるが大学組織の一部に完全に組み込まれてはいない場所を活用することだった。寄宿舎は上智の学生だけが入居しているわけではなかったが、大学におけるカトリック活動の中心的な場のようになった。海外のイエズス会誌に送られた、東京での出来事に関するある報告は、一九二〇（大正九）年一〇月の項で、ホフマンが「毎週水曜の午後に、非キリスト教徒の学生の希望者に対し、日本語で宗教の指導をしており、毎週三回、夜に大学寮に住む寮生に対しても、同様の指導を行っている」ことを紹介している(12)。

イエズス会は大学の枠を超えて、社会への働きかけを試みてもいた。例えば、一九三一（昭和六）年には、一部の若いイエズス会士がカトリックについての情報を広めるために、小さな図書室を開設している。主要紙には広告が掲載され、毎週土曜日には上智大学でカトリックの教えについて話し合う機会が設けられることや、日曜には同じテーマでの講演会が開かれることが伝えられた(13)。一九三七年になると、この企画は拡大され、新たに「クルトゥールハイム（Kulturheim）」という名称が与えられた。クルトゥールハイムが開催された目的は以下のように説明されていた。

真理の光を求め自らの精神生活の指針を見出さうとする人士の為に（中略）欧米文明の根底をなす所のキリス

ト教的文化並に日々起る幾多の問題事件に対する自由なる研究の道を拓き、最も新鮮なる諸現象の批判と認識を得るの一助となり、（中略）斯かる目的を有する人々に最も快適な研究と会合の場所を提供し、（中略）斯くてカトリック者には其の世界観を益々正しく検討確立せしめ、又然らざる者にはカトリック的文化に接し、西洋の現実の諸事象に対する正しき認識

を与えることにある。[14] こうした努力にもかかわらず、カトリックの学生はもともと少ない上智大学の学生のなかでも少数（一〇パーセント未満のことが多かった）にとどまっていた。また、カトリックへの改宗者数もゆっくりとしか増加しなかった。[15] 正規の授業の枠外で、カトリックを前面に出して行われる活動では、ごく少数の学生にしかメッセージを発信することができないことから、イエズス会がカトリックの世界観を学生に伝えていくには、もっと間接的な手法に頼らざるを得なかった。こうしたメッセージを伝えていく機会としてまず注目されたのは、倫理の授業であった。一九一五年以来東京府に提出されていた「学事年報調書」において、大学側は「生徒訓育ノ状況」として、「倫理科ニ於テ忠君愛国ノ精神ヲ涵養シ又常々品性ノ陶治ニ留意シ」ている、と繰り返し述べている。[16] 倫理の授業は文部省の奨励もあり、予科一年、二年の学生にとって必修科目となっていた。しかし、この授業にはそれとは別の役目も与えられていた。その数年後にイエズス会総会長に宛てて送られた書簡のなかで、ホフマンはこの授業について、国から認可された学校では宗教教育を直接的に行うことができない状況のもとでは、倫理の科目こそが信仰への最善の入り口となりうる、としている。なぜなら、この科目を通じて、神の存在、霊魂の不滅、人生の目的といった自然宗教の基本的真理（すなわち、理性の働きによって何人でも知りうる宗教的真理）を示すことができるからだ。ホフマンは、希望する者に対しては、さらに踏み込んだ指導を個別に行っている、とつけ加え、迂

遠なようではあるが、この方法は効果的でもある、としている。こうしたやり方で信仰に辿り着いた者は、他の者を信仰に導くことが多々あるからだ、というのである[17]。

政府との間に教育方針をめぐる違いを抱えてはいたものの、イエズス会は上に見たような学業と宗教活動の切り離しと、慎重な姿勢を見せるというやり方で一定の妥協に達することができるという自信を持っていたようだ。一九三二年六月一四日、大学の新しい本館（現在の一号館）の落成記念式の際に、ホフマンがドイツ語で行った講演にはまさしくこうした自信が表れていた。この式典は、上智大学が大学令に基づく大学へと成功裏に昇格したことを示す行事ともなった。ホフマンはこの機会をとらえて、上智がカトリックの大学であることの意義を正面からこう取り上げた。

この大学がカトリック大学と称せられているにしても、必須科目にカトリック宗教学が含まれているわけではありません。法律上の規定に沿ってそのようなことはしておりません。この大学は日本においてカトリック教会を学問的に代表するものであるはずです。この大学はカトリックの世界観が確実な学問的基礎の上に立ち、すべての大きな人生問題に対し納得のゆく確答を与えるということを示すはずであります。カトリックの学校においては教育と教養（Erziehung und Bildung）は単に有用且つ必要な知識の伝達のみでなく、わけても人格形成（Charakterbildung）を意味するものであることをつねに心がけてきました[18]。

これと同様の趣旨は、その六年後の一九三八年に、創立二五周年を記念して発刊された小冊子に掲載された、イエズス会の教育方針の説明にも見ることができる。これを書いたのはヨハネス・クラウス（Johannes Kraus　一八九二―一九四六）というイエズス会士で、一九三〇年代から四〇年代に、上智が日本社会とかかわっていく上で重要な役割を果たした人物であった。日独対訳で出版されたこの小冊子は、幅広い読者層に向けて大学の立場を公に表明するものであった。クラウスはまず日本の大学のなかで上智が占める地位の独自性についてこう触れている。上智は「一つの封鎖的な宗教的共同体―即ちドイツのイエズス会士」と日本人教員たちの協力の成果であるが、いわゆる「布教学校」によく見られるような要素を意図的に排除して成り立っている。すなわち、「学校の範囲内には宗教教育がなく、共同の礼拝も如何なる種類の宗教的修業もなく、神学上の課目もなく教会史的、教義史的、キリスト教道徳的、教会法的諸問題に関する講義もない」。上智はむしろ、独英両国語の徹底した訓練と、ドイツの文化をみずから体現する教授陣と日々接する機会を提供することで知られている。何より、「授業と「教育」、知識と「陶冶」の緊密な有機的結合[19]」という確固たる教育理念に立脚しているのである。

第三節　日本文化、日本精神への取り組み――一九三二年までの歩み

第一項　教育課程の変遷

イエズス会は上智のカトリック的性格を前面に出すことには慎重な姿勢を見せた。プロテスタント系の大学はキリスト教的要素を表に出し、そのことが戦時中に軋轢を生んだが、上智はこれを回避することができた。例えば、立教大学の場合、学院寄附行為や大学学則からキリスト教的な目的への言及を削除する、またキャンパス内の礼拝堂を閉鎖する、といった問題が持ち上がったが、上智にはこうした問題は生じなかった[20]。だからといって、イエズス会が日本国家・社会との間に緊張や摩擦を経験しなかったわけではない。それどころか、一九三二（昭和七）年

に、上智はキリスト教系教育機関が巻き込まれた事件としては、もっとも厄介なものの一つである靖国神社非参拝事件の舞台となる。戦前日本で社会的・精神的規範と考えられたものに適応するためには、ただ単に上智のカトリック的性格を表明する方法を工夫すれば、それで済むというわけにはいかなかったのだ。

設立当初より、イエズス会は大学の目的を、西洋文明の「正しい」理解を伝えることにあると考えていた。彼らの意図したところでは、大学の中心は哲学科と独逸文学科であった。なかでも重視されていたのは哲学科である。哲学科の教育課程には論理学や認識論から美学、印度哲学史（ヨセフ・グールマンの専門であった）まで、一五の教科が設けられていた。独逸文学科では七つの教科があったが、そのうちの二つは哲学概論と哲学史であった。これらの教科はほぼすべてがドイツ語で教授されており、両学科に入る学生は予科の段階で集中的にドイツ語の勉強をすませることになっていた。[21]

イエズス会としても、こうした教育課程では多くの学生を惹きつけるのが難しいことを承知しており、より多くの学生を集めるためには、もっと実用的な学科も必要であることを認識していた。そこで哲学科と独逸文学科に加え、商科が設置されることになったが、この学科では兼担教員による日本語での授業が多かった。実際のところ、商科は脇役というより大学一番の人気学科となった。志願者の大多数は商科を志望し、卒業生の数も哲学科・独逸文学科よりもずっと多かったのである。上智は極めて小規模な大学であった。公式の入学定員は年間一〇〇名だったが、実際の入学者はこれよりもずっと少なかった。創立当初から大学令に基づく大学となるまでの一五年間を見ると、卒業生の総数は一六一名に過ぎず、そのうちの七五パーセントに当たる一二一名は商科の卒業生だった。[22]大学令に基づく大学となり、文学部と商学部が置かれた後も、こうした不均衡はなかなか解消せず、入学定員が一二〇名に増えても、また一九三二年に商学部が商学科と経済学科に分かれても続いた。例えば、一九三五年を見ると、四六名の卒業生のうち、文学科は八名、哲学科が三名、商学科が二一名、経済学科が一四名となっている[23]。

上智が設立されてから三〇年の間には、哲学と文学という中心的分野のなかでも重点の移動が見られた。大学令に基づく認可を申請する際、大学当局は「ドイツ文学だけでは分野が狭すぎる」という批判を受けることを予測し、大学学則に記載する専攻分野の名称を「独逸文学」から、より広い「文学」へと変更している[24]。新たに設置された文学部に置かれた学科の名称も、同様に哲学科と文学科となっていた。とはいえ、英文学の科目をいくつか加えた以外には、文学科の中心はドイツ文学で占められたままであった。より注目すべきは、文学と哲学のバランスが変化したことである。ドイツ文学の教科は数が増え、より専門的になったが、一方の哲学の教科はやや影が薄くなってしまった。古典的な哲学分野の科目はほとんどなくなり、その代わりに教育学や社会学、人類学といった科目が登場してきたのだ。と同時に、ドイツ文学や文化に関する教科が、文学科はもとより哲学科でもかなりの比重を占めるようになっていった[25]。

こうした変化からは、上智が目指す学問的方向性に微妙な転換が生じたことが見て取れる。ドイツ人イエズス会士は、ドイツの学問と文化の伝道者であるという自負を常に持っており、哲学に加えてドイツ語・ドイツ文学を教えていた。しかし、哲学を専門的に学びたいという学生は少なく、そうしたテーマの講義にドイツ語でついていける者はさらに少なかった。そのため、文学や文化に関する教科に力点が置かれるようになったのは、ある意味で当然だったと言えよう。

若干の例外を除けば、一九一三（大正二）年の認可申請の際に提出された教育課程にも、二八年に提出されたものにも、日本に関する教科は含まれていなかった。専門学校令時代の「文科予科」（独逸文学科および哲学科に対する予科）には、「国語、漢文」の授業があったが、それ以外は、ほとんどドイツ語と英語の授業で占められていた。

「商科予科」には国語、漢文の授業はなかったが、代わりに「商業作文」「簿記学」「商業数学」のような実用的科目に加えて、「日本商品地理、外国商業地理」という教科があった。大学令時代になると予科は統合されており、その教育課程には「国語及漢文」の授業があったものの、相変わらず重視されていたのはドイツ語・英語の授業だった。また、文学部にはもう少し上級の「漢文学」という教科があった。専門学校令時代にはダールマンが「印度哲学史」という科目を教えていたが、大学令時代になると、それを引き継ぐ形で「支那及印度哲学」という選択科目が作られた。[26] 日本と関連する教科と言えば、そのくらいであった。

第二項　日本精神・儀式に対する見方

イエズス会は、西洋一辺倒と言ってもよいような教育課程が、学生たちの正しい愛国心や天皇に対する敬意を育む上で障りになるとは考えていなかった。このことは倫理という教科の意義について、政府当局に対し彼らが示した見解に表れている。ホフマンも、先に見た上智のカトリック的性格とカトリック教育における人格陶冶の重要性を説いた講演（一九三二年六月一四日）のなかで、同様の見方を示している。

この講演において、ホフマンはカトリック教会が天皇や国家に対する忠誠を積極的に支持していることを力説している。

カトリック教会は世界的教会ですが、それぞれの国に固有の価値についてはこれをよろこんで認めております。それゆえ、日本国民の美質として人々が正当にも認めているものを否定する、というようなことは決してないのであります。日本の青年は偉大で強力な帝国の国民です。この帝国の独自性は、父祖伝来の帝国への忠誠心に基いて一致団結していることにあります。日本は現代になって、西洋文化のあらゆる分野で驚くべき発展を遂げたことで、全世界の人々を瞠目させました。

続けて、ホフマンは、権威に対する敬意を育てることが、カトリック教育の根本的原則だという点を強調した。

ところで、カトリックの教育は権威の正当な権利を守ることをつねに念頭においてまいりました。その教育は、真の自由とは完全な無拘束性、つまり野放図な享楽生活を意味するものではないこと、むしろ家族や国家への義務の承認を意味することであると教えるのであります。その教育はわれわれひとりひとりが自分のことばかりを考えるのではなく、人間社会におけるその地位から生ずるすべての義務を認めねばならぬことを教えるのであります。

最後に、上智の使命は「祖国を愛し、天皇に忠誠を尽し、その心構えを義務遂行によって証明し、国家の繁栄は自らの幸福でもあることを自覚する青年たち」を巣立たせることにあると論じて、講演を結んでいる。(27)

講演で表明したホフマンの言葉に裏があったと考える理由はない。だが、ホフマンを含むイエズス会士らは、当時の日本社会で一般的であった「帝国への忠誠心」を示す儀式・慣習のあれこれを学園生活に取り入れることに積極的ではなかった。その最たる例は、神社や神道にまつわる行事である。一九一〇年代以来、政府は一貫して神社参拝を学校行事として取り入れるよう奨励し続けていた。キリスト教団体の多くは、こうした姿勢に強く反対した。信教の自由を憲法で保障しているにもかかわらず、政府は実際には国教の信仰を強制している、というのが彼らの主張であった。カトリック教会はこうした政策を信徒に迷信行為を強制するものとして幾度となく非難し、カトリック信徒がこのような儀式に参加することを禁じていた。そうした姿勢と足並みをそろえる形で、イエズス会も当初から神社での儀式や、それと関連すると思われる（また、そうでなくても迷信的と見られる）行事から距離をとろうとした。例えば、一九一三（大正二）年の暮れには、日本の風習にしたがって門松を立てることをやめる決定をしているが、それはこうした習慣には異教の匂いがすると考えたためだと思われる[28]。

大学は、神社に関連する重要な公的意義を持つ行事に対しても、同様の姿勢で臨んだ。例えば、一九二〇年一一月下旬に、東京府は教育勅語下賜三〇周年（一八九〇年一〇月三〇日渙発）や、同年一一月一日に挙行された明治神宮鎮座祭に際して、各学校がどういった記念行事を行ったかを調査している。これに対し、大学側は何の行事も行わなかったことを、はぐらかすような物言いでこう伝えている。「当校ハ学長始メ教授ノ大多数ハ外人ニ候事トテ日本諸儀式等ニ就テ不理解ノ点有之、且学生出席者ノ少数ナラン事ヲ恐レ儀式一切ヲ廃シ、学生全部ニ本校記念日ヲ加ヘテ四日間ノ休暇ヲ与ヘ自由参拝セシムル事ニ取計ラヒ候[29]」。

しかし実際には、イエズス会士たちは一一月一日（カトリックでは万聖節の祝日であった）に別の行事を行っていた。会士の一人は海外のイエズス会誌に次のような報告を載せている。

非キリスト教徒たちは、おかしな話ではあるが万聖節に、先に亡くなった明治天皇を讃えて新たに創建された神社の鎮座祭を祝っている。（中略）キリスト教系でない学校ではどこでも、明治天皇の霊魂が宿るとされる象徴物を安置する時刻に合わせ、神社の方角に向かって拝礼する儀式が行われている。

それとは対照的に、イエズス会士たちは、この祝日の機会をとらえて、私的な礼拝堂で一人の学生の洗礼式を執り行っていた。その前日、大正天皇の誕生日として祝われていた祝日にも、キャンパスに信徒を集めて、さまざまな催し物を行っていた(30)。

また、その九年後に当たる一九二九(昭和四)年にも、伊勢神宮式年遷宮の際の遥拝をめぐり同様の問題が生じている。マリア会が運営する二つの中学校を含む、いくつかのカトリック系中等教育機関は、遥拝することを意図的に避けた。こうした姿勢は世間から相当な怒りを買い、学校当局は公式に注意を受けることになった(31)。大学の場合、神宮遥拝を促す圧力はそれほど強いものではなかったようだ。文部省は各大学に対し、学生総代を送って「神宮宮域内ニ於テ奉拝」させるよう呼びかけたが、上智はこの呼びかけに応じなかった。にもかかわらず、大学にとってすぐに不都合な事態が生じることはなかったのだ(32)。

第三項　靖国神社非参拝事件

一方、一九三二(昭和七)年五月五日に、上智の学生数名が靖国神社で敬礼を行わなかったことは、それまでにない重大な結果を引き起こした(33)。学生たちは北原一視大佐(一八八五—一九七四)に引率されて靖国神社を訪れていた。北原大佐は一九二五(大正一四)年四月に導入された学校教練制度に基づいて、一九三一年から上智に配属されていた。靖国神社での学生たちの行動と、その後、ホフマンが学生を擁護して北原大佐に対し、学生たちの行動はカトリックの教えにしたがったものだ、と弁明したことは、その後一年半にわたる紆余曲折を引き起こすことになった。騒ぎの影響はその後も続いた。陸軍省は「上智大学ハ其ノ教育ノ根本思想ニ於テ我カ国体ト甚シク相容レサルモノアルノミナラス学校教練ノ目的遂行ヲ著シク阻害スルモノ」だとして、配属将校の引き揚げを求めた(34)。

皮肉なことに、上智大学当局がこのことを知ったのは、一九三二年六月一四日に文部省より受けた電話を通じてであったが、この日はまさに新一号館の落成記念式が行われ、ホフマンが、上智が国家と天皇に対する忠誠心の涵養を重視していることを強調した講演を行った日にあたっていた。

陸軍省が配属将校を引き揚げようとしたことは、上智にとって大きな脅威であった。配属将校の存在は大学の教育、また社会的信用の上で重要な意味を持っていた。配属将校の引き揚げは、大学の評判を傷つけかねない問題だったのである。陸軍省の要求はまた、大学を認可した文部省に対する挑戦でもあった。学校教練制度は陸軍省と文部省が共同で運営していたため、配属将校の引き揚げには文部省の同意が必要であった。陸軍省の威圧的な姿勢に屈することを望まない文部省は、配属将校引き揚げを阻止したい大学側と利益を共有していた。

こうして両者の間には、奇妙でばつの悪い同盟関係が結ばれることとなった。文部省と大学およびカトリック教会の代表は、同年の六月から九月末まで、靖国神社参拝問題の解決策を模索すべく水面下で調整を進めた。彼らが目指したのは、単に配属将校の引き揚げを阻止することにとどまらず、全国各地のカトリック信徒の学生・生徒が長年抱えていた問題に決着をつけることであった。同年秋に引き出された解決策の柱は、神社儀礼への参加は「世俗的」性格を持つものである、という点についての公式の合意であった。東京大司教アレキシス・シャンボン（Alexis Chambon　一八七五―一九四八）は文部省に対し、学校行事として「神社並ニ招魂社参拝ヲ要求セラル、理由は、「言フ迄モナク愛国心ニ関スルモノニシテ宗教ニ関スルモノニアラズ」」、また「故ニ若シ彼等ガカ、ル機会ニ団体トシテ敬礼ニ加ハル事ヲ求メラル、ハ偏ニ愛国的意義ヲ有スルモノニシテ毫モ宗教的意義ヲ有スルニ非サル」ことを確認するよう求めた[35]。これに対する返答のなかで、文部省は「宗教」という言葉を用いることは避けたが、その他の点では大司教が描いた枠組みに沿った立場を表明した。すなわち、「学生生徒児童ヲ神社ニ参拝セシムルハ教育上ノ理由ニ基ツクモノニシテ此ノ場合ニ学生生徒児童ノ団体カ要求セラル、敬礼ハ愛国心ト忠誠トヲ現ハスモノニ外ナラス」と回答したのである。[36] この回答を得て、大司教は、カトリック信徒の学生・生徒たちに対し、団体での参拝の許可を与え、文部省に対し、今後はこうした参拝に参加する旨を伝えた。[37]

しかしながら、この打開策は配属将校引き揚げ問題を解決するにはいたらなかった。陸軍省は予定されていた配置換えの一環として上智の配属将校を「交代」させ、その後任者は「適任者人選中」としたのである。[38] つまり、陸軍省は文部省の同意なしで、将校を引き揚げる手段に打って出たのだ。陸軍省が上智大学と文部省からの度重なる懇請を受けて立場を変え、新しい配属将校を送ったのは、一年後の一九三三年一一月のことであった。その過程で大学は、神社参拝を宗教的でなく世俗的性格を持つ崇敬、すなわち「国民ノ公的生活ニ於ケル皇道ノ表現」であるとして、これに参加する旨をそれまでにないほど明確に言明するようになった。[39]

大学がそれまで積み上げてきた実績を祝した直後に起こった靖国非参拝事件は、上智を根幹から揺るがす出来事となった。一九三二年五月の時点では三一五名いた学生数は、その一年後には二六四名に減少し、その年の末には二二〇名まで落ち込んだ。入学志願者数も減少した。事件後、大学当局は同様の危険を避けるよう細心の注意を払った。一方、カトリック教会も神社での儀礼に関する新たな見解を着々と固めていった。そして一九三六年になると、宣教活動を監督するローマ法王庁の布教聖省は、日本にいるカトリック司教に対し、国家に対するカトリック信徒の責務についての正式な指示を与えた。この指示は司教に対し、神社儀礼は「純粋に世俗的な意味のみ」を持つものであるから、カトリック信徒がこれに参加することは適切だ、と信徒に教えるよう求めるものだった。[40] カトリック教会の公式見解が変化したことを受けて、上智のイエズス会士たちは日本文化や「日本精神」の表現といった問題に、それまでとはまったく違う姿勢で取り組むようになった。

第四節　靖国神社事件後の「日本精神」への取り組み

第一項　国家儀礼の受容と実践

靖国神社事件後、上智のイエズス会士の雰囲気は、当然ながら、暗く、落ち込んだものとなった。さらに追い打ちをかけたのは、それまで二五年間にわたり、大学の発展を牽引してきたホフマンの健康と気力の衰えであった。一九三四（昭和九）年にすでに七〇歳を迎えていたホフマンは、一九三六年秋に入院し、翌年六月初めに帰天した。情勢が不安定なこの時期に、大学のなかで主導的な役割を果たすようになったのは、新しい世代の会士たちだった。[41]そのなかには来日する前に日本語を学んでいた者もおり、古い世代の会士よりも、時流の求めるところに適応しやすかったのかもしれない。彼らは一九三〇年代後半から四〇年代にかけて、大学が直面したさまざまな難題への対処策を定める役割を担ったが、こうした難題の一つは、「日本精神」の鼓吹にますます重きが置かれるようになったことに、どう対処していくかであった。

上智の姿勢が変化したことは、国家儀礼を学校行事に取り入れるのに、大学側がより積極性を見せるようになったことに表れていた。法王庁が、神社参拝は国民の愛国心の発露であり、カトリック信徒も他の国民とともに参加すべきだ、という公式見解を示したのは一九三六年のことだったが、上智はそれよりも一年前に、明治神宮への参拝を毎年の入学式と始業式の一環として行うことを決めている。大学講堂での式典に引き続き、全学生、教職員は学長の引率のもと、明治神宮に集団参拝することになったのだ。[42]加えて、靖国神社の秋季大祭に合わせた集団参拝も行われるようになった。[43]こうした行事は終戦まで毎年行われた。

国家儀式を是認する姿勢は、神社儀礼とつながる他の領域にも及んだ。その一例は勅語一般、ことに教育勅語に対して崇敬を示したことであった。教育勅語渙発三〇周年にあたる一九二〇（大正九）年当時には、イエズス会は特に記念行事を行う必要を感じていなかったが、一九三〇年代半ばまでにはその姿勢は一変していた。遅くとも一九三四年までには、大学は『聖訓』と題した小冊子を学生に配布するようになっていたが、その内容は天照大神の天壌無窮の神勅や教育勅語、また一八八二（明治一五）年に下賜された軍人勅諭などで占められていた。[44] 加えて、一九三六年までには、教育勅語を奉読する際に、勅語をどのように取り扱うべきかについて綿密な規則を定めている。この規則では、「捧持者ハ勅語（箱入ノ儘）ヲ盆上ニ奉戴シ（中略）概ネ眼八分ニ捧持シ壇上ニ上リ捧読者ニ捧ク、（中略）捧読者ハ勅語ヲ机上中央部ニ置キ両手ヲ用ヒテ箱ノ紐ヲ脱シ勅語ヲ取出シ右手ヲ以テ勅語ノ紐ヲ脱シ勅語ヲ開ク」と定められ、実際の奉読が行われる前後には、出席者全員が「最敬礼」をすることになっていた。[45]

こうした形での教育勅語の奉読は、四大節（正月、紀元節、天長節、明治節）を祝う式典、ならびに入学式、卒業式に取り入れられた。四大節は祝日であったため、授業は行われなかったが、政府は正月以外の三つの祝日については、何らかの行事を執り行うことを求めるようになった。すでに触れたように、一〇月三一日が天長節とされていた大正時代には、上智は国家式日としてこれを祝っておらず、この祝日を利用してカトリックの行事を執り行っていた。しかし、一九三〇年代半ばまでには、正月以外の三大国家式日を、政府の望むような形で祝う大学として最先端をいくようになった。一九三七年に文部省が行った調査によれば、東京にある一六の大学のうち、国家式日を適切に祝っている大学は五つしかなかったが、上智はその一つに数えられていた。一九三五年の時点ですでに、こうした式日に全学生を集めて、教育勅語奉読やその場に適した訓辞を行っていることを報告していたのである。[46]

さらに、大学は正式な教育勅語の謄本を入手するための措置を講じた。上智が最初に入手し、行事の際に読み上げ、一九三六年の「勅語捧読要領書」の定めにしたがって恭しく扱っていた教育勅語の謄本は、政府から直接受け取ったものではなかった。同年秋、文部省は各高等教育機関で教育勅語の謄本がどう保管され、どう扱われているかについての調査を行ったが、調査の項目には謄本を「下付」された日付が含まれていた。これに対し、大学側は「本大学奉安ノ教育勅語謄本ハ下付サレタルモノニアラズ購入シタルモノナリ」と回答した(47)。翌年一一月末には、この状況は是正されている。大学の請願に応じ、勅語の謄本が下付されたのである。

同時期に、文部省は各大学に対し、天皇の恩情のもう一つの象徴物である天皇皇后の御真影の下付を請願するよう積極的に促していた（一九三四年の調査では、東京にある一六校の大学のうち、今上天皇の御真影を下付されていたのは東京帝国大学と國學院のみであることが分かっていた(48)）。上智は教育勅語謄本の下付を申請した同日に、御真影の下付についても申請書を提出している。申請書を提出する際には、必要書類として御真影の取り扱いに関する規定集と、御真影を保管する奉安庫の詳しい図をあわせて提出している。一週間後には申請が認可され、御真影を受け取るのにふさわしい人物を一二月一七日によこすよう求める通知が届いた(49)。

イエズス会は過去には神社と結びついた、ないし何らかの意味で「宗教的」と見られた国家儀礼からは距離を置こうと努めていた。しかし、右に見てきたことが例証しているように、一九三〇年代半ばには、こうした儀礼を、正当な権威に対して払うべき敬意の一環であり、したがってカトリック信仰と両立しうるものとして受け入れるようになったようだ。彼らの見解をもっとも明確に表す史料としては、ドイツで定期的に刊行されていた小冊子に発表された報告が挙げられる。*Aus dem Lande der aufgehenden Sonne*（『日出づる国より』）と題されたこの小冊子は、イエズス会の目的や活動を支持するドイツ人読者のために発行されていたものなので、ここに発表された報告は、イエズス会の意図について日本で生じうる疑念を払拭するために書かれたものというよりは、彼らの見解をかなり

写真1　1935年の秋季大祭の折に、靖国神社への参拝に向かうため1号館裏手に整列する学生と教員。右手前に写っているのは、同年8月に配属将校として上智に赴任した斎藤済一大佐。

正確に反映したものと見てよいだろう。

一九三五年の報告では、靖国神社の秋季大祭が取り上げられており、参拝に向かう前に一号館の裏手に整列している学生と教員の写真が掲載されている（写真1）。この報告を記した著者は、参拝者が柏手を打ち、「二、三分ほど沈黙を守って」頭を垂れる所作の「短く簡素」なさまを説明した後に、こうコメントしている。

> 人々が［神社に］来る際に示す所作のすべて、またそこに込められた熱誠は、こうした行為が中身のない、形だけの儀礼ではないことを物語っている。こういう場では、日本人はその心に深く根差した気質なのか、人間をもっとも感動させること、すなわち同胞のために命を捧げることの重みを、その心のうちに経験―いや、あるいは体感さえ―しているように見える。キリスト教の深遠なる力の淵源も「その方がわたしのために命を捧げてくださった」ことにある。同胞のために流された血は国民を打ち固めてきた。そして主の血は人種や祖国の垣根を超え、すべての人を結びつける絆を織りなしてきたのだ。[50]

別の報告には、一九三七年四月に行われた入学式のことが記されている。報告の中心を成しているのは教育勅語奉読に関する詳細な記述で、先に触れた「勅語捧読要領書」と一言一句対応した内容となっている。[51]

翌年の報告では、御真影の到着についてさらに詳細な描写がなされている。報告には『各学校にとって御真影を奉戴することは大いなる名誉である。本学も最近になって、この栄誉にあずかることになった」と記されている。「カトリック系大学である本学は、日本の国民的価値を支持し、これを重視している」という彼らの主張を裏づけるように、上智は御真影を迎える日に「盛大な式典」を催し、御真影は講堂の壇上の、「恭しげに幕をしつらえた、祭壇のような場所」に安置されたという。幹事を務めた日本人イエズス会士、土橋《つちはし》八千太《やちた》（一八六六―一九六五）が「厳かに御真影の除幕を行う」と、その年の六月に亡くなったホフマンの後任として学長となっていたヘルマン・ホイヴェルス（Hermann Heuvers　一八九〇―一九七七）が壇上に上がり、参列していた教職員、学生に号令して、御真影に向かい拝礼した。報告には、「東西の違いを問わず、すべての教員と学生が深い尊崇の念を持って、天皇に敬意を表した。講堂は厳粛なる静寂に満たされた。集団で行われる象徴的行為、つまり感謝と報恩の念を捧げること［を通じて］、参列者は一つの思想と意志の力を感得した。それはまさにこの帝国をつくりあげ、支えてきた力にほかならない」とある。(52)

第二項　教科としての日本精神

このように靖国事件後のイエズス会は、日本精神の儀式的表現を以前よりもずっと肯定的にとらえるようになった。しかし彼らは、ホフマンが主張した点、つまりカトリック―より正確に言えば、イエズス会―の教育方針は正しい国民精神の涵養にまったく適したものである、という考えを持ち続けた。この主張は『日出づる国より』に掲載された報告に一貫して見られるが、それをより洗練された形で展開したものとしてはヨハネス・クラウスの書いた文章が挙げられる。これは一九三八（昭和一三）年の大学創立二五周年記念の折に出版された小冊子に載った、イエズス会教育の目的についての論説である。すでに見たように、クラウスは上智が「布教学校」ではないことを明言してはいたが、にもかかわらず、文章の末尾では、イエズス会教育において宗教が果たす役割について言及している。

クラウスは宗教の役割を述べるにあたり、キリスト教固有の教義や実践についてはごくわずかの、しかも遠回しな言及にとどめている。イエズス会教育における宗教の役割の中核は、教義や儀式を伝授することではなく、むしろ精神的訓練や規律を教え込むことにある、というのがクラウスの立場で、イエズス会の教育は四つの美徳、すなわち「勤勉、服従、敬虔なる心情、純潔」を育成することにある、というのがその主張であった。これら四つの美徳は、どれも学生がみずからの属する共同社会に貢献する上で欠かせないものである。例えば、敬虔なる心情については、「最高価値に対する敬虔な態度、つまり宗教的なものは正しい価値秩序の恪守を確保し、調和と統一とを生かすものである」と述べている。それは服従の美徳に自然と伴うものであり、服従は「凡べての訓練の基礎である」とクラウスは言う。さらに、訓練は「家族、民族、国家の如き共同社会との意識的な協働、共同社会への意識的な自己編入」に必要不可欠なものである。そしてまた、クラウスはこうも述べている。

権威は共同社会生活を統一し拘束する。従つて権威に対する自発的な従属は共同社会生活の肯定を意味するものであつて、この生活なくしては人間― ein Zoon Politicon 即ち共同社会的生物―は存在することが出来ない。『自由』といふ誤つて解された合言葉は人間の真なる本質を逸するものである。真の自由は拘束を伴つてのみあるものである。青年は服従を通じて自由となる。[53]

自分たちの「訓練」のやり方こそが民族・国家との「意識的な協働」や「意識的な自己編入」の基盤となる姿勢を育むのだという自負を持っていたイエズス会は、学園生活に「日本精神」の儀式的表現を取り入れた後も、日本精神について理論的・学術的に検討する教科を教育課程になかなか組み入れなかった。彼らがとった手法は、東洋哲学のような（主に日本人の兼担教員が担当した）授業を通じて、日本精神をより広い視野から間接的に考察するという方法であった。

実際、会士たちは靖国事件以前から、こうした教科を教えられる邦人兼担教員を採用し始めていた。一九二八年、上智が大学令に基づく大学としての認可を申請した際、文部省はその条件として「学部開設期迄ニハ尚相当学識アル邦人教員ヲ採用スルコト」を挙げていたからである。(54)「相当学識アル邦人教員」を採用することには、もう一つ別の理由もあった。文部省から指定校として認められると、卒業生が特定の分野で高等学校高等科教員無試験検定の資格を得られるようになるため、大学側は各分野での権威とされる邦人教員を採用する必要があったのである。(55)上智は一九三一年に指定校認可の申請を行い、その翌年にかけて、東京帝国大学その他の有名大学から著名な教授を兼担教員として数多く雇い入れた。そのなかには教育、倫理、東洋哲学などの分野を受け持っていた者も数名いた。兼担教員には主に彼らの名前を借りることが目的だったらしい場合もあり、教員名簿にその名があっても、彼らの担当科目が定期的に開講されないこともあった。そうしたなかで注目すべき例外は、井上哲次郎（一八五五―一九四四）であろう。井上の名は一九三一年から兼担教員として上がっており、「東洋倫理学及東洋倫理学史」「支那哲学」、あるいは「東洋哲学史」といったような科目を毎年一科目担当していた。井上は八四歳になる一九三九年まで、こうした科目を受け持っていた。井上の講義は、上智が「日本精神」というテーマにより直接的に取り組む足がかりとなった。

一九三四年、大学は万聖節にあたる一一月一日の創立記念日に、記念講演を行うよう井上に依頼している[56]。井上は「日本精神と今後の教育」というテーマで講演し、その講演内容はその後『ソフィア』第九号に掲載された。『ソフィア』は上智大学学友会が大学当局の支援を受けて発行していた雑誌である。講演のなかで井上は近世の儒学や国学を含め、日本思想史の展開のさまざまな局面に触れ、とりわけ日本精神と外来思想の関係に時間を割いた。井上は、平田篤胤や大国隆正のような国学者が外国も「日本の神がお開きになった」と主張したのは行き過ぎであったことを認めており、「つまり（中略）真理の如何と云ふことを研究するよりは大体日本精神を主張するがために行き過ぎて学術精神から横にそれて行つた。これは注意しなければなりませぬ」と批判している[57]。

しかし、井上の主張の眼目は、日本が外来思想を受け入れた過程やその結果、またそのことが日本精神にとって何を意味するか、という点に置かれていた。仏教、儒教がもっとも完全な発展を見せたのは、インドや中国でなく、日本においてであった、と井上は言う。「日本精神がこの外来思想を立派なものになして其粋を残した。これが日本精神の微妙な働きである。要するに釈迦の精神も孔子の精神と同様に日本に来たと云つて宜からう。我が国では儒教も仏教も皆日本精神に取り入れて、つまらない部分、野卑な部分、低級な部分、さう云ふものは悉く除き去つて立派なものだけを存しました」。同様のことは、キリスト教にも起こるであろう、と井上は指摘する。「キリスト教の如きも矢張り将来日本化して仕舞はなければならぬ。日本に入つて来た以上は日本のためにならなければならぬ。さうしてキリスト教の粋は将来日本に残るでありませう。日本精神が儒教だの仏教を純化して立派なものとなした様にキリスト教もさうなるであらうと思ふ」。結論部分において、井上は二つの異なる考えの間で微妙なバランスをとっている。「日本の教育は日本精神によって施さんけりやならぬ」と述べる一方で、教育勅語の精神に忠実に、「欧米に於けるあらゆる教育の主義主張は唯々参考として己れに裨益する所があれば是を取つて行くと云ふ

ことでなければならぬ」とも主張しているのである。(58)

井上が以前に、キリスト教と正しい愛国心が両立しうるものかを疑問視していたことはよく知られていたから、一九三〇年代に彼が上智で教えていたことはそぐわないようにも思える。会士たちが、日本でのキリスト教の未来に関する井上の意見を好意的に受け止めたとも思い難い。しかし、両者はドイツ哲学の素養を共有しており、日本精神と外来思想の関係についての双方の見解は、ある意味では、完全に相容れぬものではなかったのかもしれない。いずれにせよ、大学は日本精神の教育という面でのお墨付きを得るために、その後も井上に頼り続けた。井上が右の講演を行った三年後の一九三八年三月、文部省教学局（一九三七年七月設置）は、「日本文化講義実施状況」について各大学に照会した。同年六月、上智は前年度に行ったさまざまな行事の一覧をもって、これに回答している。そのなかには、陸海軍の士官による中国戦線での軍事状況についての特別講義、また井上による「明治天皇御事蹟に就いて」「日本精神に就いて」（後者は「第二回精神総動員ニ対スル覚悟ノ強調」の一環として行われた）といった講演が含まれていた。回答には、「大学部ニ於テハ本年度ハ井上哲次郎博士ニ依頼シ支那哲学ノ科目時間ニ於テ東洋ノ精神文化ノ名ノ下ニ日本ノ精神文化ニツキテ一週二時間宛講義ヲ依頼シ来リタリ」とも記されている。(59)

第三項　倫理・修身科目の扱い

日本精神文化の教育をめぐり、微妙な問題が生じたのは日本精神に関する科目と倫理・修身の科目との関係であった。すでに触れたように、イエズス会は当初からその教育目的に倫理が果たす役割を重視しており、予科の学生すべてにこれを必修としていた。大学令に基づく大学昇格の申請を行った際、上智は倫理学を予科から学部科目に移行させ、代わりの予科科目として修身を導入した。(60) 昇格後の最初の数年間に、誰が修身を教えていたかについては、はっきりとした記録が残っていない。しかし、一九三二（昭和七）年の時点では、修身はホフマンとホイヴェルスの担当科目となっていた。ところが、靖国事件のあおりで、大学は「修身は非カトリック教徒の日本人が教えるべきだ」という指導を受けた[61]。そのため、翌三三年には井上哲次郎がこの科目を教え、三四年以降は栄田猛猪《さかえだたけとし》（一八七九―一九六二）がこれを引き継ぐことになった[62]。

栄田は東京外国語学校の教授で国語と漢文を専門とし、上智でも一九一三（大正二）年の創立以来この二つの科目を兼担で教えていた。東京外国語学校での職を辞した後、一九三三年春から上智の専任教員となっている。当時は靖国事件がまだ片づいていない時期であった。同年七月には予科長に就任し、一九四〇年までこの職を務めている。栄田は予科長として陸軍との交渉に尽力し、そのかいもあって三三年の暮れには配属将校が再び上智に派遣されることとなった。栄田はまた、事件で傷ついた大学の評判を取り戻し、学生数を回復すべく、さまざまな広報活動も行った。こうした活動としては配属将校の再派遣を祝う小冊子（『配属将校を迎へたる上智大学』）の発行や、東京近辺の中学校長を一九三四年秋の大学創立記念祭に招いたことが挙げられる。井上が「日本精神と今後の教育」の講演を行ったのはこの折のことであった。栄田は、先に述べた国家儀式や教育勅語への崇敬表現の導入にもおそらくかかわっていたと思われる。

政府当局に対しての説明・報告において、栄田は自分自身はカトリック信徒ではないと強調している。むしろ自分は「皇典ヲ修メ経学ニ志セリ。宗教ニ於テハ大乗仏神ヲ宗トナス」ものだとして、「純正ナル一小日本臣民トシテ中外ニ我ガ国体ヲ明徴ニセン」ことを目指している、と述べている。こうした発言は、上智のイエズス会士はまっとうな人々であり、日本の若者の教育に生涯を捧げ尽くしている、という栄田の主張に重みを持たせようとなされたのだろう。栄田は、会士たちが生涯をかけてその志を貫き通す覚悟を持っている証拠として、彼らが東京郊外に墓地の区画を購入していることを一度ならず指摘している。[63]このように栄田はイエズス会士を擁護し、日本精神をその根源から支持していないといった批判から守る盾の役目を担ったのだった。栄田に修身の教科が任されたのも、おそらくはそうした役目に期待してのことだったのだろう。

イエズス会士たちにとって、修身の科目を他人に任せることは、たとえそれが信頼に足る同志だったとしても、苦渋の決断だったはずである。教育課程に関する記録を見ると、学部レベルの倫理の科目については、引き続き会士がこれを担当していたことが分かる。しかしここでも、些細に見えるが、留意すべき変化が起こっていた。以前には、イエズス会士の教える倫理の科目は普遍的なものとして扱われ、東西の区別はつけられていなかった。しかし、一九三四年以降、彼らの教える科目には「西洋倫理学」という科目名がつけられ、井上哲次郎らが教える「東洋倫理学史」「東洋哲学」などと並立することとなったのだ。

第五節　日本文化との学術的取り組み

第一項　『モニュメンタ・ニポニカ』(*Monumenta Nipponica*)の定期刊行企画

日本文化についての教育を行えという要求が強まるなかにあっても、イエズス会士は、上智が西洋に関する知識を授けることを第一義とする大学である、という姿勢を崩さなかった。また、日本を対象とした科目を教育課程に取り入れていくことには消極的であった。すでに述べたように、井上が担当していた「支那哲学」は、一九三七(昭和一二)年にその幅を広げ、「日本ノ精神文化」についての考察も含めるようになっていた。同様に、栄田が一九三九年に、「上智大学予科ニ於ケル教育振作」に関して文部省に提出した報告では、「日本文化講座ノ増設」と題した項目において、「予科ノ歴史ノ従来西洋史ニ限ラレシヲ改メテ東洋史ヲ加ヘテ日支ノ関係ヲ明ナラシメ（昭和十年ヨリ）本年ヨリハ更ニ語学ノ一時間ヲ割愛シテ以テ日本文化ニ関スル講義ニ代ヘタリ」と述べられてもいる(64)。しかし、「国史」と銘打った科目が学部の教育課程に登場したのは、一九四一年になってからのことである。翌年には、文学部に史学科が新設されたが、ここでも設置認可申請書には「教授力及び教材の都合上先づ西洋史専攻に必要なる科目を置いて、西洋史の一部として東亜共栄圏内南方諸国の歴史研究の途を開」くと記されていた(65)。

会士たちが、日本に関する科目を教育課程に取り入れるのに消極的だったことは、すでに述べた通りである。しかし、そうした消極性を見せる一方で、彼らは同時期に、日本に関する情報を広めるための二つの野心的な試みに乗り出していた。その一つはヨーロッパ言語による国際的な学術誌『モニュメンタ・ニポニカ』(*Monumenta Nipponica*)の創刊であり、いま一つは「キリシタン文化研究所」の設立であった。この二つの試みはいくつかの点で結びついており、この二つの試みを通じて、会士たちは学術面においてそれまでよりもはるかに深く日本と取り組むことになったのである。

日本研究に関する国際的な学術誌の創刊を企画し、その実現にまでこぎつけたのはヨハネス・クラウスであった。クラウスは一九三八年の創刊時より編集長となり、紙不足その他の事情から発行中止のやむなきにいたった四三年までその地位にあった（同誌は戦後一九五一年に復刊し、現在まで刊行が続いている）。日付も署名もないが、おそらくはクラウスが一九三六年に書いたと思われる覚書には、この学術誌の目的が記されている。それによれば、この雑誌は純粋に学術的な性格を持つもので、掲載される論文は、独自の研究に基づくものでなければならないとされていた。また論文は、（絶対条件ではないが）ヨーロッパの主要言語で書かれることが想定されていた。各論文はテーマの上で狭すぎたり、専門的すぎてはいけないが、一般読者向けの内容を扱う雑誌になってしまってもいけない。

この学術誌では東アジア（なかでも日本）の文化について広く扱うこととし、西洋に関するテーマについてはアジアの問題を論じる上で必要な限りにおいて、比較の観点から触れるにとどめることとした。また、「学術的方法を妨げない限りにおいて」、同誌は「カトリックの世界観の強みを読者に伝えるべきだが、それを雑誌の直接の目的としてはならない」とされている(66)。

この覚書は、この学術誌が布教活動にとって、また学術機関としての上智にとって持ちうる意義についても触れている。布教活動の観点から見れば、この雑誌は「日本文化の知識を広め、［日本社会への］客観的、共感的適応を可能にする」という点で「大きな貢献」となると考えられた。と同時に、『モニュメンタ・ニポニカ』は、上智を「アジアの精神的世界の研究における国際的中心」とし、日本での上智の地位を高め、さらには上智と日本・ヨーロッパの研究者たちとのつながりを築いてもいくだろう、と期待されていた(67)。一九三八年に創立二五周年を記念して発行された記念誌でも、学長のホイヴェルスは『モニュメンタ・ニポニカ』を通じて、日本文化を広く知らしめ、その理解を促すことに上智が果たしうる貢献についてこう述べている。

本誌の目的は読者に極東殊に日本の文化を紹介し、又本邦並びに欧米の諸学者の日本文化の諸方面の研究上の協力を促進せんとするにある。従来諸大学では、稍ともすれば日本古来の特質とその固有文化との研究は等閑視せられ、外国文化に追はれて古来の伝統的文化価値を忘却する傾きなしとしなかった。本誌は過去及現在の日本文化探求の中心たらんとするものである(68)。

『モニュメンタ・ニポニカ』は、日本人と西洋人研究者がともに「日本の伝統の本質と特色(69)」を研究していくた

吉田松陰を崇拜し

國學を海外へ

若きドイツ人の精進

代用品

農

写真2　ハインリッヒ・デュモリンによる吉田松陰研究の論文が近々『モニュメンタ・ニポニカ』に発表される旨を伝える新聞記事。

めの場を提供するという役割を果たすなかで、「国民精神」というテーマに関する同時代のドイツの思考方法を、日本精神文化の分析に適用していく場ともなった。

創刊号からの六巻分に見られる特徴の一つは、西洋人研究者が神道、国学、水戸学などのテーマについて、数多くの論文を発表していることである。ベルンハルト・シャイト（Bernhard Scheid）は、こうしたテーマに関する論文（そのほとんどはドイツ語で書かれている）が雑誌のなかでも最大の比重を占めていたことを指摘している。覚書に記されていた雑誌の目的に沿うように、『モニュメンタ・ニポニカ』に掲載されたこれらの論文は学術的性格を持っていた。しかし、シャイトが指摘するように、その多くは当時のドイツで流行していたナショナリズムの言説に特徴的なレトリックを取り入れてもおり、*Blut-und-Boden*（「血と土地」）、*Volk*（「民族」）、*völkisch*（「民族的」）といった用語を用いつつ、吉田松陰や国学者、その他類似のテーマを論じていた。こうしたレトリックを用いる論者のなかには、青年イエズス会士ハインリッヒ・デュモリン（Heinrich Dumoulin　一九〇五―一九九五）がいた。デュモリンは、上智のイエズス会士の上長から日本の宗教を本式に学ぶよう指示を受けており、一九四三年に東京帝国大学で賀茂真淵についての博士論文を完成させている。また、上に述べた用語は、同誌に掲載された、皇国的な考えを持つ平泉澄（一八九五―

一九八四）、河野省三（一八八二―一九六三）のような日本の研究者を著者とするドイツ語や英語の論文にも登場している。[70]

国学や神道関連のテーマを扱ったデュモリンその他のカトリックの研究者以外にも、同じような用語やレトリックを用いた分析を行って『モニュメンタ・ニポニカ』に寄稿していたドイツ人はいた。その最たる例はホルスト・ハミッチュ（Horst Hammitzsch　一九〇九―一九九一）であった。「新進気鋭」のドイツ人日本学者であったハミッチュはカトリックに共感しておらず、一九四一年には『モニュメンタ・ニポニカ』について苦言を呈している。すなわち、同誌はドイツの日本研究の発表の場として中核を担っているが、このことはドイツ国外の人々に「ドイツの日本研究はイエズス会士が独占している」という印象を与えかねない、というのである。[71]それはともかく、上智大学のイエズス会士に限って言えば、ドイツと日本の国民精神の形態が類似しているという認識は、日本の国民精神の研究をより熱心に追求せんとする姿勢を生み出したのではないかと思われる。

第二項　キリシタン文化研究所の設立

『モニュメンタ・ニポニカ』の最初の数巻分の一つの大きなテーマが国学等であったとすれば、もう一つの力点は日本文化・歴史のまったく別の側面、つまりいわゆる「キリシタンの世紀」に置かれていた。同誌の創刊の必要性を説いた覚書、また創刊号に載った雑誌の「狙いと目的」はどちらもこのテーマを重視しており、毎号一本この分野の論文を掲載し、さらにその当時日本で活動していたいくつかの修道会の所蔵する未公刊史料を公開していきたい、としている。[72]

当然のことながら、一六世紀半ばから一七世紀半ばまでの日本におけるカトリック教の歴史に関する論文を手が

写真3　1939年2月5日、キリシタン文化研究所発会式。正面左から、村上直次郎、姉崎正治、山本秀煌、ホイヴェルス、後向き左から、太田正雄、ラウレス、クラウスの各氏。

けたのは、その多くがイエズス会士やその他の修道会に属する人々で、こうしたテーマがみずからの信仰とかかわっている者たちであった。そのうちの一人がヨハネス・ラウレス（Johannes Laures 一八九一—一九五九）である。ラウレスは一九三一（昭和六）年にカトリックに関する情報を広めるための図書室を開設することに熱心に取り組んだ人物だった。クラウス同様、ラウレスは経済学を専門とし、商学部で経済関連の教科を担当していた。しかし、キリシタン時代に深い関心を持つようになり、このテーマに関するさまざまな史料を収集し、それに続く禁教・迫害時代の品々を収集するようになった。もっとも、このテーマについて論文を書いたのは、カトリック神父・信徒ばかりではなかった。例えば、姉崎正治（一八七三—一九四九）や村上直次郎（一八六八—一九六六）のように、日本の宗教史や対外交渉史を専門とする非カトリック教徒の研究者たちも含まれている。

　ラウレス、姉崎、村上は、同時期にイエズス会が始めたもう一つの日本研究関連のプロジェクトである、キリシタン文化研究所でも中心的役割を果たしていた。この研究所は日本二十六聖人の殉教記念日にあたる一九三九年二月五日に発足した。キリシタン文化研究所は、ラウレスがすでに収集していた日本でのカトリック教会の活動に関する資料を土台として設立され、一六—一七世紀、つまりカトリック教会の活動の第一期についての共同研究を進めていくことを目指していた。この「研究所」（といっても、その実態は本式の研究所というよりは、小さな図書室と共通の関心を持つ研究者の集まりに過ぎなかった）が設立されたことによる具体的な成果としては、一九四〇年にラウレスが収集していた資料の目録を出版したことが挙げられる。この目録は『モニュメンタ・ニポニカ』叢書の一巻として出版されている。『*Kirishitan Bunko*（吉利支丹文庫）』と題されたこの文献目録はすぐに売り切れ、翌年に大幅な増補を加えて再版された[73]。

キリシタン文化研究所の目的、またその名称そのものからは、当時の日本でカトリックに関する知識を広げようとしていたイエズス会の新たな方向性が見て取れる。研究所の活動目的はキリスト教の教義を説明したり、信仰を呼び覚まそうとすることではなく、『モニュメンタ・ニポニカ』に掲載されたキリスト教関連の論文がそうであったように、日本でのカトリックの歴史の第一期を学術的に研究することであった。だからこそ、研究所は「キリスト教文化」ではなく、「キリシタン文化」研究所と命名されたのである。そして、この研究は、単に「日本におけるカトリックの歴史」ではなく、「日本史の一部としてのカトリック教」にも関心を寄せるものだったのである。

こうした活動を推し進めるにあたり、ラウレスとその同僚たちは、明治後期以来一般民衆、および文芸・学術界で高まりを見せていたキリシタン時代、「南蛮文化」への関心を意図的に利用した[74]。姉崎はすでに一九二四（大正一三）年に、それまで知られていなかった一七世紀後半の日本人殉教者の記録に基づく報告を英文で執筆しており、ダールマンは翌年姉崎のもとを訪れ、この報告に謝意を表している[75]。一九三三年に、ドイツイエズス会の月刊誌に掲載された報告は、姉崎や「他の大学の優秀な研究者たち」の業績を称賛し、「その誰一人としてカトリック信徒ではない」にもかかわらず「日本のカトリックの歴史」を研究したと紹介している。同報告によれば、こうした研究者たちの成果を収集することは、ラウレスが準備していた図書室の最大の目的の一つであった。同報告では、丸善が一九三二年暮れから翌年初めにかけて、東京と大阪で開催したキリシタン時代関連史料の展示が人気を博したことが、もう一つの喜ばしいニュースとして伝えられている。この展示会は天正使節渡欧三五〇周年を記念して開催されたものであった。報告の著者は、「昔の日本の殉教者が、今日でも異教徒たちを魅了している」ことは喜ばしいと述べている[76]。

キリシタン時代の出来事や「南蛮文化」への関心が高まったことは、江戸時代から明治初期まで続いたカトリックに対する呪術的で怪しいものであるという否定的なイメージを和らげるのに役立った。この否定的なイメージが温存された一因として、ライバルであるプロテスタントに、自分たちのキリスト教を、先にやってきたイエズス会、その他のカトリック宣教師らのそれから区別するために利用されたことがある。しかし、それまで否定的なイメージでとらえられていたカトリックの歴史は、一九二〇年代や三〇年代になると肯定的に見られるようになった。日本二十六聖人や細川ガラシャのような日本のカトリック信徒が、カトリック信仰の模範としてだけでなく、日本人の手本として紹介されるようになったのである。イエズス会士自身、こうしたイメージを広めるのに一役買っている。演劇の上演が持つ教育的価値は、イエズス会が伝統的に重視してきたものだが、ホイヴェルスはそれに則って細川ガラシャに関する戯曲を書き、日本二十六聖人の映画の台本を手がけている。この映画は一九三一年に公開された[77]。

キリシタン文化研究所は、それと同様の役割を学術面で担った。『日出づる国より』に掲載されたある記事には、研究所が設立されたことが報告されている。この記事には、これまでキリシタンの研究を牽引してきたのは「大半が非キリスト教徒」の日本人研究者であったが、研究所の設立により、今後はヨーロッパの研究者との協力も進めやすくなるだろう、と記されている。また、研究所はキリシタンに限らず、この時代の日本の歴史や文化の他の面の理解を深めることにも役立つとして、次のようにも記されている。

この時代の日本史の研究は、宣教の歴史のみならず、日本文化史、言語研究の上でも非常に大きな意義を持つものである。とりわけ、宣教師たちの年次書簡には宣教の歴史に関する情報だけでなく、当時の日本の風習についても多くのことが記されている。こうした書簡を読むことで、日本人研究者は過去の正確なイメージを再現していくことができるはずだ[78]。

キリシタン文化研究所の活動は、かつての日本のカトリック体験のさまざまな面の研究を進めることで、「カトリックは「異教」などではなく、むしろ日本文化の一部をなしている」ことを一般向けに示そうとする、イエズス会をはじめとするカトリックの努力を後押しすることになった。同時に研究所は、『モニュメンタ・ニポニカ』と同様、イエズス会と、日本関連のテーマを研究している日本人専門家との関係を深める役割を果たした[79]。キリシタン文化研究所と『モニュメンタ・ニポニカ』はともに、それまでヨーロッパ思想や文化に関する知識を流布するための拠点とされてきた上智の活動分野を大幅に広げたのだった。

第六節　むすび

『モニュメンタ・ニポニカ』やキリシタン文化研究所を通じて、日本関連の研究を進めることには積極的だったにもかかわらず、イエズス会士たちが教育課程に日本関連の教科を取り入れるのをためらったのはなぜだろうか。なかには、日本に関する授業を履修科目に取り入れたいと考える者もあった。大学の現状と将来の発展方策について書かれたある覚書（おそらくはクラウスによって、一九三九年に書かれたと思われる）では、商学部に日本経済理論や日本経済史、また文学部にヨーロッパ史に加えて日本史、日本文学の教科を取り入れていく必要性が指摘されている。[80]そうした教科を取り入れていく上で一つ妨げになったのは、言語能力やその分野での学術的訓練を欠いていることから、イエズス会士たちが主導的役割を果たせないことだったのではないだろうか。現にクラウス自身、日本に関する研究を推し進めることに大変熱心で、大学の外でもさまざまな人々と交流を持っていたにもかかわらず、日本語の読み書きを容易にこなすまでにはいたらなかった。[81]デュモリンのようなより若い世代のイエズス会士は、まだ日本に関する専門知識を身に付ける途中であり、当時まだ非常に数が少なかった日本人イエズス会士たちはその他の分野を専門としていた。イエズス会にとって、自分たちの主導権を維持していくことは常に重要な問題だったのである。

一九三〇年代後半から四〇年代にかけて、イエズス会士たちは困難な道のりを慎重な足取りで進んでいった。日本精神の涵養を基礎とする教育を求める時勢の要求と、みずからの教育方針を両立させようと模索を続けたのである。彼らは大学のかじ取りを握ってさえいれば、この二つの要求を両立させていくことは可能だと考えていたようだ。しかし、イエズス会が望むような形でこの二つを両立させていくことは、次第に難しくなっていった。本書の他の章でも論じられているように、一九四三（昭和一八）年後半から、私立大学には小規模大学の整理統合を含め、さまざまな圧力が強まっていった。興亜工業大学という当時できたばかりの工業大学との統合の動きが持ち上がるなか、イエズス会は財団法人寄附行為を改正することを真剣に考えた。既存の上智学院を解散し、もっと研究中心の上智学院研究所という新たな組織で活動を行っていくことを検討したのである。研究所の活動はそれまで大学教育と並行して行ってきたカトリック関連のプロジェクトが中心となる予定であったが、「過去および現代の日本の精神生活を学術的に研究する」部門は残し、その成果は『モニュメンタ・ニポニカ』に発表されるはずであった。[82]

結局のところ、上智学院は解散せず、興亜工業大学との統合も実現にはいたらなかった。敗戦までの二年間、上智はいわば宙吊り状態となり、その将来は定かではなかった。イエズス会士たちの日本精神への取り組みも同様に中断し、そこにはらまれていた緊張や矛盾は解決されぬままに置かれたのである。

註

（1）久木幸男「訓令一二号の思想と現実」（『横浜国立大学教育紀要』第一三、一四、一六号、一九七三、一九七四、一九七六）。中島耕二『近代日本の外交と宣教師』（吉川弘文館、二〇一二）。大江満『明治後期キリスト教主義学校の文部省訓令一二号問題への対応―立教の動向を中心として―』（江島尚俊・三浦周・松野智章編『近代日本の大学と宗教』法藏館、二〇一四）。

（2）パリ外国宣教会神父の活動方針や、彼らが日本の教育のある層に知的に訴えるやり方よりも、一般民衆への宣教を行うことを重視したことについては、山梨淳「二十世紀初頭における転換期の日本カトリック教会―パリ外国宣教会と日本人カトリック者の関係を通して―」（『日本研究』第四四集、国際日本文化研究センター、二〇一一）を参照せよ。

（3）Klaus Schatz, "'Japan helfen, sich auf eine Stufe mit den Völkern des Westens zu erheben': P. Joseph Dahlmann und die Anfänge der Sophia-Universität 1908-1914," in Mariano Delgado et al., ed., *Evangelium und Kultur: Begegnungen und Brücke*（Freiburg: Academic Press, 2010）, pp. 567-73.

（4）ダールマンが担った役割やその考えについては、以下を参照せよ。Theodor Geppert. *The Early Years of Sophia University*（Tokyo: privately published, 1993）; Schatz 2010, op. cit.；『上智大学史資料集』全五集・補遺（上智学院、一九八〇―一九九五、以下『史資料集』とする）の第一集に収録されている報告：Joseph Dahlmann. "Educazione morale in Giappone," *Civiltà Cattolica*（1909）, vol. 1, pp. 590-600; vol. 2, pp. 62-69. 最後に挙げた史料を翻訳してくれたラウラ・ネンヅィ（Laura Nenzi）氏に謝意を表したい。文中の引用箇所はもともとラテン語で

書かれており、その日本語訳と原文は『史資料集（第一集）』、二四頁と一八一頁にそれぞれ収められている。ここでは、翻訳に若干の修正を加えて紹介している。

（5）Geppert 1993, op. cit., pp. 53-54.

（6）『史資料集（第一集）』、一一四頁、一一六—一一七頁、『史資料集（第二集）』、三三頁。

（7）「上智大学設立申請書」（上智学院理事ヘルマン・ホフマン発東京府知事宛、大正二年三月二七日）、上智大学史資料室所蔵。

（8）『史資料集（第二集）』、一三〇頁。

（9）『史資料集（第四集）』、一一頁。

（10）『史資料集（第四集）』、四頁。

（11）イエズス会総会長が一九〇八（明治四一）年に最初に日本に派遣された三人のイエズス会士に対して発した訓令を見よ。『史資料集（第一集）』、六一頁、二二一—二二三頁。また、Klaus Schatz, *Geschichte der deutschen Jesuiten* (Münster: Aschendorff, 2013), vol. 3, p. 298も参照せよ。会士たちは一九三三（昭和八）年にイエズス会修練院を日本に設立した。これにより、イエズス会の正式な一員となるのに必要な、長期にわたる訓練の第一段階を日本でも受けられるようになった。

（12）*Woodstock Letters* 50 (1921), p. 250.

（13）*Aus dem Lande der aufgehenden Sonne* 13 (1931), p. 159.

（14）クルトゥールハイムに関する日付のない広報資料、上智大学史資料室所蔵。

（15）イエズス会は改宗者の数をすべて記録していた。『史資料集（第一集）』、一六五—一六六頁、一七一頁。Schatz 2013, op. cit., vol. 3, p. 299.

（16）「東京府知事宛大正四年度学事年報調書」、上智大学史資料室所蔵。

（17）Schatz 2013, op. cit., vol. 3, p. 299.

（18）『史資料集（第三集）』、一九頁、二六一頁。同史資料集に収録されている訳文（一九頁）は、ホフマンの講演当時に翻訳されたものではなく、史資料集が編纂された折につけられたものである。

(19)『上智大学創立弐拾五年記念』（上智大学、一九三八）、九―一〇頁。

(20) 老川慶喜・前田一男編『ミッション・スクールと戦争―立教学院のディレンマ―』（東信堂、二〇〇八）、第四章、第一二章を参照せよ。

(21)「私立大学設立願」に添付された課程表（上智学院理事ヘルマン・ホフマン発文部大臣宛、大正二年三月一四日）、上智大学史資料室所蔵。

(22)『史資料集（第二集）』、四七頁。

(23)「文部省専門学務局宛照会回答送付状」（昭和一〇年五月三一日）、上智大学史資料室所蔵。

(24) テオドール・ゲッペルト（Theodor Geppert）による日付のない覚書、および「曾比亜大学学則訂正案」（昭和三年四月五日）、上智大学史資料室所蔵。

(25)『史資料集（第二集）』、一一六―一一七頁、『史資料集（補遺）』、五一―五四頁。

(26)『史資料集（第二集）』、一一六―一一八頁、一二一―一二二頁。

(27)『史資料集（第三集）』、一九頁、二六一―二六二頁。すでに述べた通り、ホフマンの講演はドイツ語で行われ、日本語訳は史資料集が編纂された折につけられたものである。ここで引用した部分については、同史資料集にある訳文に若干の修正を加えている。

(28)「アンリ・ブシェー（Henri Boucher）日記」（一九一三年一二月三一日）、上智大学史資料室所蔵。『史資料集（第一集）』、一五七頁。

(29)「麹町区役所宛回答」（大正九年一一月三〇日）、上智大学史資料室所蔵。

(30) *Woodstock Letters* 50 (1921), pp. 250-51. 大正天皇は八月三一日生まれであるが、大正時代には酷暑の時期を避け、二カ月後の一〇月三一日が公式の天長節祝日とされていた。

(31) この事件については、拙論 Kate Wildman Nakai, "Coming to Terms with 'Reverence at Shrines': The 1932 Sophia University-Yasukuni Shrine Incident," in Bernhard Scheid, ed., *Kami Ways in Nationalist Territory: Shinto Studies in Prewar Japan and the West* (Vienna: Austrian Academy of Sciences, 2013), pp. 125-28 を参照してほしい。この論文の日本語版については以下を参照のこと。「「神社参拝」受諾へのみちのり―一九三二年上智大学靖国

神社事件―」（國學院大學デジタル・ミュージアム、双方向論文翻訳、k-amc. kokugakuin. ac. jp）、一二―一四頁。

（32）「上智大学長宛文部省発専一七四号」（昭和四年九月五日）、「文部次官宛回答」（昭和四年九月一四日）、上智大学史資料室所蔵。

（33）政府およびカトリック教会の神社に対する政策・態度が靖国神社非参拝事件の背景となったことについては、すでに以下の拙論でより詳細に論じている。Nakai 2013, op. cit. また、Jan Swyngedouw, "The Catholic Church and Shrine Shinto," *The Japan Missionary Bulletin* 21（1967）, pp. 579–84, 659–63; George Minamiki, *The Chinese Rites Controversy from Its Beginning to Modern Times*（Chicago: Loyola University Press, 1985）; Hans Martin Krämer, *Unterdrückung oder Integration? Die Staatliche Behandlung der katholischen Kirche in Japan, 1932 bis 1945*（Marburg: Förderverein Marburger Japan-Reihe, 2002）; リンダ・グローブ「一九三二年上智大学靖国事件」（中野晃一編『ヤスクニとむきあう』めこん、二〇〇六）; Klaus Schatz, "The Yasukuni Shrine Affair: Paolo Marella and the Revision of the Prohibition of Eastern Rites," *Archivum Historicum Societas Iesu* 81:2（2012）, pp. 451–79も参照せよ。

（34）『史資料集（補遺）』、一〇七頁。

（35）同書、一一五頁、二七九―二八〇頁。

（36）『史資料集（第三集）』、七四頁。

（37）同書、八一頁、二七三―二七四頁。

（38）『史資料集（補遺）』、一一八―一二二頁。

（39）『史資料集（第三集）』、九一頁。

（40）Minamiki 1985, op. cit., pp. 154–57; Swyngedouw 1967, op. cit., pp. 582–84; Schatz 2012, op. cit., pp. 470–74.

（41）Schatz 2013, op. cit., vol. 3, pp. 301–302.

（42）『入学式及始業式に於て示されたる本学の精神』（昭和一〇年四月六日）、「式日ニ於ケル教育勅語奉読等ニ関スル件」（上智大学長発文部省専門学務局長宛、昭和一〇年一一月二二日）、上智大学史資料室所蔵。

（43）栄田猛猪「設奠斉仰碧眼翁」（『ホフマン先生のおもいで』上智大学・東京ソフィアクラブ、一九五七）、三一―

三一頁。
(44) 学生の署名と昭和九年七月の日付がはいった小冊子、上智大学史資料室所蔵。
(45)「勅語捧読要領書」（昭和一一年三月二三日）、上智大学史料室所蔵。
(46)「式日ニ於ケル教育勅語奉読等ニ関スル件」（上智大学長発文部省専門学務局長宛、昭和一〇年一一月二二日）、上智大学史資料室所蔵。小野雅章『御真影と学校—「奉護」の変容—』（東京大学出版会、二〇一四）、二四四頁。残りの四大学は東京帝国大学と私大の早稲田、立正、専修大学であった。
(47)「教育勅語謄本及式日ニ関スル件」（上智大学長発文部次官宛、昭和一一年九月一〇日）、上智大学史資料室所蔵。
(48) 小野、前掲書、二四一頁。
(49)「御真影御下賜申請書」（上智大学長発文部大臣宛、昭和一二年一一月三〇日）、「御真影御下賜通知」（文部大臣官房秘書課長発上智大学長宛東秘二六九号、昭和一二年一二月八日）、上智大学史資料室所蔵。
(50) *Aus dem Lande der aufgehenden Sonne* 25 (1935), p. 338. この報告を書いたブルーノ・ビッテル（Bruno Bitter 一八九八—一九八八）は、しばしば、靖国神社を廃止しないという占領軍の決定に影響を与えたとされる人物である。Mark Mullins, "How Yasukuni Shrine Survived the Occupation A Critical Examination of Popular Claims," *Monumenta Nipponica* 65:1 (2010), pp. 89-136 を見よ。同論文の日本語版については以下を参照せよ。「いかにして靖国神社は占領期を生き延びたのか」（國學院大學デジタル・ミュージアム、双方向論文翻訳、k-amc. kokugakuin. ac. jp）。ビッテルは『日出づる国より』発刊の立役者でもあった。『史資料集（第四集）』、一七四頁、三四三頁。
(51) *Aus dem Lande der aufgehenden Sonne* 30 (1937), p. 427.
(52) *Aus dem Lande der aufgehenden Sonne* 32 (1938), pp. 447-48.
(53)『上智大学創立弐拾五年記念』、三三—三五頁。
(54)「上智大学設立ニ関スル件」（文部省専門学務局長発東京府知事宛東専二六号、昭和三年五月八日）、上智大学史資料室所蔵複写。
(55) この制度が一九三〇年代当時の私立大学の教育課程編成に与えた影響の大きさについては、本書第七章の奈須恵子による章を参照してほしい。

(56) 一九一四（大正三）年の時点では、イエズス会士たちはマリアの無原罪懐胎の祝日である一二月八日を創立記念日として祝うこととしていた。しかし、創立一五周年を祝った一九二七（昭和二）年までには、創立記念日は一一月一日に変更されている。この日付は、大学令に基づく大学への昇格申請の際に提出された学則に公式に記載された（『史資料集』の第一集・一六〇頁、第二集・一一六頁、補遺・一八一頁、一八六頁）。これらの日付は、上智がカトリックを基盤とする大学であることを暗に示している。どの日付も日本で認可を受けた教育機関として設立される過程での具体的な出来事とは関係がない。

(57) 井上哲次郎「日本精神と今後の教育」（『ソフィア』第九号、一九三五）、五―六頁。

(58) 同論文、七―九頁。

(59) 「日本文化講義実施状況報告ニ関スル件」（文部省教学局指導部宛、昭和一三年六月三日）、上智大学史資料室所蔵。

(60) 『史資料集（第二集）』、一三二―一三三頁、一三六頁。

(61) 『史資料集（第三集）』、九五頁、二七一頁。

(62) 『史資料集（補遺）』、三八―四七頁。

(63) 『配属将校を迎へたる上智大学』（『史資料集（第三集）』、九八―一〇二頁所収）。「復申書」（上智大学予科長発文部次官宛、昭和一四年六月）、上智大学史資料室所蔵。

(64) 「復申書」（上智大学予科長発文部次官宛、昭和一四年六月）、上智大学史資料室所蔵。

(65) 『史資料集（補遺）』、六五頁、『史資料集（第三集）』、三一頁。

(66) "Programm einer mehrsprachigen Vierteljahreszeitschrift," 上智大学SJハウス所蔵。強調は原文による。

(67) "Programm einer mehrsprachigen Vierteljahreszeitschrift," 上智大学SJハウス所蔵。

(68) 『上智大学創立弐拾五年記念』、七頁。

(69) "Aims and Objectives," *Monumenta Nipponica* 1:1（1938）, p. 1.

(70) Bernhard Scheid, "In Search of Lost Essence: Nationalist Projections in German Shinto Studies," in *Kami Ways*

in Nationalist Territory: Shinto Studies in Prewar Japan and the West, ed. Bernhard Scheid (Vienna: Austrian Academy of Sciences, 2013), pp. 237-64.

（71）Scheid 2013, op. cit., p. 241. シャイトはこの発言を、ヘルベルト・ヴォルム（Herbert Worm）が一九九四年に発表した研究から引用している。

（72）"Programm einer mehrsprachigen Vierteljahreszeitschrift," 上智大学SJハウス所蔵。"Aims and Objectives," *Monumenta Nipponica* 1:1（1938）, p. 1.

（73）*Kirishitan Bunko: A Manual of Books and Documents on the Early Christian Missions in Japan, with special reference to the principal libraries in Japan and most particularly to the collection at Sophia University, Tōkyō* (Sophia University, 1940). かつてのキリシタン文化研究所は、今日キリシタン文庫という名称で活動を続けている。

（74）こうした関心の高まりについては、宮崎賢太郎「キリシタンの生き方に学ぶ、第一回―夢とロマンのキリシタン史観―」（『福音宣教』二〇一五年一月号）、五三―五四頁を参照せよ。

（75）磯前順一・深澤英隆『近代日本における知識人と宗教―姉崎正治の軌跡―』（東京堂出版、二〇〇二）、二八二頁、三九九頁。

（76）『史資料集（第三集）』、一四二頁、三〇〇―三〇一頁。

（77）山梨淳「映画『殉教血史　日本二十六聖人』と平山政十―一九三〇年代前半期日本カトリック教会の文化事業―」（『日本研究』第四一集、国際日本文化研究センター、二〇一〇）、一七九―二一七頁。

（78）*Aus dem Lande der aufgehenden Sonne* 35（1939）, pp. 500-501.

（79）会士たちが村上直次郎との間に築いた関係はその例であろう。村上とのつきあいは会士らが一九〇八（明治四一）年に来日して間もないころからのことである。その当時、村上は東京外国語学校学長であった。『モニュメンタ・ニポニカ』や、とりわけキリシタン文化研究所を通じての協力が両者のつながりをさらに深めたのである。村上は一九四〇（昭和一五）年に上智の専任教授となって文学部長も兼ね、その二年後の史学科の設立のために尽力している。終戦後の一九四六年には第四代大学総長となっている。村上は五三年までこの地位にあり、上智が新制大学に移行するのを見届けた。一九四九年にはラウレスの司式でカトリックの洗礼を受けている（『上智史学』第一三号〈一九六八〉六頁）。

（80）"Memorandum über die Lage und den Ausbau unserer Universität," 上智大学史資料室所蔵。

（81）"In Memoriam: Fr. Johannes B. Kraus, S.J.," *Monumenta Nipponica* 7（1951）, pp. ii-iii; Michael Cooper, "Sixty Monumental Years," *Monumenta Nipponica* 53:1（1998）, p. 3.

（82）"Ein Vorschlag für die Organisation des Kenkyûsho," および「昭和十九年五月三日開催理事会議案」、上智大学史資料室所蔵。Geppert 1993, op. cit., pp. 96-99も見よ。

第四章　近代における日蓮宗の僧侶養成と大学教育

安中尚史

第一節　はじめに

本章においては、日蓮宗における僧侶養成の資格制度や教育制度と宗門立の高等教育機関である日蓮宗大学・立正大学の関係について考察する。

現在、多くの伝統的仏教宗派は、資格制度と教育制度を連関させながら僧侶を養成し、さらに行政が設置認可した「大学」などの教育機関にその課程が置かれている場合がある。

日蓮宗の例をあげれば、資格制度は「僧籍規程」、教育制度は「叙任規程」の中にそれぞれ位置づけられ、僧侶は沙弥《しゃみ》と教師に大別される。沙弥は日蓮宗の宗務総長に得度届を提出し、僧籍へ編入の後に度牒という証明書の交付によって得られるもので、この過程は専ら資格に関する制度に基づいて進められ、教育に関する制度は見あたらない。これに対して沙弥から教師となる過程においては、資格に関する制度はもとより教育に関する制度が集中

する。(1)

教師となるための現行制度について、順序を逆にして述べると、最終に信行道場がある。三五日間に及ぶ修行と教育の場が設けられ、この道場を修了することによって僧階が新たに叙せられ、寺院の住職に就くことが制度上可能となる。この信行道場へ入場するために「無試験検定」と「試験検定」があり、どちらかの検定を修める必要がある。

このうちの「無試験検定」とは、日蓮宗が定めた教育機関で学習し、修了・卒業、もしくは特定の教科目の修得・単位取得等によって得られる。その中には行政によって設置認可された教育機関もあり、正課の中に僧侶資格に関する教科目が置かれている。

これに対して「試験検定」とは、高等試験甲種・同乙種、普通試験甲種・同乙種に分類され、高等試験は論文審査と口述試験、普通試験は筆記試験によって得られる。試験を実施する施設は行政によって設置認可された教育機関が用いられるが、教育機関の正課外で実施されている。

このほかにも、信行道場入場予定者に対して経典読誦の力量が考査されたり、信行道場における教育の本来の目的達成を目指し、教師となるための基礎教育を徹底する僧道林という学びの場も設置されている。この二つは義務とされているが、宗門が定めた機関(宗門立の学生寮など)で修行と教育を一定期間受けた者は免除される。

こうした僧侶の養成に関する資格と教育の制度が、日蓮宗内で画一化されたのは明治以降であった。明治維新期の多難な時代を乗り越えた日蓮宗は、政府の宗教政策と関連しながら、時代に即応した方策がとられ、僧侶の養成についてもその例外ではなかった。さらに、日本の教育政策の変革と相俟って、明治後期には宗派の子弟教育の場であった教育機関が、国の教育制度下に置かれるなど、新たな局面をむかえることになった。

第二節　明治期における僧侶の位置づけ

近世にいたるまで、「僧侶」という名称は平民・士族等と同様に身分を示すために用いられたが、明治五（一八七二）年から七年に至って僧侶という身分は廃止され、僧侶も一般人の族籍をもつこととなり、身分の名称が職業の呼称となったことが次の布告等からわかる。

明治五年二月二八日　太政官布告第六三号
従来僧位僧官等永宣旨ヲ以テ諸寺院ヨリ差許置候分自今総テ被廃止候条此旨相心得於各府県管内寺院へ可相達事(2)

明治五年八月七日　太政官布告第二二七号
従前ノ僧官被廃候事(3)

明治六年一月九日　太政官布告第一三号
僧侶ノ位階自今被廃候事(4)

明治七年一月二〇日　太政官布告第八号

僧尼ノ輩自今族籍被定候条各自元身分ヲ以テ本人望ノ地ヘ本籍相定其管轄庁ヘ可届出尤本末寺トモ宗教事務管理ノ儀ハ従前ノ通取扱一般ノ職分同様ニ可相心得此旨僧侶ヘ布告スヘキ事

但原籍ヘ復帰シ及師僧或ハ親戚ヘ附籍ノ儀ハ情願任セ不苦尤モ一寺住職ノ者ハ平民タリトモ身分取扱士族ニ准シ候儀ハ従前ノ通候事(5)

明治七年七月一〇日　太政官布告第七四号

今般華士族分家候者ハ総テ平民籍ニ編入相成候ニ付本年一月第八号僧尼族籍編入ノ布告自今左ノ通更定候条此旨僧侶ヘ布告スヘキ事(6)

現在、僧侶とは宗派等の制度に則って得度した者を総称する場合が多く、さらに僧侶になってからの修行や修学の期間や内容、手続きの有無等によって、教師・非教師に区分されている。この両者はいずれも、教義の宣布・儀式の執行を業とするものであることに変わりはなく、住職資格などの差異が生じているが、こうした僧侶の区分は、明治五年に大教宣布運動を推進することを目的に設置された教導職制度の中にもみられた。

この教導職を養成することを目的に、僧侶側からの希望によって設立された機関として大教院がある。神道による国民教化の方針が固められていった明治二年、政府は神祇官に宣教使を置き、大教宣布の詔を出して宣教使に神道の布教を命じた。同時に天皇の神格化をはかり、神道の国教化を目指した。

その後、明治五年三月に神祇官を教部省へ改組して宣教使制度を廃止したが、その政策は依然として神道中心に進められていった。この制度に代わる大教宣布運動の中心機関として、四月には教導職制度が設けられ、僧侶もこれに組み込まれることとなった。六月には仏教各宗派から、神仏合併による三条教則の精神に徹した教導職を得る目的として、大教院の設置が請願され、一一月に教部省の管轄のもと大教院が設立された。ところが実際には仏教の教義を説くことも禁じられ、仏教用語の使用も許可されず、神道中心で運営されていたのである。

一方、仏教界からは神道中心の大教院に対して反発が起こり、明治五年一二月に西欧諸国の宗教事情を視察するために外遊していた浄土真宗本願寺派の島地黙雷から「三条教則批判建白書」が教部省に提出された。翌六年七月に島地が帰国すると大教院分離運動を展開し、これに影響されて浄土真宗各派からも分離運動がみられるようになり、連盟を組むこととなった。明治八年一月、島地らの活躍により、まず浄土真宗が大教院からの分離を政府に認めさせ、四月には神仏合併布教の差し止めにまで至り、五月になって大教院解散という成果をもたらし、その後は各宗派別に教育機関の運営がまかされることとなった。しかし、教導職制度は明治一七年まで存続することとなり、僧侶の位置づけに政府が関わり続けていた。

島地の大教院に対する分離活動が展開する中にあって、明治六年一二月に「教部省番外達」として「教導職七級以下試補ノ儀自今階級ヲ廃シ総テ教導職試補ト相称可申候事　但是迄試補申付置候等級ニ応シ布教適任ノ者ハ更ニ可被補本職候条猶篤ト及実検薦挙可申立候事」[7]が出され、教導職七級以下を廃止して教導職試補とすることが定められた。

さらに明治七年四月、「教部省達書乙第九号」で「諸宗共是迄其管長之見込ヲ以説教差許置候向モ有之候処各地之者追々本職並試補申付候ニ付テハ自今試補以上ニ非ルヨリハ説教差止可申此旨相達候事」[8]とされ、教導職試補以上でなければ説教をすることを禁止し、また翌月には「教部省達書乙第二十六号」において「教導職薦挙ノ儀ニ付本年十二号ヲ以テ相達候ニ付テハ教導職八級以上ヘ撰挙可申立見込ノ者ハ出京ノ上於大教院試験ヲ遂ケ管長連署補任可申立儀ト可相心得此旨相達候事　但不得止事情有之上京難致分ハ其段委詳大教院へ可為申立候事[9]」として教導職は大教院において試験を受けることを定め、七月には「教部省達第三十一号」で「自今教導職試補以上ニ無之向ハ寺院住職不相成候条此旨相達候事[10]」として教導職試補以上でなければ寺院住職に就任することは不可となるなど、僧侶に対する管理が厳しさを増していったことがこれらの通達から理解できる。

その後、先にも述べたように明治八年五月に大教院が解散したが、これ以降も僧侶に対する布告がしばしば出された。特に明治九年一二月の「太政官布告第百五十六号」では「僧尼ト公認スル者ハ諸宗教導職試補以上ニ限リ候条此旨布告候事[11]」や明治一〇年九月の「内務省達乙第八十四号」の但書で「但一寺住職之者教導職罷免之節ハ七年七月旧教部省第三十一号達書之旨ニ準シ住職ヲモ退住為致候儀ト可心得事[12]」とあり、教導職と僧侶・住職との関係を示している。

しかしながら、明治一七年に至って、教導職制度が廃止され、僧侶を取り巻く法制上の位置づけに変化がみられた。明治一七年八月、「太政官布達第十九号」において「自今神仏教導職ヲ廃シ寺院ノ住職ヲ任免シ及教師ノ等級ヲ進退スルコトハ総テ各管長ニ委任シ更ニ左ノ条件ヲ定ム」とし、そのうちの第四条に、

管長ハ各其立教開宗ノ主義ニ由テ左項ノ条規ヲ定メ内務卿ノ認可ヲ得ヘシ

一　教規

一　教師タルノ分限及其称号ヲ定ムル事

一　教師ノ等級進退ノ事

以上神道管長ノ定ムヘキ者トス

一　宗制
一　寺法
一　僧侶並ニ教師タルノ分限及其称号ヲ定ムル事
一　寺院ノ住職任免及教師ノ等級進退ノ事
一　寺院ニ属スル古文書宝物什器ノ類ヲ保存スル事
以上仏道管長ノ定ムヘキ者トス(13)

というように各宗管長に対して、宗制・寺法中に僧侶ならびに教師たるの分限及びその称号、さらに教師の等級・進退を規定すべきことを命じ、僧侶の位置づけに大きな変化が生じることになった。

第三節　教導職制度廃止後の僧侶の位置づけと日蓮宗の対応

明治一七（一八八四）年八月、教導職制度が廃止となり、各宗派は宗制・寺法等によって僧侶の位置づけを独自に定められることになったが、一一年後の明治二八年に至って新たな展開がみられた。それは「内務省訓令第九号」において、

神道各教派
仏道各教派

神道仏道各教宗派教師ハ布教伝道ノ任ニ在ルヲ以テ学識徳行兼備シ世上ノ崇敬欽仰ヲ受クヘキモノタリ故ニ其分限及等級ヲ定ムルニ当リ特ニ其手続ヲ精確詳悉ニシ濫補ノ弊ナカランコトヲ期スヘシ然ルニ現今教師中無学悖徳ニシテ其任ニ適セサルモノ少ナカラス聞ク斯ノ如キハ当ニ教師ノ本分ヲ尽クス能ハサルノミナラス其弊延テ教義宗旨ノ不振及徳義ノ廃頽ヲ来シ遂ニハ教宗派ノ衰微ヲ招キ荼毒ヲ社会ニ流布スルコトナキヲ保シ難シ其弊源一ニシテ足ラスト雖トモ主トシテ教規又ハ宗制寺法中教師検定ニ関スル条規ノ不備ニ基クモノトス是レ実ニ各教宗派ニ於テ寸刻モ其条規ヲ改定スルニ躊躇スヘカラサル所ナリ殊ニ明治二十三年小学校令ノ発布以来満六歳以上十四歳以下ノ児童ハ該勅令第二十一条ニ該当スル者ヲ除ノ外ハ小学校其他ニ於テ普通教育ヲ受クルニ至レリ故ニ斯ノ如キ人民ニ布教伝道スル教師ハ教義宗旨ニ精通スルノ外尚尋常中学科相当以上ノ学識ヲ具備スルニアラサレハ到底其任ニ適セス仍テ各管長ハ此趣旨ヲ体シ左記ノ標準ニ依リ教規又ハ宗制寺法ヲ改正増補シ若クハ其細則ヲ定メ本年九月三十日マテニ明治十七年太政官第十九号布達ニ依リ本大臣ノ認可ヲ請フヘシ(14)

当時の教師の資質に関して問題視し、各宗派に教師資格を取得するための検定方法や、その時期と場所ならびに検定委員や立会人等について、教師検定条規標準を示して期日までに内務大臣に認可申請をするように通達された。

すでに日蓮宗においては、教導職制度の廃止にともない、僧侶に対する新たな位置づけ、いうなれば「僧階」が制定されていた。

大僧正（一級）　権大僧正（二級）　僧正（三級）　権僧正（四級）　僧都（五級）　権僧都（六級）　大講義（七級）
権大講義（八級）　中講義（九級）　権中講義（十級）　少講義（十一級）　権少講義（十二級）　訓導（十三級）

権訓導（十四級）　沙弥（等外）[15]

さらに、明治二八年五月の「内務省訓令九号」への措置については、「宗則第四号日蓮宗学則」を制定して対応をはかったことが次の文書から理解できる。

明治廿八年五月三十日付を以て教師検定法条規制定すへき旨御訓令相成候へとも本宗に於ては従来大中小檀林を置き該学科履修の上教師を補任するの外に教師任用の例規無之依て訓令の御旨趣に基き本則を制定せし儀に御座候[16]

また、同時期に「宗規」の改正についても実施され、その理由について、

本宗現行の宗規は明治十七年八月太政官第十九号達の御主意に基制定せしものにして本宗当時の現勢にありては敢て不都合無之候ひしも爾後十数年を経過し社会の変遷と共に宗内の機勢亦た大に変化せしを以て現行の宗規は到底目下の実際に適せす往々不都合の廉有之候に付き今般改正相加へ候儀に御座候[17]

として教導職制度廃止によって宗派に宗制・寺法等を定めさせて十数年を経過し、当時の社会情勢にそぐわない宗規の改正は早急に必要と考えられることからの対応であったと読み取れる。具体的に僧侶・教師に関する宗規の条目のみを抜粋すると次のようになる。

日蓮宗々規

第一章　宗制

第七条　大中小檀林を置き僧侶を教育す
第八条　宗内僧侶は必す宗務院に法籍を備え置くへきものとす
第九条　宗内僧侶は学術の等差に依て進退するものとす
第十条　布教は教師及ひ教師試補の任務とす　布教に関する規則は宗則を以て之を定む
第十一条　教師試補以上にあらされは説教をなし住職となり及ひ葬祭の導師となることを許さす
第十三条　依経通読の者に非れは剃髪得度を許さす

第三章　僧侶分限教師称号

第廿五条　教師の称号等級は左の如し
大僧正一等　権大僧正二等　僧正三等　権僧正四等　大僧都五等　僧都六等
権僧都七等　大講師八等　講師九等　准講師十等
第廿六条　教師試補の称号等級左の如し
一級試補一等　二級試補二等　三級試補三等　四級試補四等
第廿七条　小檀林卒業の者は四級試補に叙し爾後法臈を積み功績ある者は一級試補まて昇級せしむるものとす
第廿八条　中檀林卒業の者は准講師に叙し爾後法臈を積み功績あるものは大僧都まて昇階せしむるものとす
第廿九条　大檀林卒業の者は大講師に叙し爾後法臈を積み功績あるものは大僧正まて昇階せしむるものとす
第三十条　小檀林卒業以前の者を沙弥とす

第卅一条　剃髪得度の者を僧侶とす[18]

この宗規によれば、小・中・大檀林といった教育機関の卒業資格と、日蓮宗の僧侶資格の連動が確認できる。本宗規第七条でも示しているように、僧侶を養成することを目的に設置された教育機関であるから当然のことであるが、それぞれの教育機関に置かれていた教科目が、すなわち僧侶が修得すべき学習の内容であったことを意味する。

第四節　日蓮宗教育機関の変遷

明治期から大正期にいたるまでの日蓮宗における教育機関の変遷について少しくみていきたい。近世初頭の天正年間に日蓮宗の教育機関として下総の飯高と京都に創設された檀林は、明治五（一八七二）年の大教院設立にともない明治八年に廃止された。日蓮宗においては近代的な教育機関として明治五年八月、東京芝二本榎の承教寺に小教院（後に宗教院と改称）が開校され、その後明治八年までの間に、芝二本榎のほかに甲府・身延・玉沢・小田原・川口などに設置された[19]。

明治八年五月、神仏合併大教院が廃止されると、芝二本榎にあった宗教院は日蓮宗大教院と改められ、宗門の教育機関を本格的に整えようと計画された。同年六月、第一次本山会議において全国を九教区に分け、第一教区の東京芝二本榎の承教寺に大教院を置き、ほか東京（池上）、静岡、山梨、愛知、京都、大阪、岡山、熊本、新潟にそれぞれ中教院の設置を計画し、その他の地域には希望により小教院を置くことが決められた[20]。

その後、明治一六年八月には学科の改正がおこなわれ、翌一七年八月一一日をもって政府の教導職制度が廃止されたのを機会に、九月一二日付けで日蓮宗においても教育制度の改革がなされた。このときおこなわれた第三次本山会議では、全国を一二教区に分け第一教区の芝二本榎に大檀林、第一教区の池上、第三教区の甲府、第五教区の京都に大檀支林を、中檀林が置かれていた教区にはそれぞれ檀林を、そのほかの地域には宗学林が設置された。[21]明治一九年五月には、時代の要請に応じて学科改正がおこなわれ、大檀林に普通学科が設置され、英語、数学、物理などがカリキュラムに加わった。[22]その後、明治二五年には大檀林に予科が設けられ、予科生に対して普通学科目の履修が除外された。[23]明治二八年、教育制度の改正にともない、全国を三大学区一二教区に分け、大檀林を芝二本榎、中檀林を池上、甲府、京都の三大学区に、小檀林を一二教区にそれぞれ設置した。[24]

明治三六年六月、日蓮宗第二次臨時宗会は宗門の教育機関の統一を考え一大檀林と三中檀林を合併して一大学林とし、小檀林を全廃する旨を決議した。そして翌三七年四月に日蓮宗大学林として開校されたのである。[25]

日蓮宗の近代的な高等教育・研究機関として明治三七年に設立された日蓮宗大学林は、大学という名称を用いていたが、前年に制定された「専門学校令」に準拠して設立された専門学校であった。この頃の正規の「大学」とは東京帝国大学をはじめとする官立のみで、宗教関係の学校に限らず、私立の「大学」は大学の名称を使用していても専門学校の枠の中に甘んじていた。しかし当時の専門学校の中には、その内容が官立大学に対して何ら遜色はなく、むしろ官立大学よりもすぐれていたものもあり、私立大学の間には進んで官立同様の大学となるべき働きかけをするか、専門学校の枠を越えずに現状を維持するか、という問題が生じてきたのであった。[26]

政府も官立大学だけでは、ますます増大しようとする大学志願者の受け入れが困難になり、高等学校の入学者定員を減らすことまで考えられた。そのため大学教育に関する問題は頻繁に論議され、二つの意見が出されるに至った。一方は私立大学を官立大学同様に取り扱うという意見であり、他方は大学とは学術研究の蘊奥を極めるところであるから数多くを必要とせず、それよりも今の大学と称している専門学校の修学年限を短縮することによって、社会の要求する人物をつくり、入学難を緩和するほうが当時の社会的情勢に適応した教育策であると考えた。前者の意見は、当時の私立大学の多くは内容もまだ充実していないとの理由から立ち消えとなり、後者の意見が現状に即した意見として有力となり、具体的に修学年限などを見直す専門学校も現われた(27)。

明治四〇年四月一日、日蓮宗大学林は日蓮宗大学と改称され、学則の変更がおこなわれた。この改称は、専門学校も「大学」という名称を使用しなければならないという規程により、それに準拠したものである。学則の改正によって、研究科、大学科、中等科という学制が組織されることになり、大学科には本科と予科が設けられた。修学年限は研究科三年、大学科本科四年、同予科二年、中等科五年であった。また別に予修科一年を設置した。今回の学則改正の特色は、予修科の設置がまずあげられる。普通中学の卒業者に対して、大学科予科へ入学するために一年の予修科を設け、中等科に開設されている「宗乗」、「余乗」といった日蓮教学や仏教学の専門的な分野の講義を受講させた。本科においては、「余乗」の講義を天台・華厳・倶舎・唯識に分けて選択させることで、仏教学の専攻に最も適切なものとした(28)。

さらに創立一〇周年をむかえた大正二（一九一三）年、より一層の教育内容の充実をはかるために、教育制度の刷新が考えられた。それは修学に六年を費やす高等教育は宗門教育の普及を阻害するものとされ、学術を極めるのは研究科という組織にまかせるという意見が有力となった。そして宗務当局は制度調査会を設けて学校当局と話し合いを進め、同年七月には教育制度意見書を提出した。その意見書によれば、日蓮宗大学の教育年限を予科一年、本科三年に短縮し、宗門の要求する人材の育成と高等教育の普及を専らとし、専攻学科の研究は別に研究科においておこなうことが考えられた。その後、再三にわたって調査研究を進めていった結果、大正五年四月に予科一年、本科三年に改正された。[29]

このように教育制度が改正されようとしていた大正五年三月八日、教室棟より出火して講堂、図書室、寄宿舎など合計九棟、約八五〇坪が烏有に帰した。その後、日蓮宗大学は現校地で復旧を果たすか、別に校地を求めて再出発をはかるか、学内にとどまらず宗門にも大きな問題をなげかけることとなり、[30]火災発生から三年を経過した大正八年、日蓮宗大学移転の可否が定まらない中、前年の一二月に公布され同年四月から施行された「大学令」によって、大学昇格の是非が問われることになった。[31]

この大学昇格問題は、それまで専門学校として認可されていた日蓮宗大学にとって苛酷な条件を求められるものであった。その条件とは経営の安定をはかるための財団法人化、基金の供託、一定数の専任教員確保と設備の充実といった点が柱となっていた。さらに、現行のまま専門学校として存続し内容の充実に努めるか、内容の充実はもちろん官立大学と同等の待遇、社会的評価の向上とともに、他宗派に遅れをとらないために昇格する準備に努めるかが宗内で論議の焦点となり、昇格にむけての準備を進めることで一応の結論に至った。[32]

大正八年二月一日に文部大臣へ設立の申請をしていた財団法人組織は、五月二七日に設立認可を受け、六月四日、裁判所にて登記されて「財団法人日蓮宗大学」が生まれ、[33]理事長に風間随学学長、理事に望月日謙学監・佐野貫孝教学部長が就任した。[34]財団法人設立にともない、「日蓮宗大学教育基金壱百万人会々則制定」と「日蓮宗大学昇格承認」の議案が大正九年の第一三宗会に提出され、充実した大学を建設するための資金を寺院・僧侶だけでなく広く檀信徒も含めた日蓮宗有縁の人々に求めることを目的とした。[35]

その後、大正一一年三月八日から一二日まで開かれた第一五宗会において、大学昇格問題は承認され、許可申請の準備がはじめられた。[36]第一三宗会で基金は一〇〇万円をもって完成とし、[37]基金募集に宗門が一丸となって協力した。その結果、第一五宗会までに約七五万円の寄付予約金を募ることができ、昇格承認の議案が提出され討議された[38]。一方、校地の問題は大正一二年三月の第一六宗会で現校地に大学を設置することで解決した[39]。

新校舎については、鉄筋コンクリート三階建、総建坪七〇〇坪、工費二〇万円の予定で[40]、僊石政太郎に設計は依頼された[41]。大正一二年七月六日には起工式が挙行され、着々と準備が進められていたが、九月一日関東地方を襲った大地震によって工事は一時中断した。このときは基礎工事も終わり地下室工事に着手しようとしていたときで、被害はほとんどなく、工事に従事していた関係者もすぐに帰来し大事にはいたらなかった[42]。

大正一三年二月一四日、文部省から申請書類の実地調査がおこなわれ、新旧校舎、図書館、寄宿舎、および資産状況について詳細な視察があり、洋書と理科設備の不足を指摘されただけにとどまった[43]。昇格認可については、国の教育議会が廃止され、新たに文政審議会設立のため延期されていたが、五月一七日付けで立正大学と改称認可され、同月一九日、講堂において昇格認可報告式が挙行された[44]。

かくして大学令発布から足掛け六年の歳月を経て、文学部（宗教科・哲学科・史学科・国文科・社会学科）、予科、研究科を擁した立正大学として新たな一歩を踏み出したのであった[45]。

第五節　僧侶養成と教育機関

次に、国の教育制度にもとづいて設立された日蓮宗大学林・日蓮宗大学および立正大学と日蓮宗僧侶養成の関係についてみていきたい。

日蓮宗大学林の設立から立正大学への変遷についてはすでに述べたが、明治三六（一九〇三）年に日蓮宗内でおこなわれた教育改革によって、「日蓮宗宗規」の僧侶・教師に関わる規定が定められた。次に抜粋して紹介する。

日蓮宗々規

第一章　宗制

第八条　大学林ヲ置キ僧侶ヲ教育ス

第九条　宗内僧侶ハ必ス宗務院ニ法籍ヲ備ヘ置クヘキ者トス

第十条　宗内僧侶ハ学術功績ノ等差ニ依テ進退スルモノトス

第十一条　布教ハ教師及ヒ教師試補ノ任務トス　布教ニ関スル規則ハ宗則ヲ以テ之ヲ定ム

第十三条　教師試補以上ニアラサレハ説教ヲナシ住職トナリ及ヒ葬祭ノ導師トナルコトヲ許サス

第十五条　依経通読ノ者ニ非レハ剃髪得度ヲ許サス

第三章　僧侶分限教師称号

第廿六条　教師教師試補沙弥ヲ僧侶トス

第廿七条　教師ノ称号等級ハ左ノ如シ

大僧正一等　権大僧正二等　僧正三等　権僧正四等　大僧都五等　僧都六等

権僧都七等　大講師八等　講師九等　准講師十等

第廿八条　教師試補ノ称号等級左ノ如シ

一級試補一等　二級試補二等　三級試補三等　四級試補四等

第廿九条　剃髪得度ノ者ヲ沙弥トス
第三十条　教師試補検定試験ニ合格シタルモノハ四級試補ニ叙シ爾後法臈ヲ積ミ功績アル者ハ一級試補マテ昇級セシムルモノトス
教師試補検定試験ニ関スル規則ハ宗則ヲ以テ之ヲ定ム
第卅一条　大学林中等科卒業ノモノハ准講師ニ、大学林高等科卒業ノモノハ大講師ニ、大学林専門科卒業ノモノハ僧都ニ叙ス(46)

写真1　建設中の立正大学校舎

ここで記した宗規の内容は、明治二八年五月に内務省が出した訓令九号に対応した際とほぼ同様で、教育機関の位置づけが変更されたにもかかわらず、宗内の規定に変化はほとんどみられなかった。しかしながらその中で「第三十条」に検定試験に関わる条項が初めて定められ、このときから日蓮宗内の僧侶資格に検定試験制度が取り入れられることになった。この制度に関わる規則については次の通りである。

宗則第十四号　教師試補検定試験規則
第一条　宗規第三十条ニ拠リ本則ヲ定ム
第二条　本宗ノ沙弥ニシテ教師試補タラント欲スルモノハ本則ノ規定ニ依リ検定ヲ受クルコトヲ要ス

第三条　検定試験ハ左ノ二種トス
　甲種検定試験　乙種検定試験
第四条　甲種検定試験ニ応スルコトヲ得ヘキモノハ私立小学林卒業若クハ之ト均シキ学力ヲ有スト認メタルモノトス
第五条　甲種検定試験ノ科目ハ大学林中等科第一年級入学試験ノ科目ヲ適用ス
第六条　乙種試験ニ応スルコトヲ得ヘキモノハ年齢満二十五年ヲ経過シ大学林中等科以上ノ修学ニ堪ヘサルモノトス
第七条　乙種検定試験ノ科目左ノ如シ
　一　依経通読　一　礼誦要文　一　本宗ノ教式　一　宗義ノ初門(47)

　この検定制度が制定された背景には、明治三六年の教育改革で日蓮宗立の小檀林が全廃されたためであり、言い換えれば検定試験に合格することによって、日蓮宗の定めた教育機関を修了せずとも日蓮宗の僧侶資格取得が可能になることを意味する。なお、ここで示す甲種検定試験の受験資格にある「私立小学林」とは、宗立小檀林の全廃によって個別の寺院が設立した教育機関で、規定によれば「尋常小学校卒業若クハ之ト同等ノ学力ヲ有スルモノト認メタルトキハ私立小学林ニ入学セシムルコトヲ得」「私立小学林ノ教科目ハ宗乗、修身、国語、算術、日本歴史、日本地理、理科、図書、体操、英語（随意）トス」とあり(48)、後期初等教育・前期中等教育機関としての位置づけであったことがわかる。

　その後、規定や機関の変更を重ねながら日蓮宗の教育機関と僧侶の資格、検定試験との関連は存続されていったが、昭和一二（一九三七）年になって、僧侶の資格に大きな変化が生じた。その変化とは「信行道場」という新たな修練の場を設け、これを僧侶になるための必修としたことが次の規則からわかる。

宗則第二十四号　僧階叙任規則

第二条　本則ニヨリ僧階ヲ新叙スヘキ者ハ信行道場修了ニ限ル

第三条　左ノ各号中第一号ニ該当スル者ハ四級試補ニ第二号ニ該当スル者ハ二級試補ニ第三号ニ該当スル者ハ准講師ニ叙ス

一　丙種検定試験ニ合格シタル者又ハ管長ノ許可セル私立学校ニ於テ満二年以上修業シタル者

二　乙種検定試験ニ合格シタル者又ハ管長ノ許可セル私立学校ニ於テ満四年以上修業シタル者

三　立正中学卒業ノ者又ハ甲種検定試験ニ合格シタル者

第四条　前条ニ依リ四級試補ニ叙セラレタル者ハ准講師マテ二級試補ニ叙セラレタル者ハ大講師マテ准講師ニ叙セラレタル者ハ僧都マテ教学又ハ事功ニ依リ累進スルコトヲ得　但満五年以上ヲ経ルニアラサレハ一級ヲ進ムルコトヲ得ス(49)

さらに信行道場への入場資格について、別の規則によると次の通りである。

第八条　信行道場修行志願者ノ資格及其修行ノ時期ヲ左ノ通リ定ム

春期　管長ノ許可セル宗内私立学校ノ修業又ハ卒業者

夏期　僧階叙任規則第四条ノ各号ニ該当スル者
秋期　立正中学卒業者及各種検定試験合格者
但シ適当ト認ムルトキハ定員ヲ超エサル範囲ニ於テ本条各号ノ規定ニ拘ラス修行ヲ許可スルコトアルへシ(50)

また、信行道場が設けられた背景を知ることのできる文書がある。

近年、いずれの学校でも知識偏重になり、信念の涵養といふ事が疎漏になつている。宗門でも十数年以前よりこの弊を除去せんとする考が有志の頭にはあつたのであるが、時機未熟で実現するに到らなかつた。現身延山法主猊下が管長となられるや信行道場制度案を宗会に提出満場一致で通過。早速設置せられ此処に信行中心の教育道場が開場したので、入場者も諸学校出身其他で知力が統一して居らないから、決して知力教養を第一義とするもので無く、信念の培養が第一義、古来本宗では給仕第一を以て進んで来たもので、此の主義こそ入場者の最も守るべきもので、すでに諸学校に於て知的には上乗の学問を研究されて居るのであるから、道場にては人の師となるべき者に必要なる深き信仰、人の師となるべき高き徳、人を教化するべき資格を体得する事に専念にして、道場の精神をよく弁へて真摯の態度を以て修行して戴きたい(51)。

この文書は昭和一三年五月一日からはじまった第三回目信行道場の入場式に際し、宗務総監の富川玄快が発した言葉である。ここから信行道場の位置づけがあくまでも修行の場であることが強調され、学問については出身の学校が様々で、知力が統一されていないと述べられている。さらに、当時の日蓮宗立の教育機関であった立正大学

（立正中学）で学ぶ者の占める割合がそれほど高くなかったようだ。ちなみにではあるが、信行道場は設けられて最初の一年間は、昭和一二年夏期三〇名、昭和一二年秋期一八名[52]、昭和一三年春期五二名[53]が入場し、先に記した「信行道場修行志願者ノ資格及其修行ノ時期」に照らし合わせても、立正大学（立正中学）修学者の割合は高くなかったことが考えられる。

このように、日蓮宗の設立した教育機関である立正大学（立正中学）の修学を経て日蓮宗僧侶になることが、ややもすれば高い割合を占めるように捉えられてしまわれがちであるが、実際には種々の修学・修行を経て、その資格を取得しているのであった。

第六節　むすびにかえて

すでに述べた通り、日蓮宗僧侶になるための必修条件である信行道場が設置されたのは、日本が満州事変から日中戦争・太平洋戦争へと突き進もうとしていた時機であり、その影響は多少なりとも及んでいた。

昭和一四（一九三九）年三月一一日からはじまった日蓮宗宗会の中に次のような発言があった。

先頃立正大学カラ教官ガ信行道場ヲ視察ニ来ルト云フ通知ガアリマシタノデ、直チニ信行道場へ電話ヲ以テ御来場ニナツタラ実際ノ修行ヲ御覧ニ入レ良ク御案内スル様主任ニ申付ケマシタ。ソレデ御視察後感想ハ如何カト教官ノ方ニ御伺ヒ致シマスト信行道場ノ訓育ハ軍隊教育ト一致シテ居リ且ツ日本精神ニ適ツテイルト云フノデ教官モ非常ニ感心サレ其ノ態度モ厳粛ナモノデアツタトノコトデスカラ、本員モ非常ニ嬉シク思ヒマシテ其旨直チニ管長猊下へ申上ゲタ次第デアリマス。[54]

ここで記されている「教官」とは、当時立正大学の配属将校であった今村大佐と、体操教師の上妻少佐の二人を指し、その軍人が信行道場の訓育について軍隊教育と一致していると感想を述べ、さらに日本精神に適っていることに感心していることがわかる。この二人が如何にして軍隊教育や日本精神という言葉を用いて、信行道場を評価したのか不明であるが、時局に応じた様子を垣間見ることができる。

さらに日米開戦からさほど時間が経過していない昭和一七年一月二一日から二三日まで開かれた宗会において「今日重大時局下、公務応召シテ傷痍軍人トナリ信行道場ノ定期修行ニ堪ヘラレヌ方々ノ為ニ特ニ期間ヲ短縮シ便宜ヲ与ヘルコトガ出来ル様ニ[55]」という趣旨のもと、信行道場の期間を特別に短縮ができるような制度の改正が議論され、その結果として、

第百六十八条ノ一　修行志願者ニシテ左ノ各号ノ一ニ該当スルモノハ前条ノ規定ニ拘ラズ修行ヲ許可シ特ニ必要ト認ムルモノニ対シテハ其ノ期間ヲ短縮シ又ハ免除スルコトヲ得

一　徴集、召集又ハ徴用ノ為已ムヲ得ザル事情アリト認ムルモノ

二　傷痍軍人ニシテ定期ノ修行ニ堪ヘザルモノト認ムルモノ[56]

というように制度が改められ、信行道場の期間を短縮または免除することも可能になった。特に免除については、昭和一七年四月二〇日から開催された「公益事業協会長会議」の中で、先の制度改正の内容を「戦死者ガ信行道場

未終了者ナル場合デモ生前ノ学歴ニ依リ新叙スルコトガ出来[57]」と日蓮宗宗務院の庶務部長が説明し、戦時下という状況の中で僧侶の資格を褒賞的な位置づけとして与えていたことが理解できる。

本来ならば筆者に与えられた課題は、戦時下における日蓮宗の僧侶養成と大学教育という観点から論考せねばならなかったのであるが、自身の力不足に加えて当時の資料が管見の限りでは思うように見出せず、偏りのある内容になってしまったことに遺憾の意を表す。今後は、新たな資料の発掘に努め、本来の課題に対する成果の発表にむけて努力したい。

註

（1）現行の日蓮宗の諸制度については『日蓮宗宗制』および『宗報』（毎月刊行）によって知ることができる。
（2）内閣官報局編『法令全書　明治五年』（長尾景弼、一八八九）七二頁。
（3）同書、一七五頁。
（4）内閣官報局編『法令全書　明治六年』（長尾景弼、一八八九）一八頁。
（5）内閣官報局編『法令全書　明治七年』（長尾景弼、一八八九）一九頁。
（6）同書、六七頁。
（7）前掲『法令全書　明治六年』一六六二頁。
（8）前掲『法令全書　明治七年』一二一四頁。
（9）同書、一二二〇頁。
（10）同書、一一九九頁。
（11）内閣官報局編『法令全書　明治九年』（長尾景弼、一八九〇）一八〇頁。
（12）内閣官報局編『法令全書　明治十年』（長尾景弼、一八九〇）四三・頁。
（13）内務省社寺局編『現行社寺法規』（報行社書籍部竹内拙三、一八九五）四二九頁。

(14) 同書、四三三頁。
(15) 今村随順編『日蓮宗僧侶人名録　全』(今村随順、一八八六)九頁。
(16) 『日宗新報』第六〇一号(日宗新報社、一八九六年六月二八日)二頁。
(17) 同誌、二頁。
(18) 同誌、三―五頁。
(19) 薩和上遺稿事蹟編纂会編『新居日薩』(日蓮宗宗務院、一九三七)六七九頁。
(20) 同書、六七四―六七五頁。
(21) 牧口泰存・増田海円編『現行日蓮宗法令』(日蓮宗長運寺、一九〇五)七〇頁。
(22) 『日蓮宗教報』第二九号(日蓮宗教報社、一八八六年五月八日)一―三頁。
(23) 『日宗新報』第四七三号(日宗新報社、一八九二年一二月一五日)一頁。
(24) 「立正大学三十年史」(『大崎学報』第八三号、一九三三年一〇月六日)二頁。
(25) 同記事、五頁。
(26) 同記事、一二―一三頁。
(27) 同記事、一二―一三頁。
(28) 同記事、一〇頁。
(29) 同記事、一二―一四頁。
(30) 同記事、一四―一五頁。
(31) 同記事、一六―一七頁。
(32) 『宗報』第二九号(日蓮宗宗務院、一九一九年四月一〇日)一三―七七頁。
(33) 『宗報』第三三号(日蓮宗宗務院、一九一九年八月一〇日)一〇頁。
(34) 『宗報』第三一号(日蓮宗宗務院、一九一九年六月一〇日)三頁。
(35) 『宗報』第四一号附録(日蓮宗宗務院、一九二〇年四月一〇日)一―八七頁。
(36) 『宗報』第六五号(日蓮宗宗務院、一九二二年四月一〇日)一一―三二頁。

(37) 前掲『宗報』第四一号附録、一―八七頁。
(38) 前掲『宗報』第六五号、一一―三三頁。
(39) 『宗報』第七七号（日蓮宗宗務院、一九二三年四月一〇日）八―三七頁。
(40) 『宗報』第七八号（日蓮宗宗務院、一九二三年五月一〇日）一二頁。
(41) 『宗報』第八六号（日蓮宗宗務院、一九二四年二月一〇日）五頁。
(42) 『宗報』第八二号（日蓮宗宗務院、一九二三年一〇月一〇日）一五頁。
(43) 『宗報』第八七号（日蓮宗宗務院、一九二四年三月一〇日）一六頁。
(44) 『宗報』第九〇号（日蓮宗宗務院、一九二四年六月一〇日）二二頁。
(45) 日蓮宗大学は専門学校として存続し、その後、翌大正一四年四月に立正大学専門部に改称した。
(46) 前掲『現行日蓮宗法令』一三―二〇頁。
(47) 同書、五七三頁。
(48) 『日宗新報』第六〇三号（日宗新報社、一九〇四年四月一日）三一頁。
(49) 田中謙周編『日蓮宗法規（昭和十二年版）』（日蓮宗布教助成会、一九三七）一五三頁。
(50) 同書、一九六頁。
(51) 『日蓮宗教報』第三六号（日蓮宗、一九三八年六月一〇日）三三頁。
(52) 『日蓮宗教報』第三五号（日蓮宗、一九三八年五月一五日）五三頁。
(53) 同誌、七三頁、前掲『日蓮宗教報』第三六号、三一頁。
(54) 『日蓮宗教報』第四六号（日蓮宗、一九三九年四月一五日）三一頁。
(55) 『宗報』第一四号（日蓮宗宗務院、一九四二年三月）一六頁。
(56) 『宗報』第一六号（日蓮宗宗務院、一九四二年六月）一―二頁。
(57) 同誌、二〇頁。

第五章　戦前期の神道系大学における神職養成

藤本頼生

第一節　「大学と宗教」という問いと神職養成教育

いわゆる神社が「宗教」か「非宗教」か、という二者択一的な問題への考究はさておき、昭和二〇（一九四五）年に日本が第二次世界大戦に敗戦する以前に神道系の高等教育機関として、私立の國學院大學と官立の神宮皇學館大學という、二つの大学が我が国には存在し、神社・神道にかかる研究および高等教育がなされるとともに、神職養成がなされていたという事実がある。また、大学教育との関係でいえば、戦後、内務省から神職養成の委託を受けていた皇典講究所が解散して以降、國學院大學が神職養成機関として神社本庁からの委託を受けて神職養成を行ってきたという点で戦前からの継続性があり、昭和二〇年一二月一五日にGHQ／SCAPより日本政府への覚書として発出された、いわゆる神道指令[1]によって昭和二一年三月にて廃校の憂き目に遭うこととなった官立の神宮皇學館大学の後身となる私立の皇學館大学においても、昭和三七年の再興直後から神職養成が再開され、現在に至っているという経緯がある。

そこで、本書において大きな研究テーマに掲げている「大学と宗教」について考えるなかで、戦前期には、政府より「非宗教」としての見方、取扱いを受け、戦後、占領政策の下であらためて「宗教」としての取扱いを受けることとなり現在に至る、神社と神道系大学との兼ね合いについて、神職養成という観点から考えてみたいと思う。また、戦時下の神道系大学の学生の実情についてもできる限り触れられればと考えている。

前作『近代日本の大学と宗教』では、戦前期および戦時下において制度的にも政府より宗教としての取扱いを受けていた仏教系の大学やキリスト教系の大学との兼ね合いで教育や教化、研究、宗教との関わりを考えるという見方が大半であったこともあって、戦前期には宗教としての取扱いの埒外にあった神社に関しては、章立てて論じていなかったという経緯がある。そのため、本章では、本シリーズにおける研究の空白部分を幾許かでも埋めるべく、まずは、戦前期の大学教育における神職養成と神職資格の付与という点にスポットをあてつつ、「神職」概念の再検討も含めて、大学教育と神職養成の問題を論じることとしたい。ついては、「大学と宗教」という本書の大きなテーマ、コンセプトのなかで、とくに神職資格の付与ということを前提に、戦前期の國學院大學、神宮皇學館大學（神宮皇學館）における神職養成関連学科目の教育内容や、神職資格の付与とはそもそも何を意味するのか、という問題について再検討を試みる。

この点では先行研究として、かつて鎌田純一が神道系大学と教育についての論考を示している他[2]、神宮皇學館の卒業生の進路分析から戦前期の大学教育と神道との関わりについて分析を試みた渡邊剛[3]の論考もある。加えて近年とみに、いわゆる大学史および國學院大學の校史に絡んだ分野で研究の蓄積がなされており、例えば、皇典講究所・國學院時代の古事記や日本書紀、古語拾遺をはじめとする講義用の書籍とその内容等について考察した藤田大誠、武田幸也、宮部香織、松本久史らによる先行研究がある他[4]、皇典講究所、國學院大學の教育の基となった松野勇雄や青戸波江の神社祭式作法書に触れた齊藤智朗の研究[5]、明治前期の神道と教化に着目して神道事務局生徒寮から皇典講究所の設置までの変遷と教育課程の内容について分析した戸浪裕之のような研究もある[6]。さらには、戦前期の『皇典講究所五十年史』のような先駆的な書、藤井貞文の手による『國學院大學八十五年史』や國學院大學校史資料課編の『國學院大學百年史』のような基礎資料もあり[7]、近年の國學院大學、皇學館大学の両大学における校史研究などでも一定の整理、分析と論及がなされている現状にある[8]。さらには、教育課程は持っていなかったものの東京帝国大学文学部に設置されていた神道講座（のちに神道研究室）における戦前期の実情についても遠藤潤や磯前順一、島薗進らによる論及があり[9]、神社・神道にかかる戦前期の高等教育と神道研究との兼ね合いについての現状が明らかにされつつある。しかしながら、これらの戦前期を対象とした神道系大学の教育内容にかかる研究では、前出の『國學院大學八十五年史』や『國學院大學百年史』『創立九十年再興十年皇學館大學史』のような基礎資料となる書籍を除いては、ほとんど言及がない現状にある。

戦前期の神社と大学教育との関係を考える場合、まずは全国の神社を所管していた内務省より神職養成と神職資格の付与を委託されていた財団法人皇典講究所と同所が経営していた國學院大學における神職養成関連の教育内容、あるいは神職資格の付与についての沿革を窺うことが必要であると考える。そのことはすなわち、神職の任用とも連動する問題であり、まさに神職の任用と資格付与について語ることは、単に神職養成とその教育のみならず、神職（聖職者たる宗教者）とは何かという、近代以降の「神職」概念にもつながることでもある。この点についても近年、志賀桜子によって、とくに明治末期から大正期にかけての府県社以下神職の任用の問題を主に考察した論考があり、任用の問題と相俟って神職養成についても詳細な論及がなされているものの[10]、神職任用の制度面と府県社以下の神社経営とに主眼をあてたものであることから、高等教育機関における神職養成、あるいは大正末年に実施される神職高等試験や奏任官待遇以上の神職養成という観点からの論及はなされていない。

また、本章では皇典講究所についても一部取り上げるが、同所は明治一五（一八八二）年の設立にて明治二三年の國學院設立以前にも神職養成および神職資格の付与に関与しており、國學院はその後、大正九（一九二〇）年に大学令による大学として昇格する。さらには皇典講究所は各地に分所を開設していたことから、各地方における神職団体の設立、つまり地方神職会の設立とも関連するため、皇典講究所に関して本章では言及する箇所が多くなることを付言しておく。

第二節　皇典講究所・國學院と「学階（学正・司業）」の授与

第一項　皇典講究所設立以前

一般的に、仏教の場合には僧籍登録を行い僧侶の資格を得ることとなるが、同様に神職も、現在では神職となるためには、神社本庁が付与している神職資格である「階位」[11]を取得することによって、はじめて神社本庁包括下の神社の神職として任用されるための前提となる資格を得る。この神社本庁にて付与している「階位」制度の基礎となるものは、かつて戦前期に内務省からの委託を受けて皇典講究所にて神職資格として付与していた「学階」（学正・司業）の制度であるが、その「学階」をもとにして、戦後、神社本庁が資格付与の再編を行う過程と戦後の宗教教育と神社神道との関わりについては、既に拙稿にて考察し明らかにした通りである。[12]そこで、まずは、いわゆる近代的な神職資格の付与が行われる以前の状況から、皇典講究所、國學院設立に至る沿革、つまり大学と宗教教育との兼ね合いにみる神職養成について語る前に、学制として近代的な高等教育機関が設立される以前において、どのように神職、あるいは養成・任用というものを考えていたのかという点について少し触れておかなければならないだろう。

近世においては、寛文五（一六六五）年に江戸幕府が出した諸社禰宜神主等法度（いわゆる神社条目）により、社家の階位（朝廷内の身分）は、これまでの慣例通りに伝奏を介して直接授与するものとされ、その他、大多数の神社の神職は吉田家による「神道裁許状」を以て当該神職装束の着用が許されることとなっていた。そのため、神社条目が各地域の神社の神職の世襲を加速させたという指摘もあり[13]、江戸幕府の後ろ盾を得て神祇管領長上、神祇官代を称した吉田家と、神祇伯を世襲した白川家による門人の養成と「裁許状」の発給がなされ、両家による神職支配が進んだことが知られている。こうした近世のあり方が大きく転換する契機となるのが、明治維新後に神祇事務科から神祇事務局、神祇官、神祇省へと神祇行政にかかる官制が変遷していくなかで出された諸種の太政官布告をはじめとする各省からの布達である。例えば、明治元（一八六七）年三月一七日に出された社僧や別当の復飾[14]など、神仏判然にかかる布告をはじめ、神職の代替わりについて示した「神職継目は所部府藩県より申請の件」（明治元年一二月二〇日　行政官第一一〇五）などが出されるが、明治四年五月一四日の太政官布告第二三四にて「神社は国家の宗祀につき、神宮の下神社の世襲神職を廃し精選補任の件[15]」が出されて神職の世襲が廃されることとなったことによって、社格の制定をはじめ、神社・神職に関わる近代的な制度が順次整備されることとなった。この折の明治政府の「神職」に対する考えについては、のちに内務省社寺局神社課長を務めた中川友次郎[16]によれば、神官・神職の職位は、あくまで公の職位であって、神社の祭祀、事務も公事であり私事ではなく、神官・神職を一社一家を混同したような世襲は理屈上不当、また実質的にも適材を得るものではない。神官・神職の子孫であれば、労せずに職に就くことができることは、自然に勉学を怠る弊害を生ずるから、官吏と同様に適任適材の者を選んでこれを任用するのであって[17]、まさに神職は養成以前の問題として適材を「精選」して「補任」するべきものであるという考え方であった。

さらには、先の太政官布告第二三四と同日に出された太政官布告第二三五「官社以下定額及神官職員規則」の布告の別紙にて、官國幣社の宮司については上京叙任の上、神祇官にて祭式を受けるものとされ[18]、府県社以下の神職のうち、のちの社司にあたる祠官については、一般官吏の如く地方官にて任状および祭式職制を授けるものとされた。また、のちの社掌にあたる祠掌についても、各々の地方において選任して各社にて任ずべきものとされたことは、維新後における神社制度における一大改革であった。この布告の別紙にある職員規則にかかる部分は、明治六年七月七日に教部省達第二四号として出される「神官奉務規則[19]」によって変更されるが[20]、以後、地方官にて任ぜられるべきものとされた、いわゆる祠官および祠掌の任命方法や祭式職制の教授のあり方が問題となり、各地方庁から神祇官へ照会が相次いだことが知られている[21]。その後、明治六年一二月二五日に太政官布告第四二一号にて官國幣社の神官の奏任、判任など官吏待遇の問題が記された布告が出され、祠官・祠掌の進退の問題については「地方官先行シテ後同省（教部省のこと）へ届出ツヘシ」と記されていた。しかし、祠官・祠掌の進退については、明治六年の神官奉務規則の段階で廃止されたこともあって先に述べたように地方庁へ届け出るという以外に成規がなく、明治八年五月一五日に氏子総代並びに区内神官二名連署で願い出た上で適任かを取調べて可否を申すものという「府県社以下祠官祠掌の進退は氏子総代等連署出願の件」という達[22]が出され、進退の出願の態様が変更され、官國幣社についても明治九年四月二四日の教部省達書甲第四号にて神官の身上の願についても地方官を経て進達することとされた。

この明治八、九年という時期は、明治九年八月に神道教導職の拠点であった神道事務局内の生徒寮（のちの皇典講究所の基盤となる）の創設や、明治九年一〇月に設置され、のちの神宮皇學館の前身ともいうべき神宮教院本教館が設置される以前にあたり、大教院や中教院でも生徒を教育していたものの、のちに神職養成機関と称されるような教育機関の設置前の時期にあたる。そのため、行政法令、制度の上でも神職養成の問題は、発展途上の段階にあったことは明らかであり、どのような学識や技術を身に付けていれば、神官（神職）として認めるのかという資格付与の問題は、むしろ祠掌などが各社で任ずべきものであったことから、この時点ではあまり明確ではなかったものと考えられる。その後、明治一五年一月の神官教導職分離による祭教分離と教学分離の考えに基づき、内務省を中心にして神職養成と日本文化の考究を担うための国学を中心とした古典研究・教育機関の創設が企図され、有力神道人、国学者らとの協議の結果、同年九月に皇典講究所が創設（授業は九月一日に開始、開校式典は一一月四日）されることとなり、併せて明治八年の神社祭式の制定などの諸制度が整備されていく段階でも神職に必要な学識、作法等の技術の問題も相俟って、まさに神職養成と神職資格の付与という問題を制度的にも考え得べきものとなってゆく要因となったものと考える。

第二項　皇典講究所・國學院設立後の神職養成と任用

いわゆる近代的な神職養成、教育の成立は、明治一五（一八八二）年の皇典講究所の創設と同所による神職資格たる「学階（学正・司業）」の付与が大きく、制度的には「神官撰擧ハ皇典講究所ノ試験ヲ要ス」[23]（内務省乙第四六号達　明治一五年八月三〇日　沖縄県を除く府県宛）が出され、府県社以下の神職には皇典講究所の卒業生、あるいは皇典講究所の本所、分所にて神職試験を経た者に限り神職として任用することとなったという内務省達が大きく影

表1　戦前の神職資格の変遷

明治一六年一〇月（神官試験および仮試験）

学證	皇典講究所本所にて神官試験の合格者
仮学證	各府県皇典講究分所にて仮受験の合格者

明治一九年五月

学階	学正	学正（一等学正～五等学正）
	司業	司業（一等司業～八等司業）

明治二三年四月

学階	学正	学正（一等学正～五等学正）
	司業	司業（一等司業～八等司業）

明治四〇年二月

学階	学正	名誉学正
		学正（一等学正～五等学正）
	司業	司業（一等司業～八等司業）

大正一〇年一月

学階	学正	学正
	司業	一等司業
		二等司業

響しているものと考える。これにより皇典講究所は、明治一五年九月より沖縄県を除く三府四〇県に分所を置き、生徒の教養と神官の試験を担当するなど、内務省から神官・神職の養成とその任用について委託されるところとなる。

この内務省乙第四六号達では、「今般皇典講究所設置ニ付府県社以下神官撰擧ノ節該所ノ卒業證書無之者ハ皇典講究所本分所ノ試験ヲ受サセ試験済ノ證書ヲ相渡候筈ニ付今後撰擧出願ノ向ハ該所卒業證書寫若クハ試験済ノ證書ヲ副ヘ願出候者ニ限リ認可ヲ與ヘ候儀ト可心得此旨相達候事」とあるように、学力の浅深優劣に基づき、皇典講究所本所および分所より適当の証書（本所は学證・分所は仮学證）を下付することとなっており、同所は明治一五年一〇月三日に神官試験規則及び仮試験条例を制定して内務省へ試験取扱い方について伺い出、同年一〇月二二日に神官試験規則及び仮試験条例を府県分所へ示達、府県社以下神官試験（二種類）、郷社祠官、府県社以下祠掌という四種類の試験と学證、仮学證（一等～三等）を授けることとなり、この授与に伴って神官の任用となった。

内務省はその後、神官の資質向上のために「従来奉仕ノ神官モ試験ヲ要ス」[24]（内務省番外達　明治一六年六月一二日）という、いわゆる神官試験通達を出すこととなった。そのため「府県社以下神官撰擧ノ節試験證書等ノ儀客年當省乙第四十六號達ノ趣候處従来奉仕ノ神官ト雖モ同様ノ筋ニ付來明治十七年十二月迄ニ夫々試験相受候様諭達可致此旨示達候事」とあるように、明治一七年一二月までに既に任命を受けている神職についても神職試験を受けなければならないものとされ、これに伴い、中央の神道事務局と府県にあった神道事務分局が、教導職の廃止とも相俟って皇典講究所の各府県における出先機関となる各地方皇典講究分所の設立（明治一九年九月七日に神宮並び各官國幣社宮司、神道事務分局宛通達）へとつながり、全国の神職の任用資格を授与する責任を負う重要な機関となるに至った[25]。

神官試験は不正を避けるため厳正なものとされ、一旦試験に不合格となった者は六カ月間、再試験が認められず、府県社の現任神職にも試験を実施したこともあって、一度に多数の神職を試験することができないことから、のちに年数回に分けて実施することとなった。さらには、満一五歳以上の者で世襲の神職でその神社に深い由緒を持つ者および、府県郷村社の祠官がいる神社の祠掌に撰挙される者の受験を認めるものとしたが、制度的にさらなる整備が必要となり、皇典講究所では、明治一九年五月二七日に「学階選叙式」を制定する。この学階選叙式は、一等学正から五等学正、一等から八等司業に至る一三等の神職資格たる「学階」を定めて各分所に令達（学階は神職の任用の基準となる）したもので、奏任官待遇の神職に就任できる資格である学正は、道義・国史・国文・法制・考証を修めた者とされ、判任官待遇の神職に就任できる資格たる司業（六等司業以下は府県郷社社司、八等司業以下は府県郷村社掌に相当）は道義・国史・国文・法制を修めた者とされた（学階資格の変遷については表1参照）。

明治二二年一〇月には、世襲神職の子弟並びに府県郷村社の祠掌の特別任用を廃止し、翌、明治二三年四月に皇典講究所は、内務省の認可を得て府県社以下の神職試験には従前の神官試験規則、学階選叙式を改定して、皇典講究所学階授与規則を制定（内務省指令甲第三五号許可）して学階試験および授与を行うこととなり、同年一一月に國學院を開校した。その後、明治二五年三月二三日より地方分所のみ学階授与試験科目の他に祭典式を課すこととなった。このため、学業の深浅優劣によって学階の資格付与に品別がなされ、神官・神職の資質が向上したとされる一方、神職およびその志望者にとっては狭き門であったとされた。[26] そのため、内務省では訓令にて府県社以下の祠官・祠掌に特別任用を認めて学階試験に拘わらず経歴にて神官たることを認める達を出した時期もあり、[27] 官國幣社の神職試験規則にも同様に学階（学正・司業）の取得の有無以外に経歴や祭神の末裔などにかかわる任用を認める項目が付されていた時期もあった。[28] 学階の学正・司業の資格の意義が高まるのは、官國幣社職制（明治三五年二月一〇日　勅令第二七号）と相俟って制定された官國幣社及神宮神部署神職任用令（明治三五年二月一〇日　勅令第二八号）の条文に、「試験ヲ要セス神職高等試験委員ノ詮衡ヲ経テ奏任待遇ノ神職ニ任用スルコトヲ得」る者として、「六　皇典講究所ニ於テ内務大臣ノ認可ヲ得テ定メタル規則ニ依リ學階學正ヲ付與シタル者」が掲げられ、「学正」を授与された者が奏任官待遇の神職として任用されることができるようになったことが大きいものと考えられる。事実、この神職任用令では、「第一条　奏任待遇ノ神職ハ神職高等試験合格ノ者、判任待遇ノ神職ハ神職尋常試験又ハ神職高等試験合格ノ者ノ中ヨリ之ヲ任用ス」とされ、神職高等試験の合格が要件の第一とされたものの、実際には大正一四（一九二五）年に第一回の試験が実施されるまでの約二〇年間は、試験がなく、神職高等試験委員の詮衡のみであったことからも、学正を持つ者が神職任用の上で有利な立場にいたということが推測できる。[29]

第三項　神職資格たる「学階」の意義と國學院

学階授与にあたっての道義・国史・国文・法制・考証を修めた者というのは、まさに近世、近代と受け継がれてきた国学者の素養の基本ともいうべきもので、明治三一（一八九八）年の皇典講究所規定でも第一条に「國學者ノ志願ニ依リ、其ノ學力ヲ検定シテ本所所定ノ學階ヲ授クルコト」と規定しており、明治四〇年二月九日に改正した皇典講究所学階授与規則（内務省三九東戊第四四号認可）でも「第一條　皇典講究所ハ、國學者ノ學力ヲ検定品別して左ノ學階ヲ授與ス」とあり、左に掲げられたものとして「学正」（一等学正から五等学正まで　学識卓抜者には名誉学正を授与）と司業（一等司業から八等司業まで）の学階を授与するものと改正され、国学者の学力をまさに検定、品別して授けるものが神職資格たる学階であったと考えることができる。この点については、近年、近代国学および近代神道史、教育史に対しての精力的な研究で知られる藤田大誠が、この「学階」資格の性格について、「あくまでも『国学に関する学力』を検定することにより与へられるものであり、これが纒つて神官・神職の任用の基準となる資格とされたのである。要するに皇典講究所は、創立以来近代を通して、単に神社奉仕のための特殊な専門技術者のやうなイメージで「神官・神職」を捉へてその資格を与へたのではなく、何よりもまづ、『国学』を十分身に付けた者を育てる、即ち本来『国学者』が神官・神職となるべきだといふ堅い信念を持ち続けてゐたのである」[30]と指摘しており、国学の素養、学力を身に付けているかどうかを神職資格付与のための判断基準として、この当時は非常に重視していたことが明らかであるといえよう。

明治二三年七月には、皇典講究所が国史・国文、国法を考究する教育機関たる國學院（本科三年、研究科二年）を設立し、明治三七年四月に前年に公布された専門学校令に基づく私立國學院として専門学校に昇格するにあたり、従来の本科を師範部とし専修部を併置し、大学予科二年と大学部本科三年を設置した。明治三九年六月には、私立國學院大學と改称、さらに大正八（一九一九）年九月に前年に公布された大学令に基づき國學院大學と改称して、翌九年四月に大学令大学に昇格して大学部三年（道義学科、国史学科、国文学科）、予科二年、研究科二年、従来の師範部を高等師範部と改称して体制を一新した。この間、國學院の母体となっていた皇典講究所は、明治三一年に

表2 学階検定科目の一覧（大正一〇年一月二九日内務省認可の皇典講究所学階授与規則による）

学階種類	科目	内容	受験資格	要件
学正	道義	国民道徳及国民道徳史、倫理学	試験検定	1 中学校・甲種実業学校及文部大臣に於て、中学校と同等以上と認定したる学校を卒業したる者 2 専門学校入学者検定規定により、検定せられたる者 3 小学校本科正教員、若しくは尋常小学校本科正教員の免許状を有する者 4 皇典講究所神職養成部教習科を卒業したる者 5 普通文官試験に合格したる者
	歴史	国史、神祇史、古典、外国史		
	国文	古文、中古文、近世文、文学史、文法、作文（普通文、祝詞文）		
	法制	法制史、法学通論、憲法、皇室典範、神社法令		
	祭式		無試験検定	國學院大學を卒業したる者、及び之と同等以上の学歴ある者にして祭式を修めたる者
一等司業	道義	国民道徳及国民道徳史	試験検定	二カ年ノ高等小学校を卒業したる者、及び之と同等以上の学歴ある者
	歴史	国史、神祇史、古典	無試験検定	皇典講究所神職養成部教習科を卒業したる者 神職養成を目的とする左の程度の教育を受けたる者 甲種　入学資格　中学校を卒業したる者、又は之と同等以上の学歴ある者　修業年限一カ年 乙種　入学資格　中学校第三学年を修了したる者、又は之と同等以上の学歴ある者　修業年限二カ年 丙種　入学資格　二カ年の高等小学校を卒業したる者、又は之と同等以上の学歴ある者　修業年限三カ年
	国文	近世文、文学史、文法、作文（普通文、祝詞文）		
	法制	憲法、皇室典範、神社法令		
	祭式			
二等司業	道義	国民道徳	試験検定	二カ年ノ高等小学校を卒業したる者、及び之と同等以上の学歴ある者
	歴史	国史、古典	無試験検定	神職養成を目的とする左の程度の教育を受けたる者 甲種　入学資格　二カ年ノ高等小学校を卒業したる者、及び之と同等以上の学歴ある者　修業年限一カ年 乙種　入学資格　尋常小学校を卒業したる者　修業年限二カ年
	国文	近世文、祝詞、文法、作文（普通文、祝詞文）		
	法制	神社法令		
	祭式			

財団法人となり、明治三三年に神職講習会を開催するなど、明治四二年五月に内務大臣から神職養成事業を委託されることとなった。これに伴い、神職養成部（神職教習科、神職講習科、祭式講習科）を設置し、のち昭和二（一九二七）年には、神職教習科を廃止した上で、専門学校令による高等神職を養成する目的で附属神職部を設置、普通神職を養成する神職養成部を翌年に設け、附属神職部は昭和四年に神道部へと拡充することとなった。神道部は昭和一九年に戦時下の非常時に対応する形で高等師範部とともに専門部と改組されたが、昭和一九年頃といえば、戦時下においてまさに軍事教練の実施や学徒出陣がなされていた時期でもある。後述するが、國學院大學や神宮皇學館大學でも繰り上げ卒業や学徒出陣がなされるなど、当時の在学生の回顧談にもあるように[31]、第二次世界大戦の終戦に近いこの時期は、学修環境の上では神職の養成教育と称すべきものとは、極めてかけ離れていた時期でもあった。

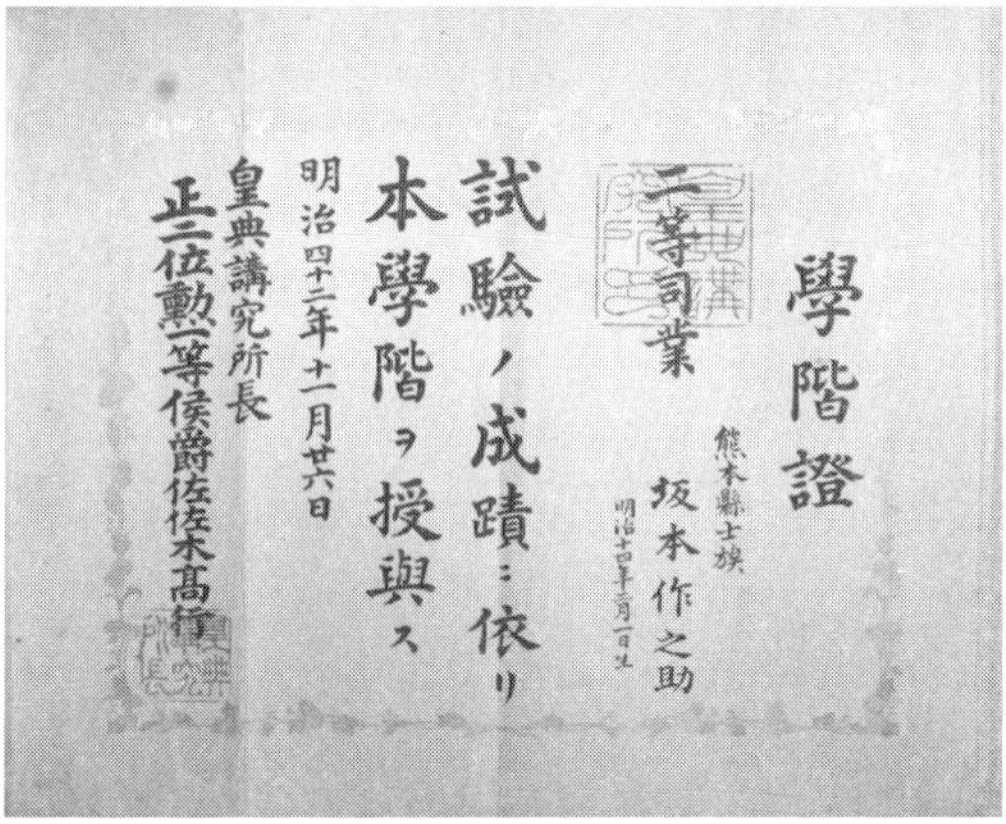

写真１　學階證

　話を少し戻すと、私立國學院大學と改称された後の明治四〇年は、先に述べたように、二月九日に内務省の認可を得て皇典講究所で学階授与規則を大改正、学階授与者の神職任用資格を規定し、学階の試験科目が整備されることとなった。以後、規則の若干の改正はあるものの、昭和二一年一月までの約四〇年間にわたってこの規則が学階授与の典拠とされるが、この明治四〇年の折の学階授与規則の第一〇条にて「國學院大學卒業生ニハ卒業試験ノ成績ニ依リ、相當學階ヲ授與スルコトヲ得」るという文言が入り、國學院大學の卒業生には無試験検定で学階が付与されることとなった。これ以前については、國學院大學の卒業生は「本院卒業生ニハ希望ニヨリ詮衡ノ上、皇典講究所ノ學階ヲ授與ス（明治三七年制定の國學院規則第九条）」とされており、國學院大學における卒業試験の成績か、あるいは國學院の経営母体である皇典講究所による詮衡という点で、学階授与の方法に差異があった。大正一〇年一月二九日に学階授与規則が一部改正され、従来の学正については名誉学正および一〜五等学正が学正の一種類となった他、一〜八等の司業が一等司業、二等司業の二種類に簡略化され、学階自体は併せて三階級とすることで内務省の認可を得た。その後、翌一一年、昭和二年、三年に一部改正がなされ、終戦まで続いた。

大正九年四月一五日に國學院大學は、慶應義塾・早稲田・明治・中央・日本・法政・同志社・東京慈恵の八大学とともに、私立大学としては初の大学令による大学として文部省の認可を受けたが、この大学令大学に昇格した大正九年の七月に改正された國學院大學学則の第五条にて「本大學學生ハ皇典講究所ノ學階ヲ受クルコトヲ得」、第一六条にて「皇典講究所ノ學階（學正）ヲ受ケントスル者ハ、學部入学後二學年ヲ經過シ、授業単位二十以上（禮典一単位ヲ含ム）及ビ禮典ノ實習ヲ修了スルコトヲ要ス」とされた。これは、國學院を卒業した者は、当然、神職資格たる学階の試験科目のうち、学正・司業の科目ともなっている道義や国史・国文・法制・考証などは、古典研究を通じていわゆる国学にかかる相当の知識・学識に関する力を修得しているという前提でもあり、それに加えて礼典（祭式有職等）の実習を修了すれば、官國幣社及神宮神部署神職任用令（明治三五年二月一〇日　勅令第二八号）の規定により奏任官待遇たる神職として任用されることができる「学正」の学階を授けるというものであった。まさにこれらの規程は、先に述べた通り、学階撰叙式の制定以降、変わることなく国学の学識認定による神職資格の付与を意味してきたということであり、前出の藤田も指摘しているように、学階は、単なる神職の資格ではなく、皇典講究所・國學院による国学の学識認定の意味合いを持っていたことが明らかである。藤田は、皇典講究所が神職講習会を開始して、その後、神職養成部が設置されるのは明治四〇年代であり、これにより本格的な神職養成機関としての組織体制が成立した以降も「学階」試験が継続されていくということに、「皇典講究所は、単なる「神職養成機関」である前にやはり「国学的研究・教育機関」なのであった[32]」と述べているが、その国学的研究・教育機関の肝腎要ともいうべき、近代の高等教育機関として設立されたのが、まさに「國學院大學」なのであり、それゆえに国学にかかる高等教育を修了した國學院大學の卒業生が無試験検定で「学正」という奏任官待遇として任用される学階を付与することを得るというのは、ある種当然のなりゆきであったとも考えられよう。

その一方で、「学階（学正・司業）」は、皇典講究所からの資格付与であるが、内務省としては、神職自体には明治三〇年代後半には、府県社以下が「府縣社以下神社神職任用規則」（明治三五年二月一八日　内務省令第四号）にて社司社掌試験、官國幣社については、先に述べた「官國幣社及神宮神部署神職任用令」で「奏任待遇ノ神職ハ神職高等試験」、「判任待遇ノ神職ハ神職尋常試験」があり、もともと師範学校などの教員免許を持っていたり、一定年数の官吏としての任用経験があれば、あとは祭式を修めれば、これらの試験委員の詮衡を経るだけで奏任待遇の神職となることができた上、大正一〇年一月二九日の改正皇典講究所学階授与規則の第五条においても、学正の試験検定を受験する資格要件の一つとして「五　普通文官試験ニ合格シタル者」という項が設けられていたこともあって、極端ではあるが養成機関を経ずに実地で用いる祭祀・礼典など実技的な面での経験（祭式などの実技）のみを修めて神職となり得ることも可能であった。こうした戦前期の神職資格と任用規定を窺っていくと、神職養成のための授業科目との関連でいえば、前出の中川友次郎が『神社法令講義』のなかで、神職資格について先に述べてきた国学の学識認定という面を「国学すなわち斯道を修め」と述べている一方、「若しくは行政事務又は神社の事務に熟練せるものにして兼ねて国学ならびに祭式に心得のあるもの、という点に帰着すべし、何れも之なれば神職資格というに差支えなし」[33]と述べており、神道を修め祭式をする者が神職であるが、それはすなわち国学を修めることであり、神職として必要なものはいわゆる国文・国史それから祝詞・祭式であると述べた上で、加えて神社実務に関するものとして法規や経理（会計事務）が必要だとも述べている。ゆえに国家、地方公共に仕える官吏としての実務経験があれば、あとは祭式や祝詞を修めれば、奏任官待遇、判任官待遇の神職に任用されることも可能であった。とはいえ実際には、皇典講究所、國學院、神宮皇學館出身者で官國幣社の神職は占められていたのが実状であり、この状況に対して豪腕局長として知られた内務官僚の佐上信一が神社局長に就任した際、官國幣社の宮司の人事をめぐって「院友、館友と云ふ言葉を使つて、相對抗[34]」するという状態を何とかしたいと、それまで神職任用の規定の上では完備されていたものの実施されていなかった神職高等試験を大正一四年に実施するに至ったが、実際に同試験は、皇典講究所の神職養成部や分所出身者、神宮皇學館専科出身者など、判任官待遇の神職資格を得ていた神職が受験していたのが実状であった[35]。

なお、学階の資格付与については、昭和二一年一月二六日にて最後の学階検定試験での授与が行われ、同三一日に無試験検定での学階授与がなされ、明治一五年の皇典講究所設立以来、六二年間で三〇〇四二名の学正・司業が授与された[36]。同じく神宮皇學館については、神職任用にかかる資格制度が全く異なっているため単純比較はできないが、明治一五年から昭和二一年までの六二年間に本科、専科、普通科、専修科、研究科合計で二二〇一名、神宮皇學館大學予科で二一二名、附属専門部で一一七名、学部修了が五八名、二年、一年修了生が六四名の卒業生を輩出している。大学昇格前の神宮皇學館では、本科一、三四九名、専科三七六名、普通科二〇〇名、研究、専修両科で一一名であり、約七〇〇名が教員、約五七〇名が神職、約五〇名が官公吏となったとされる[37]。これは、現在、一年間に直階から浄階までの五階位の神職資格を付与される人数が約一〇〇〇名前後、うち國學院大學、皇學館大学の両神職養成機関の高等神職養成課程を経て授与される「明階」の階位検定合格者が約三〇〇名前後であるため[38]、神職資格の取得人数からいえば、いかに戦前期において國學院大學を卒業して得ることのできる「学正」資格が意味あるものであったかが明らかであろう。

なお、昭和二〇年八月時点においては、台湾や旅順、朝鮮、満州など外地で設立した大学を除いて、旧帝国大学が七、官立大が一四、公立大が五、私立大が二八、合計五四校[39]（海外を入れると五九校）しかなかったことを考えると、戦前期の國學院大學や神宮皇學館大學を卒業して神職になった人々は、大学進学率が低く、大学数（短期大学を含む）が現在の約二〇分の一程度であった当時においては、国内で数少ない高等教育機関を卒業した学歴を持つ者であり、つまり、社会の指導者的な立場となるべき人材であったともいえる。そのため、戦後間もない時代に数少ない旧制大学卒の神職は、神社界のなかで指導神職となるべき人材であることはいうまでもなく、かつ各地域においては社会教育や地域活動、その他欠かせない有為の人材になったものと考えられる。そのことは、かつて拙稿でも考察したように[40]、戦後間もない昭和三二年あたりまでは、教育関係の公職に従事していた神職は増加しており、神社本庁包括下の全神職の約一四・三パーセントが教員兼務神職（小・中学校・高校・大学教員）、あるいは教育関係に従事する役職（教育委員、教育長、公民館長、社会教育主事）にあった兼務神職である。うち教員を兼務する神職が八・八六パーセント、教育関係に従事する兼務神職が五・四八パーセントであったことから、全神職のうちのおおよそ七人に一人がなんらかの形で教育に従事していたことになり、以後は、その割合が減少していくということからも明らかなものと考える。

第三節　國學院大學の教育と神職関連科目

次にいわゆる大学令大学に昇格する前後の國學院大學の教育課程と神職養成との関わりについてみておきたい。大学令大学昇格前にあたる大正初期の國學院大學は、明治三五（一九〇二）年、同三九年の罹災や以後の拡張計画の実施に伴う校舎の再建、専門学校令による学校の認可に伴う必要経費の増加、負債の償却、神宮奉斎會との共同事業の中止などもあって、大学の財務上、非常に窮乏の状態にあり、不十分な教科、粗末な施設設備のなかでの教育環境であった。これを「貧乏なるが故に奮発心も起こるのだ(41)」と大正四（一九一五）年卒業（二三期）の照本亶(42)が回顧したように、授業内容自体には不統一な面があり、貧弱な面はあったが、他面、そこに自由なところもあったと照本は述べている。さらに照本はのちの学制がややもすると学問の切り売りのような形となることに対して非難があったとされるなかで、少人数で寺子屋式に近い教育がかえって効果をもたらしていたとも指摘している。この当時は、学長を務めた鍋島直大侯爵の下、杉浦重剛学監、山田新一郎幹事長、石川岩吉國學院大學主事、今井清彦神職養成部参事らによる人格的教育、感化がなされたこともあって、その財政的な面に伴う諸種の不足を補充していたとされる。

また、大学令大学昇格直前の大正八年の卒業にあたる飯田秀真(43)は、当時の弁論部が第一次世界大戦後に国際連盟や講和会議などの社会的事象のなかで弁士としての腕を磨く姿や、運動部の活動を回顧して、礼典の講師で神社祭式行事作法を教授していた青戸波江が剣道を教える姿、のちに東京女学館大学教授となる出雲大社の国造家の出身の千家尊宣らが野球をする姿を回想し(44)、これが國學院大學野球部の萌芽期にあたる時期であるとしているが、この

表3　國學院大學の学部（大正九年当時）の学科課程における履修科目

学科	必修科目名	単位数
道義学科	帝国憲法及ビ皇室典範	1
	国民道徳	2
	神道	2
	倫理学	1
	東洋倫理学史	1
	西洋倫理学史	1
	国史	1
	社会学	1
	宗教学	1
	日本宗教史	1
	道義ニ関スル演習	4
国史学科	帝国憲法及ビ皇室典範	1
	国民道徳	1
	国史	4
	日本法制史	1
	東洋史	2
	西洋史	2
	史学研究法	1
	国史ニ関スル演習	4
国文学科	帝国憲法及ビ皇室典範	1
	国民道徳	1
	文学概論	1
	国文学史	2
	国語学	1
	言語学	1
	国史	1
	国文学ニ関スル演習	5
	漢文学ニ関スル演習	3

右記以外に開設されている講義・演習科目

種別	科目名	単位数
甲種（毎学年開設スルモノ）	礼典	1
	教育学	1
	西洋哲学史	1
	法制史	2
	古文書学	1
	西洋文学ニ関スル演習	3
乙種（二学年間ニ一回開設スルモノ）	国家学	1
	行政学	1
	民法	1
	刑法	1
	経済学	1
	論理及ビ認識論	1
	国学史	1
	日本美術史	1
	日本音楽史	1
	歴史地理	1
	有職故実	1
	漢文学史	1
	漢文法	1
	仏教概説	1
丙種（三学年間ニ一回開設スルモノ）	憲法論	1
	考古学	1
	人類学	1
	比較神話学	1
	比較言語学	1
	日本風俗史	1
	美術史	1
	音楽通論	1
	図書館学	1
	新聞学	1

時期の在学者は二五〇名程度で昭和四（一九二九）年の予科の人数とほぼ同数であったとされる。第一次世界大戦後に文部省が急激に変化する文明や思想の混乱に際して、教育制度の改革を行うこととなり、大正七（一九一八）年一二月二〇日に大学令を公布する。これにより、大正九年四月一五日に國學院大學は、大学令による大学として文部省の認可を受けて、単科大学ではあったが大学に昇格する。[45] 大正九年四月当時の入学式の様子については、國學院大學で刊行していた『國學院雜誌』の彙報欄にも記載がないため、大学令昇格のちょうど前年にあたる大正八年九月に國學院大學に入学し、卒業後に宮内省図書寮にて国語学者として全国の方言の調査・研究に従事したことで知られる沖縄宮古島出身の宮良當壯[46]の日記の一部を引用すると、同一一日に行われた入学式について、「始業式。新入生一同室に入り起立整列すれば、某師神主の服を着し笏を手にして入り来られ、次で学長芳賀博士始め諸先生方入室。神服の先生神々しく「払ひ玉へ清め玉へ」と述べる。それより別室に入り伊勢大社に遥拝す。次に二階講堂に移り御真影を拝し、奉読訓話などありて誓約記名す。」と当時の入学式の様子を克明に記している。[47] この回の入学式では、国語学の芳賀は勿論のこと、前出の青戸波江や三矢文法で知られた国文学の三矢重松、折口信夫、哲学者の紀平正美ら各学界の第一線で活躍する教員の参列もあった。[48] 昇格後二年目となる大正一〇年四月に行われた入学式でも、同じく学長が教育勅語と有栖川宮織仁親王の令旨を奉読した後、新入生への訓辞があり、予科生に対しては小林秀雄予科部長、高等師範科生に対しては三矢重松高等師範部長の両教授による訓話があり、さらに堀江秀雄教務課主事から大学教育の趣意が説明され、各学科生による宣誓があり解散となったと伝えられている。[49] この大正一〇年度については、予科生が大学令の新制度実施により、学年度を合わせるため、一年、二年生ともに半年間繰り上げての短縮修了となったこともあって、その将来を憂慮し、芳賀学長自ら学生を教場に集めて訓話し、本居宣長が松坂の矮小なる一室に閉じこもって国学の研究に従事してその学問上の新天地を築き上げたことを取り上げて、当時の飯田町の校舎狭隘にして設備が整わないなかでの寂寥感を払拭すべく、学業に努めることと、就中外国語を十分に修めて、他日の素地を作るべきと説いて大きな感銘を与えたとされる[50]。この切換え期の時期の学生であった渾大坊小平（三〇期）の回顧によれば、当時、国文科の三矢重松と八代国治が健在であって、各々院友を代表して授業他に気を吐いており、多士済々の教員がいたと述べており、嬉しかったことの一つとしては、「折口信夫、武田祐吉らが新進潑剌たる意気を持つて迎へられたこと」とあり、院友の教授講師が山本信哉、宮西惟助、植木直一郎、河野省三ら数えるしか就任していなかったなかで、頗る寂蓼を喞っていただけに大変感激したと述べている[51]。

大学令大学の昇格に際しては、國學院大學においても学則規定の改正が必要となったが、その第一条は「本大學ハ道義・國史・國文及ビ之ガ研究應用ニ須要ナル諸學科ヲ學修セシメ、國家有用ノ人物ヲ養成スルヲ以テ目的トス」というもので、学部（三年）、予科（二年）、研究科（二年）の三部を置き、大学の学部は道義学科、国史学科、国文学科の三学科から成るものであった。学部は三カ年の間、必修科目と開設の授業科日につき随時選択して、授業単位三〇単位以上を修了し、卒業論文試験に合格した者を卒業生として文学士を授けるというもので、先に述べたように学則第一六条に皇典講究所が出す神職資格である学階のうち、学正について、学部入学後二学年を経過して、授業単位二〇単位以上（うち礼典一単位を含む）および礼典の実習を修了することを条件に「学正」の資格が授与されることとなっていた。

この際、國學院大學は新制による大学として発足したこともあり、卒業生に対して教員資格を無検定にて免許状を下付すべく文部省へ申請し、大学令大学となって三年後の大正一二年一一月二六日付をもって、予科修了者に対して英語科中等学校教員無試験検定の資格が認可され、ついで翌大正一三年一月二二日付で学部卒業生に対して中等学校の修身科、歴史科、国語科の無試験検定による教員免許状が下付され、学部卒業生に対して高等学校高等科の倫理哲学科、日本史および東洋史科、国語科の無試験による教員免許状を下付することとなった。中等教員の免許資格の付与については、明治三二年四月に文部省が公私立学校・外国大学校卒業生の教員免許規定（文部省令第二五号）を定めた際に、皇典講究所も國學院の本科卒業生に対して日本歴史科（翌三三年より歴史）および国語科（翌三三年より国語および漢文）の免許資格を無試験を以て付与すべく文部省に申請して、同年七月二七日付で認可されているのが、國學院大學における中学校・高等女学校・師範学校の教員資格付与の嚆矢である。学部ではないが、大正一三年三月の高等師範科卒業生の勤務先調査では、中学校教員が三六名、農学校教員が四名、高等女学校教員が五名、商業学校教員が九名、私立学校教員（青山学院、同志社）が二名、朝鮮の高等普通学校教員が三名、実修学校教員が一名、東京帝国大学史料編纂係が一名、神社の神職（官幣大社大神神社）が一名、その他が一名（台湾台北在）であった[52]。

なお、中等学校の英語科教員資格についてのエピソードとして一つ掲げておくと、昭和一四（一九三九）年に國學院大學予科に入学し、同一六年三月に予科修了、同一八年九月に学部国史学科を卒業して学徒出陣、海軍土浦航空隊へ入隊した後、海軍中尉にて終戦を迎えた澁川謙一（のち箱根神社宮司・諏訪大社宮司・神社本庁事務局長などを歴任）は、戦後、同じ院友で当時、神社本庁初代事務総長であった宮川宗徳に見出されて、昭和二一年四月に神社本庁編輯課へ配属されたのち、神社新報記者となる。澁川は予科修了のため、英語科中等学校教員の免許状を持っていたこともあり、神社新報の記者時代には、当時、神社新報社の主筆であった葦津珍彦の命を受けて連合国軍最高司令官総司令部（ＧＨＱ／ＳＣＡＰ）の宗教課長で当時、宗教にかかる占領政策を主導していたＷ・Ｋ・バンス大尉のところへ単独で赴き、自ら通訳を兼ねてバンスの宗教政策に対する考えについてインタビュー取材をしている。この取材結果が葦津珍彦に伝えられたことにより、当時、まだ神社連盟案と神社教案の対立が残っていた神社本庁の組織体制にも大きな影響を与える結果となったとされる。澁川は、その後、東京都港区の城南中学校の英語科教諭として着任し教壇にも立っていたが、これは、当時の國學院大學における英語教育を考える上でも興味深い事実であるといえよう。(53)

第四節　戦時下の神道系大学——神宮皇學館大學の教育と学生にみる——

次に大東亜戦争の際の学徒出陣などがなされた時期、つまり戦時下の神道系大学において学生たちがどのように過ごしていたかという点と教育の内容について少し触れておきたい。まず、國學院大學についてであるが、戦時下の大学および学生の様子、教育課程については、先に述べた『國學院大學八十五年史』『國學院大學百年史』などの大学史に詳しく記載があり、その他、大原康男が監修した『國學の子我等征かむ—國學院大學戦歿院友学徒遺稿追悼集—』(54)なども ある。同書では、学徒出陣されたとされる六〇〇〇余名のうち、四三九名の氏名とともに一部の学生らの遺稿などが掲載されるとともに大原康男による学徒出陣当時の大学内の様子や、戦後、昭和四六（一九七一）年に第一回が開催された「戦歿院友学徒慰霊祭」に至るまでの経緯も述べられている。また前掲の『國學院大學八十五年史』や『國學院大學百年史』には、詳しく戦時体制下の学園内の様相や、教育課程の変化、学徒の勤労動員、戦時下の学生と教育内容や、大蔵省が空襲で焼失したことに伴う庁舎疎開により同省の本館への移転なども含めた当時の様相が詳しく記載されている。平成二七年は戦後七〇周年にあたることから、國學院大學でも「学徒出陣と國學院大學—出陣学徒の〝ことば〟—」などの特集展示が大学博物館で開催されたほか、校史関連の研究も進められており、学徒勤労動員と学徒出陣について記した高野裕基「戦時下の皇典講究所・國學院大學」のような論考もある(55)。さらには前述した工藤伊豆のような専門部から繰り上げ卒業で学徒出陣した際の経緯を回顧した回想録などもあるため、詳しくはそれらの書に譲るものとする。しかしながら、一点だけ掲げておくとすれば、昭和二〇年五月二五日の大空襲による大学の罹災である。かねてより、東京都内は昭和二〇年三月の東京大空襲に代表されるように、米軍の空襲により各地が焦土と化していたなかで、罹災を免れていた渋谷・青山の地も大空襲による被害を受けた。この際、空襲による火災で火の勢いが強まるなか、一部の学生が大学の神殿内に鎮まる御神霊をはじめ、御真影、勅語や令旨を唐櫃に納めて捧持し、「尊貴」の札を掲げて、猛火と人々の大混雑のなかを駒沢の第一師範学校の校長室まで動座、避難させ、翌日還御となったことは、唯一神道式の神殿を持つ大学ならではの逸話というべきものである(56)。この際の消火活動を指揮したのは、当時、皇典講究所拡張課の書記で防護団員であった市川豊平（國學院大學卒業生）ら五名の職員と学生三名であり、市川は、のちに神社本庁の設立に際しての庁規策定や、庶務課長に就任してからは、社寺の国有境内地払下げ運動に尽力し、神社界の中枢で活躍した人物として知られている。戦時下においては、東京都下にある大学として國學院大學も他大学と同様に学徒出陣や文科系学生の削減により、学生数が著しく減少し、教職員の応召や強制疎開、学徒の通年動員などもあり正規の授業も次第に困難となったばかりでなく、昭和一九年には、学部以外の神道部・高等師範部・興亜部を統合したが、学生数も減少し、ほとんど閉鎖の状態となり、正規の授業を行うことすらできなかったため、皇典講究所および國學院大學の運営も頗る厳しい状態にあったとされる。

ついで戦時下のなかで、國學院大學と同じく神道系大学であった神宮皇學館大學についても少し述べておきたい。神宮皇學館大學については、昭和一五年四月二三日に勅令第二八八号にて神宮皇學館大學官制が公布、施行され、それまで内務省所管の官立専門学校であった神宮皇學館が大学令による文部省所管の官立大学として昇格することとなった。大学昇格にあたっては、まず、当時の旧制高校文科乙類の課程にあたる予科（三年）と、「神道ニ関スル専門教育ヲ為スヲ以テ目的」とする附属専門部（三年）が開設され、昭和一七年九月には、祭祀、政教、国史、古典の四専攻からなる学部（三年）が開設された。学部では必修とすべき基本科目と専攻科目とする基本科目を全般的に履修せしめるものとされ、専攻科目は祭祀、政教、国史、古典の専攻別に従って履修するものとされた。とくに予科は第二次世界大戦開戦前の国威発揚の時期とも相俟って当時の学生からは花形校の一つであったが、当時の学生の風潮として「軍国主義に反対であったり、時代の流れに懐疑的だった学生にとっては、兵役を少しでも遅らせることが出来るかも知れない学校ということは大変魅力的な存在」、「現に、予科三、四回生には、他の旧制高校に合格していながら、この噂を心頼みにして予科を選んだものが相当数いた」[57]とされる。しかし、実際には昭和一八年九月に文科系大学の学徒の徴兵猶予が廃止された際には、神宮皇學館大學も例外なく徴兵猶予は停止され、一二月に学徒出陣壮行式が挙行、山田孝雄学長より学徒出陣することとなった学部二年生、一年生および専門部や予科の学生に対して仮卒業証書、修業証書が授与され、合計で一五〇名が入営した。また当初、予科の定員は六〇名であったが、昭和一九年四月当時には、定員四〇名となっており（なお國學院大學も予科の学生定員は四〇名であった）、当時、国の政策によって戦時体制の強化策がなされるなかで、官立高等学校・文科の定員が一高（現在の東京大学）の六〇名を除いてはすべて二〇名という時期にあって四〇名の定員であったことは、神宮皇學館大學予科が第一高等学校に次いで重要視されたものとも考えられる。また、神宮皇學館から継続したものの一つとして予科、専門部、学部とも精華寮や清明寮をはじめとする全寮制であり、入学した学生にとっては、以後、人格形成および大学教育の上で深甚な影響を与えたとされる。

昭和一八年九月に徴兵猶予が停止され、繰上げ卒業がなされる学生が出るまでは、授業に武道や軍事教練があり、当時専門部の寮であった清明寮の寮生活では、朝の体操、神拝、夜の神拝までの日課が定められ、教員が交代で寮に宿泊したとされる。のちに皇學館大学の理事長を務め、当時清明寮の寮生であった岡田重精の回顧談からは、「この生活が拘束であったような後味はないし、学習時間に議論したり、時折エスケープをした向きもあるが、それに堕するような雰囲気はなかった。戦時中ということもあってか、今この時を充たしてゆこうとの意欲、何かを求め立ち向う態度が烈しく印象づけられている。（中略）古典哲学、文学などの読書にしても散策の折にも生活すべてに自律的態度、自主的風潮が張っていたと思う[58]」、「むろん宣長や篤胤をはじめ国学書は座右に置かれていたが、哲学や西洋古典もむさぼり読み、夜おそくまで切りつめた人生論がたたかわされた、それは目前に迫っている殉国へのひたすらな決断をはぐくむ営みでもあった[59]」と述べており、神道の学修を中心とする専門部ではあったが、神宮史や神社史などが中心となる祭祀に関する学科課程の科目のなかには倫理学、心理学、哲学、西洋倫理学が配されており、日本法制史や帝国憲法などが中心となる政教に関する学科課程の科目のなかに宗教学、社会学、世界史、教育学が配されるなど、専門教科の外にもそれぞれの学科課程に広汎な教養科目が配されていた。とはいえ、戦時下にて国内の諸種の生活事情も悪化するなかで、寮生活では食事に用いる食物に制限が徐々になされるようになると、学生も暇をみては、赤福餅や二軒茶屋餅、へんば餅などに行き、しるこや餅を求めて順番を待ったという[60]。無論、時代的な制約から専門部の学生も卒業とともにその多くが兵役に就くことになるが、繰上げ卒業間近の大学での講義の雰囲気、内容を知るものとして、前出の岡田重精と専門部の一期後輩で、昭和一八年一二月の学徒出陣で出征、海軍へと入隊した上杉千郷（のちに長崎の諏訪神社宮司、皇學館大学理事長を務める）が当時記していた日記である『学生日記―学徒出陣前の学生生活―』と、昭和一七年一〇月の学部第一回の入学生（祭祀専攻）で昭和二〇

表4　神宮皇學館大學学部の学科課程における履修科目

区分	専攻	科目名	単位数
基本科目		祭祀概論	1
		祭式	1
		祝詞	1
		神道概論	1
		神祇史	1
		国体原論	1
		大日本帝国憲法 皇室典範	1
		政教原論	1
		有職故実	1
		国史概説	1
		古典概説	1
		国学概論	1
		日本思想史	1
		東洋思想史	1
		道徳原論	1
選択履修科目（二年次以降）		教育学及教育史	2
		宗教史	1
		日本宗教史	1
		儒学	1
		支那法制史	1
専攻科目	祭祀専攻	神祇制度史	1
		礼典原論	1
		祭式	1
		神道学	1
		神道学演習	1
		神道史	1
		支那哲学	1
		歴史哲学	1
		東洋倫理学史	3
		西洋倫理学史	2
		宗教学	1
	古典専攻	古典講読	3
		古典演習	1
		国語学	2
		漢文学	2
		国文学	4
		支那哲学	1
		歴史哲学	1
		西洋法制史	1
		日本経済史	1
		日本社会史	1
		地理学	1
		民族学	1
専攻科目	国史専攻	古典講読	2
		国史学	4
		国史学演習	1
		東亜史学	3
		世界史学	2
		史学概論	1
		歴史哲学	1
	政教専攻	民法	4
		刑法	1
		行政法	2
		法学演習	1
		日本法制史	1
		経済原論	1
		経済学史	1
		経済政策	1
		財政学	1
		社会学	1
		言語学	1
		考古学	1
		美術史	1
		音楽史	1
		建築史	1

年九月に卒業後、学部の神道研究室の助手となった八原昌元（戦後、財団法人農山漁村文化協会常務理事、株式会社明星食品社長、会長を歴任）の授業を筆記したノートと、神宮皇學館助教授を辞職し、八原と同じく学部第一回の祭祀専攻へ入学した岡田米夫（のち神祇院調査官、戦後、神社本庁調査部長を務める）が筆記した授業ノートの存在が知られている（ともに原田敏明教授の講義であり併せて四種類）。上杉は、学部ではなく専門部の学生ではあるが、その日記は、当時の神道系大学における授業の雰囲気や学徒出陣を控えた学生の想いを知る上で貴重なものであり、参考となる。また、八原、岡田のノートは、当時の授業内容の詳細を知る上で参考となるものである。なお、神宮皇學館大學の学部の授業科目構成は表4に掲げた通りであるが、とくに八原の筆記した授業ノートは、昭和一七年一〇月当時、神宮皇學館大學学部の神道学第一講座の担任で、実証主義の神道学者として知られていた教授の原田敏明の神道についての講義の大略を把握できるものである。

なお、八原のノートについては、のちに『八原昌元所蔵　原田敏明講義ノート―神道学・神道史―』として刊行されているが[61]、学部の「神道学Ⅰ」の講義では、単に講義室で授業をするだけでなく、時折、神宮徴古館の芝生の上で講義をしたこともあったようである[62]。原田の神道概論や宗教概説の教授ぶりを前出の上杉曰く、「原田教授の熱烈なる血湧き肉おどる教授ぶりである。実際の皇學館へ入った幸福は一つは此所にある」、「熱ある語気に知らず知らず引き込む教授ぶり」と評している一方で、歴史学の佐藤虎雄の国史の講義は、「何時もの通りのノート、始めより終りまで筆記で手がくたびれる。日露戦争の条であり既に幾回も小学校より聞きし所である。もう少し国史の精神を強調して欲しい[63]」と記されており、現在でいうところの学生による「授業評価アンケート」のように学生からの率直な感想とも受け取れるような寸評もあった。

原田が熱弁を揮った講義については、八原のノートによれば、学部第一学年に配当されて講義していた「日本思想史」であり、実際の内容は神道史である。概略としては、①神道にかかる古代の文献、②古代の反省と歴史の編纂、③国家組織・民族組織に伴う神々の組織、④神武天皇紀（巻）、⑤神道と仏教との関係、⑥仏教・神道との関係を以て日本思想史的考察、⑦神仏習合、というものである。前出の学部第一学年で講義していた「神道学Ⅰ」については、「神社神道」と題したものであり、都市と農村、部落の祭祀組織、宮座、宮座の様式、日本農業と国民生活、当屋の性格、琉球古代社会の研究、当屋の潔斎、当屋の修行、当屋の変遷、稚児、長老制度、当屋の世襲制化、巫女、などである。原田の講義内容を分析した牟禮仁によれば、この学部時代の講義内容は、原田の発表した数多くの論文に拠るものや、のちに論文化されるものと重なり、当時原田が講師を務めていた東洋大学、九州大学などで担当された講義内容とも重なるとも述べている[64]。また、前出の上杉の『学生日記』の内容によれば、専門部にて原田が講義した神道概論では、本居宣長の『うひの山ぶみ』などから国学の発展について、宗教概説の授業では、仏教概説の一つとして華厳宗と奈良仏教について教授していたことがわかる。大正八（一九一九）年に神宮皇學館本科を卒業し、昭和二年に東京帝国大学宗教学宗教史学科本科を卒業、姉崎正治のもとで宗教学を学び直した原田は、昭和一三年に神宮皇學館本科の教授として就任し、神社調査部や神道研究室を開設してその研究主任となっていた。原田は研究のみならず、神宮皇學館の官立大学への昇格にかかる文部省との折衝などを自身の責務として実務面で尽力したことでも知られていたが、教育の面からみると原田の講義は熱を帯びたものであったと伝えられている。官立大学昇格時に神宮皇學館助教授で神道研究室の研究員でもあった岡田米夫（神宮皇學館本科昭和五年卒）は、大学昇格時に自身の助教授の職を辞してまで学部で学び直したいと、一学徒として学部へ入学したことでも知られる。神宮皇學館大學学部第一回の卒業生で岡田米夫の同期生にあたる酒井逸雄（のち神宮少宮司）によれば、学部にも軍事教練の科目があり、助教授であったからといっても免除の恩典は無く、「ギコチなく銃の操作をされたり、無器用に大きな体をくねらせて匍匐前進するお姿は、若いわれわれからは痛ましく思える時もあった。しかし先生はあまり意に介される様子もなく、休憩時間等にはわれわれ青二才を相手に口角泡を飛ばして学問を論じ、例の説得力ある独特の話術で道を説かれた」と回顧するとともに、前述したように岡田が丹念に書き綴った予科の「神道概論」（原田敏明教授）のノートの内容からは、各行間からひたむきな学問への情熱や意気込みを感じたと述べている。[65]

また学徒出陣に際しては、前掲の岡田重精によれば、原田が講義の折に「本當に死ぬるの道」と板書し、その右端に入隊の決まった者の名前と兵科が小さく列記されていたと岡田は当時撮影された写真から回顧している。[66]その後、原田は、終戦に際してＧＨＱの神道指令で官制廃止、廃学が決まった大学を存続すべく私立学校への移行案の模索や伊勢専門学館などの開校（昭和二一年九月）に尽力したものの、同学館はＧＨＱの干渉があり翌年二月に解散となった。これにより、神宮皇學館の教育の充実と神道の学術的貢献に対して万策尽きた原田は、故郷の熊本県植木町へと帰郷する。自身が戦争中に書いたり教えたりし、学徒出陣で多くの教え子を送り出した時代を回想しつつ、「多くの学徒を戦場に送ったが、私が説いて来たことが間違いだったかどうか」[67]を考えるという意で自宅を「退考窟」と称し、郷里の地で昼耕夜読の生活を送ったとされる。その農文両道の生活は昭和二四年八月に熊本大学法文学部教授、第五高等学校校長に就任するまでの間、続くこととなるが、そこに神宮皇學館本科出身の櫻井勝之進（当時菊池神社宮司、のち多賀大社宮司、神社本庁総長）や前出の酒井逸雄らが集って学び、戦後神社界で活躍する高等神職として育つこととなったことは、大学は廃学となったものの、神宮皇學館時代からの学的な縁の賜物であり、神道・神社に関する学びを深め、そして信仰を実践へとつなげて行く上で、大きな力となったと考える。原田がその後、神宮皇學館大學のあった伊勢の地へ帰ることとなるのは、東海大学教授となっていた昭和三七年に皇學館大学が文部省認可の大学として再興され、国史学科の科目である日本宗教史の講義を非常勤講師として担当することとなった一三年後のことであった[68]。

第五節　おわりに

本章では、戦前の國學院大學および神宮皇學館大學を中心に神職養成制度との関わりにみる、大学と宗教との問題について、当時、内務省の委託に基づいて皇典講究所より神職資格として付与されていた「学階」に着目しつつ、その意義や役割、大学教育との関連について述べた。また、本書の大きなテーマとなっている戦時下における大学と宗教との問題にも触れるため、とくに大学における戦時下の学生生活と神道関連の授業の内容について、これまで論考としてはあまり取り上げられていない、神宮皇學館大學昇格当時の学生の回顧をもとに当時の学生の授業評や教員の熱意あふれる授業の一端と、戦時下における出征と学問との関わりについても述べてみた。本章では、当時の神宮皇學館大學の学部・専門部の在籍者や出征経験者の回顧録の一部しか取り上げられておらず、あくまで戦時下の神道系大学の学生生活と大学教育との関わりの一部分を抄録的に述べたにすぎないが、戦時下においても、ひたむきな学問への情熱や意気込み、あるいは出征前の悲壮な思いのなかにあっても、神道の学的な根拠のもとに出征しようと自身の心構えを求める学生の様子を窺い知ることができたものと考える。また、内務省より委託を受けていた戦前の神職養成および神職資格の付与とその意義、制度の沿革については、これまで制度の切り替えという面で神社本庁研修所において整理がなされているほか[69]、前述したように藤田大誠が近代国学と大学教育に関する一連の研究でおおよそ明らかにしてきた面があるものの、本書にて主題とする、「大学と宗教」という観点や戦時下における大学という観点からの考察はなされていなかったこともあり、明治初年からの歴史的な経緯を跡づけて、戦時下の教育内容にまで論及した本論考はこれまでの先行研究に基づき、さらに研究を進めたという点で意味のあるものと考える。

しかしながら、戦前期における神職養成制度自体は、國學院大學、皇學館大学それぞれの校史とも関わる問題でもあり、また戦前期の神社や神職などとも深く関連する問題でもあるため、個々の人物の回顧談や人物像、思想、戦後の神社界、教育界での業績などとも関わって、さらなる課題もあると考える。また戦後との連関性ということを考えるならば、やはり神社本庁が現在、付与を行っている神職の資格である「階位」の制定過程とともに考えるべきであり、その基礎となった「学階」の意義、教授科目などの変遷は、今後も分析が続けられるべきものであると考える。本章でも述べてきたように、戦前期には数少ない高等教育機関において教育を受け、国学を修めた証、国学の学力検定という点を踏まえて付与されていた「学階」のあり方が、戦後、戦前の神職高等試験で行われていた検定制度と相俟って神社本庁の階位制度に引き継がれてきたということの意味と、戦後、大学数が増加し、その一方で大学進学率が増加し、少子化のなかでその比率がさらに高まりつつある現状にあって、教員資格と同様、無試験検定で学識認定的な意味合いをもって付与され続けてきたということの意味とを考え、改めて神職資格の意義を問い直す時期、契機にあるのではないかと考える。こうした点については、既に拙稿でも一部論じてきたが、本章ではその点をさらに強調する形で考えてみた。戦前では、神職資格付与にあたっての意義がはっきりしていた「学階」に比べて、戦後、神社本庁にて付与されている「階位」は、その制度の上でも、「直階」から「浄階」に至るまでの個々の五階位の意義が、身分や職制上は関連づけがあるものの、規定上、その定義が明確に文章化されていない点も一つの問題であると考える。神社本庁では、これまで「戦前の制度の延長上に階位制度があるといつても差支へないであらう[70]」とも述べているが、その一方で前出したように、神社本庁の「階位検定及び授与に関する規程」にも、それぞれの五種類の「階位」とは何か、という点に対して明確な定義がなされている訳ではなく、この点については未だ規程上の文言が定められてはいない。この点は、戦後の未曽有の変化のなかで神社本庁が設立され、これまで任用されている神職に対しての階位の取得と授与が第一であったこともあり、そのための緊急避難的な規程かつ、学階授与の規定との摺り合わせのなかで制定されたものであったことが大きく影響しているものと考える。この点はあくまでも推測の域にすぎないが、今後、細かく検討していくことが必要であろう。さらには、「大学と宗教」という問題を通じてではあるが、本章で述べてきた戦前期の神職養成と大学教育という観点から、戦前との比較、連動性を踏まえつつ、今後の神社・神職のあるべき姿を考えるという営みが今後も継続していくことが必要であり、戦前期の神道系大学の神職養成と大学における教育内容とも相俟って、さらに研究が続けられていくべきものであると考える。

註

（1）「国家神道、神社神道ニ対スル政府ノ保証、支援、保全、監督並ニ弘布ノ廃止ニ関スル件」（昭和二〇年一二月一五日連合国軍最高司令官総司令部参謀副官発第三号〈民間情報教育部〉終戦連絡中央事務局経由日本政府ニ対スル覚書：ＳＣＡＰＩＮ—448）。この覚書は当時、ＧＨＱ参謀副官の米陸軍大佐、Ｈ・Ｗ・アレンの名で出されたものである。

（2）鎌田純一「神道と教育—皇学館・国学院の歩み—」（財団法人神道文化会編『明治維新　神道百年史（第二巻）』神道文化会、一九六六）四〇三—四四五頁。

（3）渡邊剛「近代の教育政策と皇学館」（『皇學館論叢』第三二巻第六号、一九九九）四一—六六頁。

（4）藤田大誠「皇典講究所・國學院の伝統文化研究・教育に関する覚書」（『國學院大學研究開発推進センター研究紀要』第二号、二〇〇八）二一七—二四八頁、同「明治後期の皇典講究所・國學院の研究教育と出版活動」（『國學院大學校史・学術資産研究』第一号、二〇〇九）一—四七頁、同「近代国学における「神道」と「道徳」に関する覚書—皇典講究所・國學院の展開を中心に—」（『國學院大學校史・学術資産研究』第二号、二〇一〇）一九—四五頁、同「近代日本の高等教育機関における「国学」と「神道」」（『國學院大學人間開発学研究』第三号、二〇一一）七一—九五頁、同「皇典講究所・國學院大學における日本法制史の特質」（『國學院大學伝統文化リサーチセンター研究紀要』第四号、二〇一二a）二一七—二四三頁、同「国学的教育機関に関する基礎的考察—「近代国学と教育」の視座から—」（『國學院大學人間開発学研究』第七号、二〇一六）六三—七六頁。武田幸也「皇典講究所・國學院の神職養成における『古事記』」（『國學院大學校史・学術資産研究』第七号、二〇一五）一一三—一五二頁。宮部香織「井上頼圀述「神祇令講義」と田邊勝哉講述『神祇令義解講義』について」（『國學院大學紀要』第四九巻、二〇一一）一〇九—一三〇頁。松本久史「明治前半期における古語拾遺と国学者」（『神道宗教』二四〇号、二〇一五）九一—九三頁。

（5）齊藤智朗「松野勇雄と皇典講究所・國學院大學」（『大学史資料センター報告　大学史活動』第三二号、二〇一〇）五三—八五頁、同「青戸波江と皇典講究所・國學院大學」（『神道宗教』第二三四号、二〇一四）三九—五八頁、同「國學院設立期の国学界—皇典講究所講師時代における三上参次の事績・活動を中心に—」（『國學院大學伝統文化リサーチセンター研究紀要』第一号、二〇〇九）一七三—一八四頁。

（6）戸浪裕之『明治初期の教化と神道』（弘文堂、二〇一三）。

（7）『皇典講究所五十年史』は、河野省三や堀江秀雄らの編んだものとされているが、戦後、明治神道史の研究でも知られる阪本健一が、國學院大學研究科に在籍時に編纂助手として照本亶の指導の下、草稿を著したものであることが知られている。

（8）一例として齊藤智朗が中心となって執筆した國學院大學研究開発推進機構校史・学術資産研究センター編『國學院大學百三十周年記念誌』（学校法人國學院大學、二〇一二）、学校法人皇學館館史編纂室編『神宮皇學館大學—昭和十五年〜昭和二十一年—』（学校法人皇學館、二〇一〇）、学校法人皇學館館史編纂委員会編『皇學館大學百三十

年史　総説篇』（学校法人皇學館、二〇一二）。

（9）遠藤潤「神道研究室の歴史的変遷」（島薗進・磯前順一編『東京帝国大学神道研究室旧蔵書　目録および解説』東京堂出版、一九九六）九―二六頁。

（10）志賀桜子「二十世紀初頭における府県社以下神職（一）―任用をめぐる議論と神社経営の実況から―」（『東京大学日本史学研究室紀要』第一四号、二〇一〇）六七―一一七頁、同「二十世紀初頭における府県社以下神職（二）」（『東京大学日本史学研究室紀要』第一五号、二〇一一）九五―一三一頁。本論文の所在については、齊藤智朗國學院大學准教授より教示戴いた。

（11）神社本庁の神職資格は現在、公に広く認知されているものとしては、日本で唯一付与されているものである。その資格自体も戦前期に内務省から神職養成、資格付与の委託を受けていた皇典講究所の「學階證」の形式に準拠している。神社本庁は皇典講究所、神宮奉斎会、大日本神祇会の合併解散を受けて設立されたものでもあることから、その点からみても神社本庁が出す神職資格自体は、戦前期からの神職資格の流れを引き継ぐものであるといえる。

（12）藤本頼生「神職養成と宗教教育―戦後六十五年の歩みからみる課題と現状―」（『宗教研究』第三六九号、二〇一一）二六九―二九二頁、同「宗教教育と神社神道との関わりについての一考察―現状と課題―」（『神社本庁総合研究所紀要』第一五号、二〇一〇）三三一頁。

（13）茂木貞純「概括〈神職〉」（神社本庁総合研究所監修『戦後の神社・神道―歴史と課題―』神社新報社、二〇一〇）一二九―一六五頁。

（14）明治元（一八六八）年三月一七日、神祇事務局達第一六五「諸国神社の別当、社僧復飾の令」、同年三月二八日太政官布告一九六号「神仏の区別に関する件」、同年四月二四日太政官達「神祇の菩薩号廃止に関する件」、同年閏四月四日太政官布告第二八〇号「別当、社僧還俗の上は神主・社人と称せしむる件」。

（15）明治四年五月一四日太政官布告第二三四（番号は正式には太政官布告無番であり、法令全書の番号による）「神社は国家の宗祀につき、神宮の下神社の世襲神職を廃し精選補任の件」

神社ノ儀ハ国家ノ宗祀ニテ一人一家ノ私有ニスヘキニ非サルハ勿論ノ事ニ候処中古以来大道ノ陵夷ニ随ヒ神官社家ノ輩中ニハ神世相伝ノ由緒ノ向モ有之候へ共多クハ一時補任ノ社職其儘沿襲致シ或ハ領家地頭世変ニ因リ

終ニ一社ノ執務致シ居リ其余村邑小祠ノ社家等ニ至ル迄総テ世襲ト相成社入ヲ以テ家禄ト為シ一己ノ私有ト相心得候儀天下一般ノ積習ニテ神官ハ自然士民ノ別種ト相成祭政一致ノ御政体ニ相悖リ其弊害不尠候ニ付今般御改正被為在伊勢両宮世襲ノ神官ヲ始メ天下大小ノ神官社家ニ至ル迄精選補任可致旨被　仰出候事

(16) 中川友次郎は、社寺局神社課長、神社局第一課長を経て群馬県知事、特許庁長官などを務めた内務官僚であったが、晩年は行政官僚を離れ、前田侯爵家のいわゆる番頭役を務めたことでも知られる。なお、中川の四男が平沼淑郎（皇典講究所副総裁であった平沼騏一郎男爵・元首相の兄、早稲田大学総長などを務めた）の孫娘と婚姻している。

(17) 中川友次郎『神社法令講義』（神社協会本部、一九〇四）一四〇頁。

(18) 内閣記録局編『社寺取調類纂（第二六巻　社寺門）』（一八九一）一〇三頁。なお、この布告により、明治元年一二月二〇日に出された行政官第一一〇五の神職継目に関する布告は、廃止された。

(19) 「神官奉務規則」（明治六年七月七日教部省達第二四号、府県宛）文部省文化局宗務課編『明治以後宗教関係法令類纂』（第一法規、一九六八）四二二頁。

(20) 「教部省にて神官奉務規則を定めたる件」明治六年六月七日太政官布告第一九一一号。この達は神官奉務規則の発出の一カ月前であり、「辛未五月神社改正規則中官幣国幣社長官ハ神祇官ニ於テ祭式職制ヲ受ケ府藩県社並郷社祠官ハ地方庁ニ於テ任状及祭式職制ヲ授クヘシト有之候処右職制相廃シ於教部省神官奉務規則相渡候条此旨相達候事」とされたが、神官奉務規則には教導職の兼務については記載があったものの、祠官の任状については全く記載がなかった。よって明治四年五月一四日の太政官布告第二三五のうち、官國幣社長官は神祇官にて祭式職制を受けるという点と府県社郷社祠官は地方庁にて任状および祭式職制を受けるという点については、教部省にて制定する神官奉務規則によって廃止とされていたことになる。

(21) 『社寺取調類纂（第二六巻　社寺門）』一〇三―一一九頁にみられる各藩県からの伺とその回答（昭和五四年に原書房より発刊の復刻版を参照）。

(22) 「明治八年五月一五日教部省第一八号達」（内務省社寺局編『現行　社寺法規』一八九三）二二六頁。

(23) 『現行　社寺法規』（一八九三）二四〇頁。

(24) 同前。

(25) 皇典講究分所内には、各府県神官取締所の本部が設置されることとなり、その神官取締所が、明治四〇年代前後に各府県神職会の設立へとつながることとなったことが知られる。神官取締所の名称は各府県で異なる（神職取締所、神職督務所、社司社掌管理局、神職合議所、神職集議所など）が、神職会の前身たる神官（神職）取締所の成立については、明治二四年七月六日の府県郷村社神官奉務規則の改正と同時期（同年七月一〇日）に出された社甲第一四号（内務省）通牒にて、適宜神官取締規則を設けしめ、管理の方法を依頼したことにより、各府県の神職取締所の発足につながったものと考えられる。その嚆矢は明治一五年八月三〇日の内務省乙第四六号達（皇典講究所設置につき、府県社以下の神官に皇典講究所本分所の試験を受けさせて、皇典講究所の卒業証書、試験済証書をもってして神職に撰挙するという意の達）が影響しているものと考えられる。

(26) 『國學院大學八十五年史』（國學院大學、一九七〇）一五六頁。

(27) 「皇典講究所學階試験ニ拘ハラス神官タルヲ得ル者」（内務省訓令第五号　明治二五年三月一七日　北海道及び沖縄ヲ除ク府縣宛）

府縣社以下神官ノ儀ハ自今左ニ掲クルモノニシテ性行其他適當ト認ムル者ハ皇典講究所學階試験ニ不拘神官タルノ認可ヲ與フヘシ

祠　官

一維新前五代以上其神社へ奉仕セシ者及ヒ其子孫

一明治十五年八月以前ヨリ祠官ニ撰擧スルハ此限ニアラス

一有位者又ハ判任官以上滿二年奉職セシ者

一該神社所在ノ府縣ニ於テ壹ヶ年直接国税拾円以上ヲ納ムル者

祠　掌

一維新前五代以上其神社へ奉仕セシ者及ヒ其子孫

一明治十五年八月以前ヨリ奉職勤続ノ者

一該神社所在地ノ町村長三年以上奉職セシ者

(28)「官國幣社神職試験規則」(内務省訓令第四号　明治二五年三月一七日　北海道廳沖縄縣を除く府縣)第十條―第十二條には、

第十條　左ニ掲クル者ハ試験ヲ要セス直ニ宮司権宮司ニ補スルコトヲ得

一　其神社神統又ハ維新前十代以上該神社ヘ奉仕セシ重立タル者及ヒ其子孫

二　其神社祭神ノ一族臣下ノ内祭神在世ニ於テ功績顕著史乗ニ著名アル者ノ統末

三　行政官吏判任官四等八級俸以上満三年以上奉職セシ者

四　皇典講究所學階一等司業以上ノ者

五　該神社所在地ノ舊藩主

六　維新前王事鞅掌ノ功ニ依リ官ノ褒賞ヲ受ケタル者

第十一條　左ニ掲クルモノハ試験ヲ要セス直ニ禰宜主典ニ申付ルコトヲ得

一　維新前五代以上該神社ヘ奉仕セシ者及ヒ其子孫

二　行政官吏判任官以上滿二年以上奉職セシ者

三　皇典講究所學階五等司業以上ノ者

但性行其他不適當ト認ムルモノハ前同斷

第十二條　本規則施行前ヨリ在職ノ者ハ試験ヲ要セス其現職ニ在ルコトヲ得

とあり、この試験規則が明治二八年に改正された折には、神宮権禰宜以上に在職の者、旧教導職少教正以上に補せられた者、神宮皇學館本科卒業の者、皇典講究所学階学正授与者(一等司業から変更)という項目が第一〇条(実際には条文の削除に伴い第九条)に、神宮宮掌以上に在職の者、旧教導職大講義以上に補せられた者、神宮皇學館本科および専科卒業の者、皇典講究所学階三等司業以上を有する者という項目が第一一条(実際には第一〇条)に付け加えられた。

(29)なお、官國幣社及神宮神部署神職任用令の第八条の五には「神宮皇學館本科卒業ノ者」とあり、皇典講究所の学正授与者以外に奏任官待遇となれる者に当時、内務省の所管する官立の専門学校であった神宮皇學館の本科卒業者も含まれていた。この他にも「一　其ノ神社祭神ノ一族臣下ノ内祭神在世中ニ於テ之ヲ補佐シ功績顕著ナル者若ハ其ノ相続人ニシテ祭式及国典ヲ修メタルモノ」「二　高等官又ハ五年以上官務ニ従事シ判任官二等以上ノ職ニ在リタル者ニシテ祭式及国典ヲ修メタルモノ」「三　十年以上神職（府県社以下神社神職ヲ除ク）ト為リ現ニ官国幣社禰宜又ハ神宮神部署ノ神部補若ハ主事補ノ職ニ在ル者」「四　師範学校、中学校又ハ高等女学校ノ国史又ハ国文科ノ教員免許状ヲ有シ祭式ヲ修メタル者」があった。

(30) 藤田大誠「財団法人大阪國學院の創立過程」（『浪速文叢』第二二号、二〇一二b）三五頁。

(31) 工藤伊豆『神々と生きる道』（東京新聞出版局、二〇〇〇）。工藤は昭和一九年九月の繰り上げ卒業。陸軍にて各地の航空基地を転々とするなかで終戦を迎えた。

(32) 藤田大誠、前掲論文（二〇一二b）三五頁。

(33) 中川前掲書、一四七頁。

(34) 佐上信一「神社局は六ヶ敷い所」（『神社局時代を語る』神祇院教務局調査課、一九四二）六四―六五頁。

(35) 具体的には、三重県皇典講究分所で六等司業を取得し、その後、皇典講究所神職養成部を卒業して三等司業を取得し、明治神宮へ奉職して、第一回の神職高等試験にて初の合格者となった橋本甚一（のち官幣中社吉備津神社宮司）や、神宮皇學館専科を卒業して多賀神社の主典時代に神職高等試験を受験して合格した加藤鋑次郎（のち官幣中社生田神社宮司）などの例がある。

(36) 『國學院大學八十五年史』五四五―五四六頁。

(37) 「神宮皇學館大學　けふ輝く誕生　熱烈な昇格運動を顧る」（『大阪朝日新聞』一九四〇年四月一日）。

(38) 「階位検定・授与白書」『神社本庁研修所報』第一九号（神社本庁研修所、二〇〇七）一頁。

(39) 『神宮皇學館大學―昭和十五年～昭和二十一年―』にある「旧制大学一覧」および文部省編『学制百年史（資料編）』（帝国地方行政学会、一九八一）による。

(40) 藤本頼生、前掲論文（二〇一〇）一二九―一六五頁。

(41) 「大正初期の学生」（國學院大學校史資料課編『國學院大學百年史』國學院大學、一九九四）五五一―五五二頁。

(42) 照本亶（明治二二―昭和一三年）は、横浜の熊野神社の社家出身でのちに同神社社司。大正後期から昭和初期にかけての一〇年間、全国神職会の機関誌である『皇国』誌の主筆を務め、神社界のオピニオン・リーダー的な存在でもあった。詳しくは、藤本頼生「照本亶と『皇国』―大正期・昭和初期の神社人の言説―」（『昭和前期の神道と社会』弘文堂、二〇一六）四九―八二頁。

（43）飯田秀真（明治三二―昭和五二年）は、國學院大學卒業後、明治神宮主典を皮切りに同神宮禰宜、熱田神宮権宮司を歴任し、神祇院教務局祭務官を務めた他、皇典講究所最後の学階検定委員の一人でもあった。戦後は、実家の東大社宮司を務めながら、千葉県神社庁長、安房神社宮司、玉前神社宮司、千葉県護國神社宮司なども兼任し、神社祭式の権威として神社本庁祭式主任講師を務めた。

（44）「同窓会活動」（『國學院大學百年史』）五五二―五五四頁。

（45）國學院大學は大学令昇格以前は専門学校令による学校であり、大正七年に大学令が定められる以前の学制では、帝国大学の外に大学は認められていなかったが、明治三〇年代からの一般社会の傾向として専門学校令によって認可された学校でも校名を大学と称するものが多かった。國學院においても当初、大学の名称を用いていなかったが、佐佐木高行院長名で文部省へ校名変更を申請し、明治三九年六月一二日に文部省告示第一三五号にて私立國學院を私立國學院大學と改称することを認可されている。

（46）宮良當壮と國學院大學の学生時代については、古山悟由「宮良當壮の國學院（二）―國學院大學入学と「大学令」大学昇格―」（『校史』第二六号、二〇一六年三月、八―一一頁）に詳しい。

（47）高崎正秀・仲宗根政善監修『宮良當壮全集』（第一書房、一九八四）二二〇頁。なお、大正八年九月の『國學院雑誌』の彙報欄でも入学式の様子は確認でき、修祓、遥拝に始まり、御真影開幌、芳賀矢一学長、青戸波江講師、生徒各総代の拝礼があり、芳賀学長の勅語奉読、閉幌、有栖川宮幟仁親王の令旨奉読、学長訓示、のちに学長を務める河野省三主事による修学上の注意、などが記されている。

（48）「本大學學生入學式」（『國學院雑誌』第二五巻第九号、一九一九年九月）七一四頁。

（49）「入学式」（『國學院雑誌』第二七巻第四号、一九二一年四月）二八四頁。

（50）「新予科の発足」（『國學院大學百年史』）五七二―五七三頁。

（51）「同窓会活動」（『國學院大學百年史』）五五四頁。

（52）「大正十三年三月高等師範科卒業生勤務先調査」（『國學院雑誌』第三〇巻第四号、一九二四年五月）四四六―四四七頁。
(53) 澁川謙一「終生の師「葦津さん」─澁川謙一氏に聴く─」(『神社新報』第二九八八号、二〇〇九年八月一七日)四面。
(54) 大原康男監修『國學の子我等征かむ─國學院大學戦歿院友学徒遺稿追悼集─』(展転社、二〇〇四)。
(55) 高野裕基「戦時下の皇典講究所・國學院大學」(『校史』第二六号、二〇一六年三月)四─七頁。
(56)「空襲・特設防護団の活躍」(『國學院大學八十五年史』)六九五─六九六頁。
(57) 岡田瑛「『神宮皇學館大學』〝戦中から廃校へ〟─予科生の一証言─」(『館友』第二〇五─二〇七号、一九九五年三月─九月)。
(58) 岡田重精「専門部」(『館友』第一〇〇号、一九七一年七月)。
(59) 岡田重精「わが青春の記」(『全学一体』第九号、一九七六年一二月)。本章で用いたものは、岡田重精先生を偲ぶ会編『岡田重精先生短文集』(二〇一三)六六─六七頁所収のものを参照した。
(60) 岡田重精「畏友岡本健治君」(『神社新報』第二四九五号、一九九九年二月一五日)六面。
(61) 八原昌元所蔵原田敏明講義ノート刊行会編『八原昌元所蔵　原田敏明講義ノート─神道学・神道史─』(二〇〇八)。本講義ノートの刊行に際しては、原田敏明の遺族である原田敏丸並びに八原昌元の遺族である一井かをりの了承を得て、牟禮仁、櫻井治男、藤本頼生にて記述内容を校正の上、刊行したものである。
(62) 同書、七頁。
(63) 上杉千郷『学生日記─学徒出陣前の学生生活─』(私家版、二〇〇八)。なお、本日記は、昭和一八年当時の日記を復刻したもので、のちに増補改訂され、同『神主学徒出陣残懐録』(神社新報社、二〇一〇)として刊行されている。
(64) 牟禮仁「印刷に際しての覚え」(八原昌元所蔵原田敏明講義ノート刊行会、前掲書)一〇七─一一〇頁。
(65) 酒井逸雄「岡田米夫先生のことども」(『大いなるものに導かれて』酒井逸雄、一九九八)一七─二〇頁。
(66) 岡田重精、前掲記事(「畏友岡本健治君」)参照。
(67) 西川順土「原田敏明」(『悠久』第三〇号、一九八七年七月)九八─九九頁。

(68) なお、その際には、前出の櫻井は神宮禰宜の職にあり、大学再興に尽力するとともに、国文学科の祭祀概論を非常勤講師として担当することとなっていた点でも興味深い。

(69) 「戦前の神職職制・任用制度について」(『神社本庁研修所所報〈『月刊若木』付録〉』第四号、一九九二)四―六頁。

(70) 同論考。この論考に纏められた現行制度と戦前の職制・任用資格の比較表は非常に参考になるものである。

第六章　立教大学と聖公会神学院の二重学籍制度

大江　満

はじめに

一九一八（大正七）年に制定、翌年に施行された大学令による大学として認可されるためには、宗教系大学における宗教教育は、宗教科目を科学研究の対象として扱うことは認められるが、宗教的訓練を実践する施設としては認められない、というのが文部省の立場であった。

宗教研究を行う場である大学と宗教者養成を担う機関との分離という建前は、一九二二年に大学令による大学として認可されたキリスト教系の立教大学と、同系教派の神学校である聖公会神学院との二重学籍というきわめて密接な連携制度のために、文部省が意図したほどには機能していなかったのではないかと思われる。こうした異例の実態を探ることが、先行研究もないこの問題に焦点を当てようとするのが本章の目的である。

十五年戦争（アジア・太平洋戦争）が始まった一九三一（昭和六）年、立教大学と聖公会神学院は、同じ経営母体であった財団法人聖公会教育財団から分離することになるが、その後も、二重学籍の制度は「皇紀二千六百年」の一九四〇年まで継続された。そして、この制度が廃止された後も、両者は密接な関係を戦時下二年間保持したのである。

宗教団体法が施行された一九四〇年以降になると、立教大学、聖公会神学院、両者の関連教派である日本聖公会は、外来宗教のキリスト教系組織の日本化が問われた戦時下非常事態のなかで生き残りを模索する。こうした情勢下、一九四二年に至り、立教大学は文学部宗教学科から聖公会神学院関係者を一掃し、さらに立教大学の建学の精神であるキリスト教主義による教育方針を放棄、日本聖公会は教会合同問題をめぐり分裂した。一九四四年には宗教学科を抱える立教大学文学部が「閉鎖」され、その直後に聖公会神学院も廃校を余儀なくされていった。

本章は、キリスト教系諸団体のなかでも、戦時下に内部分裂していく展開をみせた聖公会同系組織（大学、教会、神学校）の解体現象による影響に留意しながら、大学における宗教研究と聖職者養成の分化過程の解明を目指すものである。

序　キリスト教学校と神学校

第一項　キリスト教学校

幕末禁教令下に来日したキリスト教各派は、日本人へ直接伝道することができない環境のなかで、教育や医療活動をとおして日本人のキリスト教に対する警戒心を解く方針で臨み、日本への浸透を図った。文明開化や欧化主義という明治前半の世情を背景に設立されたミッション・スクール（以下、キリスト教学校とも表記）の数だけでも相当数にのぼったが、そこには一定の傾向がみられた。それは、たとえ同系教派のキリスト教学校でも合同合併されることがほとんどなく、それぞれ単独で運営されていたことである（明治学院、青山学院などは例外）。これは、在日外国伝道団（以下、外国ミッションとも表記）の同系教派の場合、日本人教会に合同志向が顕著であったこととは対照的な現象であった（例えば、在日米英聖公会系諸団体は日本聖公会、在日長老・改革系外国諸団体は日本基督一致教会、在日メソジスト系外国諸団体は日本メソヂスト教会などの日本人合同教会に結集）。つまり、日本のキリスト教学校は、日本人教会よりも、在日各外国伝道団を体現する機関だったのである。これは少数の例外（合同した長老・改革系や当初から単独の組合系）を除けば、同系教派内の各外国伝道団が経営する神学校についても当てはまる傾向であった。

第二項　聖公会系キリスト教諸学校

聖公会の事例をみると、日本人教会としては同じ日本聖公会という組織に帰属しながらも、学校の場合は（以下の校名は現時点の名称）アメリカ聖公会（Protestant Episcopal Church in the United States of America）系列が、立教学院、立教女学院短期大学、平安女学院大学短期大学部。英国教会系の英国教会伝道協会（Church Missionary Society. 以下ＣＭＳ）系列が桃山学院大学、プール学院大学。英国教会系の海外福音宣教協会（Society for the Propagation of the Gospel in Foreign Parts. 以下ＳＰＧ）系列が神戸松蔭女子学院大学。カナダ聖公会（Church of England in Canada）系列が名古屋柳城短期大学というように分立していた。したがって、アメリカ聖公会が経営する立教学院（当初立教学校として発足、後に立教大学を設立）は、聖公会系の他の外国伝道団が混在していた日本人教会である日本聖公会とは、微妙な距離関係にあったのである。

第三項　聖公会系諸神学校

聖公会系聖職者養成機関である神学校に関しても、一八八七（明治二〇）年の日本聖公会設立前から、そして設立後も、在日各聖公会系米英伝道団はそれぞれ別個に経営維持していた。アメリカ聖公会は東京で三一神学校、CMSは大阪三一神学校、SPGは聖教社神学校。東京の三一神学校と聖教社神学校は一八七八年の発足当初は共同運営した（これは一年前の一八七七年に長老・改革系教派が一致神学校を設立したことが影響している）が、一年後に分離した。それは、アメリカがブロード・チャーチ（プロテスタントとカトリックの中間的立場）、CMSがロー・チャーチ（プロテスタント的福音主義）、SPGがハイ・チャーチ（カトリック主義的立場）というように、同じ聖公会系教派のなかでも依って立つ神学性（チャーチマンシップ）が異なっていたためでもあった。

聖公会系日本人教会である日本聖公会は、米英聖公会系外国伝道団三派が合同して一八八七年に設立された。それは一八八六年から九〇年まで展開された日本基督一致教会と日本組合基督教会という二大プロテスタント教派間の日本人教会合同運動への対抗措置という背景があった。けれども、聖公会系各神学校の合同は一九一一年まで待たなければならなかった。同年に聖教社神学校と東京三一神学校が合併して聖公会神学院を設立、その四年後の一九一五（大正四）年にCMSの大阪三一神学校も聖公会神学院に参加し（CMSは同時に福岡三一神学校を設立）、二〇世紀に入りようやく聖公会系神学校も合併されたのである。

第一節　聖公会神学院と立教大学の関係

第一項　聖公会神学院の設立

神学校設立案

一九〇八（明治四一）年の第五回ランベス会議（Lambeth Conference. 一〇年毎にイギリスで開催される全世界の聖公会主教会議）[1]に先立つ同年六月一五日から二四日、全世界の聖公会系聖職・信徒を招集して汎聖公会会議（Pan-Anglican Congress）が開かれ、各分科会で活発な討論が展開された。そして、同会議の閉会礼拝で捧げられた感謝献金三四万五〇〇〇ポンドのうち、指定寄付を除いた二二万ポンドを配分する特別委員会が設置された。英国教会カンタベリー大主教によって公表されたその配分審議を委ねる覚書には、宣教、海外伝道、聖職者養成、植民地での教育拡充に重点を置くことが強調されていた。その覚書には、とくに在日英米人主教六名から高等神学教育を日本で施す神学校設置に関するよく練られた提案が特記されていた[2]。その提案の原案は、日本聖公会南東京地方部（英国教会南東京伝道教区）主教ウィリアム・オードリー（William Awdry）が、一九〇八年開催予定の汎聖公会会議に提案すべき「日本の教会にとっての最大の緊急課題とは何か」を南東京地方会に諮問し、同地方部常置委員会（日本人五名と英国人一名で構成）に答申を求めたところ、日本聖公会の緊急課題は将来の司祭の教育・訓練のための施設の設立である、と答申されたことにもとづく内容であった。

その答申によると、分立している米英聖公会系の各神学校はそれぞれ日本で専門学校として認可され、相応の水準にあるとはいえ、入学資格は中学校卒業にすぎず、これらの神学校を卒業した聖職者が、高等教育が拡充されていく日本においてやがて世俗の高等学校や大学の教師となって学生や卒業生を指導することは困難であるとの課題を指摘し、このままでは大学卒業生にとって神学校はもはや魅力ある教育施設ではあり得ないため、日本聖公会やキリスト教の将来にとって、高等神学教育は死活問題であると断じたのである。そのうえで、新しい神学校について、教授陣への最高級神学者の招聘、図書館の充実、基金の設立という三つの構想を提示し、とくに基金に関しては、外国人で構成する法人を設立し日本の国内法にもとづいて財産を管理すること、神学校の設置都市に関しては、数百や数千の外国人留学生を受け入れている大学が存在する東京を提案した。そして、この神学校が中国人、朝鮮人、インド人も受け入れ、日本のみならずアジア全域のために企画されるべきことが強調された(3)。

これに対するオードリー主教のコメントとして、最高級の講義をし、試験を課し、学位を授与することの可能な神学教授陣と、基礎神学、応用神学、ヘブル語と旧約学、ギリシャ語と新約学、教会史の五講座をもつ必要性を指摘し、そのためにはイギリスの大学と提携してオックスフォード大学やケンブリッジ大学の神学教授にこの神学校の教授任命を委ね、伝道協会が教授任命に介入すべきではないと言及した。また、教授の任期には期限をつけ、国籍を問わずアメリカやカナダからも最高の人材を求め、有能な通訳をつけること、日本語によるキリスト教文献の出版事業の開始の必要性なども提示した(4)。

その後の一九〇八年一〇月二五日付カンタベリー大主教宛オードリー主教書簡(5)には、「高等神学校設置を求める日本聖公会主教会要請書(6)」(以下「主教会要請書」と略記)、「南東京地方部常置委員会記録抜粋(7)」、「聖公会中央神学校設置に関する企画書(8)」(以下「企画書」と略記)が添付されている。このうち「主教会要請書」には在日米英聖公会の外国人主教六名の連署があり、そのなかで総額五万ポンドの援助を要請している。また「企画書」には、名称と法的地位、教授組織、教授の任命、教授の義務、教授会、施設、財政、理事会に関する概要が記されている。

オードリー主教が健康不良で帰英していた間に、聖公会の神学校設立問題はオードリー主教の手から離れ、日本聖公会の主教会によってこのような具体的提案が作成されて、主教会が直接「特別献金の配分委員会」と折衝することになったのである。当時主教会に臨席していなかったオードリー主教は、とくに教授陣の任命をこの神学校の理事会である日本聖公会主教会に委ねるという条項に関し、自分の意図とは異なった内容になっていると苦言を呈した。それは、一九〇八年四月にオードリー主教と日本聖公会主教会議長ジョン・マキム（John McKim. アメリカ聖公会）との往復書簡において、[9]「オックスフォード、ケンブリッジ両大学の神学教授とアメリカのジェネラル神学校教授に諮問した上で理事会（日本聖公会主教会）が任命する」という合意があったにもかかわらず、変更されていたからである。オードリーは、自分を含めて、神学や神学教育から長い間離れた主教には最近の神学の動向や神学者について十分な判断を下せないし、外国人主教もまもなく退任し、やがて按手される日本人主教にもそのような判断を期待できないという認識があったのである。[10]けれども、神学校の教授任命に関しては、日本聖公会諸主教によって構成される理事会が権限をもつこととなり、その諸主教は英米三伝道団から派遣されていることから、伝道協会は神学校の教授任命に介入すべきではないと言及していたオードリーによる当初の意図は反映されない内実となっていった。

財団法人日本聖公会教学財団

新しい神学校である聖公会神学院には、英国から三万ポンド（三〇万円）が贈与されたが、[11]この資金のうち、九万七八〇二円を資産総額として経営する財団法人日本聖公会教学財団（一九一一年三月二七日申請、同年八月二二日認可）が聖公会神学院を運営することになった。その目的は「基督教神学教授其他ノ教育事業」とされ、東京市京橋区明石町五三番地に事務所が置かれた[12]。一九一二年七月一五日の財団法人日本聖公会教学財団の理事会はこの事務所を東京府北豊嶋郡巣鴨村大字池袋一六一二番地に変更することを決議し、一九一三（大正二）年四月一八日変更が認可された（東京郊外の池袋のこの地の通り向かいの場所に、後に立教大学が築地から移転してくることになる）[13]。

日本聖公会総会が聖公会神学院の理事、校長を任命することはないため、日本聖公会と聖公会神学院は経営上のつながりはなかったものの、聖公会神学院の理事会は、日本聖公会の現任諸主教（当時は外国人のみ）と日本人校長によって構成されることになった。校長は諸主教によって選任され（初代校長今井寿道、第二代校長落合吉之助）、給与は幹事とともに学校から支給された。教授も理事会によって選任されたが、教授の給与はその教授を神学院に派遣した外国伝道団が負担することとなった[14]。

財団法人聖公会教育財団

一九二一年六月一日の財団法人日本聖公会教学財団の理事会は、私立立教大学を経営するために、同財団を「財団法人聖公会教育財団」と改称し、財団の目的を「学校ノ経営ヲ為スニ在リ」と変更することを決議、翌一九二二年四月七日に文部大臣によって認可された。一九二一年一二月二八日付で大学令による大学として設立認可申請をしていた立教大学も、翌一九二二年五月二五日付で文部大臣によって認可された[15]。こうして、聖公会神学院と立教大学は地理的に隣接し、経済的にも同じ経営母体の傘下で共存することになったのである。

大学令によるプロテスタント系大学では、一九二〇年に認可されていた同志社大学が最初であった。これに次ぐ二番目の大学として立教大学が一九二二年に認可され、その後一九二八（昭和三）年にカトリック系の上智大学、一九三二年にプロテスタント系の関西学院大学が、それぞれ認可された。昭和戦前期のこれ以外のキリスト教学校は専門学校令による学校であった。この大学令によるキリスト教大学四校のうち、関西圏にあるのが同志社大学と関西学院大学、首都圏にあるのが立教大学と上智大学で、首都圏のプロテスタント大学は立教大学のみであった。

第二項　大学令による立教大学の設立

基本財産

一九〇七（明治四〇）年に専門学校令によって「私立立教学院立教大学」として認可されていた立教大学が、一九一八（大正七）年制定の大学令に準拠する大学として認可されるために、最も苦労したのが資金調達の問題であった。私立大学が認可される場合、大学自体は、諸学校の設立と管理に目的が制限される財団法人によって運営されなければならなかった。また、この大学令による大学となるためには、一校五〇万円、一学部を増すごとに一〇万円の基本財産を国庫に供託しなくてはならなかった。立教大学は文科と商科を設けており、その二学部を創設するためには六〇万円の基本財産（現金または国債証券、その他文部大臣の定める有価証券）が必要であった。この基本財産全額を一括して預けられない場合は、毎年一〇万円を六年かけて収めることも可能であった。そこで、当時、日本聖公会教学財団によって経営されていた聖公会神学院の理事会は、一九二一年二月一六日、立教大学の供託金のために一五万円（七万五〇〇〇ドル）を一〇年またはそれ以内に年一パーセントの利息で融資することを決議した。そして、立教設立者としてジョン・マキム主教は、半年または一年間に四五万円（二二万五〇〇〇ドル）の融資を一五銀行から得るために交渉する権限と、フレイザー信託会社とも四五万円の保険をかける権限を裁可されるという決議が、一九二一年一〇月一一日に母教会のアメリカ聖公会伝道部門（Department of Missions）によって、また一〇月一三日に母教会最高執行部である「総裁主教と協議会」（Presiding Bishop and Council. 後に「全国協議会」National Councilと改称）によって採択された[16]。こうして、日本聖公会教学財団理事長ジョン・マキムは一九二一年一二月二八日付で、預金証明書（十五銀行定期預金四五万円）を付した「基本財産分割供託認可申請書」を文部大臣に提出し[17]、立教大学は一九二二年五月二五日に大学令による大学として認可されることになった[18]。

大学における宗教教育

大学令第一条の目的条項に、大学は「人格ノ陶冶及国家思想ノ涵養ニ留意スヘキモノトス」という句が挿入され、政府当局からキリスト教は宗教的訓練の実践としてではなく、科学として教えられると、立教大学初代学長となる元田作之進が説明を受けたように[19]、大学として、建物内で宗教的礼拝はできず、宗教的礼拝の目的でチャペル（礼拝堂）は建てられなかった。だが、同じ土地にいくつかの施設を所有する財団法人により、キリスト教事業をおこなうことは可能であった。元田作之進がアメリカ聖公会伝道部門への「日本における若い男性へのキリスト教教育」と題した報告書（一九二一年五月一四日受信）で例示したように、青山学院専門学校や関西学院専門学校などは、それぞれともに、神学校と「中学校と同等とみなされる学校」とをもっており、いずれの場合もチャペルをもつことができ、またはもし望めば双方に共通のチャペルをもつことができた。それらのチャペルとともに、あるいはそうしたチャペルに囲まれて、自由な研究が営まれる大学の講堂があり、学生たちは宗教的礼拝や祈禱集会のいくつか、またはそのすべてに出席するよう招かれることも可能であった。キリスト教徒の教授らはキリスト教指導者の一団体を構成し、教授としてではなく、個人の資格で学生たちの間でキリスト教の活動を展開することになるかもしれず、またキリスト教徒の学生たちも、同輩の学生たちをキリスト教の影響下にもたらすような組織を形成するかもしれない。構内でそうしたキリスト教の雰囲気に包まれ、大学講堂の内外でそのようなキリスト教の指導者たちと接触させながら、大学の学生たちにキリスト教の知識と影響をもたらすことは可能であった。

大学令第二条で、大学の学部は法学、医学、工学、文学、理学、農学、経済学、商学という八分野に限定されていた。このため、神学はカリキュラムの一部にすることはできるが、大学の学部にすることはできず、さらには元田は学科にすることもできない、と母教会に報告した（同志社大学は文学部に神学科を設置）[20]。その一方、元田は日本において神学はすべての宗教を意味せず、一部の宗教なので、例えば宗教を文学部の一学科とすることは可能であるとも母教会に説明した。こうした認識のもと、立教大学が大学令による大学として認可される見込みをもって、宗教を文科の一部とし、そのなかで新旧約聖書や教会史と並んで、仏教、神道、比較宗教が教えられるように課程を改変したこと、そして政府もそれを認めていることを報告したのである[21]。このように、立教大学が文学部内に神学科でなく宗教学科を設置した経緯は、初代日本人学長となる元田の大学令解釈によるところが大きいとみられるが、神学科の設置が可能であったにもかかわらず、元田があえて宗教学科を選択したのは、日本の諸宗教の教授目的を企図したこと以上に、次にみる大学と神学校との二重学籍制度の認可を文部省から得るためではなかったかとも考えられる。

二重学籍制度

大学令による大学として認可される前の一九二一年の時点で記された前記の母教会宛元田レポートで、元田は大学令による立教大学設立の重要性を次のように強調した。キリスト教徒の立場からは、帝国大学と同等の知的遂行とよりよい人材を育成する点において大学を設立し得る可能性とこの機会を活かすことが重要であり、もし現在のキリスト教学校が大学レベルに伸展させられないなら、その地位は世間の目からは非常に低いものと映る。日本人にとって大学の学士号はアメリカよりもはるかに価値があり、それは単に学問的名誉というだけでなく、世間の信頼における実践的な標準である。学士号をもつことは、よりよい就職と高給を意味している。野心あるすべての若い男性は、最初は官立の諸大学で教育を受けることを目指し、入学できない場合は私立大学に群がる。キリスト教学校でなされているリベラルな教育はもはや若者をひきつけない。もし専門学校令によるキリスト教学校高等科が大学令による大学に変わることができなければ、将来の日本を形成していくうえで本当に大きな要素となる大学生たちに対して、われわれは何ができるのだろうか?と訴えたのである。(22)

また、このレポートは、大学令にもとづく立教大学と専門学校令による聖公会神学院との二重学籍制度に関する説明を試みている。元田によると、現在の神学校(聖公会神学院)は専門学校としては続くかもしれないが、もしそれが外国のキリスト教学校のより高度な部門として大学へと変えられるのであれば、神学校は大学の課程と連携すべきであり、それによって学生は、神学校からの学位とともに大学からの学士を携えて世界に赴くことができる。立教大学と聖公会神学院との関係においてこれを実践するために、すでに両校の課程は変更された。つまり、神学生は同時に大学生となり、両校で必要とされる全課程を修得するという計画である。これは、各学生が一つの学校で二倍の時間を要することではない。立教大学文学部宗教学科で取得する諸科目は、彼らの聖公会神学院の科目として数えられ(共通科目)、神学校の正課では、より集中的に取り組むべき応用神学のみが単独科目として数えられる。この調整は二つの利点を供している。一つは、学生は同時に両校の学位を得て卒業できることであり、もう一つは、この提携によって研究時間の短縮が可能になることである。(23)

従来、聖職候補生となる神学生は、専門学校令による立教大学本科卒業(予科二年、本科三年)後、聖公会神学院で三年の課程を終えることになっていたため、合計八年が必要であった。立教大学がこの機に新たに大学令による大学となれば、予科が三年となり、さらに修業年限が一年増えるという状況が予想された。このため、大学予科修了者（三年）を聖公会神学院に入学させ、同時に立教大学本科である文学部宗教学科にも学籍をもって、三年間同一の共通科目を学習した後に、両校の卒業資格を得るという二重学籍の連携制度を創設することにしたのである。これは立教大学が大学令による大学として認可され、聖公会神学院と同じ財団法人である聖公会教育財団の下で運営されることになった一九二二年から開始され、神学士の制度もこのとき設けられた[24]。

昭和初期財団法人聖公会教育財団からの立教大学の分離

十五年戦争（アジア・太平洋戦争）が始まった一九三一（昭和六）年になると、それまで立教大学と聖公会神学院の経営主体であった財団法人聖公会教育財団は、それぞれ二つの財団法人に分離し、それぞれ改組された。立教大学は「日本ニ於テ基督教主義ニヨル教育ヲ行フヲ目的トシ学校令ニ依ル立教大学及立教中学校ヲ維持経営ス」を目的とする財団法人立教学院を設立し[25]、聖公会神学院は「聖公会聖職を養成する為、聖公会神学院を維持経営す」る財団法人聖公会神学院を設立して[26]、キリスト教主義による一般教育と聖職者養成のための神学教育は明確に分離して実践されることとなった。この分離の理由としては、アメリカ聖公会が立教学院立教大学を単独経営してきたのが実態であったが、聖公会教育財団の理事には英国教会系イギリス人主教たちが入っており、アメリカ聖公会としては運営しにくいとの内情があった。そのため、新設の財団法人立教学院の理事たちは全員アメリカ聖公会関係者（およびその傘下の日本人）となった。にもかかわらず、立教大学と聖公会神学院の間では密接な関係が続き、この財団法人分離後も、両者の二重学籍の制度は戦時下一九四〇年まで維持されたのである。

第三項　聖公会神学院における二重学籍と学則変更

聖公会神学院の学則変更からみる二重学籍制度

二重学籍は開始二年後の一九二四（大正一三）年には三年制から前期三年（立教大学と併修）・後期一年の計四年制になっていたが、[27]聖公会神学院は一九二八（昭和三）年一月二〇日、その前期・後期制を廃した計三年に短縮することを申請して認可された。[28]一九二八年の変更時の入学資格は以前と同じく、立教大学予科修了者、官公私立大学予科修了者、高等学校高等科卒業者とされ、立教大学文学部宗教学科で学習し合格した科目は神学院当該科目を修了したものとされ（二重学籍）、それまでの共通五科目「猶太教経典解説」（旧約聖書解説）、「基督教経典解説」（新約聖書解説）、「基督教史」、「希臘語」（ギリシャ語）、「希伯来語」（ヘブル語）は、「猶太教経典解説」を外した四科目に変更されている。聖公会神学院の単独科目としては、「聖書神学・特選聖書」、「典外書解説」、「系統神学」、「神学演習」、「英国教会近代史」、「礼拝学」、「応用神学」の七科目から、修学年限を一年短縮した後は「応用神学」、「礼拝学」、「系統神学」、「聖書神学」、「猶太教経典解説」の五科目（「神学演習」は必要に応じて講座を設置）に変更された。[29]

二重学籍制度の廃止

けれども、この二重学籍はその後一九三九年に至り、翌年四月から廃止されることとなった。そして、聖公会神学院での修学年限も三年から四年（本科三年、専攻科一年）へ変更することを申請し認可された。その改正理由としては「従来本校ノ学生ハ立教大学文学部宗教科を兼修シ二重学籍ヲ有シタルモ今回此ノ関係ヲ切リ離シ一層教育ノ充実ヲ計ルニアリ」と言及され、別頁ではこの二重学籍を「此ノ弊ヲ改ムルコトトシ」、「尚本改正ニ付テハ本院ハ立教大学トモ打合セヲナシ了解ヲ得タルモノナリ」と言明されている。それでも、立教大学文学部宗教学科（本科）卒業者は、神学院第三学年に編入することを許可されているので、従来の三年間から二年間の二重学籍に変更された措置といってもよい内実であった（ただし、聖公会神学院の第一・第二学年の科目のなかで、立教大学で修得していない科目は聖公会神学院で必修とされた）。続いて、聖公会神学院の第一〜第四学年の諸科目を列挙してみよう。

第一学年は、「旧約聖書」、「新約聖書」、「教会史」、「教理学概論」、「ヘブル語」、「ギリシャ語」、「英語ニヨル基督教古典」、「心理学」、「社会学」、「日本宗教史」、「国民道徳」、「体操（武道）」（時間数合計二三）。

第二学年は、「旧約聖書」、「新約聖書」、「教会史」、「教理学概論」、「ヘブル語」、「ギリシャ語」、「英語ニヨル基督教古典」、「宗教学」、「哲学」、「日本宗教史」、「国民道徳」、「体操（武道）」（時間数合計二三）。

第三学年は、「原典ニヨル旧約聖書特選書」、「原典ニヨル新約聖書特選書」、「教会史」、「組織神学」、「聖書神学」、「弁証学」、「基督教古典」、「礼拝学」、「牧会学」、「宗教教育」、「基督教倫理」、「国民道徳」、「体操（武道）」（時間数合計二四）。

第四学年は、「原典ニヨル旧約聖書特選書」、「原典ニヨル新約聖書特選書」、「教会史」、「組織神学」、「聖書神学」、「弁証学」、「基督教古典」、「礼拝学」、「牧会学」、「宗教教育」、「法憲法規」、「国民道徳」、「体操（武道）」（時間数合計二四）[30]。

このように課程を改正増補するなかで、「神学ニアラザル文化科学ヲ採用セルハ神学教育ノ基礎或ハ参考トシテ必要ト認ムル科目ヲ大学ト同等以上ノ程度ニ於テ履修セシメンガ為ニシテ従来モ本学院学生ガ立教大学ニ於テ履修セルトコロノモノナリ」と言及されたように[31]、立教大学と聖公会神学院の二重学籍の廃止という措置は、神学と直接関係のない心理学、社会学、日本宗教史、宗教学、哲学、国民道徳、体操（武道）などの諸科目の神学院での採用というカリキュラム変更に連動した。ただ、これらの諸科目は立教大学の諸教授を講師として、立教大学で大学生とともに授業を受けることになっており、実質的には二重学籍時の共通科目は残存したのであった。

二重学籍の廃止も、神学院への一般教養科目の導入も、戦時下神学院のスタッフであった当事者は文部省からの要求があったことを明言しているが[32]、聖公会神学院の内部からも、この二重学籍への不満や批判は、後述するように早くから出ていた。

聖公会神学院学則の再変更

ところが、この学則変更が実施されるはずの当日、つまり一九四〇年四月一日付で、聖公会神学院から再度の学則変更が申請された。それは、一九三七年の日中戦争勃発と国民精神総動員、翌一九三八年の国家総動員法に連なる一九三九年三月の兵役法中改正により、徴集延期年限が短縮されて、補充兵役期間が延長された影響を憂慮しての対応であった。神学院「在学中生徒ノ徴集セラル者ヲ少ナカラシムル為従来ノ本科四年ノ学年編成ヲ本科三年専攻科一年ニ改メ」、本科三年の修学年限で「専門学科卒四年ノ資格ヲ与」えられるように改正したのである。また、「従来本科四年卒業者ニ神学得業士ノ称号ヲ与ヘタル処」を「専攻学科修了者ニ之ヲ与フルコトニ」し、広く神学学修の機会を提供するための聴講生受け入れの制度を新設し、中学校から高等学校か大学予科を経て直接神学院に入学した生徒は、兵役に服する前に本科全課程を修了することができると言及されている。そして、卒業までの修学年限を一年短縮したため、各学年と各課目の時間数を増加させる措置を講じた。第一～第三学年と専攻科の「学科課程」は次のとおりである。

第一学年は、「ヘブル語」、「旧約聖書概論」、「ギリシャ語」、「新約聖書概論」、「教会史」、「基督教教理学概論」、「基督教古典」、「国民道徳」、「体操（武道）」、「心理学」、「宗教学」、「哲学史」、「日本宗教史」（時間数合計二六）。

第二学年は、「ヘブル語」、「旧約聖書歴史」、「旧約聖書概論」、「ギリシャ語」、「新約聖書歴史」、「新約聖書概論」、「聖書釈義又ハ基督伝」、「教会史」、「基督教教理学概論」、「基督教古典」、「国民道徳」、「体操（武道）」、「社会学」、「宗教哲学」、「日本宗教史」（時間数合計二六）。

第三学年は、「原典ニヨル旧約聖書釈義」、「旧約聖書神学」、「原典ニヨル新約聖書釈義」、「新約聖書神学」、「教会史」、「組織神学」、「基督教古典」、「国民道徳」、「体操（武道）」、「牧会学及説教学」、「教会政治及教会法規」、「祈禱書史及礼拝学」、「宗教教育」（時間数合計二五）。

専攻科は、「原典ニヨル旧約聖書釈義」、「原典ニヨル新約聖書釈義」、「聖書神学」、「師父文献」、「伝道史」、「教理史」、「組織神学」、「基督教弁証学」、「牧会学」、「礼拝学」、「基督教倫理」、「教会音楽」、「基督教古典」、「国民道徳」（時間数合計二四）。

変更点は、以前の第一、二学年で修学予定であった「旧約聖書」と「新約聖書」を、変更後は「旧約聖書歴史」と「旧約聖書概論」、また「新約聖書歴史」と「新約聖書概論」にそれぞれ分離した。第一学年に「哲学史」を新設、第二学年の「新約聖書」関連学科のなかに「聖書釈義又ハ基督伝」を加え、それぞれ二時間ずつ増設した。また、第三学年は、変更前の「原典ニヨル旧約聖書特選書」、「原典ニヨル新約聖書特選書」を、「原典ニヨル旧約聖書釈義」、「原典ニヨル新約聖書釈義」に改称し、変更前の「聖書神学」を「旧約聖書神学」、「新約聖書神学」へと二分し、「牧会学」から「説教学」を分離、「礼拝学」から「祈禱書歴史」を分離し、それぞれ「牧会学及説教学」、

「祈禱書史及礼拝学」と一科目に統合した。以前の第四学年にあった「法憲法規」は「教会政治及教会法規」と改称して本科の第三学年に編入した。そして、以上の変更を一九四〇年四月から実施するとして申請し[33]、認可された[34]。

聖公会神学院内の二重学籍批判

アメリカ聖公会から一九三四年四月に聖公会神学院に派遣されたローレンス・ローズ（Lawrence Rose）教授は、母教会伝道部門主事ウッドに宛てた一九三六年一一月二三日付書簡で、立教大学文学部宗教学科との二重学籍の問題について言及している。二重学籍が開始された一九二二年九月に聖公会神学院教授に着任していた稲垣陽一郎が、聖公会神学院を立教大学から分離させて別機関とするように日本聖公会主教会に要求し、神学院の外国人教授も全員一致して彼の支援に同意している、というのである。稲垣教授はとくに一九二二年から着任しているCMS派遣のG・H・モール教授と、ローズと同年に来任したSPG派遣のC・K・サンスベリー（C. Kenneth Sansbury）教授の支持と励ましを受けており、ローズ自身は「立教大学との近接した提携関係は望ましいと確信しているものの、神学院での教育は通常大学を卒業した大学院生の地位にある者へのものであるから、二重学籍のシステムはラディカルに改められるべきで、わたしはこれを全く疑いません」と報告している。また、日本の諸教会ではたらく外国人宣教師や在日諸主教や聖職者からは聖公会神学院の卒業生たちの資質に関する批判が恒常的にある、ともローズは指摘している。聖公会神学院では、稲垣の覚書とローズの覚書と神学院全教授陣による決議を主教会に提出して、諸主教で構成する調査委員会の設置を求め、その委員会も設置された[35]。だが、結局、二重学籍の制度は一九四〇年まで継続されたため、このとき稲垣が主教会に投下した「爆弾[36]」は不発に終わったようである。サンスベリー教授も、「聖公会神学院は大学院修了程度の対象者に教育すべきであり、そのためには学修時間が増えても仕方ない[37]」

と言及しているように、神学院内では二重学籍に対する不満がくすぶっていたのである。

聖公会神学院二五周年

聖公会神学院は一九三六年に創立二五周年を迎え（翌一九三七年は日本聖公会組織成立五〇周年）、同年六月三〇日から七月二日まで盛大な記念会を開催した。過去二五年間の統計を記した聖公会神学院の一九三六年（四月）～三七年（三月）年度の英文報告書によると、同年度の卒業生を含め合計で一八八人の男性と二人の女性が神学院を卒業。そのうち、約半数近くの八二人が過去一五年間実施されてきた立教大学と聖公会神学院の二重学籍の課程を取っている。このなかで、各三年間の試験で求められる平均八五点を取った二五人に大学と神学院の学士号が与えられ、五人には大学院の称号が与えられた。また、一五二人が日本、満州、ブラジル、カナダ太平洋岸の州、アメリカ西海岸のいずれかで教会の仕事に従事し、二八人が他の占領地に行き、一〇人が他界している。

聖公会神学院スタッフの異動を確認しておくと、中部地方部主教に就任した佐々木鎮次教授が一九三五年七月に辞任、翌一九三六年三月にG・H・モール教授と村尾昇一教授が辞任、同年四月S・C・ウッドワード（Stanley Carr Woodward）教授（CMS）が来任、九月には遠藤敏雄、黒瀬保郎が助教授に任命され、同年度に一九二二年から着任していたR・D・M・ショウ（Ronald Duncan Mackintosh Shaw）教授（SPG）が辞任したが、非常勤講師としては残っている。同年度の神学院校長は落合吉之助（旧約聖書、牧会神学）、教授陣は山縣雄杜三（教会史）、稲垣陽一郎（教義神学）、ローレンス・ローズ（弁証学、宗教教育）、C・K・サンスベリー（聖書神学、解釈学）、S・C・ウッドワード（新約聖書、ギリシャ語）、遠藤敏雄（聖書言語）、黒瀬保郎（礼拝学）であった。神学生の奨学金に関しては、その日本聖公会の出身地方部（在日外国伝道主教管轄）を後援している英・米・カナダの外国伝道団が負担した（神学生の帰属が、日本人主教が管轄する東京教区と大阪教区の場合は、その出身教区が負担）[38]。

ところで、一九二六年三月一二日に正教会のセルギー大主教から、同派の神学生に対する神学教育委託の要請を受けた聖公会神学院はこれを快諾、一九三一年九月に正教会の神学校が設立されるまで継続された[39]。

一九二〇年以降、第二代校長を務めてきた落合吉之助が一九三九年七月に校長を辞任し、同年九月から須貝止が第三代校長に就任した[40]。その後、一九四一年に南東京地方部主教に選出されて校長を辞任した須貝の後任には、稲垣陽一郎が翌一九四二年から就任、戦時下で多難な神学院運営を担うことになった[41]。

第四項　立教大学文学部宗教学科

聖公会神学院との共通科目と重複する教授陣

立教大学には大学予科（三年制）と、本科である文学部・経済学部の二学部（三年制）があった。経済学部には商学科と経済学科があり、文学部は英文学科、哲学科、宗教学科、史学科の四科に分かれていた。立教大学が大学令による卒業者を出した一九二五（大正一四）年から一九四〇（昭和一五）年までの一五年間の卒業生二、六六二人のうち、二、一九〇人が経済学部、文学部は四七二人で、約五倍弱の差があった。文学部卒業生のなかでは英文学科が二二八人、哲学科が五一人、宗教学科が一一五人、史学科が八〇人という内訳であった。これをみると、宗教学科は英文学科に次ぐ規模であった[42]。一九四〇年度になると、経済学部の在学生八〇二人に対し、文学部学生は八三人、翌四一年度は経済学部生八八六人に対し、文学部生七一人というように一〇倍程度の開きになっている[43]。

一九三三年と翌三四年の『立教大学一覧』によると、文学部宗教学科の必修科目は、「宗教学」（第一学年のみ）、「宗教史」（第二・第三学年）と、第一〜第三学年まで履修する「基督教経典学」（新約聖書学）、「猶太教経典学」（旧約聖書学)、「基督教史」、「日本宗教史」、「希臘語」(ギリシャ語)、「希伯来語」(ヘブル語)の八科目であった。卒業のための必修科目は一八単位以上で(必修科目のギリシャ語とヘブル語を単位に算入せず)、六科目(各三単位)を取得すれば可能であった。卒論提出も必要であった。このうち、聖公会神学院との共通科目は、「猶太教経典解説」(旧約聖書学)、「基督教経典解説」(新約聖書学)、「基督教史」、「ギリシャ語」、「ヘブル語」の五科目である。

選択科目(括弧内に補記していない場合はいずれも第一―第三学年)は、「宗教学」(第二・第三学年)、「儒教又ハ其ノ他諸家経典学回教其ノ他小宗教史」、「哲学史」、「哲学」、「倫理学」(第一学年のみ)、「心理学」、「社会学」(第二学年のみ)、「教育学及教育史」(第二・第三学年)、「英語」、「独乙語」(ドイツ語)、「仏語」(フランス語。一九三四年度は「仏蘭西語」と表記)、「羅甸語」(ラテン語。一九三四年度は「拉甸語」と表記)の一二科目あった。

一九三三・三四年度の文学部宗教学科長は落合吉之助(聖公会神学院校長)、宗教学科関係の文学部専任教授は須貝止(ギリシャ語)、兼任教授は落合吉之助(旧約聖書学)、村尾昇一(ギリシャ語、ヘブル語)、小林彦五郎(宗教学・宗教史)、山縣雄杜三(キリスト教史)、G・H・モール(新約聖書学)らであり(44)、立教女学院校長の小林彦五郎以外は、いずれも聖公会神学院の教授陣であった。

一九三八年度の『立教大学一覧』によると、必修・選択科目は一九三三・三四年度のものと変わっていない(45)。文学部宗教学科長は落合吉之助(聖公会神学院校長)、文学部専任教授は菅円吉(宗教史、宗教学、哲学、演習)、宗教学科関係科目の文学部講師は小林彦五郎(宗教史)、須貝止(ギリシャ語)、落合吉之助(ヘブル語)、山縣雄杜三(キリスト教史)、S・C・ウッドワード(キリスト教経典学、ギリシャ語)らがおり、立教大学文学部教授の菅円吉と立教女学院校長の小林彦五郎以外は、いずれも聖公会神学院の教授陣であった(46)。

二重学籍廃止後の科目増設と共通教授陣

一九三九年度になると必修・選択科目に変動がみられた。必修科目は以前の八科目から計一二科目に増設され、「宗教学概論」、「宗教史概説」、「宗教哲学」、「宗教学演習」、「基督教経典学」（新約聖書学）、「猶太教経典学」（旧約聖書学）、「基督教史」、「日本宗教史」、「哲学史」、「哲学概説」、「倫理学概論」、「心理学概論」という構成になった。選択科目も「社会学概論」、「教育学」、「教育史」、「倫理学史」、「東洋哲学史」、「哲学」、「希臘語」（ギリシャ語）、「希伯来語」（ヘブル語）、「拉甸語」（ラテン語）、「英語」、「独逸語」、「仏蘭西語」、「科学概論」、「文学概論」、「基督教教理学概論」、「日本倫理学史」、「国民道徳」の計一七科目に増加した。必修科目一八単位取得のほかに、選択科目からも六単位を取得することに変更され、卒論提出も必要とされている。

他方で、文学部宗教学科長が落合吉之助から一九三九年九月に須貝止に替わったのは[47]、同年に聖公会神学院校長も落合から須貝に交替したからであろう。宗教学科科目関連の文学部専任教授は須貝止（ギリシャ語）と菅円吉（宗教史、宗教哲学、哲学）。専任講師は落合吉之助（ヘブル語）。兼任講師は山縣雄杜三（キリスト教史）とS・C・ウッドワード（新約聖書学）というように神学院教授との兼任スタッフ四人体制は前年度と変わりない[48]。

二重学籍が廃止された一九四〇年度の必修・選択科目は、大幅に増設された前年の一九三九年と同一であった。スタッフには聖公会神学院教授の遠藤敏雄（旧約聖書学、ヘブル語）が兼任講師として加わり、神学院関係者が五人となる変動があった[49]。同年六月、須貝止聖公会神学院校長が遠山郁三立教大学学長に対し、聖公会神学院では「体裁上は独立したる講義講師を持ち、講師の便宜上左の科目は立大内で開講することに文部省督学官の内諾を得たり」として、これに関する立教大学内の「意見」を打診したところ、小林秀雄文学部長も異議がないということで遠山郁三学長も同意した。その共通科目は「心理学」（淡路円治郎）、「宗教学」（鈴木光武）、「哲学史」（鈴木光武）、

「日本宗教史」（飯田堯一）、「社会学」（小山栄三）の五科目であった[50]。

「修身科」教員免許資格授与の要望

一九四〇（昭和一五）年一一月二二日に遠山学長を訪ねた須貝は、さらに教員免許に関する申し入れをした。すなわち、今年入学の宗教学科卒業者に修身科中等教員免状を得ることのできる資格を与えて欲しい、また可能であれば、補修したうえで現二年生からこの特典を与えて欲しいと伝え、これは小林秀雄文学部長も承知していると要請したのである[51]。こうして、一九四一年度以降になると、文学部宗教学科の必修科目のなかに、各二単位の「社会学概論」、「教育学」、「教育史」、「倫理学史」、「東洋哲学史」、「日本倫理学史」、「国民道徳」の諸科目が、以前の選択科目から導入されることになった。これは教員志望者への対応と措置であった。一九四〇年一二月一一日の『遠山郁三日誌』（以下、学長日誌、教務日誌、日誌とも記す）では、その教員を文部省に通知して許可を得ることと、報告されている[52]。一九四一年の必修・選択科目は以上のような理由でさらに大きく変動したのである。

写真１　立教大学学長遠山郁三

一九四一年の宗教学科長は須貝止であり、文学部専任教授は前年と変わらず須貝止（新約聖書学、ギリシャ語）と菅円吉（宗教史、宗教哲学、哲学、哲学演習）が務めていた。講師は落合吉之助（ヘブル語）、山縣雄杜三（キリスト教史）、遠藤敏雄（旧約聖書学、ヘブル語）、鈴木光武（宗教学概論、宗教学演習）に加え、帰国したウッドワードが抜けたためか、新たに稲垣陽一郎（キリスト教教理学概論）が聖公会神学院から名を連ねている。[53]このうち、菅と鈴木以外の五人が聖公会神学院教授であった。このように、一九四〇年に二重学籍制度が廃止された後の翌一九四一年の時点においても、立教大学文学部宗教学科の兼任教授に聖公会神学院の教授陣が残り、教員免許取得目的で必修科目も増設されていくなか、神学院との共通科目も残存したままだったのである。

聖公会神学院との分離予兆

一九四一年六月二日に山縣雄杜三教授が逝去したため、[54]同年六月一〇日の立教大学学部長会では、九月（来学期）からの文学部宗教学科の「基督教史」の二年の「初代史」を高松孝治に、三年の「宗教改革史」を黒瀬保郎神学院教授に、それぞれ講師嘱託することを可決した。[55]同年九月三日の学部長会では、日本聖公会南東京地方部主教就任が決まった須貝止が、一九四二年三月までは聖公会神学院校長を兼任し、立教大学でも文学部宗教学科長を兼任することが決定した。[56]それでも、一九四一年一〇月三一日になると、遠山郁三立教大学学長を訪問した須貝止文学部宗教学科長は、一九四二年四月以降の教員不足について相談している。宗教学科の哲学関係の教員は揃っているが、キリスト教史のうちの一単位（もう一単位は高松孝治教授担当）、ユダヤ教経典学（旧約聖書学）のうちの一単位（もう一単位は落合吉之助教授担当）、キリスト教経典学（新約聖書学）の一単位（もう一単位は須貝止教授担当）が未定と報告している（ヘブル語は落合教授担当、ギリシャ語は遠藤敏雄が担当）。須貝からの希望として、教師補充の際には、日本聖公会聖職者（「教役者」）養成のために聖公会神学院との連絡があり、歴史的にも関係深いことを考慮して欲しい旨、遠山学長に要請した。[57]

一九四一年一一月一三日、遠山学長は菅円吉、高松孝治両立教大学教授と宗教学科規定改正について協議し、立教大学と聖公会神学院の共通科目として、神学院から大学に聴講しに来る科目を、「宗教史」（菅円吉）、「宗教哲学」（菅円吉）、「日本宗教史」（飯田堯一）、「哲学史」（出隆、鬼頭英一）、「心理学」（淡路円治郎）、「社会学」（小山栄三）、「国民道徳」（未定）の七科目とした。

そのうえで、同日に遠山学長は須貝止とも次のような協議をした。「神学院は牧師養成を目的とし、立大は独自の立場を取り、牧師を希望せば神学院規定（本科三年、専攻一年）の内二年を修めしむ。兎に角各別個に卒業させる事は徴兵猶予とも関連して必要なり。但し共通科目は、従来文部省幷に関係学校諒解の下に実行し来ったが、将来は考慮の上決定の事。立大は法制、経済、心理教育の課程を加へ、牧師以外の道に進んで就職せしむべしといふに見解一致せり」。このとき、「但し宗教学科を独立とするか、哲学科に併合するかは未定なる旨言明し置けり」とも言及されており、宗教学科の併合問題が起こっていたことが分かる(58)。

立教大学学長の遠山郁三と聖公会神学院校長（立教大学文学部宗教学科長兼任）の須貝止は、このとき、聖職者養成機関としての聖公会神学院と、聖職者以外の就職を目指す立教大学文学部宗教学科との位置付けに関して、明確な線引きをしたのであった。二重学籍制度の廃止にともない一九四〇年四月から施行されることになっていた、大学本科の宗教学科三年修了者は神学院（四年制）の三年に編入し二年間学修すると既述した聖公会神学院規則（一九三九年申請）が、同年の兵役法中改正の影響により、四〇年四月からは聖公会神学院を（四年から）三年で卒業できる体制に再度規則変更し認可されていた。このため、規則上は大学本科三年修了後に神学院三年に編入したとすれば、一年間のみの学修で神学院を卒業できるようになっていたのではないかと思われる。つまり、二重学籍制度のときより一年多い学修期間のみというのであれば、二重学籍制度のときとそれほど大差はなかった。先に引用した遠山学長の「牧師を希望せば神学院規定（本科三年、専攻一年）の内二年を修めしむ」という発言は、この状態を憂慮しての神学院でのさらに二年の学修期間の必要性を指摘したものと理解できる。そして、聖職者の道に進まない立教大学文学部宗教学科の卒業生には、他の就職斡旋のため、ことに教員免許取得の特権を得るために、必要な科目増設を施す措置をしていくのであった。

聖公会神学院教授陣の立教大学文学部宗教学科からの解職

一九四一年一一月二〇日、遠山学長は来年度からの宗教学科の教員問題に関して立教大学の菅円吉と高松孝治両教授と打ち合わせをし、キリスト教経典学（もと須貝止担当）を立教大学専任教授の菅円吉が、ユダヤ教経典学（もと落合吉之助担当）を立教大学専任教授の高松孝治が、キリスト教史を高松・菅の両名が、ギリシャ語（もと須貝止担当）を高松が、それぞれ受け持つこととなった。[59]ただ、高松孝治教授はチャプレン（大学付牧師）を兼任し、予科の一年と三年の倫理も六時間担当しているという過労事情を考慮し、三年の倫理のために新任教員を採用する予定と、遠山学長は一九四一年一二月九日の日誌に記している。[60]

一九四二年一月二八日になると、遠山学長は菅円吉と高松孝治両教授に対し、同年四月からの宗教学科の授業課程を協議するよう依頼し、[61]二月一九日に遠山を訪ねた高松は、落合吉之助と遠藤敏雄の代わりに東京帝国大学の石橋智信を兼任教員として嘱託し、[62]須貝止担当分を高松が担当、黒瀬保郎担当分を菅が担当、鈴木光武担当の宗教史を石橋が新任、鈴木担当の宗教学を菅が担当、稲垣陽一郎担当分を鈴木光武が担当すると伝え、一九四二年度から聖公会神学院関係者を立教大学文学部宗教学科から一掃する人事異動を報告したのである。[63]

このようにして一九四二年の大学スタッフ編成には大きな変動がみられた。同年二月二四日の立教大学学部長会で、四二年四月の新年度から文学部宗教学科長として高松孝治を推すことと、宗教学科長兼教授の須貝止の日本聖公会南東京地方部主教就任による辞任願を受理することを承認し、さらに遠藤敏雄、落合吉之助（四月一日他界[64]）、稲垣陽一郎、黒瀬保郎の諸講師の解職を決定したのである。こうして、立教大学に辞任願を出していた須貝を含め、聖公会神学院教授五人が立教大学から一挙に姿を消したのであった[65]。

教員免許無試験指定検定目的の宗教学科における科目増設

一九四一年一一月一九日に遠山学長を訪ねた飯田堯一は、文部省教学局課長との面会での話として、宗教学科の必修科目に、「国体学」（または、一九四一年の時点ではまだ選択科目であった「国民道徳」）、「神祇史」、「仏教学」（東洋哲学史担当の山本快龍を推薦）を加えること、また経済、法制、社会、教育に関する学科を加え必修とすることにより、「修身」、「公民道徳」の中等教員の免状と社会事業に携わる資格が得られる、と報告していた[66]。

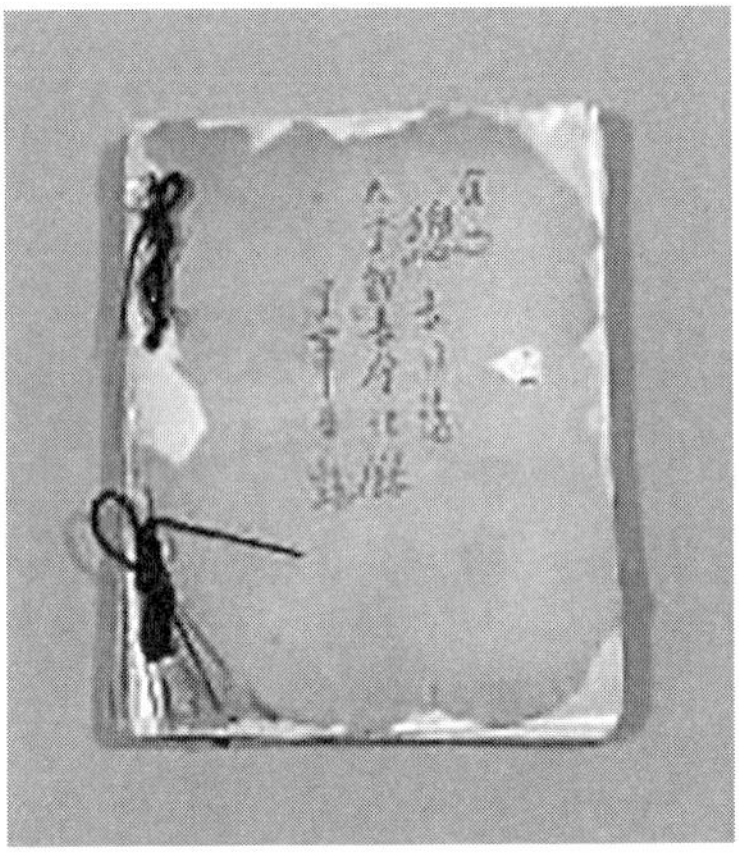

写真２　『遠山郁三日誌』

一九四二年度の文学部宗教学科課程について、同年二月二五日に遠山学長は高松次期宗教学科長と懇談し[67]、二月二八日の学長日誌の項に、修身科教員の免許を得るためには「哲学概説」、「社会学概説」、「日本倫理学史」、「国民道徳」を加えることが必要であり、公民科教員の免許を得るためには宗教学科に新設された「憲法」、「民法」、「経済政策」、「欧州経済史」のほかに「行政」（二単位）と「社会政策」（一単位）の履修が必要と記している[68]。同年三月一日発行の『立教大学新聞』でも、社会・経済両学を加え、「宗教科を改革」と報じられた[69]。その結果、一九四二年度の文学部宗教学科の必修科目は、「宗教学」、「宗教史」、「宗教哲学」、「宗教学演習」、「新約聖書学」、「旧約聖書学」、「キリスト教史」、「日本宗教史」、「哲学史」、「哲学概説」、「倫理学概説」、「心理学概説」、「国民道徳」、「東洋哲学史」、「神祇史」（田中義能担当。三年に一度の開講）、「仏教概論」（三年に一度の開講）、「神学概説」、「憲法」、「民法」（総則、親族及相続）、「東洋倫理学」、「西洋倫理学」の二一科目に増加した。八単位の履修が必要とされた選択科目は「社会学」、「教育学」、「教育史」、「哲学」、「ギリシャ語」、「ヘブル語」、「ラテン語」、「英語」、「科学概論」、「文学概論」、「社会政策」、「経済学」（原論、政策）、「行政法」（総論、各論）の一三科目となった。[70] 一九四三年度における宗教学科課程とその担当者も、立教大学文学部宗教学科教員のなかに聖公会神学院教員がいなくなった四二年度とほぼ変わらなかった。[71] ただ、こうした科目増設の措置にもかかわらず、一九四二年一一月に立教大学中曾根正三郎庶務課長が公民科教員免許に関して文部省を訪問したときに、師範学校、中学校、高等女学校の教員免許無試験指定検定の指定はまだ決定されておらず、[72] 四三年以降に認可されたという記録もない。

一九四二年四月九日、宗教学科の学生に授業料を免除するかと高松孝治から問われた遠山学長は、「今後牧師養成をせさるを以て、現在既得の学生は免除さるべきも、将来の者には及はさるへし（予科一年に教会よりの給費生ある由）」と答え、[73] 四月一四日にも宗教学科学部生の授業料は既得権利所有者のほかは免除せず、と日誌に記した。[74] このことから、二重学籍制度施行中とその残存期間、当該学生は聖公会神学院に授業料を払う一方（「聖公会神学院学則第十五条　学則変更認可願　昭和三年一月二十日　落合吉之助」、「聖公会神学院学則第十四条　学則変更認可願　昭和十四年五月三十一日　松井米太郎」、「聖公会神学院学則第二十九条　学則変更認可願　昭和十五年四月一日　松井米太郎」）、立教大学文学部宗教学科では授業料を免除されていたと推量される。

その後、遠山学長は四二年五月二七日に、宗教学科に宗教団体法の講師を置いたことを記している。[75] また、同年六月になると、「国民道徳」と「倫理学」を担当している講師に対して、学生側の苦情が多いことから解任して、今学期限りは休講とし、「国民道徳」は田中義能、「倫理学」は富田美彦が講師として担当することになった[76]。

こうして、聖職者となる目的で聖公会神学院に進まない立教大学文学部宗教学科の学生にとって、一九四二年以降は、修身科、公民科の教員免許取得のため増設された諸科目を学修することが必要とされ、立教大学と聖公会神学院の間での宗教研究と聖職者養成の機能は、戦時下の非常体制のなかでこのとき明確に分化されることになっていったのである。

第二節　戦時聖公会系組織の解体事象

第一項　立教大学のキリスト教主義教育駆逐と日本聖公会の分裂

立教大学のキリスト教主義教育方針の破棄

立教大学学則と立教学院寄附行為（学院の根本規則）からキリスト教主義教育を抹消する決議がなされたのは一九四二（昭和一七）年九月のことである。経済学部長河西太一郎が同年九月一五日の大学部長会で発議した大学学則の第一条の「基督教主義に基く」を削除する件は、九月二六日の大学部長会で決定され[77]、九月二九日の立教学院理事会でその大学学則の改正と変更が決まり、同理事会はさらに立教学院寄附行為第二条にある「基督教主義ニヨル教育」も削除し「皇道ノ道ニヨル教育」を挿入する決議をしたのである[78]。

遠山学長の教務日誌には同年九月初旬から下旬にかけて「学生暴行事件」（一一日）、「学生騒擾事件」（二一日）、「学内事件即ち学生闘争」（二九日）という文言が登場する。「事件」の詳細は不明であるが、学内でキリスト教主義と「皇道主義」をめぐる学生同士の対立が、さらに大学教授と教練教官も巻き込んだものと指摘されている。[79]学生課長の阿部三郎太郎教授は責任を問われ学生課長の職を解任されたが、同じく進退問題まで取りざたされていた当事者の河西太一郎教授が、事件発覚後間もなくして前記の大学部長会で大学学則からのキリスト教主義削除の発議をしたのであった。二六日の大学学部長会での学則変更決定の前日には「皇道主義」を唱えていた教員らが遠山学長を訪ね対応を迫っている。[80]こうした学生騒擾事件に端を発する学内皇道派の動向が学院理事会の決定に与えた影響は小さくないと思われる。学内のキリスト教排撃運動と、軍の影がちらつくなかで（立教大学配属将校の飯島信之陸軍大佐自身は「此事件は学内で解決すべきもので軍に持ち込む意志なし」と述べた[81]）、危機感をもった立教学院首脳が立教学院と立教大学を存続させる目的で、事態を鎮静化するために講じた方策が、キリスト教主義の破棄であったとも考えられる。[82]当時の立教学院理事長の松井米太郎（日本聖公会東京教区主教）はこの九月二九日の学院理事会決議直前に、議長役を杉浦貞二郎理事に託して退席している。[83]それでも、立教学院においてキリスト教主義と決別する学院理事会決議をした当事者の理事長の松井と理事の杉浦は、過激な学内皇道派勢力との温度差はあるにしても、後述するように、同時期の同年九月に再燃していた日本聖公会内の教会合同運動を活発に展開させようとしていた合同派首脳と群像が重なっていたことも事実であった。戦時下における大学令によるキリスト教大学四校（同志社大学、立教大学、上智大学、関西学院大学）のうち、キリスト教主義教育方針を断念したのは立教大学のみであった。[84]

同年九月二九日に立教学院寄附行為と立教大学学則を変更して、キリスト教主義による教育を放棄した立教学院理事会は、同日に立教学院礼拝堂（チャペル）を閉鎖し、チャプレン（大学付牧師）を廃止することも可決した。立教学院チャペルを修養堂と改称した内規によると、修養堂は立教学院関係のキリスト教信徒と求道者の家庭的礼拝と修養の目的のみに使用すること、学院一般の教職員や学生生徒の礼拝と伝道の目的には使用しないこと、学院関係者は冠婚葬祭等のキリスト教的行事に使用することは可能、などという内容であった[85]。

　同年一〇月五日、遠山学長は黒瀬保郎神学院教授を招いて、高松教授と宗教問題について種々協議した結果[86]、一〇月七日になると、同年四月に神学院校長に就任していた稲垣陽一郎が、聖公会神学院礼拝堂における礼拝に来訪参列者として立教大学学生の参堂を喜んでお迎えする、と遠山学長に返答している。その礼拝時刻は、毎朝六時四五分に早禱、毎週水・金曜日は同時刻に聖餐式、毎夕五時半に晩禱。日曜日は午前七時に聖餐式、午前一〇時に聖餐式（第一、第三、第五。第二と第四の日曜日は早禱）、夜七時に晩禱であった。

日本聖公会の教会合同問題

　一九三九年に成立した（施行は翌四〇年四月）宗教団体法（以下、宗団法）第五条第一項には「教派、宗派又は教団」（神道教派、仏教宗派、基督教団）は「主務大臣の認可を受け、合併または解散を為すことを得」という規定はあったが、法律上は合併（合同）を強制する趣旨ではなかった。神道教派と仏教宗派は宗団法施行一年以内の一九四一年三月末を期限として認可申請することとされ、神道一三派はそれぞれ一三派が単独教派として認可されたが、仏教では天台、真言、浄土、臨済、日蓮の五宗で合同がおこなわれ、それまでの一三宗五六派は二八派にまとまった。キリスト教は新たに法律上の地位が認められることになったため、教団としての申請期限を四二年三月末まで猶予された。文部省は教団認可条件を満たすのは中教派以上（教会数五〇以上、信徒数五〇〇〇以上）と内示したことで、これを満たすのは、カトリックと正教会以外では、プロテスタント七派（日本基督教会、日本組合基督教会、日本メソヂスト教会、日本聖公会、日本バプテスト基督教団、日本福音ルーテル教会、日本聖教会）のみであった。日本基督教連盟参加教派は右記プロテスタントの七派を含め二三派が存在したが、連盟未参加教派も相当数あるなかで、中教派におよばないそうした小教派は教団としては認められないため、地方長官から個々の単立教会として認可を受けるか、宗教結社として地方長官に届け出なければならず、その場合は警察権をもち治安維持法によって取り締まる内務大臣の直接管轄下に置かれることが憂慮されたため、小教派による合同志向が発現した。ただ、日本聖公会を含め中教派以上のプロテスタント各派は、当初は神道教派のように単独教団として認可申請をする準備をしていた。

ところが、宗団法が施行された一九四〇年七月になり、多数の英国人がスパイ容疑で逮捕され、八月には救世軍幹部が東京憲兵隊からスパイ嫌疑で取り調べを受け、ロンドン万営本部を離脱するよう行政指導を受けると、日本のキリスト教界は衝撃を受け、それまで各派単独で教団設立準備をしていたプロテスタント主要三派（日本基督教会、日本組合基督教会、日本メソヂスト教会）は合同問題懇談会を開き、同年九月にはキリスト教各派諸団体協議会が合同表明をするというように、情勢が急転回していった。日本基督教連盟はこれ以後一〇月までに計二〇回の各派有志懇談会を開き、同年一〇月一七日には「皇紀二千六百年奉祝全国基督教信徒大会」を開催、そこで各派合同の決意声明を宣言し、教会合同と（外国ミッションとの関係廃止による）自給とをセットで決議した。戦時下の日本において欧米列強からの解放による日本国家の大東亜共栄圏樹立が喧伝されたように、日本人キリスト者の外国ミッションからの独立によるキリスト教の日本化や皇国基督教樹立への思いが、外圧を契機とした教会合同に連動したのである。

こうしたなか、日本聖公会はプロテスタント界全体を巻き込んだこの合同運動からは距離を置き、あくまで単独教団設立認可を目指す路線を選択、一九四一年三月末に「日本聖公会教団規則認可申請書」を文部省に提出してその認可を待った。日本聖公会は自給を宣言して外国ミッションからの独立を期していたものの、他派のように自給と教会合同は連動しなかったのである。ところが、教団設立認可通知が文部省からなかなか届かず、一九四二年末の申請期限が迫ってきたため、聖公会所属の各個教会はひとまずそれぞれいわゆる単立教会（「教団に属せざる教会」）としての認可を得る措置を取った。同年五月に至り、文部省は日本聖公会に対して、プロテスタント合同教会への参加を望むため、今後は教団類似の行動を禁止すると要求し、九月には日本聖公会に教団としては認可し得ずと通知した。これ以降、以前から潜在していた日本聖公会内部による合同運動が再燃、合同教会参加への過激な扇動が合同派から執拗に展開された。その中心勢力を担ったのは時局認識が鮮明だった東京や大阪といった都市部であり、反英米戦争という非常事態に聖職者よりも敏感に反応した信徒であった。そうしたなか、非合同派幹部はあくまで聖公会護持を貫く決意を同年一一月に表明し、聖公会は合同・非合同派に分裂していった。そして、一九四三年二月に清算会議を開いた日本聖公会は、法的組織としては解消していくことになった。そして、聖公会全体の約三分の一に当たる八九教会は日本基督教団に加入した[87]。他方、非合同派は、文部省吉田宗教課長から聖公会は包括的宗教結社として認めず、教区的活動も認めないと通告されながらも、その後も弾圧や迫害覚悟の地下潜伏活動により信仰共同体としての聖公会を維持していった。一九四二年に合同派信徒から反国家的として治安維持法違反と外患罪で告訴され、両派分裂後の一九四四年にも非合同派主教会は秘密結社であるとの旧合同派からの流言と密告により、総裁代務者という肩書で聖公会を先導してきた佐々木鎮次旧東京教区主教は一九四五年二月以降五カ月間、九段の憲兵隊司令部に連行拘禁され、病弱な身体に過酷な取り調べを受けた。これと前後して複数の聖職者や須貝止旧南東京教区主教も拘引されて悲惨な獄中生活を送ったことにより、戦後一九四六年一二月に佐々木主教が、翌四七年八月に須貝主教が相次いで他界した。殉教ともいえる両名に対して、日本聖公会は初の日本聖公会葬をおこなっている。[88]

一九四二年一月に立教大学文学部宗教学科から聖公会神学院教授を解職する人事が決定され、四月より立教大学から神学院関係者が一掃されたのは、大学内部からの強硬な「皇道主義」勢力の影響があったものと考えられる。そしてその「皇道主義」勢力の圧力によって立教学院がキリスト教主義教育を放棄した同年九月は、日本聖公会内部から合同運動が再燃したのと同じ九月であった。またキリスト教主義教育の文言を削除した立教学院寄附行為の変更が文部省によって認められたのも、日本聖公会の清算会議が開かれたのと同じ一九四三年二月のことであり、立教の存在意義喪失の認知と聖公会の法的組織解消とは時期的にも重なっていた。そして、キリスト教主義による学校運営の放棄を決議した立教学院理事会の理事長と理事は、日本基督教団への参加を日本聖公会に強力にうながした合同派幹部と重複する松井米太郎と杉浦貞二郎であり、他方、佐々木鎮次や須貝止らの日本聖公会非合同派幹部は聖公会神学院関係者であった。佐々木は神学院理事長であり[89]、須貝は一九四二年度直前まで神学院校長であった。このことから、立教学院理事会幹部は日本聖公会合同派と連携し、聖公会神学院関係者は日本聖公会非合同派と連携するという対立構造を看取できる。転機となった一九四二年を境にして、立教大学文学部宗教学科と聖公会神学院の間での二重学籍制度の残影（一九四〇年廃止後二年間も両組織の人事は重複し、共通科目も残存していた）さえも完全に払拭されていることから、立教大学と聖公会神学院の蜜月関係が破綻した要因として考えられるのは、関連教派である日本聖公会の教会合同をめぐる分裂動向に強く影響を受けたことによるものではなかったかということである。

第二項　立教大学文学部「閉鎖」と聖公会神学院廃校

立教大学文学部の「閉鎖」

立教大学学長遠山郁三は一九四三（昭和一八）年一月二七日に辞表を提出、同月三〇日の立教学院理事会は、立教学院総長、立教学院理事、立教大学学長を兼務していた遠山の辞表を受理した(90)。学長後任として、学長事務取扱に就任した経済学部専任教授の三辺金蔵（慶應義塾大学教授）は、文科系の大学と専門学校に理科系への転換や統合整理を要求した同年一〇月一二日の閣議決定「教育ニ関スル非常事態措置方策」と、それを実施させるために同月一二日付で送付された「教育ニ関スル非常事態措置方策ニ関スル件」に対応するべく、同年一一月二二日をもって立教大学文学部の「授業一切停止」と、全教員の休職（一一月限りで給与停止）と、学生の転校という方針を、同年一一月二四日の文学部教授会で提示した(91)。大学当局によるこの文学部「閉鎖」という判断は、文部省の意向を反映させるとともに、経済効率のよくない文学部を経済学部が支えるという大学の財政問題を考慮したうえで、文学部の意向を確認することなく決定されている。文学部教授会はこの文学部「閉鎖」方針に反対していたものの(92)、一九四四年一月一日に対象教員のもとに休職通知が届いたため(93)、その教員たちは辞表願を提出し、退職金を受け取って、大学から去っていった。こうした「依願解職」の教員五三人のうち文学部教員は三六人であった(94)。

こうして立教大学では一九四四年一月から二月にかけて、英文学科、哲学科、史学科とともに宗教学科も授業が停止されたのである。立教学院理事会で言及された文学部の「休止若シクハ廃止」という路線のもとに学生の募集とその活動を停止したこの方針は、入営中の文学部在籍者が存在していたため、文学部それ自体が完全に消滅したわけではなく、在籍者の卒業に伴う「廃止」を待つという、実質的には「閉鎖」状態であった。その後、立教大学文学部に残っていた学生たちは慶應義塾大学の文学部に「依託学生として編入」された[95]。立教大学を維持継続させるための要の存在として待望されていた「立教理科専門学校」の設置は、こうした文学部「閉鎖」という代償と引き換えに、一九四四年三月一日に認可されたのである。立教大学は戦時下非常事態に生き残るため、一九四二年にキリスト教主義教育を断念し、一九四四年に文学部を「閉鎖」したのであった。

聖公会神学院の接収と廃校

一九四二年四月、聖公会神学院には二人の新講師（翌年教授）の桜井猶二郎（新約聖書概論、新約史、弁証学）と松平惟太郎（教会史、旧約史）が加わった。すでに一九四〇年一二月にローズ、ウッドワード両教授が辞任して帰国、翌四一年二月にはサンスベリー教授も辞任しており、神学院スタッフは邦人のみとなっていた。桜井、松平以外のスタッフは、稲垣陽一郎校長（教理学）、遠藤敏雄教授（旧約概論、ヘブル語）、黒瀬保郎教授（祈禱書、牧会学、教会音楽）、講師の須貝止（新約聖書釈義、ギリシャ語）、佐々木順三（祈禱書）、前島潔（日本精神史）であった[96]。

日本聖公会内で合同・非合同派の攻防が激化していた一九四二年一二月二二日、合同派幹部の高瀬恒徳（元日本聖公会教務院長）は、聖公会神学院を文部省が接収するという情報を遠山立教大学学長にもたらした[97]。そして翌一九四三年四月、聖公会神学院の校舎と寄宿舎は強制的交渉のすえ、南方配属事務官の教育施設である興南練成院（大東亜練成院の前身）に貸与されることになった[98]。事実上の接収である。このため神学院は学院構内の東北隅の校宅に移り、寮生の神学生は立教大学予科寄宿舎に移ることになった。同年七月には桜井猶二郎教授が通訳官に応募し軍属として南方に赴任したため、神学院には稲垣校長と遠藤、黒瀬、松平の三教授の四人のみとなった（同年一〇月今井正道が講師として赴任）。こうしたなかにおいても、同年三月から稲垣神学院校長の寄附を基金とした「落穂講演」が開始され、以後毎年三月に定期的に催されていった。

立教大学文学部が「閉鎖」された直後の一九四四年三月、文部省から呼び出しを受けた黒瀬神学院教授は、戦時非常措置令にもとづき、聖公会神学院は日本神学校と合併するか、廃校にせよとの強力な勧奨を文部省から通告された。日本聖公会は英米色濃厚であると憲兵隊方面からみられており、聖公会神学院は生徒定員も少なく、専門学校として体をなさないからというのが、その理由であった。合併せず廃校にもしないときには、強力な非常手段を執るという文部省の意向に対して、聖公会神学院は四四年三月末日に廃校届を出さざるを得ず、組織は法的に解消されることになったのである。けれども同年四月、旧神学院は元神学院校長の稲垣陽一郎を塾長とする普光神学塾を発足させて、神学生教育と聖職者養成の継続を図った。しかし同年一一月五日、松平教授と今井講師が軍務工場に徴用され、遠藤教授も健康不良で活動が停滞するなか、一九四五年三月に至り、憲兵隊から神学塾は学校類似の行為として私塾閉鎖命令が出されたため、普光神学塾も閉鎖されて、聖公会の神学教育はここに完全に停止されることになった。

文部省は旧聖公会神学院関係者を呼び出し、財団法人聖公会神学院は経営する神学校が廃校になったのであるから、解散するか他機関に寄付する処置をせよと通告した。旧聖公会神学院は財産を維持

写真 3　1945（昭和20）年の空襲で廃墟となった聖公会神学院。前列中央は須貝止主教（元神学院校長）。

するため、財団法人東方基督教研究所を設立することとし、旧神学院からの財産委譲の許可を求めた。これに対し政府当局はその認可条件として、石橋智信を理事長兼所長とすることを要求した[99]。理事長に就任した石橋智信は、前に触れたように、立教大学文学部宗教学科から聖公会神学院教授が一挙に解職された一九四二年四月以降に立教大学文学部兼任講師として東京帝国大学から赴任してきた人物であった。東京基督教研究所の理事として留任した佐々木鎮次、須貝止、稲垣陽一郎ら三名以外の旧神学院関係者は全員辞任し、新理事として内山事務官、大畠清、宗務官相原一郎介、菅円吉が就任した。この研究所発足当初は旧神学院教授二、三名を新研究所の職員として任用する了解があったにもかかわらず、石橋新理事長は旧理事三人を残すのが最大の譲歩とし、一九四五年三月をもって旧職員を解職、さらに同年一〇月限りで校宅立ち退きを強制した。しかし、この新研究所が何の活動も始めないなか、同年四月一三日の夜の帝都空襲により、奇跡的に残った西側二軒の日本人校宅と東側二軒の外国人校宅以外は、旧聖公会神学院のほとんどの建物と財産が灰燼に帰したのである[100]。

おわりに

立教学院幹部が日本聖公会の合同派と連携し、聖公会神学院幹部が日本聖公会の非合同派と連携するという構図が明確になった一九四二（昭和一七）年以降、立教大学と聖公会神学院の間で実質二〇年ほど（制度上は一八年）維持されてきた二重学籍制度による連携関係は瓦解していった。

戦時下のプロテスタント教会合同問題で日本聖公会を組織解体に追い込んで日本基督教団に加入した合同派と幹部が重なる立教学院関係者は、大学を存続させるために建学の精神であるキリスト教主義教育を放棄し、その後立教大学文学部宗教学科も「閉鎖」された。それは作為的な解消措置であった。

他方、日本基督教団への参加を拒んだ日本聖公会の非合同派が合法的な教会組織を失ったように、日本神学校との合併を拒んだ聖公会神学院も法制上廃校を余儀なくされた。それは当局からの外圧による停止措置といえるものであったが、教会は信仰共同体としてその後も弾圧覚悟で潜在し、神学校も神学生教育と聖職者養成の意志をできる限り保持しようと最後まで努めた。

一九四〇年の立教大学と神学院の二重学籍制度廃止後も、実質的に残存していた両機関の間での重複科目と同一教授陣を一九四二年に解消して、互いの機能を明確に分離し始めようとした聖公会の神学研究機関（立教大学文学部宗教学科）と聖職者養成施設（聖公会神学院）は、「大東亜戦争」という非常時局下、日本聖公会分裂という関係教会の組織解体現象に連動した対照的な思惑と判断が交錯するなか、ともにその姿を消したのである。

註

（1）主教（bishop）とは、執事、司祭、主教という聖公会三職位のうちの最高位の聖職位。日本聖公会では、戦前「主教」を「監督」と呼称していた。一九四二（昭和一七）年に日本聖公会が合同派と非合同派に分裂したとき、非合同派の「監督」たちはみずからを「主教」と改称し、戦時下に合同派の「監督」との距離を置いた。戦後は「主教」の呼称に統一された。本章は文脈上、基本的に戦前期の記述であるが、「主教」と表記する。
（2）Primate's Memorandum, Lambeth Palace, 10 August 1908, in *Pan-Anglican Congress*, 1908, vol.I, General Report, pp.172-174. 鵜川馨「カンタベリイ大主教デヴィドソン文書―聖公会神学院の端緒―」（『立教女学院短期大学紀要』第二九号、一九九七）一〇九頁。
（3）「聖公会神学院」の英名が Central Theological College と命名されたのは、「この日本の神学校が世界の非キリスト教人口の三分の二以上を占めるアジア伝道の中心になるべき」との趣旨によるものである。

(4) 日本における神学校設立提案関連の英文文書は三通存在する。第一は、日本聖公会南東京地方部常置委員会作成「汎聖公会会議に提案する原案に関する覚書」の英訳。そこには同地方部主教ウィリアム・オードリーのコメントと補足が付されている。第二は「極東の司祭に必要な高等神学教育に関する提案の概略」というタイプ印字五枚のメモ。その最初の頁の右上には「一九〇七年六月六日の会談に際してオードリー主教から手渡された」というペン書きがあり、オードリー主教とカンタベリー大主教との会談時の説明用メモと推測されている。第三は、オードリー主教書簡を敷衍した活版印刷の小冊子「極東の教会に影響を及ぼす提案」。これは一九〇七年七月二四日付『マンチェスター・ガーディアン』紙に発表された（鵜川馨、前掲論文、一〇九―一一三頁）。

(5) Awdry to Lord Archbishop, Lambeth Palace Library, Davidson Papers, vol. 145.

(6) Appeal from the Nippon Sei Kokwai for a Higher Theological College, in Lambeth Palace Library, Davidson Papers, vol. 145.

(7) Extract from the Standing Committee of the Diocese of South Tokyo, in Lambeth Palace Library, Davidson Papers, vol. 145.

(8) Draft Scheme for Central School of Divinity of the Sei Kokwai, in Lambeth Palace Library, Davidson Papers, vol. 145.

(9) Letters that passed on the subject between Bishop McKim and Awdry in Japan, April, 1908, in Lambeth Palace Library, Davidson Papers, vol. 145.

(10) 鵜川馨、前掲論文、一〇九―一一三頁。

(11) 松平惟太郎「聖公会神学院史」（『神学の声』第三巻第一号、聖公会神学院、一九五六）八頁。

(12) 『財団法人聖公会教育財団寄附行為並理事変更沿革誌』一一―一二頁。

(13) 同右、一四―一五頁。

(14) 松平惟太郎、前掲論文、九頁。

(15) 前掲『財団法人聖公会教育財団寄附行為並理事変更沿革誌』二一―二二頁。

(16) John Wilson Wood to John McKim, 13 October 1921, Japan Records (hereafter cited as JR), 27-4-253, Archives

of the Episcopal Church in the USA（hereafter as AEC）. 日本聖公会管区事務所所蔵。
（17）「基本財産分割供託認可申請書」一九二一年一二月二八日。東京都公文書館所蔵。『立教学院百二十五年史（資料編　第一巻）』（立教学院、一九九六）二七七―二七八頁。
（18）Charles Shriver Reifsnider to John Wilson Wood, 26 July 1922, JR, 29-5-270. AEC. 同書簡でライフスナイダーは一九二二年五月一一日に認可されたと報告しているが、これは彼の誤認である。
（19）"Christian Education for Young Men in Japan," by J. S. Motoda to the Department of Missions of the Protestant Episcopal Church, received by A. B. Parson, 14 May 1921, JR, 33-1-299, AEC.
（20）同志社は文部省専門学務局長との面談で、文学部のなかの一分科としてなら神学の教授は可能と返答されたため、文学部神学科を設置した。上野直蔵編『同志社百年史（通史編一）』（同志社、一九七九）八二九頁、八三六頁。
（21）Motoda, "Christian Education for Young Men in Japan," op.cit.
（22）Ibid.
（23）Ibid.
（24）松平惟太郎、前掲論文、一二―一三頁。『聖公会神学院学則』によると、神学士の資格者は次の三つのいずれかの規定に準ずる者であった。一、神学院卒業後神学上の論文を教授会に提出してその検定を得た者。二、神学院在学中各学年を通じ平均八〇点〔後に八五点〕以上を得た者。三、聖公会員で神学上貢献するところがある者へ教授会決議をもって授与された者。
（25）登記簿写本『財団法人立教学院』。
（26）松平惟太郎、前掲論文、一三―一四頁。
（27）同論文、一三頁。
（28）「私立専門学校学則中変更ノ件　案　聖公会神学院設立者　聖公会教育財団　昭和二年二月九日起案」。
（29）同右。
（30）「学則変更認可願　財団法人聖公会神学院理事松井米太郎　文部大臣荒木貞夫殿　昭和十四年五月三十一日」。
（31）同右。

（32）松平惟太郎、前掲論文、一七頁。
（33）「学則変更認可願　昭和十五年四月一日　財団法人聖公会神学院　理事　松井米太郎　文部大臣松浦鎮次郎殿」。
（34）「昭和十五年八月三十一日起案　学則中変更ノ件指令案　聖公会神学院設立者　財団法人聖公会神学院　昭和十五年四月一日付申請学則中変更ノ件認可ス　年　月　日　文部大臣」。
（35）Lawrence Rose to John W. Wood, 23 November 1936. JR, 30-5-278, AEC.
（36）Ibid.
（37）オードリー・サンスベリー・トークス著／松平信久・北條鎮雄訳『二つの日本―真珠湾までの一〇年間―』（聖公会出版、二〇一三）一八七―一八八頁。
（38）CENTRAL THEOLOGICAL COLLEGE（Seikokwai Shingakuin）Ikebukuro, Tokyo, Japan, "Report for the Academic Year April 1936–March 1937," JR, 32-5-295, AEC.
（39）松平惟太郎、前掲論文、一三頁。
（40）同論文、一五頁。
（41）同論文、一八―二一頁。
（42）奈須恵子・山田昭次・永井均・豊田雅幸・茶谷誠一編『遠山郁三日誌一九四〇～一九四三年―戦時下ミッション・スクールの肖像―』（山川出版社、二〇一三）一九四〇年一〇月二五日、六五頁（以下、『遠山郁三日誌』を学長日誌、教務日誌、日誌とも略記）。
（43）「立教大学々部学生定員並学生数調（庶務課）」（『遠山郁三日誌』）三八一頁。
（44）『立教大学一覧』（一九三三）一三頁、三九―四一頁。『立教大学一覧』（一九三四）一三頁、四〇―四二頁。
（45）『立教大学一覧』（一九三八）一三頁。
（46）同右、三八―四〇頁。
（47）「一九四〇年度立教学院役員・職員一覧」（『遠山郁三日誌』）四二九頁。
（48）『立教大学一覧』（一九三九）一八頁、四三―四六頁。
（49）『立教大学一覧』（一九四〇）二〇頁、四五―四七頁。

(50)『遠山郁三日誌』一九四〇年六月七日、三〇頁。
(51)同日誌、一九四〇年一一月二一日、七三頁。
(52)同日誌、一九四〇年一二月一一日、七八頁。
(53)「一九四一年四月二十日現在　文学部兼任教員」(『遠山郁三日誌』)四六五―四六八頁。
(54)『遠山郁三日誌』一九四一年六月二日、一四〇頁。
(55)同日誌、一九四一年六月一〇日、一四六頁。
(56)同日誌、一九四一年九月三日、一七六頁。
(57)同日誌、一九四一年一〇月三一日、二〇四頁。
(58)同日誌、一九四一年一一月一三日、二一〇―二一一頁。
(59)同日誌、一九四一年一一月二〇日、二一六頁。
(60)同日誌、一九四一年一二月九日、二三二頁。候補者は二名いるが、この時点で未交渉と記されている。
(61)同日誌、一九四二年一月二八日、二四九頁。
(62)「文学部兼任教員(昭和一七年四月二十日現在)」(『遠山郁三日誌』)四八三頁。
(63)『遠山郁三日誌』一九四二年二月一九日、二五五頁。
(64)同日誌、一九四二年四月一日、二七一頁。
(65)同日誌、一九四二年二月二四日、二五六頁。
(66)同日誌、一九四一年一一月一九日、二一五頁。
(67)同日誌、一九四二年二月二五日、二五七頁。
(68)同日誌、一九四二年二月二八日、二五八頁。
(69)『立教大学新聞』一九四二年三月一日。
(70)「文学部専任教員(昭和十七年四月二十日現在)」、「文学部兼任教員(昭和十七年四月二十日現在)」(『遠山郁三日誌』)四七八―四八三頁。『立教学院百二十五年史(資料編　第三巻)』(立教学院、一九九九)五四頁。
(71)「文学部専任教員(昭和十八年四月二〇日現在)」、「文学部兼任教員(昭和十八年四月二〇日現在)」(『遠山郁三日誌』）四九三―四九九頁。
(72) 同日誌、一九四二年一一月三〇日、三五八頁。
(73) 同日誌、一九四二年四月九日、二七五頁。
(74) 同日誌、一九四二年四月一四日、二七七頁。
(75) 同日誌、一九四二年五月二七日、二九五頁。
(76) 同日誌、一九四二年六月四日、三〇〇頁。同年七月一四日、三一五頁。
(77) 『部長会記録』（立教大学）一九四二年九月二六日。この「決定」に関連して「学生騒擾事件の処理に関し報告せり」とある。
(78) 『財団法人立教学院第五四回理事会記録　昭和十七年九月二十九日』。
(79) 永井均・豊田雅幸「立教学院関係者の出征と戦没―戦時下の学内変動に関する一考察―」（老川慶喜・前田一男編著『ミッション・スクールと戦争―立教学院のディレンマ―』東信堂、二〇〇八）四六〇―四六七頁。大島宏「「基督教主義ニヨル教育」から「皇道ノ道ニヨル教育」へ」（同書）一八五―一八六頁（以下、『ミッション・スクールと戦争』と略記）。
(80) 『遠山郁三日誌』一九四二年九月二五日、三三三頁。
(81) 同日誌、一九四二年九月一五日、三三一頁。
(82) 永井均・豊田雅幸、前掲論文、四六七頁。
(83) 『財団法人立教学院第五四回理事会記録』。
(84) この問題における四校比較考察は、前掲大島宏論文（一七一―一八一頁）を参照。
(85) 『遠山郁三日誌』一九四二年一〇月七日、三四〇―三四一頁。
(86) 同日誌、一九四二年一〇月五日、三三九頁。
(87) 大江真道「合同所属申込書と教会名一覧―新発見の史料にもとづいたリストと教会名申請教区一覧―」（『歴史研究』第五号、日本聖公会歴史研究会、一九九四）一―二二頁。
(88) 大江満「日本聖公会の教会合同問題」（『ミッション・スクールと戦争』）七五―一一四頁。

(89) 財団法人聖公会神学院理事長・主教佐々木鎮次「拝啓」昭和一八年四月七日。タイプ打ち一枚文書。「拝啓　此度大東亜省興南練成院より其廳舎として本校校舎及び寮舎の一部借用の交渉之有理事會に於ては時局に鑑み神學院の運営に差支へなき限り当分これらを賃貸することに決定相成本日其手続を完了致候右不取敢御報告申上候尚今後とも本校の為御後援を賜り度候　昭和十八年四月七日　財団法人聖公会神學院理事長　主教　佐々木鎮次」。

(90) 『遠山郁三日誌』一九四三年一月二七、三〇日、三七四頁。

(91) 宮本馨太郎『宮本日記』一九四三年一一月二四日。

(92) 同日記、一九四三年一二月二四日。

(93) 同日記、一九四四年一月一日。

(94) 豊田雅幸「教育における戦時非常措置と立教学院」(『ミッション・スクールと戦争』)二二九—二三四頁。

(95) 同論文、二三四—二三八頁。

(96) 松平惟太郎、前掲論文、一九頁。

(97) 『遠山郁三日誌』一九四二年一二月二二日、三六六頁。

(98) 前掲註(89)文書。

(99) 松平惟太郎、前掲論文、一九—二一頁。

(100) 同論文、二一頁。焼失を免れた校宅に関しては、前掲オードリー・サンスベリー・トークス『二つの日本』(訳者補説、三九四—三九六頁)を参照。

第七章　敗戦前キリスト教系大学における教育組織・カリキュラムの変容について
――高等学校高等科教員無試験検定指定をめぐって――

奈須恵子

第一節　はじめに

本章では、敗戦前において大学令に依る大学に昇格していた同志社大学、立教大学、上智大学、関西学院大学のキリスト教系四大学をとりあげ、各大学の昇格から敗戦までの間の教育組織（学部・学科などの構成）とカリキュラム（主に学科課程）の変容を扱うこととする。対象とする時期は、狭義の戦時下（一九三七〜一九四五年）に限定せず、むしろそこに至るまでの変容の過程を中心に、一九二〇年代からの動きをおさえていきたい。

この四大学の戦時下における教育目的の変化の比較検討は、既に大島宏によって寄附行為変更に着目した詳細な研究が行われている(1)。他方、具体的な教育のあり方とその変容については、各大学の沿革史や個々の大学に即した研究でとりあげられているものの(2)、四大学を通じた比較検討の本格的着手はこれからだと思われる。本章も残念ながら、戦時下のキリスト教系四大学における、キリスト教を扱う科目とキリスト教関連科目の展開とその変容過程を直接的なテーマとして考察するには至っていない。学科課程・科目名の変遷のみならず講義内容の変容に踏み込んだこうした比較研究は、史料の限界により現時点においては困難と判断するからである。

むしろ、本章は、キリスト教系大学のカリキュラムを変容させていく大きな要因の一つであったと考えられる教員無試験検定の指定を切り口として検討し、今後の四大学についての比較研究、あるいは他の宗教系大学との比較も含めた研究が進められていくための基礎的な研究の一つとしたい。

キリスト教系大学に限らず、対米英開戦後の一九四〇年代前半には、文部省からの強い指示のもと、各大学で学部学科等の改組・改廃が行われた。その顕著なものが一九四三(昭和一八)年一〇月一二日の閣議決定「教育ニ関スル戦時非常措置方策」であることは、戦時下を扱う大学史研究がほぼ必ず言及するところである。この方策では、私立大学の文系学部統廃合、理工系専門学校への転換が指示され、四大学もそれぞれこの時に学部・学科等の改組・改廃を行った。

しかし、対米英開戦に先立つ一九三〇年代には既に大学の研究・教育についての統制が進行しており[3]、各大学のカリキュラムに対する文部省からのコントロールも確実に強まっていた。そのすべてを明らかにすることは困難であるが、文部省と大学のやりとりが直接あるいは間接的に浮き彫りになっている史料として、国立公文書館所蔵の各大学の学則変更関係の簿冊、そして教員無試験検定の指定学校の申請を扱った簿冊が注目される。

旧制の私立大学の中等学校(以下本章では便宜上、師範学校・中学校・高等女学校を中等学校と呼ぶこととする)教員養成に果たした役割については、船寄俊雄・無試験検定研究会による私立専門学校や私立大学の教員無試験検定を扱った教員養成史の大きな共同研究[4]がある。だが、大学のカリキュラムの変容を見るならば、中等学校教員の無試験検定指定の申請だけでなく、本章で明らかにしていくように高等学校高等科教員の無試験検定指定の申請という契機も見落とせない。卒業者に教員免許を出すことが可能な指定学校になるため、文部省からの指示を受けてカリキュラムや講義内容を変更することが戦前においても起こっていたのは確かであり、こうした契機は、大学における教育のあり方を変える重要な要因として考察の対象にする必要があると考えられる。

本章では、この高等学校高等科教員の無試験検定の指定に着目し、各大学が文部省からどのようなコントロールを受けたのか、そしてコントロールのあり方がどのように変化したのかを明らかにしていきたい。

なお、以下では教員免許の学科目名にカギ括弧をつけるが、大学の講義科目（学科目）名については煩瑣となるため、特に必要ない限り原則としてカギ括弧はつけないものとする。

第二節　キリスト教系四大学の敗戦前における教育組織の変容の概観

初めに、本章がとりあげる四大学の教育組織（学部・学科などの構成）の変容を概観する。以下、大学令に依る大学に昇格した順に、同志社大学、立教大学、上智大学、関西学院大学という順番で、学部の教育組織に焦点をあてて見ていく。

第一項　同志社大学

一九二〇（大正九）年四月一五日、同志社大学は大学令に依る大学として認可され（一九二〇年文部省告示第二七〇号。本章では文部省告示などの法令についてはすべて『官報』によっている。以下、『官報』の発行年月日は省略）、法学部（政治学科、経済学科）、文学部（神学科、英文学科）、大学院、大学予科が設置された。[5]

一九二三年二月には法学部に法律学科を設けることが認可され[6]、一九二六（大正一五）年四月に文学部神学科に神学専攻、倫理学専攻が設けられた[7]。一九二七（昭和二）年には文学部に哲学科（哲学専攻、倫理学及教育学専攻、心理学専攻）が増設されて、文学部は神学科、英文学科、哲学科の三学科となった[8]。

一九三一年、文学部神学科に社会事業学専攻が設置され[9]、神学科は神学専攻、倫理学専攻、社会事業学専攻の三専攻構成となった。一九四〇年には哲学科の中の倫理学専攻と教育学専攻が分けられて、哲学専攻、倫理学専攻、教育学専攻、心理学専攻の四専攻構成に変更された。この時の申請では英文学科の中に英文学専攻、英語学専攻、欧亜文芸学専攻の三専攻を設ける案も提出されたが削除され、哲学科を四専攻構成に変更する案のみが認可された[10]。

一九四一年になると文学部の改組が行われ、神学科、英文学科、哲学科の三学科体制から、神学科（神学専攻）と文化学科（哲学倫理学専攻、心理学専攻、英語英文学専攻、文芸学専攻、厚生学専攻）の二学科体制へと変化した[11]。

この後、一九四二年六月申請の法学部の学科課程変更では、必修科目・選択科目とは別に「特殊科目」として四時間から一〇時間の間で「日本文化論」「東亜共栄圏論」「国土計画論」などの科目が新設され[12]、翌年七月申請の文学部の学科課程変更では、神学科神学専攻と文化学科の各専攻で「国学」を必修科目として新たに設けるなどの変更がされたが[13]――ただし、神学専攻以外の文化学科においても、「基督教通論」を必修科目とするカリキュラムは以前と変わっておらず、「基督教文学」なども選択科目として残っている――、教育組織自体の改組は行われていない。さらに「教育ニ関スル戦時非常措置方策」後の一九四四年四月一日改正の学則でも、学部・学科・専攻の改編は行われなかった[14]。しかし、同年一〇月一日から実施された学則では法学部、文学部は廃止、法文学部が設置され、法経学科、神学科、厚生学科の三学科体制へと大きな教育組織改組が行われた[15]。

敗戦時にはこの一学部三学科体制であり、法経学部と文学部の二学部七学科体制となることが認められたのは一九四六年三月のことであった[16]。

第二項　立教大学

立教大学が大学令に依る大学として認可されたのは一九二二（大正一一）年五月二五日であり（文部省告示第四三四号）、文学部（英文学科、哲学科、宗教学科、史学科（当分欠））、商学部の二学部と、大学予科、研究科が設置された。一九二四年には商学部に商学科と経済学科が置かれ[17]、一九二五年には、設立認可の際に「当分欠」くとされた文学部史学科が設置された[18]。

一九三〇（昭和五）年四月には文学部哲学科を哲学専攻と心理学専攻の二専攻構成にすることが認可され[19]、翌年四月には商学部が経済学部と改称された。この改称の際の学則変更では、専攻の新設ではないものの、商学科の選択科目が「商業ヲ主トスルモノ」「銀行ヲ主トスルモノ」「計理ヲ主トスルモノ」の三つに分けられた[20]。また、一九三七年一二月に申請された学則変更では、文学部史学科の必修科目が「日本史及東洋史ヲ主トスルモノ」と「西洋史ヲ主トスルモノ」に分けられた[21]。後述のように、専攻や学科の中で履修すべき科目を分けることは、高等学校高等科教員無試験検定の指定申請と連動していた場合が多く、この史学科の必修科目の分割もまさにこれと関係したものであった。

文学部と経済学部からなる二学部体制は対米英開戦後もしばらく続いたが、一九四三年一一月をもって文学部の「閉鎖」（活動停止）が決定、これにより大学学部としては経済学部のみが存続することとなった[22]。同年一〇月から適用されることとなった「昭和十八年度以降　臨時学則」では、経済学部の学科が国家経済学科と経営経済科工業管理班に再編されており、経済学部では必修科目、選択科目の他に「科外必修科目」として「日本世界観講義」

「国防及戦史」「戦略戦術及防空科学」「産業経済講座」が新設された。[23]「閉鎖」されていた文学部が再開したのは、敗戦後の一九四六年四月になってからであった。

第三項　上智大学

上智大学は、一九二八（昭和三）年五月一〇日文部省告示第三〇七号において大学令に依る大学設立の認可を受け、大学予科は同年五月、学部は翌年四月に開設、組織構成は文学部（哲学科、文学科）、商学部（商学科）、大学院、大学予科であった。[24]

一九三〇年三月の申請によって文学部哲学科に倫理学専攻、哲学専攻、心理学専攻、文学科に独逸文学専攻、英文学専攻が設置され、[25]同年一〇月の申請により商学部が商学科と経済学科の二学科構成に変更された。[26]

その後、一九四一年一二月一八日の申請が認められ、翌年、文学部に史学科が新設された。対米英開戦後のこの申請を文部省が認可する文書では「主トシテ西洋史ヲ修メ併セテ南洋地方ノ歴史研究ノ途ヲ開カントス」と目的が記されており、上智大学の申請文書では「史学科設置理由」として、

本大学予科生徒中、史学を修め、仏領印度支那、蘭領印度、フイリツピン諸島等の歴史並に我国と同地方との在来の交渉を研究せんと欲する者尠からざるに付、文学部に史学科を増設し、教授力及び教材の都合上、先づ西洋史専攻に必要なる科目を置いて、西洋史の一部として東亜共栄圏内南方諸国の歴史研究の途を開き、且商学部学生中卒業後南方関係の業務に従事せんとする者に、当該地方の地理歴史及び言語を学ぶの便を与へんとす。／本大学に於ては学部学生一般に精確なる国史の知識を欠くる為め曩に国史一単位を文学部に増設せるが、

史学科開設の上は両学部一般学生中国史科の講義を選択聴講する者の多からんことを期す。

（／は改行。以下同じ）

と説明された[27]。「西洋史」ではあるが、「東亜共栄圏内南方諸国の歴史研究」や商学部学生卒業後の「南方関係の業務に従事」する際に役立つものであることが強調されている。また、この機会に「国史」一単位を増設することも述べられており、「西洋史」であっても欧米偏重ではないことを説得的に述べようとする意図が強くにじみ出ている。

一九四四年四月一日から施行されるとされた学則（『昭和十九年度　上智大学学則』）では、文学部（哲学科、文学科、史学科）と経済学部（経済学科）の二学部となり、商学部から経済学部に変わるとともに、文学部文学科は独逸文学専攻の一専攻のみとなって、英文学専攻はなくなっていた[28]。

上智大学では一九四三年一〇月の「教育ニ関スル戦時非常措置方策」を受け、興亜工業大学との合併計画が持ちあがった。翌年一月に上智大学総長から文部省専門教育局長に出した計画では、合併後の学部は文学部（哲学科、独文科、史学科）、経済学部（経済科）、工学部（治金科、航空科、機械科、工業経営科）の三学部体制となっていたが、これに対する同年二月の文部省専門教育局長の回答では、上智大学の文学部には入学定員を配しているものの、経済学部は募集停止にするようにとの指示がなされた[29]。しかし、この合併計画は、結局敗戦時までに実現されることはなく、文学部と経済学部の二学部体制で敗戦を迎えたと考えられる。

第四項　関西学院大学

関西学院大学は、一九三二（昭和七）年三月七日に大学令に依る大学になることが認可され（三月八日文部省告示第五六号）、大学予科は同年四月、学部は一九三四年四月の開設、組織は法文学部（哲学科、倫理学科、心理学科、宗教学科、社会学科、英文学科、法律及政治学科）と商経学部（商業学科、経済学科）、大学院、大学予科からなるとされた。(30)

上記の法文学部七学科体制は、一九三四年に文学科（哲学、倫理学、心理学、宗教学、社会学、英文学の各専攻）、法学科（法律学、政治学の各専攻）の二学科体制に変更となった。(31) この法文学部二学科と商経学部二学科の体制がしばらく続いたが、一九四〇年になると学科課程変更が頻繁になっている。

関西学院大学の学則変更を見ていくと、一九四一年一月申請の変更では、「時勢ニ順応シ一層教育ノ効果ヲ挙ゲンガタメ」という理由で、法文学部では「英国法」「新聞学」などを削除して新たに「統制経済法」などを加え、商経学部では「文明史」「応用社会学」を削除して「英語」の単位数などを減らし、「東亜経済論」「戦時経済事情」などを新たに加える学科課程変更が行われた。科目名の名称に戦時（この時点では中国との戦争中であって米英との戦争は開戦していないが）の影響が濃厚になり、英語、英国法の時間数の削減が実施されている。(32) また、翌年三月申請の変更では、「時局ノ要請ニ基キ重点主義ニ則ランガ為」と説明して商経学部の展開科目や単位数の変更を行っている。(33) そして、同年七月の申請によって、法文学部に新たに国文学科が設けられた。この国文学科設置は「近時日本精神ノ昂揚ニ伴ヒ国文学ノ学的研究ニヨリ日本精神文化研究ノ基礎ヲ把握シ国学ノ本質ヲ闡明シ国体観念ヲ明徴ニシ以テ国民精神ノ宣揚ヲ図ランガタメ法文学部中ニ新ニ国文学科ヲ設ケントス」と説明され、法文学部の中に学科新設が行われた[34]。

このような学科課程変更や教育組織の改組が進められていったが、一九四三年一〇月の「教育ニ関スル戦時非常措置方策」を受け、関西学院大学では商経学部の学生募集停止を決定し、一九四四年度から法文学部のみを存続させる決定を行った[35]。こうして大学学部としては法文学部のみの体制で敗戦を迎えた。

以上、四大学の教育組織の変容を概観してきたが、学部に関しては文系の二学部構成であった四大学とも、一九四三年の「教育ニ関スル戦時非常措置方策」を受けて、大学学部の統廃合・改組を行っている。ただし、これはキリスト教系私立大学のみならず、戦時下の大学が大なり小なり共通して経験した事態であり、キリスト教系四大学に限った特徴ではない。既に「教育ニ関スル戦時非常措置方策」に至る以前から国家総動員体制のもとで高等教育機関における「理工系重視の政策」は進行しており、政府そして文部省の政策では理工系の大学・学部の拡充がはかられる一方で、文系大学・学部に対しては抑制・縮小の方向性が打ち出されていた[36]。

本節で見たように、一九四一年二月の同志社大学文学部の改組では、神学科を神学専攻のみにして、文化学科の中に哲学倫理学専攻、厚生学専攻などを置く構成に変え、一九四二年に上智大学は文学部史学科を、関西学院大学は法文学部に国文学科を新設していた。立教大学についても実現には至らなかったが一九四一年一二月から四二年にかけて、医学部設置をめざして聖路加国際病院との交渉が行われていたことが知られている[37]。

関西学院大学、立教大学では、一九四〇年前後に欧米ミッションの影響からの切り離しが進み、その点からも大学の〝生き残り〟をかけた経営上の教育組織改編が死活問題になっていた[38]。大島宏の先行研究[39]が指摘するように、寄附行為の変更という大学の存立や教育の大前提そのものが大きく揺らぐ事態に立ち至っていたと考えられる。

教育組織（学部・学科）レベルの変容のあり方の中に、キリスト教系大学以外の私立大学と明確に異なる要素を見つけることは容易ではない。四大学ともに、一九四四年の学則変更や学部「閉鎖」などにより、英文学科、英文学専攻がなくなっているが、これは四大学に限定して起こったことではない。さらに学科課程の変更を概観しても、例えば、科目名の中に「基督教」という語の入った科目の展開を見ると、同志社大学文学部のように、神学専攻以外の専攻で「基督教通論」が必修科目となっていたところでは、一九四四年四月の学則でもその点は変更されていない。他方、以前から文学部宗教学科以外では「基督教」の語を冠した科目が必修ではなかった立教大学では、その状況が一九四〇年代に入っても続いた。

ただし、教育組織自体の改組には至らない学則変更であっても学科課程の変更を追ってみると、関西学院大学の学則変更（一九四一年一月申請）において削除申請をした商経学部の「文明史」「応用社会学」は、外国人教員の帰国という事態が背景にあったことが判明する。関西学院大学から文部省への申請書類中では書かれていないが、一九四〇年一二月二日の理事会記録によると、商経学部の必須科目だった「応用社会学」「文明史」「英語」は、「外人教師ニヨリ担当セラレ居タルモ之等ノ教師ハ多ク帰国セラレタルヲ以テ選択科目トナスコト」と学科変更の理由が記されている[40]。日本の対米英関係の悪化の中で、一九四〇年から四一年にかけて外国人宣教師や教員の帰国が急速に行われたが、この関西学院大学の事例は、外国人教員の帰国により科目展開の維持が困難な状態に陥ったことを如実に示している。次節で述べるように、無試験検定の指定と関係して、科目担当者を外国人教員から日本人教員に変更する指示自体は既に一九二〇年代から見られたが、外国人教員への依存率が相対的に高かったミッション・スクールの場合、一九四〇年前後、外国人教員の帰国という事態に直面して、そのためのカリキュラムの変更が起こっていたという点をおさえておきたい。

第三節　四大学における無試験検定指定の申請を契機とするカリキュラムの変更の概要

前節では、キリスト教系四大学の学部・学科・専攻という教育組織の変化を中心に見てきたが、学則変更は、教育組織の大きな改編ばかりでなく、科目の新設・削除など学科課程変更の際にも各大学から文部省に申請が行われた。国立公文書館には四大学それぞれの学則改正の簿冊が所蔵されているが、その学則改正の理由としてしばしば登場するのが、教員無試験検定の指定を受けるため、ということであった。次節において、高等学校高等科教員無試験検定の指定の審査についてより詳しく見ていくが、まずは本節で、教員無試験検定の概要をおさえ、四大学に関する無試験検定指定の状況を概観しておく。

第一項　教員無試験検定について

敗戦前、中等学校の教員養成には、大別して三つのルートがあった。第一は、高等師範学校、女子高等師範学校、臨時教員養成所を卒業して中等学校教員となるルートであり、第二は、無試験検定によって免許学科目の検定に合格するルート、第三は、試験検定によって免許学科目の検定に合格するルートであった。先行研究が明らかにしているように、第一のルートは、制度上、最もオーソドックスなルートであったと考えられるものの、教員の需要に対して対応できる人数としてはかなり限りがあり、第三の試験検定によるルートは、制度開始間もない一九世紀末から二〇世紀初頭にかけては三つのルートの中で最も多くの人数を生み出したが、一九二〇年代から三〇年代にかけて、第二の無試験検定によるルートが他の二つのルートを圧倒するようになっていった(41)。無試験検定については、指定学校方式と許可学校方式に大別されたが、これについては次項で述べる。

他方、高等学校（高等科）の教員養成については、一九一九（大正八）年三月二九日文部省令第一〇号「高等学校教員規程」によって、教員検定試験を受けられる者、無試験検定を受けられる者の条件が定められており、そこでは試験検定も存在していたが、実際には無試験検定の指定学校方式による養成が多数を占めていたと考えられる。無試験検定による中等学校教員養成については、教員養成における許可学校と指定学校の相違に着目した船寄俊雄・無試験検定研究会編の共同研究などがあるが[42]、高等学校高等科教員無試験検定についてのまとまった先行研究は管見の限りまだない。確かに、高等学校高等科教員の需要数からすれば、私立大学出身者で高等学校高等科教員に実際になったケースはかなり少なかったであろうが、私立大学にとってその出身者に提供できる資格として、高等学校高等科教員の免許の存在は中等学校教員の免許とともに経営上、〝集客〟の点で意味を持ち得たと考えられ、本章で見るように、その資格を得るためのカリキュラム変更が相当行われていることは看過できない[43]。この点は本節第四項で見ていく。

第二項　中等学校教員の無試験検定指定学校への指定の概要

中等学校教員の無試験検定指定学校の始まりは、一九〇三（明治三六）年三月一八日文部省告示第三〇号の「教員無試験検定ニ関スル指定学校」であった。

この時に指定学校となったのは、東京帝国大学、京都帝国大学、札幌農学校、農業教員養成所、東京高等商業学校、商業教員養成所、高等学校、医学専門学校、東京高等工業学校、大阪高等工業学校、工業教員養成所、東京外国語学校、東京音楽学校、学習院、私立日本体育会体操学校であって、日本体育会体操学校を除き基本的に官立学校であった。このように指定学校には官立学校のみがなれるという方針がその後二〇年間ほど続いた。

船寄俊雄・無試験検定研究会による共同研究(44)で述べられているように、当初、私立大学は専門学校令に依っており、許可学校方式で教員無試験検定の許可を得るしかなかった。この状況が変化してくるのは一九一八年に大学令が出されて、私立大学が大学令に依る大学になることが可能となってからであり、大学令に依る大学となった私立大学も教員無試験検定の指定学校の申請を行い、指定を受けることができるようになっていった。

実際に私立大学が指定学校になったのは、一九二三（大正一二）年四月の指定（文部省告示第二六二号）からであり、この時には私立大学として、早稲田大学、慶應義塾大学、明治大学、日本大学、中央大学、同志社大学が指定学校となった。しかしあくまでも、指定学校になる私立大学は大学令に依る大学であることが大前提であり、専門学校令に依る大学の場合には許可学校として無試験検定の許可を得る方法しかない状態は続いた。

第三項　高等学校高等科教員の無試験検定指定学校への指定の概要

一九一八（大正七）年一二月に高等学校令が出され、一八九四（明治二七）年の旧高等学校令は廃止された。この一九一八年の高等学校令により、高等学校の修業年限は高等科三年・尋常科四年となり（高等科のみの設置も可能）、公立・私立の高等学校の設置も認められた。これを契機として、以前からの第一～第八高等学校に加えて、新たな官立高等学校の設置が始まるとともに、公立の高等学校、私立の七年制高等学校も設立された。

この一九一八年の高等学校令に依る高等学校の教員養成に関わるものとして、一九一九年一二月「高等学校高等科教員無試験検定ニ関スル指定」（文部省告示第二七四号）が出され、高等学校高等科教員無試験検定指定学校への指定が行われるようになった。無試験検定を行う学科目は、高等学校高等科に設置された学科目である「修身」

「国語」「漢文」「英語」「仏語」「独語」「日本史及東洋史」「西洋史」「地理」「哲学概説」「心理及論理」「法制及経済」「数学」「物理」「化学」「植物」「動物」「地質及鉱物」「図画」であった。

最初に指定学校として登場するのは、文科系学科目については、学科や専攻を指定して東京帝国大学、京都帝国大学、東京高等師範学校、広島高等師範学校、東京高等商業学校、理科系学科目については、学科や専攻を指定して東京帝国大学、京都帝国大学、東北帝国大学、九州帝国大学、北海道帝国大学であり、いずれも官立の大学・学校であった。

この状況が変化し、私立大学が高等学校高等科教員の指定学校になり始めるのは、一九二三年四月のことで、学科や専攻を定めた形で、慶應義塾大学、早稲田大学、法政大学、同志社大学、明治大学、日本大学、中央大学が指定学校として加わった。

第四項　四大学に関する指定学校の指定の概要

キリスト教系四大学について、高等学校高等科教員と中等学校教員の無試験検定指定学校の指定、さらに無試験検定の指定に関連すると考えられる学則変更の情報を加えたものを、章末の資料1―1～4にまとめた。

同志社大学、上智大学、関西学院大学は高等学校高等科（以下、本項では高校と略す）教員の無試験検定の指定から先に受けており、中等学校教員の無試験検定の指定から受けているのは立教大学のみという相違も見られるが、四大学の無試験検定に見られる特徴を以下に四点、指摘しておきたい。

第一に、最初の無試験検定の指定を受けているのは、学部開設から三年経過し、最初の大学令に依る大学学部の学生を卒業させるタイミングだったということである。現在の日本の大学では、学部学科が何らかの教科について教職の課程認定を受けた後に当該学部学科に入学した学生がその課程認定の対象者となる。これが卒業の時点で見られるという点は、現在の教職課程認定のあり方とは異なっている。

第二に、その学科や専攻の学科課程に即した学科目の免許の指定を受けているということである。文学部などの哲学科や哲学専攻で高校「哲学概説」や「修身」と中等学校「修身」、倫理学専攻で高校と中等学校の「修身」、心理学専攻で高校「心理及論理」、英文学科や英文学専攻で高校と中等学校の「英語」、商学部や経済学部などでは高校と中等学校「法制及経済」、中等学校「公民科」、商学科や商業学科で中等学校「商業」と「簿記」の指定を受けることは、四大学に共通して見られる。他方で、倫理学専攻のみならず心理学専攻や宗教学専攻で中等学校「修身」の指定を受けているのは、四大学では関西学院大学のみといった相違点も見られる。

第三に、当該学科目の免許状希望者に対して、選択科目の指示がなされている場合が多く見られるということである。資料1—1～4に明らかなように、その学科・専攻の卒業のための必修科目で当該学科目免許状の要件を満たしている場合以外には、選択科目の中から選択履修すべき科目名が決められていた。指定を受けている学科・専攻の卒業要件の必修科目の展開状況にも左右されるが、教科専門科目として、例えば、高校「法制及経済」の免許では、一九三〇年代には「民法（親族、相続）、刑法又ハ国際公法」が必修となっていた様子が窺える（一九二〇年代に指定を受けた同志社大学以外の三大学。国際公法は一九二〇年代末に必修科目となっているが、それについては第四節の同志社大学の項で後述する）。

そして、現在の教職専門科目に該当するものは「教育学及教育史」や「教育学及教授法」といった科目名で展開され、「修身」「英語」等の学科目の教員免許状希望者には必ず履修するように指示されていた。上智大学の場合、文学部では卒業のための必修科目の中に「教育学及学史」が置かれていた。[45]他方で高校と中等学校の「法制及経済」や中等学校「公民科」の免許については、教職専門科目の履修は必修ではなかったと考えられる。例えば同志社大学の一九四一（昭和一六）年四月一日改正の学則では、法学部と文学部文化学科厚生学専攻の「公民科」や高校「法制及経済」については教職専門の必修指定はなく（ただし厚生学専攻では選択科目の中に「教育学」と「教育史」は入っている）、文学部文化学科哲学倫理学専攻、心理学専攻、英語英文学専攻では「教育学及教授法」二単位が必修科目、文芸学専攻では免許状希望者の選択必修となっていた[46]。

船寄俊雄らによる先行研究で解明されたように[47]、中等学校教員無試験検定の許可学校が許可を受けるためには、教育実習を課すことが求められるなど、教職専門科目にかなり重きが置かれていたが、指定学校では教育実習が課されず、僅かな教職専門科目の履修のみでよいとするなど、教職専門科目の比重は軽かったと考えられる。四大学の状況を見る限り、教育実習などは置かれず、教職専門科目については、「教育学及教育学史」などを履修するだけでよいか、「法制及経済」や「公民科」の免許のようにそれすらも課されなかったことが明らかである。

第四に、神学科・専攻、宗教学科・専攻での「修身」の指定について注目してみたい。

敗戦前の時点で神学科神学専攻が存在していたのは同志社大学だけであった。立教大学には文学部宗教学科、関西学院大学には法文学部文学科宗教学専攻が存在したが、上智大学の場合は、宗教学科や宗教学専攻は置かれなかった。

神学科・専攻、あるいは宗教学科・専攻を持っていた上智大学以外の三大学についての当該学科・専攻での「修身」の指定を見ると、同志社大学では文学部神学科で高校と中等学校の「修身」の指定を受けているが、神学専攻は指定を受けておらず、倫理学専攻に限定される形での指定となっている。この指定を受けるために同志社大学は、一九二六（大正一五）年四月の学科課程から神学専攻と倫理学専攻に分けたことがわかる。また、戦時下に文学部が改組された際の学則を見ても、文化学科の各専攻については高校と中等学校の教員免許状の指定を受けている言及が見られるが、神学科神学専攻については教員免許状の指定に関する言及は全く見られない。

宗教学科や宗教学専攻を有していた場合はどうだったであろうか。立教大学の宗教学科を見ると、聖公会神学院と分離するより前の時点での（少なくとも正式な形での）申請は見られない。そして、本書第六章の大江満論文で詳しく述べられているように、神学院との分離後に、牧師にはならない学生も入学するという理由で「修身」を申請したが、立教大学文学部宗教学科に「修身」の無試験検定指定を示す文部省告示は敗戦時まで見られず、指定のないまま敗戦を迎えたことは確実だったと考えられる。

他方、関西学院大学の法文学部文学科宗教学専攻では、一九三七年一二月に高校「修身」の指定を受けている。しかし、この指定に先立って関西学院大学は学則変更を行っていた。即ち、一九三三年一二月申請、翌年一月結了の学則変更では、変更理由の二点目に「従来宗教学科ニ属スル学科目ハ特ニ基督教神学ニ重点ヲ置キタルモ更ニ宗教学教授一般ノ教授ノ必要ヲ認メ」ることが挙げられていた。宗教学科のカリキュラムは従来、キリスト教神学に重点を置いていたが、さらに宗教学科一般の教授が必要であるとして学科目を変更するという説明がなされたことがわかる。このようにキリスト教神学に偏らない宗教学一般の内容に変えるための学科日変更が既になされていたことが注目される[48]。

また、そもそも関西学院では大学に法文学部文学科宗教学専攻がある一方で、専門部神学部が設置されており、牧師養成を担うのは専門部神学部であることが明確になっていた。この点、立教大学文学部宗教学科と聖公会神学院の二重学籍が起こる状況とは異なっていたと言えよう。

これらキリスト教系大学と敗戦前に大学令に依る大学に昇格していた仏教系大学を比較すると、宗教学科とは別に仏教学科が置かれている場合には、宗教学科のみならず仏教学科でも「修身」の指定を受けているケースが多く見られ、仏教の宗教者養成を担い得る学科、専攻に対しても「修身」の教員免許の指定が付与されていたことがわかる（駒澤大学、大正大学、高野山大学の密教学科と一般仏教学科、宗教学科から仏教学科に改称した立正大学など）。

このことから、文部省は、仏教の宗教者養成を担い得る大学の仏教学科に対しては「修身」の指定を行うことがあっても、キリスト教神学を中心に扱い、牧師養成を担う、あるいは担い得る可能性の高い学科・専攻に対しては、教員免許の指定からかなり明確に除外する方針を、敗戦前一貫して採っていたと言えるのではないだろうか。一九三〇年代末に牧師養成とは切り離した文学部宗教学科に変えるのだと説明し、幾度も学科課程変更をした立教大学に対して、文部省が「修身」の指定を結局行わなかったことについては、戦時下におけるキリスト教系大学・学校に対する文部省からの抑圧策という要因も視野に入れて検討することが必要であるが、それは本書第六章の大江論文の論考を参照されたい。

第四節　四大学の敗戦前カリキュラムの変容と無試験検定指定の影響について

――審査とその変容の中で――

高等学校高等科教員の指定学校の指定に関する文部省と当該大学とのやりとりや、議論過程の一部分のわかる記録である国立公文書館所蔵『高等学校教員規程ニ依ル無試験検定ヲ受クルコトヲ得ル者ノ指定』の三冊の簿冊は、一九二四（大正一三）年から始まっている。この三冊の簿冊は、一九二四年から一九三九（昭和一四）年と中断して一九四九年の記録を綴ったものであり、一九二三年以前や、一九四〇年から四八年の間についての指定をめぐる記録は不明である。残念ながら、同志社大学を含めて私立大学が最初に高等学校高等科教員無試験検定の指定学校になった際の一九二三年の書類は綴られていないが、判明している年代のものの中にも、文部省告示案作成過程での興味深いやりとり、議論が見られ、本章の対象であるキリスト教系四大学についての文部省からの指示も、断片的ながら見ることができる。この三冊の簿冊全体についての研究・考察については別の機会に改めて行いたいが、本節では、キリスト教系四大学についてのやりとりや議論過程をこの三冊の簿冊を中心に見るとともに、第二節、第三節で言及した国立公文書館所蔵の四大学の学則変更に関する簿冊の書類も用いて、四大学のカリキュラム変更とそこでの「無試験検定」（特に高等学校高等科教員無試験検定）の影響を明らかにしていくこととする。

学科課程変更について、無試験検定の関連が明記されているものや関連が推測されるものの情報は資料1―1～4に挙げた通りである。本節では、初めに一九二〇年代半ばの高等学校高等科教員無試験検定指定についての文部省の方針を見た上で、以下、四大学それぞれについて見ていくこととしたい。

第一項　高等学校高等科教員無試験検定指定の審査基準について

国立公文書館所蔵『高等学校教員規程ニ依ル無試験検定ヲ受クルコトヲ得ル者ノ指定』の三冊の簿冊のうちの一冊目の冒頭に綴られた書類（一九二四〈大正一三〉年四月九日文部省告示第二一七号告示案作成過程の関係書類）には「指定追加ノ原案作成要項」が収められている。この要項は、原案を文部省専門学務局が作成し、それを教員検定常任委員会の審議にかけるためのものだったと考えられる。以下、その要項の引用である。

高等学校高等科教員無試験検定ニ関スル指定ノ改正追加ノ原案作成要項

一、此ノ指定ハ其ノ当初文科的学科モ理科的学科モ共ニ東京帝国大学卒業ノ程度ヲ基準トシタルヲ以テ其ノ後ノ改正、追加モ今回ノ指定ニ関スル原案モソノ調査ハ何レモ之レニ倣ヒタリ　別表ノ学科目、其ノ単位、時間数ノ比較調査ノ如キ亦然リトス

二、各大学ニヨリ其ノ文科的学科目ニツキテ其ノ履修ノ時間数ヲ示スニ科目、単位等ノ用語ノ差ハアレトモ何レモ毎週二時間乃至三時間ノ学修ヲナシ一学年間引続キタルコトヲ以テ一ト見ル点相同シキヲ以テ其ノ□〔数カ?〕ヲ掲記シタリ

三、各大学ノ申請シタル学科目ハ認可案、不認可案ノ何レカニ総ヘテ之レヲ掲ケタルヲ以テ申請其ノモノノ謄写ハ之レヲ省略セリ

四、同学部同学科同専攻ニシテ二科目以上ニ其ノ認可願ノ及ベルモノハソノ主トスル一科目ヲ採録シ他ハソノ理由ト共ニ不認可案ニ記シタリ

五、何レノ大学ニ於テモ多少ノ学則変更ヲ為シタルニスギサルモノハ此度ノ案ニ採録セズ(49)

本資料から、高等学校高等科教員の無試験検定の制度が始まった当初より「文科的学科」「理科的学科」どちらも「東京帝国大学卒業ノ程度」を基準に審査されており、指定学校の追加においても学科目の展開や単位や時数について、東京帝国大学のそれと比較調査して審査がなされていたことがわかる。実際、この要項には、別表として指定を申請している各大学の各学科配当単位数を「哲学」「文学」「史学」「法制及経済」ごとに書いた学科表も付されており、申請のあった大学の当該学科の学科課程の科目展開や配当単位について、東京帝国大学の当該学科との比較が行われていた。

また、この書類では、認可案でも会議で部分的な削除などを行った修正可決案、そして不認可案が収められてお

り、「修身」では、早稲田大学文学部哲学科卒業者の東洋哲学専攻者、西洋哲学専攻者、社会学専攻者について倫理学二単位と東洋哲学一単位不足が指摘されている。他方、龍谷大学文学部卒業者の社会学専攻者については、倫理学四単位、哲学二単位以上を加えると履修学科が過重になるので不可とされており、科目単位数の不足ばかりでなく、過重になってバランスがとれなくなるということで不可となるケースもあった様子が窺える。

また、一度指定学校になってしまえば、指定を受けた時点での学科課程のままでよいというわけではなかった。例えば、既に「法制及経済」で指定を受けたものも「刑法又ハ国際公法」の履修を新たな条件として加えるとされ[50]、一九三四（昭和九）年一月の大谷大学の文学部支那学専攻「漢文」の指定では、大谷大学の審査と連動して、既に指定を受けていた龍谷大学も「支那学」の講義について、「過去三ヶ年間ニ於ケル講義内容（題目）、毎週授業時数及担任教員氏名等」を回報するようにとの指示が文部省からなされており、いわば再審査がされるようになっていた[51]。

一九三〇年代に入り、大学の研究、教育活動に対する統制が様々な局面で進められたが[52]、いったん教員無試験検定の指定学校の指定を受けた大学についても、講義内容や担当者のチェックが行われるようになったことは、学問、教育活動の統制の一環として位置づけられる動きだったと言えよう。

文部省は、指定のための審査にあたって東京帝国大学卒業者と同等程度の教育内容であるか否か以外に、学生の状況（現状の学生数、卒業生の進路など）、教員の状況（当該学科の中心的な学科教員学歴、当該学科に必要な学科授業担任教員とその学歴）、開講学科状況（過去三年間の開講学科目）を申請書類で提出させていたと考えられる[53]。

その文部省による具体的なチェック項目については、以下の一九二八年の大正大学の申請書類へのメモ書きが貴重な手がかりとなると考えられる。この大正大学の指定に関する書類の中に「昭和三年度大正大学文学部開設学科細目表」が綴られており、その欄外に次の鉛筆書きが見られる（なお、□は判読不明文字）。

□□□

出勤率　良

兼任者

×　宗門ノ子弟

学部学生中九割

宗教的儀礼

五月八日

釈迦誕生式

十時―十時三十分

朝礼

水曜日

訓話

思想危険ニシテ処分シタルモノ三年ノ間ナシ

外国人学生

支那人　一名＝対支文化給費生

一．教師
二．講義内容
三．図書館、研究室ノ設備
　　　　　　＝八＋三＝十一
教室八□室八　大教室三　講一
図書八万冊　　中
仏書　五万冊
英書　三万冊
今年　三千七百冊購入
総敷地　八千坪(54)

この鉛筆書きのメモは、指定にあたっての視察やヒアリングの際などに書き込まれたものか否か詳細は不明であるが、文部省側の書き込みであることは確かであり、文部省側のチェックポイントを端的に示すメモとして注目される。そして、ここでは特に、宗教的儀礼、学生の思想状況、外国人学生についてのチェックがされているとともに、一．教師、二．講義内容、三．図書館、研究室の設備という順番でチェックがなされている。一九三〇年代から四〇年代前半にかけて、教員や講義内容についてのチェックが強化されたと考えられること（再審査なども行われたこと）は前述の通りであるが、一九二八年の段階でも、一に教師、二に講義内容という項目が挙がっていたことが確認できる。そして、この大正大学の審査において「×　宗門ノ子弟／学部学生中九割」という記載に×印がつけられている。これが単なる印であるのか、望ましくないという意味での×印であるのかも不明だが、宗教系大学における信者の割合や宗教的儀礼の実施について文部省がチェックしていたことは確実と言えよう。

次項以降では、本章の対象とする四大学に焦点をしぼって、無試験検定指定学校の指定とそれに関わる学科課程の変更状況について解明することとする。

第二項　同志社大学

国立公文書館所蔵『高等学校教員規程ニ依ル無試験検定ヲ受クルコトヲ得ル者ノ指定　第一冊　大正十三年〜昭和三年』(以下、指定簿冊第一冊と略す)に登場する、同志社大学の高等学校高等科教員無試験検定関係の最初の書類は、一九二五(大正一四)年三月二八日文部省告示第一七三号の告示案作成過程の関係書類の中にある。この時には法政大学、龍谷大学、大谷大学などが指定を受けたが、申請されていた同志社大学の法学部法律学科卒業者に対する「法制及経済」の指定は不可となった。朱書きで「学則改正ヲ要ス」と書かれ、「スベテ『法制及経済』ノ指定ニ関シテハ許可済ノモノノモ今後ノモノノモスベテ刑法又ハ国際公法ヲ履修セシムルコトヲ条件トスルコトニ決定」と書き込まれている[55]。

同志社大学の一九二五年四月一日申請、四月一〇日結了の「同志社大学学則中変更認可[56]」は、この指示を受けた学則改正であると考えられ、この後、一九二六年一月二三日文部省告示第一六号により、同志社大学法学部法律学科卒業者について、財政学を選択履修した者に対して「法制及経済」の指定がなされている。

しかし、同志社大学の場合、一九二五年文部省告示第一七三号告示案作成過程で不可となった申請の段階でも、既に法律学科で刑法や国際公法は必修科目となっていて、その点での不備があったとは考えにくい。これは個別に同志社大学の学科課程上の不備というよりも、「法制及経済」については既に指定されたものも含めて、指定全体の見直しが進行中だったことと関係していたと思われる。

実際に、一九二五年三月二八日文部省告示第一七三号の告示案作成過程の関係書類では、文部省作成の告示案の最終段階で「法制及経済」の指定に関して「東京、京都帝国大学ノ分ハ発表ヲ此ノ次マデ保留スベキコト」との書き込みがあり、この時の告示では指定は受けていない。この後、一九二五年一〇月二〇日文部省告示第三四五号で東京帝国大学と京都帝国大学のそれぞれ法学部と経済学部の「法制及経済」の指定がなされた際の書類を見ると、基本的に法学部法律学科では行政法、経済原論及経済政策の履修、あるいは経済政策又は財政学が、経済学部経済学科や商学科では行政法、刑法又は国際公法が指定の条件となったと考えられる。(57) 同年六月一一日に教員検定常任委員会で修正可決された原案では、「法制及経済」について「前回可決原案ノウチ東京帝国大学法学部ニツキテハ経済政策又ハ財政学ヲ選択スベキ条件ヲ撤回ス／理由　前回議決ノ趣旨ヲ美濃部〔達吉：筆者註〕法学部長ニ通告シタルニ同学部長ハ教授会ニ計リタル結果経済学ヲ一年毎週五時間ニ改メ経済原論ト同政策トヲ履修セシムルコト学則ノ改正ヲ断行シタルニヨル」と書かれており、「条件ヲ撤回ス」に続けて朱書きで「但シ経済学（経済学原論及経済政策）ハ註記スルコトニ決定」と書き加えられていた。(58)

ここからすると、高等学校高等科教員無試験検定の指定については、東京帝国大学の学科課程を基準とするという方針は採られつつも、東京帝国大学の学科課程自体が教員無試験検定の指定との関係で変更する（変更させられる）事態が起こっていたことになる。

同志社大学が法学部法律学科の「法制及経済」の指定の次に高等学校高等科に関して指定を受けたのは、文学部神学科倫理学専攻に対する「修身」の指定であった。一九二六年八月三日文部省告示第三二一号告示案作成過程の関係書類を見る限り、この「修身」の指定については修正なく可決されているが、申請の書類は「前回ノ案中ニ綴込アリ」と書かれていて、その申請書類そのものは綴られていない[59]。前節第四項で触れたように、「修身」の指定に先立って、同志社大学では文学部神学科を神学専攻と倫理学専攻に分ける学則変更を行った。この学則変更の一カ月前に申請された学科課程変更では、社会学などを必修科目にするとともに、従来の「猶太史」と「聖書学」を「歴史神学」で包括的に教授する変更や、従来の「宗教教育学」を「教育学」に変更することが行われていた[60]。

このように、「修身」の指定を受ける前の学則変更では、キリスト教に関する科目について、総じて科目名の一般化や概括化が行われており、科目名上にあらわれた宗教色、特にキリスト教色を薄める方向で変更がなされていた。この変更が、神学専攻と倫理学専攻を分け、倫理学専攻で「修身」の指定を受けることと無関係だったとは考えにくい。

他方で、この時の神学科（神学専攻、倫理学専攻ともに）のカリキュラムでは、「神道史」といった神道関係の科目は見当たらない。一九二六年八月三日文部省告示第三二二号告示案作成過程の書類[61]では、「各大学ニ於ル哲学ニ関スル比較」の表が掲げられ、東京帝国大学の「修身」では倫理学概論一、倫理学（東・西）四、支那哲学一、印度哲学（あるいは宗教学）一、社会学一、哲学二、教育学二となっていて、この時点での「修身」の指定については、神道に関する科目を置くことが必須だったとは考えられない。この点は、一九三九（昭和一四）年になって、宗教学科で「修身」の指定を受けようとした立教大学が、「神祇史」などの科目を置く学科課程変更を行った時点の状況とは異なっていたということも考えられる。

一九二八年になると、同志社大学は文学部哲学科卒業生（第一回卒業生は一九三〇年三月卒業予定）に対する「哲学概説」「修身」「心理及論理」の申請を始めていった[62]。

この申請が指定に至るのは一九三〇年に入ってからであり、国立公文書館所蔵『高等学校教員規程ニ依ル無試験検定ヲ受クルコトヲ得ル者ノ指定　第二冊　昭和五年~昭和十二年』（以下、指定簿冊第二冊と略す）に綴られた一九三〇年四月五日文部省告示第一〇五号の告示案作成過程関係書類において、以前に申請されていた同志社大学文学部哲学科卒業生についての指定は、「修身」については倫理学及教育学を専攻して「支那哲学（一）」を選択履修した者という限定で指定し、「哲学概説」については哲学を専攻し「支那哲学又ハ印度哲学（一）」を選択履修した者という限定で指定が行われた。ただし、この時には心理学専攻の「心理及論理」は保留となった。[63] この「心理及論理」が指定を受けるのは、一九三四年一月になってからであるが、指定に至るまでに以下のプロセスをたどったことが指定簿冊第二冊から判明する。[64] 以下、断りのない限り、本項についての出典は指定簿冊第二冊である。

まず、一九三三年六月三〇日文部省告示第二五一号の告示案作成過程の関係書類の中、この告示案の最後に朱書きで「（備考）本件ハ昭和八年五月四日教員検定委員会第一部常任委員会ニ於テ可決セラレシモノナリ／尚右委員会ニ於テ条件ヲ附シ可決セラレシ同志社大学文学部哲学科心理学専攻者ニ対スル分ハ条件解除ヲ待ツテ指定告示セントス」とされていた。この「条件」のついた経緯は、条件が解除され、指定を受けるに至った一九三四年一月八日文部省告示第一号告示案作成過程関係書類に具体的に記されている。この書類の中には、一九三三年一月一七日付同志社大学長大工原銀太郎発文部大臣鳩山一郎宛の申請文書があり、そこに、文学部哲学科卒業者のうち心理学専攻については、「当時機械及実験室等ノ設備不充分ナル為無試験検定ノ御詮議ヲ保留相成居候処今般所要ノ機械及設備共ニ完了致候ニ付御詮議ノ上同専攻卒業者ニ対シ「心理及論理」ノ高等教員無試験検定ノ御指定ヲ受候様御取計相成度」と書かれており、「機械及実験室等ノ設備不充分」が一九三〇年時点で保留になった理由だったことがわかる。そして、その設備の充実・改善を示す添付書類として、同志社大学からは大学学則、機械品目表、書籍目録、心理学実験室図面、担任教員組織及主任教員経歴書、卒業者及現在学生調が提出されている。機械品目表、心理学実験室図面は、特に「心理及論理」の指定の際に必要であった様子が窺える。

「心理及論理」の指定を受けるにあたって、設備状況のチェックが厳しくなった様子は、一九三〇年頃からの審査で顕著になってきていた。その背景としては、高等学校高等科「心理及論理」の教授要目が一九二八年に制定され、その時の備考に「教授ニ際シテハ適宜供覧及実験ヲ用フルコト」と指示され、実験の実施が推進されだしたことも決して無関係ではないと考えられる。現時点で、この教授要目制定と教員無試験検定指定審査の中での「心理及論理」のチェックの厳しさの関係を説明した文書・書類を見つけることはできていないが、高等学校高等科の教授要目が制定、改正されることによって、教員無試験検定の審査も、それに連動する形で厳格、詳細になった可能性は考え得るだろう。

しかし、これに対して、一九三三年五月二一日起案の文部省専門学務局長発同志社大学長宛の通牒案では、学則中の「文学部哲学科心理学専攻ノ欄中普通講義科目哲学、倫理学、心理学、社会学ハ夫々哲学概論、倫理学概論、心理学概論、社会学概論ニ修正ノ必要有之付テハ右学則中改正方可然御取計相成度」との指示がなされた。「心理及論理」にあたって実験設備などの充実が不可欠になっただけでなく、上記のように一九三三年には哲学や倫理学などについて、「概論」化の要請が明確になっている。哲学科心理学専攻自体の科目名を「概論」化する変更の書類はまだ見つけることはできていないが、同志社大学は一九三二年一二月一五日申請、翌年四月一二日結了の学則変更の申請（この申請自体は神学科社会事業学専攻卒業者に中等学校「公民科」教員無試験検定の取扱いを受けるため、という理由によるものであったが）において、それ以前の学則での倫理学という科目名を、倫理学概論として、「概論」をつけた科目名に変更している。[65]「概論」化の動きが全体として見られるようになっていたと言えよう。[66]

この後、同志社大学について、高等学校高等科教員無試験検定指定の簿冊は一九三九年までで途切れているため関係書類は見当たらない。ただし、学則変更の簿冊を見ると資料1―1にあるように、一九四〇年一〇月二日申請、一二月一三日結了の学則変更で、「法制及経済」の高等学校高等科教員無試験検定上必要ということで、法律学科に経済史、経済学科に刑法各論を選択科目として加える変更を行っている。この「法制及経済」の指定がされたのは一九四二年二月二七日文部省告示第一一〇号によってであった。

以上のように、時代が下ってくるに従って、要請される条件が増加したことは確かであり、次第に要請の度合いは強くなっていった。

第三項　立教大学

立教大学の高等学校高等科教員の無試験検定指定が関わっている書類は、高等学校高等科教員無試験検定指定の簿冊の中にもあまり多くはない。

しかし、以下の告示案作成過程関係書類に残っているように、文部省によって教職専門科目を日本人教員に担当させる指示がなされたことが、立教大学の指定をめぐるやりとりに明確にあらわれている点が注目される。

その書類は指定簿冊第一冊中の一九二八（昭和三）年三月一日文部省告示第一〇一号の告示案作成過程のものであり、[67]立教大学にとっては、高等学校高等科教員無試験検定について初めて受ける指定であった。この申請の審査について、一九二七年一一月一九日の教員検定常任委員会で「ペン書ノ通修正決定」としている文書の中に、

「一　駒澤、立教二大学ニツキテハ学科課程ソノ他一応当委員会ノ会議ニ附シ各々学則ノ一部修正モスミ又実

情視察ヲ了ス」

と記され、さらに、「立教大学ノ分」にペン書きで、

「明年四月以降教育学、教育史ノ授業ヲ日本人教師ヲシテ担当セシムルコト
明年度卒業者ニハ教育史ノ授業ヲ特殊講義トシテ補充セシムルコト」

という書き込みがなされている。

まず、この指定決定の前に、立教大学に対しての「学則ノ一部修正」と「実情視察」が行われたことが記されているが、「学則ノ一部修正」とは、一九二四（大正一三）年二月一〇日申請、四月一日結了の学則中変更であったと考えられる[68]。「実情視察」がいつ行われたのかは不明であるが、いずれにせよ、この時の修正のポイントとして「教育学、教育史」の授業は「日本人教師」とすることを指定の条件としていたことに注目したい。これと同様の指示が次項の上智大学でも見られ、免許の指定にあたって教職専門科目は「日本人教師」の担当という文部省の方針は、一九二〇年代半ばには明確に打ち出されていたことになる。

さらに、この指定に先立つ一九二六年六月二一日付立教大学長事務取扱杉浦貞二郎発文部大臣岡田良平宛「高等学校高等科教員無試験検定ニ関スル指定ノ件申請」の文書では、「西洋哲学指導教授文学博士　桑木厳翼／支那哲学指導教授文学博士　宇野哲人」を研究科の指導教授として委嘱すること、さらに、「西洋哲学　文学士　出隆／支那哲学　古城貞吉／国史　文学博士　辻善之助／東洋史　文学博士　市村瓚次郎」をそれぞれの科目の講師とし

て委嘱し、さらに「教育史東洋ノ部　大関増次郎」を教育史の補講として第二学期に開講する旨を記した書類が入っている[69]。

ここで注目されるのは、高等学校高等科教員の「英語」「日本史及東洋史」「哲学概説」で指定を受ける過程で、上記の研究科指導教授や科目担当講師が委嘱されている点である。その多数が、東京帝国大学で当該学科の教授であり、その専門分野を代表する当時の第一人者であった。高等学校高等科教員無試験検定に際して、東京帝国大学の学科課程を基準として審査されたことは前述の通りであるが、教育内容を東京帝国大学と同等のものにするためには、その教授に授業担当を委嘱することが、ある意味で一番理解を得やすい対策だったであろう。帝国大学の教授が様々な私立大学で講師をつとめた理由は、それだけの需要がはっきりと存在していたからだと考えられる。出隆や市村瓚次郎はその後も長く立教大学の講師を続けたが、彼らが講師を委嘱される契機に高等学校高等科教員無試験検定の指定があったことも興味深い。

一九三〇年代に入り、立教大学は経済学部に「法制及経済」、文学部哲学科に「心理及論理」の指定を一九三三年一月三一日文部省告示第二三号によって受けた[70]。この申請に先立ち、資料1―2にあるように一九三〇年には「心理及論理」と「法制及経済」の指定のための申請ができるように学則変更を行っていた。「心理及論理」に関しては、一九三〇年三月二二日申請、四月三〇日結了の学則変更で哲学科卒業者に「心理及論理」の申請のため、哲学科内を哲学専攻と心理学専攻に分ける変更を行っており、そのための参照資料として心理学実験設備・機械の一覧も提出している。これは、同志社大学でも見られたように、一九三〇年頃には「心理及論理」の指定を受けるために心理学実験設備等が不可欠のものとして求められるようになったことと同じ流れに位置づけられるものである[71]。「法制及経済」の指定は一九三二年一月三〇日に申請したが、「心理及論理」については一九二九年二月二一日に既に申請を行っていた。上記の一九三〇年の哲学専攻と心理学専攻を設けた学則変更は、この申請の過程において、文部省から指示されたものであったことが想像に難くない。

国立公文書館所蔵『高等学校教員規程ニ依ル無試験検定ヲ受クルコトヲ得ル者ノ指定　第三冊　自昭和十二、十三、十四、二十四年』（以下、指定簿冊第三冊と略す）に綴られた、一九三九年二月二五日文部省告示第六四号告示案作成過程関係書類によると[72]、文学部史学科卒業者で西洋史を専攻した者に「西洋史」の指定を受け、既に受けていた「日本史及東洋史」の指定も、日本史及東洋史を専攻した者への変更が行われた。この指定を受けるための学則改正は一九三七年一二月一三日申請、翌年二月一〇日に結了したものであるが[73]、実はこの学則改正は、史学科卒業者への「西洋史」「日本史及東洋史」の指定に関するものだけではなかった。この時の学則変更申請の説明では、立教大学は高等学校高等科の上記学科目だけでなく、文学部哲学科と史学科卒業者に中等学校「英語」教員無試験検定指定の申請をすると記されていた。哲学科と史学科でも「英語」教員無試験検定指定を受けるという、この「特別英語科」の設置については、文部省の告示案作成の段階では認可されていたことがわかるが、結局、これについての学則変更は行われないまま終わり、「特別英語科」は実現しなかった。

高等学校高等科教員無試験検定指定に関する三冊の簿冊からわかることは以上であるが、学則変更に関する立教大学の簿冊を見ると、一九三九年二月一四日申請で同年三月一六日に結了した「立教大学学則中変更認可」[74]において、文学部宗教学科の学科課程変更（必修科目・選択科目・時数の変更）を行っており、聖公会神学院分離により牧師を志願しない者に中等学校「修身」の無試験検定受検資格を得させるための変更という説明がなされている。これについては本書第六章の大江論文を参照されたい。また、この時に文学部哲学科の選択科目に「国民道徳」二が追加されている。これについての説明はこの簿冊に残された申請の関係書類中には見られないが、この時点で文学部哲学科では中等学校「修身」の指定を受けており、既に指定を受けたところの追加条件として「国民道徳」を加えることが文部省から指示されたものとも考えられる。宗教学科で新たに「修身」の指定を受けるための申請を出すことで、既に指定を受けていた学科についても学科課程の変更が要請されるというやりとりがあった可能性も考えられる。

さらに一九四二年三月一〇日申請で四月一一日に結了した学則変更認可の書類(75)では、文学部各科の学科課程の変更について、中等学校「公民科」教員無試験検定の出願資格を得ることが変更理由として明記されていた。文学部英文学科と史学科について「公民科」に必要なものを選択科目として加えており、新たに倫理学（東洋、西洋）四（毎週時数。以下同様）、憲法二、行政法（総論、各論）四、民法（総則、親族及相続）四、経済学（原論、政策）四、社会学二、社会政策二が加えられ、文学部宗教学科と哲学科は全面的に学科課程を変更した。この学則変更は認められ、一九四二年度の学則に反映されたが、実際には英文学科も史学科も中等学校「公民科」の指定を受けていない。宗教学科の「修身」と同様に、申請を行い、そのための下交渉は進められたかもしれないが、敗戦時、そして旧制大学時代には指定を受けないまま終わっている。

立教大学の場合、文学部宗教学科の「修身」のみならず、一九三七年一二月申請の文学部哲学科と史学科での「英語」の指定を受けるための特設英語科設置や、一九四二年三月申請の文学部英文学科と史学科の「公民科」指定の申請など、実現しなかったものがいくつも存在した。特別英語科は学科課程変更には至らなかったが、他は学科課程変更も行われている。一九三七年には「英語」の需要があると見て、申請を念頭に学則変更を試みたものの不発に終わり、対米英開戦後の一九四二年になると、英文科も「英語」免許だけでは立ちゆかなくなると判断して「公民科」免許取得をめざしたのか、その詳細を示す史料は見つかっていないが、一九三〇年代後半から四〇年代前半（戦時非常措置方策前の時点まで）の文学部の〝生き残り〟をかけた試行錯誤が、取得可能な教員免許の拡大という方向性で出現したものと見ることもできるのではないだろうか。

第四項　上智大学

上智大学が大学令に依る大学となって初めて教員無試験検定の指定を受けたのは、一九三二（昭和七）年二月六日文部省告示第二四号によってであり、高等学校高等科「修身」「独語」「哲学概説」「法制及経済」の指定を受けた。しかし、指定簿冊第二冊を見ると、この告示案作成過程の関係書類において、上智大学から申請された学科目には、上記以外に「心理及論理」「英語」も申請されていたことがわかる。[76] 高等学校高等科「英語」は一九三五年六月八日文部省告示第二一九号で指定を受けたが、この後も「心理及論理」は管見の限り受けていない。

また、この時の関係書類で上智大学と文部省とのやりとりを見ると、一九三一年六月二〇日に提出された申請書類の教員表では「教育学及学史」は文学部専任教員のマクス・クナップスタインと兼任教員の橋本重次郎の担当となっていた。だが、同年九月二五日付で上智大学から出された書類には、九月の第二学期から新教員を採用、新講義開講とあり、以下のように書かれている。

一、教育学及教育学史（主トシテ日本教育学及教育学史）東京帝国大学教授　春山作樹
一、倫理学（国民道徳）　東京帝国大学助教授　土田誠一
一、民法　東京帝国大学教授　我妻栄

また、追而として「文学部哲学科倫理学専攻（修身科無試験検定指定希望）ニ於ケル必修科目中倫理学及教育学ニ関スル科目及講師表」も提出され、その表では「倫理学」担当がマクス・ホーン・キューエンブルグのみから土田誠一が新たに加わっており、「教育学及教育学史」も上記のクナップスタインと橋本に加えて新たに春山が入っている。

実は、指定の決定について、教員検定第一部常任委員会において「一、上智大学ノ分ハ昭和六年六月二十六日」と朱書されており、上智大学から一九三一年六月二〇日の申請書類が出されたのを受けて教員検定第一部常任委員会としては、その内容で指定しようとしていたと考えられる。しかし、同年九月二五日に出された書類で第二学期からの変更が記されており、その変更を条件として指定するといった指導が、教員検定第一部常任委員会の最初の決定の後に文部省（専門学務局か？）から上智大学になされたと考えられる。

このように、外国人教員の担当科目に日本人の担当教員を加えるという事態が起こっている点から、上智大学の書類上では明記はされていないが、文部省から教育学、教育史の担当者を「日本人教師」にせよという指示が、立教大学同様になされたのではないかと推測される。また、「倫理学」という「修身」の無試験検定指定に関わる科目の担当者を外国人教員のみの状態にしない指示がなされたことは、次項の関西学院大学に対する一九三六から三七年の指示との共通性を看取させるものである。

高等学校高等科「英語」の指定は、一九三五年六月八日文部省告示第二一九号でなされたが、その告示案作成の関係書類[77]には、一九三四年一二月一九日付の上智大学からの申請書が綴られている。そこでは「教育学」と「教育史」の担当者は両方とも兼任教員の春山作樹となっていて、マクス・クナップスタイン、橋本重次郎の名前は申請書上からは消えている[78]。

「心理及論理」の申請は、この時点で上智大学は行っていないが、この告示の時に早稲田大学文学部哲学科卒業者に選択履修科目の指示をつけて「心理及論理」の指定がなされている。それと関わって、この告示案全体の最後に書かれた備考では、「一、早稲田大学ノ心理及論理ニ関シテハ実験設備ノ調査ノ上（併セテ立正大学ヲモ調査比較ノコト）適当ナレバ告示スルコトニ決定セリ」「一、早稲田大学ニ対スル指定単位中宗教学（一）、倫理学（一）、社会学（一）、美学（一）、心理学（二）ハ各概論ヲ要求シ居ル旨大学ニ通牒スルコトニ決定セリ」と記されており、「心理及論理」の場合の実験設備や機械の状況が文部省督学官の視察によって詳細にチェックされ、暗室設備が必要なこと、そして、教科専門科目について「概論」であることが強調されている。前述の同志社大学の審査でも「概論」化が強調されていたが、それはキリスト教系大学に限らず、文部省が高等学校高等科教員の指定を行う場合の共通したチェックポイントになっていたことがわかる。

上智大学は、このあと一九三六年三月五日文部省告示第五六号で商学部経済学科卒業者に「法制及経済」の指定を受けており、これが敗戦前の時点で、高等学校高等科教員の指定を受けた最後となった。

しかし、上智大学史資料室所蔵の「教員検定ニ関スル指定（旧制大学）」というファイルに残された史料からは、上智大学文学部史学科で高等学校高等科「西洋史」の無試験検定の指定を受けるために、一九四三年一月二二日付で文部省に申請していたことが判明する。第二節で見たように、上智大学は一九四一年一二月に申請が認められて翌年に文学部史学科を新設していた。一九四三年一月の高等学校高等科「西洋史」教員の申請について、文部省とのやりとりが敗戦時までにどのように行われたかを示す史料は残されていないが、敗戦後の一九四六年一〇月一四日に再度、高等学校高等科「西洋史」教員無試験検定指定の申請を出している。この申請は認められ、一九四七年一月二七日文部省告示第九号において、「上智大学文学部史学科卒業者ニシテ西洋史学ヲ専攻シ教育学（一）教授法（一）ヲ選択履修シタルモノ」として指定を受けるに至った[79]。

第五項　関西学院大学

関西学院大学が最初に受けた高等学校高等科教員の指定は、一九三七（昭和一二）年三月二七日文部省告示第一二九号によるものであった。この時、「英語」「心理及論理」「法制及経済」の指定を受けたが、この告示案の作成過程関係書類[80]を見ると、一九三六年六月二九日に行った申請では、同時に申請していた「修身」と「哲学概説」は不認可となっている。そして、この時の告示案の最後に書かれた備考では、

「一、関西学院大学ニ対スル指定中英語、心理及論理ニ対シテハ来学年ヨリ倫理学、教育学及教育史ノ講義ニ於テ東洋及日本ニ関スル事項ヲ増加スルコトヲ条件トシ可決セルヲ以テコノ旨局長ヨリ学長宛通牒ノコト」

とあり、「倫理学」と「教育学及教育史」の講義内容について、「東洋及日本ニ関スル事項」を増やすように指示されている。実際に上記の内容が一九三七年三月三一日発専三五号通牒により「文部省専門学務局長伊東延吉発関西学院大学々長シー、ゼー、エル、ベーツ宛」に伝えられた[81]。

この後、一九三七年一二月二九日文部省告示第四三九号において高等学校高等科「修身」と「哲学概説」の指定を受けることになるが、この申請は同年六月一五日付で行われた。この告示案作成過程関係書類[82]に、「昭和十二年十二月二十二日　教員検定委員会第一部常任委員会々議案」が入っている。その中の「関西学院大学（修身、哲学概説）指定ニ関スル件」では、「修身」で倫理学専攻者について「印度哲学又ハ宗教学」と、当初あった宗教学を

消した記載が見られ、そこにペン書きで「宗教学ハ学校ノ性質上条件トセズ寧ロ印度哲学ヲ必修セシムルヲ要スルヲ以テ宗教学ヲ削減ス」とある。

さらに、常任委員会会議案には、この一九三七年六月一五日付の関西学院大学からの申請書類の教員表に対して、遠藤貞吉担当の「教育学」の箇所に×がつけられ欄外に鉛筆書きで、「教育学、史ハ東洋方面ノ解ツテ井ル人ヲ要ス」と書き込まれている。遠藤は「教育学」の他に「西洋哲学史」「哲学演習」「西洋倫理学」を担当しており、日本人教員であっても、「西洋」を専門とする教員が「教育学」を担当することへの難色が示されていた様子が浮き彫りになっている。

また、同表では、以前は大学長であるベーツの担当していた「倫理学概論」の担当者が、野田義夫に変更になっている。

関西学院大学の申請書について、上述の一九三六年六月二九日のものと一九三七年六月一五日のものとを比べてみると、「印度哲学」はヒルバーンから松尾義海に担当変更、「支那哲学」は張源祥から浦川源吾に担当変更されている。(三六年六月時点で浦川は「東洋倫理学」を担当)、張源祥は「支那哲学」担当からはずれている。

「印度哲学」や「支那哲学」については、関西学院大学が高等学校高等科教員無試験検定指定を申請した一九三六年六月二九日と同日に申請された中等学校教員無試験検定指定を申請する書類中に、それぞれの「教授要目」が提出されていた。この二つの科目については最初の申請の段階でも教授要目の提出を求められていた点も注目されるが、翌年六月の再申請書類の「改正摘要」では、「印度哲学担任　松尾義海」の卒業論文題目と研究発表、研究論文がつけられている。

このように、この教員無試験検定指定を受ける審査の過程において、「教育学及教育史」「倫理学」「印度哲学」

「支那哲学」が、すべて日本人教員の担当に変更されており、さらに、講義内容も担当が日本人教員であったとしても「西洋」から「東洋及日本」へと比重を変更することが指示されている。

「西洋」偏重をただして「東洋及日本」重視へという方向性は、一九三七年三月二七日文部省訓令第七号「高等学校高等科修身・国語及漢文・歴史・地理・哲学概説並ニ法制及経済教授要目改正[83]」の教授方針や教授上の心得・注意などの方向性とも合致している。この教授要目改正において「哲学概説」では「教授内容ハ西洋哲学ニ偏スルコトナク我ガ国独自ノ思想ヲ中心トシテ広ク東西ノ哲学ヲ概説スルヲ要ス殊ニ日本思想ノ発展ヲ講ズルニ際シ儒教・仏教ニ関シテハ其ノ日本化セル点ニ留意スベシ」と注意されていた。「漢文」でも「講読ニアリテハ徒ニ文字・語句ノ穿鑿ニ流レズ思想内容ノ把握ヲ重視シ社会及時代ニ即シテ理解セシメ且適切ナル批判ヲ与フルニ力ムベシ／特ニ支那ノ思想・道徳及文学ノ我ガ国民精神ニ摂取醇化セラレタルモノハ其ノ跡ヲ明ニスルニ力ムベシ」と「心得及注意」で指示された。

この他、この時の教授要目改正では、「修身」において「皇国ノ道ノ具現」「皇国ノ道ノ体現」「皇運ノ扶翼・皇威ノ宣揚」などが教授事項に登場し、「歴史」では唯物史観に陥ることのないように注意され、「法制及経済」でも唯物論的見解に陥らないようにと注意されていた。

ここには、高等学校高等科の教育について（も）、禁止の方向性（唯物論、唯物史観に陥ってはいけないという明言など）と、当局の考える〝望ましい〟方向性（「皇運ノ扶翼・皇威ノ宣揚」など）が明確に示されるようになったことが看取できる。

ここで示されたのは、教授内容が「西洋」偏重になることへの警戒や、「支那」の思想・道徳・文学については、それが「我ガ国民精神ニ摂取醇化」された側面を特に強調せよということであり（これは「支那」の思想・道徳・文学が、日本のそれらよりも優れているとする認識や、その認識に基づく教授を許容しないことを意味していたであろう）、一九三六年から三七年にかけて高等学校高等科教員無試験検定の指定を申請した関西学院大学に対する、文部省からの修正要求の方向性と重なるものであったことが読み取れる。

教職専門科目である「教育学及教育史」等の担当者を日本人教員にせよという指示は、一九二〇年代の立教大学の例から既に見えていたが、「倫理学」や「教育学」などの授業内容についても「西洋」よりも「東洋及日本」を重視せよという方向性が明確になることによって、授業担当者から外国人教員がはずれるという事態が進んでいた様子が関西学院大学の審査過程にはあらわれている。

ミッションによって欧米から来日した外国人教員が授業を担当すれば、直接キリスト教を扱う科目（「基督教概論」など）以外の授業の中でも、学生は「西洋」の思想や技法に直接触れ、教員自身の影響を受けてキリスト教に親しむ機会が自ずと増え、入信につながることもあったであろう。キリスト教系大学の場合（ミッションによって創設された立教大学、上智大学、関西学院大学）、少なからぬ外国人教員が授業を担当していたが、そうしたあり方が、上記のような「東洋及日本」の重視へという授業内容に関する文部省からの指示の中で、根本的に揺さぶられていったことがわかる。対米英開戦を前に、一九四〇年から四一年には外国人ミッションを排除・帰国させることが進められた。だが、それ以前から授業担当者や授業内容の変更という形で、外国人教員の教授する機会を徐々に減らし、やがてはなくすという方向性は加速しており、外国人教員の活動の場が狭められていったことを確認しておきたい。

第五節　おわりに——小括と今後の課題——

以上、高等学校高等科教員無試験検定を中心にその指定を受けることと、キリスト教系四大学のカリキュラムの変更の関係を見てきた。指定に関する文部省の簿冊が一九二四（大正一三）年から始まって敗戦前については一九三九（昭和一四）年で終わっており、特に一九四〇年代に入ってからの書類が綴られていないため、敗戦前全体の流れを見ることはできていない。また、中等学校教員無試験検定の指定と高等学校高等科教員無試験検定の審査のあり方の共通性・連動、あるいは相違という点については本章では扱うことができていない。このように限定された時期・対象で見た限りではあるが、高等学校高等科教員無試験検定の指定について、私立大学の指定が始まって間もない頃には、その学科課程を東京帝国大学の該当する学科のカリキュラムを基準として審査し、科目名や配当時間数を比較してそれとほぼ同等であると認められるか否かを審査していたことが明らかになった。担当教員にも、立教大学の指定を受ける際の追加教員などを見る限り、兼任として東京帝国大学教授を招聘するなどして、講義内容を〝東京帝国大学と同等〟であることを示すことが、指定を申請する私立大学によって採られた方法であったと考えられる。

しかし、「法制及経済」の審査であらわれたように、基準とされた東京帝国大学のカリキュラムも不動のものではなく、文部省専門学務局によって変更を指示され、選択必修とする科目の変更や追加が行われていった。また、大正大学の指定に際しての文部省側の鉛筆書きメモに注目するならば、「教師」が第一のチェック項目になっていたと考えられる。

一九二〇年代半ばから既に、立教大学と上智大学の事例にあったように、「教育学及教育史」の科目担当を日本人教員にすることが要請されていたことが判明した。他方で、一九二〇年代については講義内容そのものについての踏み込んだ審査が行われた様子はまだ見当たらない。

ただ、一九三〇年代初頭の審査からは、同志社大学の申請に対する改善指示に見られたように「心理及論理」について心理学実験室の設備が詳細にチェックされ、科目名と内容の「概論」化の要請が行われるなど、講義内容の中身に踏み込んだ審査が目立つようになった。また、一九三四年に「支那学」の講義内容について、新たに申請をしてきた大学（大谷大学）とあわせて、既に指定を受けている大学（龍谷大学）にも当該科目について照会して、再審査する動きがあらわれていた。

さらに、講義内容レベルでの「西洋」偏重への警戒と「東洋及日本」重視の方向性でのチェックは、一九三〇年代後半から明確に登場してきており、関西学院大学の指定申請の審査過程で明らかになったように、「教育学」「教育史」では、担当を日本人教員とするばかりでなく、専門分野で日本、あるいは東洋のことを中心的に扱う日本人教員に担当させることが求められるようになっていったと考えられる。

このように指定を受けるための審査が、講義内容そのものや担当教員の専門性のチェックに及ぶなど、全体として審査強化の動きが出てきたことは、一九二〇年代後半に強まり一九三〇年代から敗戦までの過程で激しくなっていた文部省による高等教育・研究機関への思想統制、教育・研究への統制・監視のあり方の一環に位置づけられると考えられるが、天皇機関説事件を契機として行われた全国の官公私立大学の「憲法」担当教員の調査と天皇機関説を教えることへの禁圧という、文部省によるあからさまな研究・教育の統制・弾圧とはやや位相を異にする、文部省によるソフトかつ着実な統制であった点は重要であろう。

教員無試験検定の指定を受けることは、指定を受ける私立大学にとっては、卒業生にその指定を受けた教員免許状を出すことができ、大学で資格を得られる条件を提供するという〝利点〟があったであろうし、高等学校高等科教員の無試験検定の指定を受けるということは、〝東京帝国大学と同等〟の教育内容を提供するというお墨つきを文部省から得ることをも意味していたであろう。しかし、他方で、指定を受けようとすることによって、教員やカリキュラム、さらには時代が下ると教育内容にまで文部省からのコントロールを受けることになり、指示によって学科課程を変えた挙げ句に、指定を受けるに至らないという立教大学のようなケースも出ていた。無試験検定の指定を受けようとすることが契機となって、文部省の指示によるカリキュラムの改編、担当者の交替を大学側が自ら進んで受け入れる仕組みができあがっていったという点は見逃せない。

宗教学科に「修身」の指定を受けようと幾度か学科課程の変更を実施した立教大学が、最後まで指定を受けられなかった詳細な経緯は明らかではない。しかし、結果として見るならば、敗戦前、キリスト教系四大学は高等学校高等科、中等学校、あるいは両方の「修身」の指定を受けたが（立教大学だけが中等学校「修身」のみ。あとの三大学は両方の「修身」の指定を受けている）、それは哲学科やその倫理学専攻に限定されており、キリスト教の牧師・聖職者養成に関わり得る（関係性が高い）と考えられる学科（立教大学の宗教学科）や専攻（同志社大学の神学専攻）は最後まで、「修身」をはじめ他の学科目の指定も受けていない。キリスト教の牧師・聖職者が高等学校高等科や中等学校の生徒に教育すること自体が注意深く排除されていたのではないか。ここに、仏教系大学の仏教学科等が「修身」の指定を受けることができたこととの決定的な違いが存在したと考えられる。

キリスト教系大学に限らない高等学校高等科教員無試験検定の全体像や、高等学校高等科と中等学校教員無試験検定の共通性や相違の解明は他日を期せざるを得ないが、その解明を通して、改めてキリスト教系四大学の教育のあり方とその変容を検討する必要もあると考える。今後の課題としたい。

本章の作成にあたっては、関西学院学院史編纂室の池田裕子氏、上智大学史資料室の大塚幸江氏、同志社社史資料センターの布施智子氏に大変お世話になった。この場を借りて改めて感謝をお伝えしたい。そして立教学院史資料センターの大江満氏には、研究会参加のきっかけを作っていただき、また本章の内容に関するアドバイスを含めて終始お世話になった。記して感謝したい。

註

（1）大島宏「「基督教主義ニヨル教育」から「皇国ノ道ニヨル教育」へ―寄附行為にみる学院の目的の変更―」（老川慶喜・前田一男編『ミッション・スクールと戦争―立教学院のディレンマ―』東信堂、二〇〇八）。

（2）同志社社史史料編集所編『同志社百年史（通史編二）』（学校法人同志社、一九七九）、関西学院百年史編纂事業委員会『関西学院百年史（通史編Ⅰ）』（学校法人関西学院、一九九七）など。立教大学の戦時下の教育内容の変容については、奈須恵子「戦時動員と立教大学における教育の変容」（老川慶喜・前田一男、前掲書）。

（3）駒込武・川村肇・奈須恵子編『戦時下学問の統制と動員―日本諸学振興委員会の研究―』（東京大学出版会、二〇一一）。

（4）船寄俊雄・無試験検定研究会編『近代日本中等教員養成に果たした私学の役割に関する歴史的研究』（学文社、二〇〇五）。

（5）同志社社史史料編集所編『同志社百年史（資料編二）』（学校法人同志社、一九七九）一三七一～一三七九頁。

（6）同書、年表二〇頁。

（7）一九二六年二月二六日申請、同年四月五日結了「同志社大学学則中変更認可」（国立公文書館所蔵『同志社大学第八冊　自大一三年一月至昭二三年四月』）。

（8）一九二六年一二月九日申請、一九二七年二月九日結了「同志社大学学部学則並定員変更認可」（同資料）。

（9）一九三一年一月七日申請、同年三月一七日結了「同志社大学学則中変更認可」（同資料）。
（10）一九四〇年一月九日申請、同年三月二〇日結了「同志社大学学則中変更認可」（同資料）。
（11）一九四〇年一一月二八日申請、一九四一年二月一〇日結了「同志社大学学則中変更認可」（同資料）。
（12）一九四二年六月一七日申請、同年七月二四日結了「同志社大学学則中変更認可」（同資料）。
（13）一九四三年七月「学則中一部改正ニ付認可申請ノ件」（同志社社史資料センター所蔵「文部省関係往復文書綴昭和十八年度」。なお、この申請書は国立公文書館所蔵の学則変更の簿冊には見えない。
（14）一九四四年四月一日改正「同志社大学学則」（同志社社史資料センター所蔵「同志社大学学則　昭十九」）。
（15）同志社社史資料センター所蔵「大学学則並ニ学則中一部変更ノ件（戦時非常措置方策）昭和十九年九月」。
（16）一九四六年三月二五日申請、同年三月三〇日結了「同志社大学学則中変更認可」（国立公文書館所蔵『同志社大学　第八の二冊　自昭二一年三月至昭二二年一〇月』）。
（17）一九二四年二月一〇日申請、同年四月一日結了「立教大学学則中変更認可」（国立公文書館所蔵『立教大学　第一三冊　自大一三年四月至昭二二年五月』）。
（18）立教大学史学会『立教大学史学会小史』一九六七年。
（19）一九三〇年三月二二日申請、同年四月三〇日結了「立教大学学則中変更認可」（前掲『立教大学　第一三冊』）。
（20）一九三〇年一二月九日申請、同年一二月二七日結了「立教大学学則中変更認可」（同資料）。
（21）一九三七年一二月一三日申請、一九三八年二月一〇日結了「立教大学学則中変更認可」（同資料）。
（22）立教学院百二十五年史編纂委員会編『立教学院百二十五年史（資料編一）』（学校法人立教学院、一九九六）四五三～四五七頁。立教学院は、文学部を閉鎖するかわりに立教理科専門学校設立をはかった。
（23）一九四六年二月一日申請、同年二月一九日結了「立教大学学則中変更認可」（前掲『立教大学　第一三冊』）。立教学院百二十五年史編纂委員会編『立教学院百二十五年史（資料編三）』（学校法人立教学院、一九九九）六一～七二頁にも収められ、注記がつけられているように、一九四六年の学則変更の申請の中に「昭和十八年度以降　臨時学則」が綴られている。
（24）国立公文書館所蔵『上智大学（東京）　第十八の一冊　昭三年五月』。

(25)一九三〇年三月二九日申請、同年四月二四日結了「上智大学学則変更認可」(国立公文書館所蔵『上智大学　第二四冊　自昭四年一一月至昭二二年五月』)。
(26)一九三〇年一〇月二五日申請、同年一二月二二日結了「上智大学学則変更認可」(同資料)。
(27)一九四一年一二月一八日申請、一九四二年三月一三日結了「上智大学学則変更認可」(同資料)。
(28)『昭和十九年度　上智大学学則』(上智大学史資料室所蔵「上智大学学則」)。
(29)上智大学史資料集編纂委員会編『上智大学史資料集　第三集(一九二八～一九四八)』(学校法人上智学院、一九八五)一六三～一七四頁。
(30)国立公文書館所蔵『関西学院大学(兵庫)第一の二冊　昭七年三月』。
(31)一九三三年一二月二〇日申請、一九三四年一月一五日結了「関西学院大学学則中変更認可」(国立公文書館所蔵『関西学院大学　第二五冊　自昭七年三月至昭二一年七月』)。
(32)一九四一年一月三〇日申請、同年二月二八日結了「関西学院大学学則中変更認可」(同資料)。
(33)一九四二年三月一三日申請、同年五月三〇日結了「関西学院大学学則中変更認可」(同資料)。
(34)一九四二年七月一六日申請、同年八月二四日結了「関西学院大学学則中変更認可」(同資料)。
(35)関西学院百年史編纂事業委員会編『関西学院百年史(通史編Ⅰ)』(学校法人関西学院、一九九七)にも述べられているように、関西学院側と文部省との折衝が重ねられ、文部省は大学としての存続は認めたものの「大幅な改組、縮小を求め」た(同書五九〇頁)。関西学院学院史編纂室所蔵「理事会記録№一　一九四〇～五一」を見ると、一九四三年一一月一日時点で、神崎驥一院長から、政府の方針によって大学部が万一停止あるいは廃止する時には、といった発言が見られるが、一九四四年一月一五日の神崎院長報告では「大学部ハ存置スルコト」になったとあり、一九四四年二月二六日の臨時理事会において、商経学部の学生募集停止が文部省より示されたことが説明されている。
(36)立教大学立教学院史資料センター編『立教大学の歴史』(立教大学、二〇〇七)一五〇頁。
(37)老川慶喜「医学部設置構想と挫折」(老川慶喜・前田一男、前掲書)。
(38)前掲『関西学院百年史(通史編Ⅰ)』五五二～五五九頁、前掲『立教大学の歴史』一二七～一三四頁。

(39) 大島宏、前掲論文。
(40) 関西学院学院史編纂室所蔵「理事会記録No.一　一九四〇～五一」。
(41) 試験検定については、寺﨑昌男・「文検」研究会編『「文検」の研究─文部省教員検定試験と戦前教育学─』（学文社、一九九七）、寺﨑昌男・「文検」研究会編『「文検」試験問題の研究─戦前中等教員に期待された専門・教職教養と学習─』（学文社、二〇〇三）に詳しい。無試験検定については、船寄俊雄・無試験検定研究会、前掲書を参照のこと。
(42) 船寄俊雄・無試験検定研究会、前掲書。
(43) 「高等学校教員規程」では、高等学校尋常科で教えるためには、高等学校高等科の当該学科目の免許状を持っていればよいとしていた。同一学科目であれば、高等学校高等科教員の免許は中等学校教員の免許の上位の資格としての位置づけになったのではないかと考えられるが、この点の調査・研究は今後の課題としたい。
(44) 船寄俊雄・無試験検定研究会、前掲書。
(45) 上智大学史資料室所蔵「上智大学学則」の一九二八年度（推定）～一九四〇年度、一九四四年度参照。一九四四年度でも「教育学及学史」は文学部の必修科目。
(46) 一九四二年六月一七日申請、同年七月二四日結了「同志社大学学則中変更認可」（前掲『同志社大学　第八冊』）。この中に一九四一年四月改正「同志社大学学則」が綴られている。
(47) 船寄俊雄・無試験検定研究会、前掲書。
(48) 前掲『関西学院大学　第二五冊』。
(49) 国立公文書館所蔵『高等学校教員規程ニ依ル無試験検定ヲ受クルコトヲ得ル者ノ指定　第一冊　大正十三年～昭和三年』。
(50) 前掲『高等学校教員規程ニ依ル無試験検定ヲ受クルコトヲ得ル者ノ指定　第一冊』所収の一九二五年三月二八日文部省告示第一七三号告示案作成過程の関係書類。
(51) 国立公文書館所蔵『高等学校教員規程ニ依ル無試験検定ヲ受クルコトヲ得ル者ノ指定　第二冊　昭和五年～昭和十二年』所収の一九三四年一月八日文部省告示第一号の告示案作成過程の関係書類。

(52) 駒込武・川村肇・奈須恵子、前掲書。

(53) 前掲『高等学校教員規程ニ依ル無試験検定ヲ受クルコトヲ得ル者ノ指定　第二冊』所収の一九三一年の高野山大学の申請書類より。一九二四年の要項では、申請書類は省略とされていたが、この時の高野山大学の申請から、申請の謄写も省略しない方針に転換している様子が認められる。

(54) 前掲『高等学校教員規程ニ依ル無試験検定ヲ受クルコトヲ得ル者ノ指定　第一冊』所収の一九二八年一一月七日文部省告示第三八三号の告示案作成過程の関係書類。

(55) 註(50)と同じ。

(56) 一九二五年四月一日申請、四月一〇日結了「同志社大学学則中変更認可」(前掲『同志社大学　第八冊』)。

(57) 前掲『高等学校教員規程ニ依ル無試験検定ヲ受クルコトヲ得ル者ノ指定　第一冊』所収の一九二五年一〇月二〇日文部省告示第三四五号の告示案作成過程の関係書類。

(58) 同資料。

(59) 前掲『高等学校教員規程ニ依ル無試験検定ヲ受クルコトヲ得ル者ノ指定　第一冊』所収の一九二六年八月三日文部省告示第三二二号告示案作成過程の関係書類。

(60) 一九二六年一月二五日申請、同年四月五日結了「同志社大学学則中変更認可」(前掲『同志社大学　第八冊』)。

(61) 註(59)と同じ。

(62) 前掲『高等学校教員規程ニ依ル無試験検定ヲ受クルコトヲ得ル者ノ指定　第一冊』所収の一九二八年三月一日文部省告示第一〇一号の告示案作成過程の関係書類。

(63) 前掲『高等学校教員規程ニ依ル無試験検定ヲ受クルコトヲ得ル者ノ指定　第二冊』所収の一九三〇年四月五日文部省告示第一〇五号の告示案作成過程の関係書類。

(64) 前掲『高等学校教員規程ニ依ル無試験検定ヲ受クルコトヲ得ル者ノ指定　第二冊』。

(65) 一九三二年一二月一五日申請、一九三三年四月一二日結了「同志社大学学則中変更認可」(前掲『同志社大学　第八冊』)。

(66) 一九三六年三月五日文部省告示第五六号の告示案作成過程の関係書類では、「一、立正大学ニ対スル指定単位中支那哲学（一）印度哲学（一）宗教学（一）ハ各概論ヲ要求シ居ル旨入学ニ通牒スルコトニ決定セリ」という記載が見られ、教科専門科目の「概論」化要請が継続して行われていたことがわかる。

(67)　前掲『高等学校教員規程ニ依ル無試験検定ヲ受クルコトヲ得ル者ノ指定　第一冊』所収の一九二八年三月一日文部省告示第一〇一号告示案作成過程の関係書類。

(68)　一九二四年二月一〇日申請、四月一日結了「立教大学学則中変更認可」（前掲『立教大学　第一三冊』）。

(69)　註（67）と同じ。

(70)　前掲『高等学校教員規程ニ依ル無試験検定ヲ受クルコトヲ得ル者ノ指定　第二冊』所収の一九三三年一月三一日文部省告示第二三号告示案作成過程の関係書類。

(71)　一九三〇年三月二二日申請、四月三〇日結了「立教大学学則中変更認可」（前掲『立教大学　第一三冊』）。

(72)　国立公文書館所蔵『高等学校教員規程ニ依ル無試験検定ヲ受クルコトヲ得ル者ノ指定　第三冊　自昭和十二、十三、十四、二十四年』所収の一九三九年二月二五日文部省告示第六四号告示案作成過程の関係書類。

(73)　一九三七年一二月一三日申請、一九三八年二月一〇日結了「立教大学学則中変更認可」（前掲『立教大学　第一三冊』）。

(74)　一九三九年二月一四日申請、三月一六日結了「立教大学学則中変更認可」（前掲『立教大学　第一三冊』）。

(75)　一九四二年三月一〇日申請、四月一一日結了「立教大学学則中変更認可」（前掲『立教大学　第一三冊』）。

(76)　前掲『高等学校教員規程ニ依ル無試験検定ヲ受クルコトヲ得ル者ノ指定　第二冊』所収の一九三二年二月六日文部省告示第二四号告示案作成過程の関係書類。

(77)　前掲『高等学校教員規程ニ依ル無試験検定ヲ受クルコトヲ得ル者ノ指定　第二冊』所収の一九三五年六月八日文部省告示第二一九号告示案作成過程の関係書類。

(78)　ただし、上智大学史資料室所蔵の『上智大学学則』を見ると、実際には昭和七年度から一一年度は、春山、橋本、クナップスタインの三名、昭和一二年度に春山に替わって武宮隼人が担当に入り、武宮、橋本、クナップスタインの三名が一二、一三年度と続き、一四年度には武宮から入沢宗寿に替わって、一四年度、一五年度と入沢、橋本、クナップスタインとなっていて、クナップスタインの担当が続いていたことが判明する。

(79) 上智大学史資料室所蔵「教員検定ニ関スル指定（旧制大学）」。
(80) 前掲『高等学校教員規程ニ依ル無試験検定ヲ受クルコトヲ得ル者ノ指定　第三冊』所収の一九三七年三月二七日文部省告示第一二九号告示案作成過程の関係書類。
(81) 関西学院学院史編纂室所蔵「文部省教員無試験検定申請書関係綴」。
(82) 前掲『高等学校教員規程ニ依ル無試験検定ヲ受クルコトヲ得ル者ノ指定　第三冊』所収の一九三七年一二月二九日文部省告示第四三九号告示案作成過程の関係書類。
(83) 『官報』第三〇六八号（一九三七年三月二七日）。

【資料1】キリスト教系大学の教員無試験検定の指定と学則変更

※以下、各大学が大学令に依る大学であった時期を扱う。文部省告示についてはすべて『官報』の記載による。無試験検定の申請と関連すると考えられる学則変更については、国立公文書館所蔵の各大学の学則変更の簿冊（『同志社大学　第8冊　自大13年1月至昭22年4月』、『立教大学　第13冊　自大13年4月至昭22年5月』、『上智大学　第24冊　自昭4年11月至昭22年5月』、『関西学院大学　第25冊　自昭7年3月至昭22年7月』）による。なお学則変更の要点は#をつけて筆者（奈須）が書き入れており、申請書に無試験検定指定取得のためという明記がある場合にはその旨も記している。

※引用以外はすべて西暦で記載する。

※師範学校・中学校・高等女学校教員の無試験検定の指定学校への指定については、中等学校無試験検定指定と略す。

【資料1―1】同志社大学の指定と学則変更

・一九二三年四月四日　文部省告示第一五八号
高等学校高等科「英語」
⇒同志社大学文学部英文学科卒業者ニシテ教育学及教授法ヲ選択履修シタルモノ
・一九二三年四月四日　文部省告示第一五八号
高等学校高等科「法制及経済」

⇒同志社大学法学部政治学科卒業者ニシテ民法（物権、債権、親族、相続）及商法ヲ選択履修シタルモノ
⇒同法学部経済学科卒業者ニシテ行政法ヲ選択履修シタルモノ

・一九二三年四月五日　文部省告示第二六二号
中等学校無試験検定指定
・法学部⇒「法制及経済」
・文学部英文学科⇒「英語」（心理学、教育学及教授法ヲ必修セシ者ニ限ル）
・予科⇒「英語」（英語ヲ以テ入学シ主トシテ英語ヲ修メ其成績優等ナル者ニ限ル）

・一九二五年四月一日申請　一九二五年四月一〇日結了
「同志社大学学則中変更認可」
#「教員免許状ヲ得ントスル者ハ特ニ指定セラレタル科目ヲ必修スベシ」と明記。

・一九二六年一月二三日　文部省告示第一六号
高等学校高等科「法制及経済」
⇒同志社大学法学部法律学科卒業者ニシテ財政学ヲ選択履修シタルモノ

・一九二六年一月二五日申請　一九二六年四月五日結了
「同志社大学学則中変更認可」
#文学部神学科では社会学などを必修科目に。
また、従来の「猶太史」「聖書学」を「歴史神学」で包含教授するように変更。

・一九二六年一月二六日申請　一九二六年四月五日結了
「同志社大学学則中変更認可」
#上記の申請の追加申請。
#文学部神学科について神学専攻と倫理学専攻を分ける学課目配当に。
#「修身科」高等学校高等科教員無試験検定の取扱いを受けることを想定した変更。

・一九二六年八月三日　文部省告示第三二二号
高等学校高等科「修身」
⇒同志社大学文学部神学科卒業者ニシテ倫理学ヲ専攻シタルモノ

・一九二六年一二月九日申請　一九二七年二月九日結了
「同志社大学学部学則並定員変更認可」
#文学部に哲学科増設。

・一九二七年四月八日　文部省告示第一八四号
中等学校無試験検定指定
・文学部神学科⇒「修身」（倫理学ヲ専攻シタル者ニ限ル）

・一九二八年三月一四日　文部省告示第一三六号
中等学校無試験検定指定
・文学部哲学科哲学専攻⇒「修身」
・文学部哲学科倫理学及教育学専攻⇒「修身」、「教育」

・文学部哲学科心理学専攻⇩「教育」
・一九三〇年四月五日　文部省告示第一〇五号
高等学校高等科「修身」
⇩同志社大学文学部哲学科卒業者ニシテ倫理学及教育学ヲ専攻シ支那哲学（一）ヲ履修選択シタルモノ
・一九三〇年四月五日　文部省告示第一〇五号
高等学校高等科「哲学概説」
⇩同志社大学文学部哲学科卒業者ニシテ哲学ヲ専攻シ支那哲学又ハ印度哲学（一）ヲ選択履修シタルモノ
・一九三一年一月七日申請　一九三一年二月一七日結了
「同志社大学学則中変更認可」
#神学科に社会事業学専攻設置。
・一九三二年一二月一五日申請　一九三三年四月一二日結了「同志社大学学則中変更認可」
#神学科社会事業学専攻卒業者に対し中等学校「公民科」無試験検定の取扱いを受けるための申請。
#「公民科」免許を欲する者には、選択科目から「東洋倫理学」（一単位）、「行政法総論及各論」（各一単位）、「民法親族相続法」（一単位）を事実上必修とするもの。
「公民科」免許にかかわらず以下のように学科課程変更。
「憲法」（従来は二年生で三時間選択➡一年生で三時間必修に変更）
「経済政策」（従来は無し。新たに三年生で二時間必修）
「西洋倫理学」「東洋倫理学」（従来は二年生で二時間ずつ選択➡一年生で西洋倫理学は二時間必修、東洋倫理学は二時間選択に）
・一九三三年九月二一日申請　一九三三年一二月一九日結了「同志社大学学則変更認可」
#法律学科及政治学科、経済学科の必修科目「社会問題」を削除し、選択科目の「社会学」を必修科目に繰り上げる。
・一九三四年一月八日　文部省告示第一号
高等学校高等科「心理及論理」
⇩同志社大学文学部哲学科卒業者ニシテ心理学ヲ専攻シタルモノ
・一九三四年二月八日　文部省告示第一号
中等学校無試験検定指定
・法学部⇩「法制及経済」、「公民科」（倫理学（東洋、西洋）、憲法、行政法総論、行政法各論、民法総則、民法親族法及相続法、経済原論、経済政策、社会学、社会政策ヲ受験合格シタル者ニ限ル）
・文学部神学科倫理学専攻⇩「修身」
・文学部神学科社会事業学専攻⇩「公民科」（東洋倫理学、行政法総論、行政法各論、民法親族法及相続法ヲ

受験合格シタル者ニ限ル）
・一九四〇年一月九日申請　一九四〇年三月三〇日結了（四月一七日三月三〇日とし、四月一七日を消して三月三〇日としている）「同志社大学学則中変更認可」
#哲学科を倫理学専攻、教育学専攻、哲学専攻、心理学専攻の四専攻に変更。
#「英書講読」四→二など英語関係の時間数削減。
#英文学科の中に専攻を設ける案は結果的に削除。
・一九四〇年一〇月二日申請　一九四〇年一二月一三日結了「同志社大学学則中変更認可」
#法律学科に「経済史」、経済学科に「刑法各論」を選択科目として加える変更。
「法制及経済」高等学校高等科教員無試験検定上必要という説明。
・一九四〇年一一月二八日申請　一九四一年二月一〇日結了「同志社大学学則中変更認可」
#文学部改編。神学科・文化学科に。
・一九四二年二月二七日　文部省告示第一一〇号
高等学校高等科「修身」
⇩同志社大学文学部哲学科卒業者ニシテ倫理学ヲ専攻シタルモノ但シ昭和十七年九月以後ノ卒業者ニ限ル
・一九四二年二月二七日　文部省告示第一一〇号
高等学校高等科「哲学概説」
⇩同志社大学文学部哲学科卒業者ニシテ哲学ヲ専攻シタルモノ但シ昭和十七年九月以後ノ卒業者ニ限ル
・一九四二年二月二七日　文部省告示第一一〇号
高等学校高等科「心理及論理」
⇩同志社大学文学部哲学科卒業者ニシテ教育学ヲ専攻シ心理学（三）「内心理学実験（一）」ヲ選択履修シタルモノ但シ昭和十七年九月以後ノ卒業者ニ限ル
・一九四二年二月二七日　文部省告示第一一〇号
高等学校高等科「法制及経済」
⇩同志社大学法学部政治学科卒業者ニシテ民法（物権、債権、親族、相続）及商法ヲ選択履修シタルモノ但シ昭和十六年以前ノ卒業者ニ限ル
⇩同法学部政治学科卒業者ニシテ民法（債権総論、債権各論、親族、相続）経済史及刑法ヲ選択履修シタルモノ
⇩同法学部経済学科卒業者ニシテ行政法ヲ選択履修シタルモノ但シ昭和十六年以前ノ卒業者ニ限ル
⇩同法学部経済学科卒業者ニシテ行政法（総論、各論）、民法（債権総論、債権各論、親族、相続）及刑法（総論、各論）ヲ選択履修シタルモノ
⇩同法学部法律学科卒業者ニシテ財政学ヲ選択履修シタルモノ但シ昭和十六年以前ノ入学者ニ限ル
⇩同法学部法律学科卒業者ニシテ経済史及財政学ヲ選択

履修シタルモノ
・一九四二年四月二〇日　文部省告示第四二一号
中等学校無試験検定指定
・文学部哲学科
元哲学専攻⇒「修身」
元倫理学及教育学専攻⇒「修身」、「教育」
元心理学専攻⇒「教育」
・文学部哲学科
哲学専攻⇒「修身」
倫理学専攻⇒「修身」
心理学専攻⇒「教育」
教育学専攻⇒「教育」
・一九四二年六月一七日申請　一九四二年七月二四日結了
「同志社大学学則中変更認可」
#法学部の学科課程変更。
#「特殊科目」が設置され、必修科目、選択科目とは別に、四時間乃至一〇時間で、日本文化論、東亜共栄圏論、国土計画論などが新設。
・一九四四年四月一二日　文部省告示第四六三号
高等学校高等科「修身」
⇒同志社大学文学部文化学科卒業者ニシテ主トシテ倫理学ヲ専攻シ倫理学概論（一）、倫理学「東洋及西洋」（四）、支那哲学（一）、印度哲学又ハ宗教学概論（一）、社会学概論（一）、哲学（二）、教育学（二）ヲ履修シタルモノ
・一九四四年四月一二日　文部省告示第四六三号
高等学校高等科「英語」
⇒同志社大学文学部文化学科卒業者ニシテ英語英文学ヲ専攻シ英語学、英文学（九）、言語学概論（一）、教育学（二）ヲ履修シタルモノ
・一九四四年四月一二日　文部省告示第四六三号
高等学校高等科「哲学概説」
⇒同志社大学文学部文化学科卒業者ニシテ主トシテ哲学ヲ専攻シ哲学概論（一）、東洋哲学史概説（二）、支那哲学又ハ印度哲学（一）、西洋哲学史概説（二）、哲学（二）、心理学概論又ハ社会学概論（一）、倫理学概論又ハ美学概論若ハ宗教学概論（一）、教育学（二）ヲ履修シタルモノ
・一九四四年四月一二日　文部省告示第四六三号
高等学校高等科「心理及論理」
⇒同志社大学文学部文化学科卒業者ニシテ心理学ヲ専攻シ心理学概論（一）、心理学（三）「内心理学実験（一）」、論理学（一）、哲学概論（一）、哲学（二）、倫理学概論（一）、社会学概論（一）、教育学（二）ヲ履修シタルモノ
・一九四四年五月一九日　文部省告示第八八三号

中等学校無試験検定指定

⇓同志社大学（大学令ニ依ルモノニ限ル）ノ項中「文学部英文学科　英語（心理学、教育学及教授法ヲ必修セシ者ニ限ル）同神学科　倫理学専攻　修身　社会事業学専攻　公民科（東洋倫理学、行政法総論、行政法各論、民法親族法及相続法ヲ受験合格シタル者ニ限ル）同哲学科元哲学専攻　修身　元倫理学及教育学専攻　修身、教育　元心理学専攻　教育　哲学専攻　修身　倫理学専攻　修身　心理学専攻　教育　教育学専攻　教育」ヲ

・元文学部英文学科⇓「英語」（心理学、教育学及教授法ヲ必修セシ者ニ限ル）

・同神学科倫理学専攻⇓「修身」

・同神学科社会事業学専攻⇓「公民科」（東洋倫理学、行政法総論、行政法各論、民法親族法及相続法ヲ受験合格シタル者ニ限ル）

・同哲学科元哲学専攻⇓「修身」

・同哲学科元倫理学及教育学専攻⇓「修身」、「教育」

・同哲学科元心理学専攻⇓「教育」

・哲学専攻⇓「修身」

・倫理学専攻⇓「修身」

・心理学専攻⇓「教育」

・教育学専攻⇓「教育」

ニ改メ次ニ左ノ如ク加フ

・文学部（昭和十八年九月以後ノ卒業者）

⇓「修身」（倫理学概論一単位、東洋倫理学史二単位、西洋倫理学史二単位、哲学概論一単位、支那哲学一単位、西洋哲学史一単位、社会学概論一単位、教育学及教授法二単位ヲ受験合格シタルモノニ限ル）

⇓「公民科」（東洋倫理一単位、西洋倫理一単位、憲法一単位、行政法総論一単位、行政法各論一単位、民法親族法及相続法一単位、民法総則一単位、経済原論一単位、経済政策一単位、社会学概論一単位、社会政策一単位ヲ受験合格シタル者ニ限ル）

⇓「教育」（教育学概論一単位、教育学及教育史四単位、倫理学概論一単位、心理学概論一単位、哲学概論一単位、社会学概論一単位ヲ受験合格シタル者ニ限ル）

⇓「英語」（英語学及英文学八単位、言語学概論一単位、教育学二単位ヲ受験合格シタルモノニ限ル）

【資料1―2】立教大学の指定と学則変更

・一九二四年二月一〇日申請　一九二四年四月一日結了

「立教大学学則中変更認可」

#高等学校高等科教員免許状を受けるため文学部各科の学科課程改正とあり。

#商学部を商学科と経済学科に分けるもの。

・一九二五年一月二二日　文部省告示第一二号
中等学校無試験検定指定
・商学部商学科⇓「商業」（商業史、統計学、外国為替論、金融論、取引所論、信託業、倉庫及税関、工業政策ヲ選択履修シタル者ニ限ル）、「簿記」、「英語」
・同　経済学科⇓「法制及経済」（日本経済史、信託業、刑法、行政法及仏語独語中ノ一科目ヲ選択履修シタル者ニ限ル）、「英語」
・文学部英文学科⇓「英語」（実用英語ヲ選択履修シタル者ニ限ル）
・文学部哲学科⇓「修身」（倫理ヲ選択履修シタル者ニ限ル）
・予科文科⇓「英語」（英語ヲ以テ入学シ主トシテ英語ヲ修メ其成績優等ナル者ニ限ル）
・予科商科⇓「英語」（同前）
・一九二七年八月三一日　文部省告示第二七七号
中等学校無試験検定指定
・文学部史学科⇓「歴史」（教育学概説一単位、教育史一単位、哲学史、宗教史、美術史、政治史、経済史ノ内二単位ヲ選択履修シタル者ニ限ル）
・一九二八年三月一日　文部省告示第一〇一号
高等学校高等科「英語」
⇓立教大学文学部英文学科卒業者ニシテ教育学教育史ヲ選択履修シタルモノ
・一九二八年三年一日　文部省告示第一〇一号
高等学校高等科「日本史及東洋史」
⇓立教大学文学部史学科卒業者ニシテ教育学教育史ヲ選択履修シタルモノ
・一九二八年三月一日　文部省告示第一〇一号
高等学校高等科「哲学概説」
⇓立教大学文学部哲学科卒業者ニシテ教育学教育史ヲ選択履修シタルモノ
・一九三〇年三月二二日申請　一九三〇年四月三〇日結了
「立教大学学則中変更認可」
#哲学科卒業者に「心理及論理」の高等学校高等科教員無試験検定出願認可申請のため。哲学科内を哲学専攻と心理学専攻に分けるもの。
・一九三〇年一二月九日申請　一九三〇年一二月二七日結了「立教大学学則中変更認可」
#経済学部経済学科卒業者に「法制及経済」の高等学校高等科教員無試験検定出願認可申請のため。
・一九三三年一月三一日　文部省告示第二三号
高等学校高等科「心理及論理」
⇓立教大学文学部哲学科卒業者ニシテ心理学ヲ専攻シ教育学、教育史ヲ選択履修シタルモノ但シ昭和八年三月以後ノ卒業者ニ限ル

・一九三三年一月三一日　文部省告示第二三号
高等学校高等科「法制及経済」
⇓立教大学経済学部卒業者ニシテ行政法、民法（親族、相続）、刑法及国際公法ヲ選択履修シタルモノ但シ昭和六年三月以後ノ卒業者ニ限ル
・一九三四年三月一四日申請　一九三四年四月一三日結了「立教大学学則中変更認可」
#新設学科目「公民科」の検定出願資格指定の認可を得るため。「公民科」教員志望者は教育学、教育史が必修科目のほか、倫理学（東洋、西洋）を履修し、なお商業科にあっては社会学、社会政策及び経済政策を加えて履修すること、を指示。
#文学部哲学科の必修と選択科目の変更。
#経済学部の学科課程変更。
・一九三四年一一月八日　文部省告示第二七四号
中等学校無試験検定指定
立教大学中「商学部」ヲ「元商学部」ニ改メ元商学部ノ項ノ次ニ左ノ如ク加フ
・経済学部商学科⇓「英語」、「商業」（近世商業史、統計学、国際金融及外国為替、取引所、信託、税関及倉庫、工業政策ヲ選択履修シタル者ニ限ル）、「簿記」
・経済学部経済学科⇓「法制及経済」（日本経済史、信託、刑法、行政法、外国語ヲ選択履修シタル者ニ限ル）、「英語」
・一九三六年三月二八日　文部省告示第一〇九号
中等学校無試験検定指定
立教大学経済学部ノ項ヲ左ノ如ク改ム
・経済学部商学科⇓「英語」、「商業」（近世商業史、統計学、国際金融及外国為替、取引所、信託、税関及倉庫、工業政策ヲ選択履修シタル者ニ限ル）、「簿記」、「公民科」（東洋倫理、西洋倫理、行政法（総論、各論）、民法（親族、相続）、経済政策、社会学、社会政策ヲ選択履修シタル者ニ限ル）
・経済学部経済学科⇓「法制及経済」（日本経済史、信託、刑法、行政法、外国語ヲ選択履修シタル者ニ限ル）、「英語」、「公民科」（東洋倫理、西洋倫理、行政法（総論、各論）、民法（親族、相続）、経済政策、社会学、社会政策ヲ選択履修シタル者ニ限ル）
・一九三七年一二月一三日申請　一九三八年二月一〇日結了「立教大学学則中変更認可」
#宗教学科を除く文学部と経済学部の必修科目、選択科目などの修正。
#史学科卒業者に「西洋史」の高等学校高等科教員無試験検定出願認可申請のため。
#哲学科と史学科卒業者に中等学校「英語科」無試験検定出願認可申請のため。特別英語科の設置。ただし、

この特別英語科は実現しておらず、学則変更にも反映されず。
・一九三九年二月二五日　文部省告示第六四号
高等学校高等科「日本史及東洋史」
⇓立教大学文学部史学科卒業者ニシテ教育学（一）、教育史（一）ヲ選択履修シタルモノ但シ昭和十二年以前ノ入学者ニ限ル
⇓立教大学文学部史学科卒業者ニシテ日本史及東洋史ヲ主トスルモノヲ修メ教育学（一）、教育史（一）ヲ選択履修シタルモノ
・一九三九年二月二五日　文部省告示第六四号
高等学校高等科「西洋史」
⇓立教大学文学部史学科卒業者ニシテ西洋史ヲ主トスルモノヲ修メ教育学（一）、教育史（一）ヲ選択履修シタルモノ
・一九三九年二月一四日申請　一九三九年三月一六日結了
「立教大学学則中変更認可」
#哲学科の選択科目に「国民道徳」（二）を追加。
#宗教学科の学科課程変更。必修科目、選択科目、時数の変更。
聖公会神学院分離により、牧師を志願しない者に中等学校「修身」無試験検定受検資格を得させるための変更と説明。
・一九四二年三月一〇日申請　一九四二年四月一一日結了
「立教大学学則中変更認可」
#文学部各科の学科課程変更。中等学校の「公民科」教員無試験検定の出願資格を得ることが変更理由として掲げられている。
#文学部英文学科と史学科に「公民科」に必要なものを選択科目として加えている。
選択科目に倫理学（東洋、西洋）四、憲法二、行政法（総論、各論）四、民法（総則、親族及相続）四、経済学（原論、政策）四、社会学二、社会政策二が新たに加えられている。
#文学部宗教学科と哲学科はカリキュラム全面改訂。

【資料1—3】上智大学の指定と学則変更

・一九三〇年三月二九日申請　一九三〇年四月二四日結了
「上智大学学則変更認可」
#学年制度を単位制度に改める。
#哲学科に倫理学専攻、哲学専攻、心理学専攻／文学科に独逸文学専攻、英文学専攻。
・一九三〇年一〇月二五日申請　一九三〇年一二月二二日結了「上智大学学則変更認可」
#商学部が商学科と経済学科に変更。
#商学科の必修科目の「民法」を「民法（親族法、相続

法ヲ除ク）」に変更。

#経済学科新設にともなう新設科目は、経済学史二、農業政策一、殖民政策一、交通政策一。

・一九三二年二月六日　文部省告示第二四号
高等学校高等科「修身」
⇓上智大学文学部哲学科卒業者ニシテ倫理学ヲ専攻シタルモノ

・一九三二年二月六日　文部省告示第二四号
高等学校高等科「独語」
⇓上智大学文学部文学科卒業者ニシテ独逸文学ヲ専攻シタルモノ

・一九三二年二月六日　文部省告示第二四号
高等学校高等科「哲学概説」
⇓上智大学文学部哲学科卒業者ニシテ哲学ヲ専攻シタルモノ

・一九三二年二月六日　文部省告示第二四号
高等学校高等科「法制及経済」
⇓上智大学商学部商学科卒業者ニシテ行政法（二）、民法（親族、相続）及刑法又ハ国際公法ヲ選択履修シタルモノ

・一九三五年六月八日　文部省告示第二一九号
高等学校高等科「英語」
⇓上智大学文学部文学科卒業者ニシテ英文学ヲ専攻シタルモノ

・一九三五年　一月二二日申請　一九三五年一二月一九日結了「上智大学学則変更認可」

#文学部や商学部の選択科目、必修科目に下記の新しいものが加わる。

文学部各科の選択科目に一〇科目を新設（認識論一、宗教史一、日本精神史一、演劇概論一、演劇史一、露西亜語一、文学概論一、教育行政一、各科教授論一、演習三）、文学部各科の選択科目の変更（独逸語学一↓独逸語学独逸文学二、英吉利語学一↓英吉利語学英吉利文学 一に変更）

商学部必修科目の変更（商業地理及商品二↓商業地理一＋商品学一）

商学部経済学科必修科目の変更（統計学二↓統計学一、交通政策一の削除、社会政策一を加える）

商学部各科の選択科目に八科目を新設（国際金融論一、経営経済学一、原価計算一、農村問題及産業組合論一、心理学一、東洋倫理学一、西洋倫理学一、演習二）

・一九三六年一月三〇日　文部省告示第二四号
中等学校無試験検定指定
・文学部哲学科⇓「修身」（倫理学史（東洋、西洋）四単位ヲ履修シタル者ニ限ル）
・文学部文学科独逸文学専攻⇓「独語」

・文学部文学科英文学専攻⇓「英語」
・商学部商学科⇓「商業」（近世商業史、外国為替、信託、倉庫及税関ヲ履修シタル者ニ限ル）、「簿記」（工業会計、銀行簿記ヲ履修シタル者ニ限ル）
・一九三六年三月五日　文部省告示第五六号
高等学校高等科「法制及経済」⇓上智大学商学部経済学科卒業者ニシテ民法（親族、相続）及刑法又ハ国際公法ヲ選択履修シタルモノ
・一九三六年六月二九日申請　一九三六年八月八日結了「上智大学学則中変更認可」
#商学部各科選択科目に、日本経済史一の追加。
理由として商学部各科選択科目の経済史一にて欧米経済史を講義し、さらに日本経済史一を追加して経済史の講義を充実するため、と説明。
・一九三六年九月一七日　文部省告示第三二三号
中等学校無試験検定指定
・商学部経済学科⇓「公民科」（東洋倫理、西洋倫理、憲法、行政法、民法（親族、相続）、経済原論、農業政策、工業政策、商業政策、社会学、社会政策ヲ選択履修シタル者ニ限ル）
・一九三七年三月一六日　文部省告示第八八号
中等学校無試験検定指定
・予科⇓「英語」（英語ヲ以テ入学シ第一外国語トシテ英語ヲ選択履修シ其ノ成績優等ナル者ニ限ル）
・一九四一年一二月一八日申請　一九四二年三月一三日結了「上智大学学則変更認可」
#文学部史学科の新設。
・一九四七年一月二七日　文部省告示第九号
高等学校高等科「西洋史」
⇓上智大学文学部史学科卒業者ニシテ西洋史学ヲ専攻シ教育学（一）教授法（一）ヲ選択履修シタルモノ

【資料1—4】関西学院大学の指定と学則変更

・一九三三年一二月二〇日申請　一九三四年一月一五日結了「関西学院大学学則中変更認可」
#変更の理由三点のうちの二点目として、「従来宗教学科ニ属スル学科目ハ特ニ基督教神学ニ重点ヲ置キタルモ更ニ宗教学教授一般ノ教授ノ必要ヲ認メタルコト」という説明あり。
#この時に、従来の法文学部の七学科体制（哲学科、倫理学科、心理学科、宗教学科、社会学科、英文学科、法律及政治学科）を、文学科（哲学、倫理学、心理学、宗教学、社会学、英文学の各専攻）、法学科（法律学、政治学の各専攻）の二学科体制に変更。
・一九三七年三月二七日　文部省告示第一一九号
高等学校高等科「英語」

⇓関西学院大学法文学部文学科卒業者ニシテ英文学ヲ専攻シ教育学（二）ヲ選択履修シタルモノ

・一九三七年三月二七日　文部省告示第一二九号

高等学校高等科「心理及論理」

⇓関西学院大学法文学部文学科卒業者ニシテ心理学ヲ専攻シ教育学（二）ヲ選択履修シタルモノ

・一九三七年三月二七日　文部省告示第一二九号

高等学校高等科「法制及経済」

⇓関西学院大学法文学部法学科卒業者ニシテ法律学ヲ専攻シ経済学原論、経済史、経済政策又ハ財政学ヲ選択履修シタルモノ又ハ政治学ヲ専攻シ民法（債権各論、親族、相続）、経済史ヲ選択履修シタルモノ

⇓関西学院大学商経学部商業学科卒業者ニシテ憲法（二）、行政法（二）、民法（親族、相続）、刑法又ハ国際公法、経済政策又ハ財政学ヲ選択履修シタルモノ

⇓関西学院大学商経学部経済学科卒業者ニシテ憲法（二）、行政法（二）、民法（親族、相続）、刑法又ハ国際公法ヲ選択履修シタルモノ

・一九三七年四月二八日　文部省告示第一三三号

中等学校無試験検定指定

・法文学部文学科英文学専攻⇓「英語」（教育学二単位ヲ修メタル者ニ限ル）

・商経学部商業学科⇓「商業」、「簿記」

・予科⇓「英語」（英語ヲ以テ入学シ第一外国語トシテ英語ヲ選択履修シ其ノ成績優等ナル者ニ限ル）

・一九三七年一二月二九日　文部省告示第四三九号

高等学校高等科「修身」

⇓関西学院大学法文学部文学科卒業者ニシテ左ノ各号ノ一ニ該当シタルモノ

一、倫理学ヲ専攻シ印度哲学（一）、教育学、教育史ヲ選択履修シタルモノ

一、宗教学ヲ専攻シ倫理学「東洋及西洋」（四）、支那哲学（一）、印度哲学（一）、社会学（一）、哲学概論（一）、教育学、教育史ヲ選択履修シタルモノ

一、社会学ヲ専攻シ倫理学「東洋及西洋」（四）、支那哲学（一）、哲学概論（一）、印度哲学（一）、教育学、教育史ヲ選択履修シタルモノ

・一九三七年一二月二九日　文部省告示第四三九号

高等学校高等科「哲学概説」

⇓関西学院大学法文学部文学科卒業生ニシテ哲学ヲ専攻シ教育学、教育史ヲ選択履修シタルモノ

・一九三八年一月三日申請　一九三八年五月二六日結了

「関西学院大学学則中変更認可」

#憲法などの単位数を増やす変更（憲法、行政法、民法、刑法、民事訴訟法の単位数を増加）。法文学部の重要学科目中数種の重要科目につき単位を増加すると説明。

・一九三八年四月一四日　文部省告示第一六〇号
中等学校無試験検定指定
関西学院大学ノ項ヲ左ノ如ク改ム
・法文学部文学科英文学専攻⇓「英語」（教育学二単位ヲ修メタル者ニ限ル）
・法文学部文学科哲学専攻⇓「修身」（倫理学概論一単位、倫理学（東洋、西洋）四単位、哲学概論一単位、支那哲学一単位、西洋哲学史一単位、社会学一単位、教育学二単位ヲ受験合格シタル者ニ限ル）
・法文学部文学科倫理学専攻⇓「修身」（教育学二単位ヲ修メタル者ニ限ル）
・法文学部文学科宗教学専攻⇓「修身」（倫理学概論一単位、倫理学（東洋、西洋）四単位、哲学概論一単位、支那哲学一単位、西洋哲学史一単位、社会学一単位、教育学二単位ヲ受験合格シタル者ニ限ル）
・法文学部文学科社会学専攻⇓「修身」（同前）、「公民科」（倫理学（東洋、西洋）二単位、憲法一単位、行政法（総論、各論）二単位、民法（総則、親族及相続）二単位、経済学（原論、政策）二単位、社会学一単位、社会政策一単位ヲ受験合格シタル者ニ限ル）
・法文学部法学科⇓「公民科」（同前）
・商経学部商業学科⇓「公民科」（同前）、「商業」、「簿記」
・商経学部経済学科⇓「公民科」（同前）
・予科⇓「英語」（英語ヲ以テ入学シ第一外国語トシテ英語ヲ選択履修シ其ノ成績優等ナル者ニ限ル）
・一九二八年一〇月五日　文部省告示第三三〇号
中等学校無試験検定指定
関西学院大学ノ項中「法文学部文学科倫理学専攻」ノ次ニ左ノ如ク加フ
・法文学部文学科心理学専攻⇓「修身」（倫理学概論一単位、倫理学（東洋、西洋）四単位、哲学概論一単位、支那哲学一単位、西洋哲学史一単位、社会学一単位、教育学二単位ヲ受験合格シタル者ニ限ル）
・一九四〇年三月二九日申請　一九四〇年四月一七日結了
「関西学院大学学則中変更認可」
#法文学部法学科学科課程中一部の改正。必修科目「商法（会社法、手形法）」一単位を二単位に変更。
#必修科目「国際公法」二単位→「平時国際公法」一単位（必修科目）＋「戦時国際公法」一単位（選択科目）に変更。
・一九四一年一月三〇日申請　一九四一年二月二八日結了
「関西学院大学学則中変更認可」
#「時勢ニ順応シ一層教育ノ効果ヲ挙ゲンガタメ」という理由で変更。英語の単位を減らし、「東亜経済論」などを加えるもので、法文学部の英国法、行政学、新

聞学を削除し、新たに比較法、統制経済法を加え、法制史一単位を日本法制史一単位、西洋法制史各一単位に改める。商経学部の文明史、応用社会学を削除し、工業政策、経済学特殊講義、英語の単位数を減じ、新たに経済法、東亜経済論、戦時経済事情、国際関係を加える。

・一九四二年三月一三日申請　一九四二年五月三〇日結了「関西学院大学学則中変更認可」

#「時局ノ要請ニ基キ重点主義ヲ採用スル為」と説明して商経学部学科目・単位数の変更。

・一九四二年七月一六日申請　一九四二年八月二四日結了「関西学院大学学則中変更認可」

#法文学部に国文学科新設。

第八章　「社会」と対峙する仏教学

――戦時下における大正大学を中心に――

三浦　周

第一節　はじめに

本章は、前作『近代日本の大学と宗教』（法藏館、二〇一四）における拙稿「「学習」される仏教」（以下、前稿）を継承するものである。前稿では、宗派の規則である教規宗制において、僧侶になる条件としての教師（教化・布教をおこなう者の意）、教師となるための教育機関における学習、これが義務化されている点を指摘した。そのうえで複数宗派を設立基盤にもつ大正大学における僧侶養成が近代教育制度に依拠し、修行・修道的要素が排除された〝学習〟に特化されていた点をカリキュラムの変遷から実証した。当初外学とされた仏教史や外国語が歴史研究・文献研究という近代的方法論によって重視されるようになり、それに伴って従来の宗乗・余乗が新たな仏教学・宗学へと変容した点を確認した。同時にこの〝学習〟化は、僧侶養成における〝行〟（僧侶としての実践・実務）の欠如という問題を出来させたと指摘した。

本章では、この〝行〟のあり方を問題としたい。何故なら、近代における〝行〟は僧侶個人の威儀という範疇を超え、実践面への注視から社会対応へと拡大されていることによる。ただし、こうした理解は誤りである[1]。だが、仏教近代化の動機である護法論、あるいは昭和前期（戦前）までの時代精神を形成する黄禍論に対するアジア主義を勘案したとき、仏教・僧侶の社会対応は必然となる。大正大学等の宗門系大学の設立もこの社会対応の一例であろう。ここにおいて歴史研究・文献研究によって読み替えられた〝仏教〟が有為転変する社会情勢に対し、当時のことばでいえば「即応」すること、言い換えれば、近代の所産である〈大学〉〈仏教学〉が社会とどのように対峙したか、これを戦時下という限定において明らかにすることが本章の主旨である。

なお、本章では主に大正大学学事資料を使用するが、紙面の煩雑を考慮し、旧字・旧仮名遣いは新字・現代仮名遣いに、片仮名は平仮名に変更し、適宜句読点を加える。また原文に明らかな誤りがある場合は［　］で補い、判読不明文字は□で示す。その他引用についてはこの限りではなく原文どおりとする。

第二節　仏教の社会化を促進する仏教学

現在、仏教は社会性をもつ宗教として認知されている。それ故、僧侶はある種公人としての性格を帯びる。だが、仏教・僧侶がはじめから社会的存在であったわけではない。儒学が隆盛をみた近世期において、仏教は出世間法、僧侶は方外之徒、いわば非社会的存在とされていた。あくまで理念的規定に過ぎないが、こうした理解は仏教・僧侶に生産性がないとする無益論にとどまらず、出家・剃髪・火葬を不孝＝秩序維持の阻害要因とする有害論を生ぜしめ、廃仏毀釈の間接的原因ともなっている。また、明治期においても仏教＝厭世教という批判が諸書に散見される。たとえば、明治国家のイデオローグ、井上哲次郎は「仏教が愈々盛になつて厭世的の教を實行する日に當つては日本は到底十分の開化をなすことは六かしからふと私は考へます」[2]と、厭世教たる仏教を日本近代化の阻害要因として批判している。では、仏教・僧侶の社会的存在への転換は何によってなされたのか。

本章では、この転換点を〈大学〉に求める。後発近代国家である日本において、〈大学〉が極めて近代的、あるいは国家的な空間であることは論を俟たない。これを端的にあらわすのが大学令（一九一八）における「国家ノ須要ニ応スル学術技芸ヲ教授」という一文である。この点について、江島尚俊は、明治三六（一九〇三）年の「専門学校令において、専門学校とは「高等の学術技芸」を教授する学校として規定されており、それは宗教も例外ではなかった」とし、「学術」の対象としての宗教という理念が大学令に引き継がれたと指摘する[3]。ここからすれば〈大学〉において〈仏教学〉が講じられることの意義、これには最大の関心が払われるべきである。これを当然の前提とするわけにはいかない。

前稿でも述べたが、明治期においては「欧米」「中華」という価値基準が併存している。〈大学〉や学術技芸は欧米に範がとられたが、帝国大学が事実上の官僚養成機関であったように、ここには中華的な上意下達という垂直の指向が認められる。上に属する〈大学〉で〈仏教学〉が講じられたからこそ、下である「人民」が仏教・僧侶を社会的存在として認知したといっても過言ではない[4]。その傍証として〈大学〉と仏教との関わりを具体的にみていきたい。

〈大学〉における〈仏教学〉、特に梵語学関連の開講講座については既に別稿[5]でまとめた。よって本節では、まず〈大学〉における学生団体に注目したい。典拠は『学内団体一覧』（文部省教学局、一九四〇。以下、『一覧』）である。ここには昭和一四（一九三九）年八月までに各大学内で組織された団体の名称、目的・事業、創立年月日、会長・

指導者、員数が記されている。調査学校数は帝大七、官立一五、公立二、私立二五の合計四九校とある。
この『一覧』では二、三六三の団体[6]を挙げ、うち四二団体を仏教系とするが、実際には、予科を含むが五一団体（二五校）が記載されている。その内訳は、帝大一六、官立八、公立二、私立二五であり、これをまとめたものが表1である。

注目すべきは、当時の全大学の半数に仏教関連の学生団体が存在する点であろう。二五校中六校が仏教系大学である点を差し引いても三分の一以上となる。残り半数の大学に神道系大学二校、キリスト教系大学四校がある点を考慮すれば、全大学における仏教関連学内団体の占有率はさらに上がる。ちなみに『一覧』の「宗教團體ノ内容別ニヨル分類」には、キリスト教系三五、仏教系四二、神道系三という団体数が計上されている。[7]先に上下という垂直の指向から仏教・僧侶が社会化されたと述べたが、こうした学生団体、特に仏教青年会がソーシャル・キャピタルとして水平に機能することによって仏教・僧侶の社会参加が促進したという可能性も検討しなければならない。この点は課題として提示するにとどめ、次に〈仏教学〉への学術研究助成に目を向けたい。

戦前の国家による学術研究助成として外務省の対支文化事業（東方文化事業）、文部省の精神科学研究奨励金（現在の科学研究費の前身）が挙げられる。これらの助成により〈仏教学〉にも大きな功績が残されている。たとえば『大正新脩大蔵経』『漢訳対照梵和大辞典』[8]等である。だが、ここでは「仏教の社会化」という本節の主旨に鑑み、民間初の学術財団[9]である啓明会による研究助成に注目したい。典拠は大正七年度から昭和一八年度の『財団法人啓明会事業報告』（昭和一四年度欠。以下、『事業報告』）である。

『事業報告』によると、啓明会はこの四半世紀の間に総額九六六、八一一円、二六七件[10]の助成をおこなっている。受付八一七件とあるので、この助成が採択制であったことがわかる。

表1　各大学における仏教系学生団体

大学	団体	目的・事業	創立年月日	会長・指導者	員数
東京帝国大学	仏教青年会	仏教精神の普及並に品性の修養を期す	大正八・一二	教授長井真琴	一八八
東京帝国大学	法然会	浄土宗関係者の親睦及浄土宗学の研究を期す	昭和二・六	教授長井真琴	一三
東京帝国大学	日蓮会	立正安国の大義を宣揚して社会の浄化国家の安泰を期す	昭和八・九	教授石橋智信	一八
東京帝国大学	同仁会	日蓮聖人の遺文を中心として日蓮教学の研究を期す	昭和一〇・六	教授石橋智信	六三
東京帝国大学	明徳会	大乗禅により練心の実法を行い正知見を開かんとす	昭和一二・五	教授和辻哲郎	一三
東京帝国大学	和光会	大乗精神の発揚を期す	昭和一二・六	助教授安井郁	七
東京帝国大学	大谷会	真宗関係者の親睦及体得を期す	明治三九・四	教授小野清一郎	二六
東京帝国大学	陵禅会	参禅の妙諦を体究せんことを期す	昭和一四・五	教授橋田邦彦	一三
京都帝国大学	真人会	座禅による精通を期す	昭和一三・六	教授石田文次郎	若干
京都帝国大学	大乗会	親鸞上人を讃仰しその信仰に生き之を他に及ぼさん事を期す	昭和四・一	教授羽渓了諦	八
京都帝国大学	仏教青年会	大乗精神に基き最高正法の体験と最高文化の発揚を期す（ニュース発行）	昭和一〇・一〇	教授羽渓了諦	五〇
東北帝国大学	印度学宗教学研究会	会員相互の親睦及仏教宗教の研究発表を期す	昭和三・六	教授鈴木宗忠	二〇
東北帝国大学	仏教青年会	会員相互の親睦及仏教精神の自覚並に発揚を期す（仏教青年会報発行）	大正一五	教授鈴木宗忠	四一
九州帝国大学	仏教青年会	仏教の妙理を会得し心身の修養をなし併せて社会事業に貢献せんことを期す	明治四〇・五	教授干潟龍祥	一七〇
北海道帝国大学	仏教青年会	仏教の妙理を会得し仏教精神の自覚及其の発揚を期す	昭和一一・一一	教授倉塚良夫	二二

北海道帝国大学	禅道会	禅道の修業を期す	昭和六・一一	教授里正義	一〇
東京商科大学	如意園	参禅し以て精神を修養し人格陶冶に資せんことを期す	明治三九	教授太田哲三	二三
神戸商業大学	仏教青年会	仏教の妙理を会得し心身の修養を期す（会誌発行）		教授野村寅三郎	三四
新潟医科大学	仏教青年会	仏教により人格の完成に努め安心立命の界に至るを期す	大正一〇・四	教授鳥居恵二	三二
岡山医科大学	親鸞会	真宗関係者の親睦及真宗学の研究を期す		教授生沼曹六	二五
長崎医科大学	仏教青年会	仏教の研究心身修養及社会事業に貢献せんことを期す	昭和二・三	教授北条春光	五二
東京文理科大学	大塚仏教会	信仰の普及徹底を期す	明治三三	教授松本彦次郎	若干
広島文理科大学	仏教青年会	仏教の要諦を研究し純真なる信仰に進み人格の陶冶を期す	明治三八・五	教授久保良英	二五
広島文理科大学	禅学会	禅的修養及仏教教理の研鑽を期す	大正一四・九	教授西晋一郎	八〇
大阪商科大学	仏教青年会	仏教の妙理を会得し心身の修養を期す（慧燈発行）	大正一五・一一	教授岡崎良蔵	三八
大阪商科大学	正眼団	禅を以て心身の鍛錬を期す（正眼団彙報発行）	昭和七・七	教授田崎仁義	二〇
慶應義塾大学	仏教青年会	仏教思想を通じて品性の陶冶及相互の親睦を期す		教授堀梅夫	四〇
慶應義塾大学予科	仏教青年会	仏教思想を通じて品性の陶冶及相互の親睦を期す		教授井原糺	六〇
慶應義塾大学予科	向上会	参禅し以て心身の鍛錬人格の陶冶を期す	大正一三	教授松野喜内	三一
早稲田大学	仏教青年会	仏教による修養及研究を期す		教授中桐確太郎	一五
明治大学	仏教研究会	大乗仏教の教理及経典の研究並に相互の親睦を期す	昭和一二・一	教授志田鉀太郎	六〇
明治大学予科	仏教研究会	大乗仏教の教理及経典の研究並に相互の親睦を期す	昭和一二・一	教授鈴木龍司	三〇
法政大学	仏教青年会	仏教精神の高調及相互の親睦を期す	大正一二・九	太田俤蔵	一一

中央大学	真宗会	真宗に関する研究及会員相互の親睦を期す	昭和一〇・六	講師吉田久	四五
日本大学	教導会	宗教科卒業生及在学生相互の連絡親睦を期す（教発行）	大正八・五	学監小松雄道	二〇〇
日本大学	仏教青年会	仏教の妙理を会得し心身の修養を期す	大正八・一〇	学監小松雄道	八〇〇
大谷大学	大谷学会	仏教学、哲学、史学及文学に関する諸般の研究を期す	大正九・四	学長大須賀秀道	七八四
大谷大学	東方仏教研究会	仏教に関する研究を期す	大正一〇・四	教授鈴木貞太郎	一〇〇
大谷大学	大乗仏教学会	仏教学に関する研究を期す	昭和三・一一	教授松本文三郎	七〇
大谷大学	真宗学会	真宗学の研究を期す（真宗論攷発行）	昭和五・四	教授安井廣度	九二
大谷大学	仏教史学会	仏教史学の研究及会員相互の親睦を期す	昭和六・五	教授日下無倫	一六
大谷大学	聖典語学会	聖典語により仏教の研究を期す（マユーラ発行）	昭和七・六	教授泉芳璟	一三
大谷大学	印度仏教学会	印度仏教に関する研究を期す	昭和一一・五	教授寺本婉雅	三〇
立正大学	仏教学会	仏教学、仏教史の研究を期す（大崎学報発行）	大正一五・五	学長清水龍山	一〇〇
駒澤大学	仏教学会	仏教学の研究、民衆教化並に会員相互の利便を期す（学会年報発行）	大正一四・五	教授渡辺楳雄	五七六
駒澤大学	実践宗乗研究会	洞上真箇の行持の研究と正信を確立し以て高祖の真風の宣揚を期す	昭和七・四	教授神保如天	四〇一
駒澤大学	曹洞宗青年会	人格の陶冶及祖道の考究並に会員相互の親睦を期す	大正一四・四	学長立花俊道	八七〇
高野山大学	信仰座談会	信仰の倍増及一般的精神的教養に資せんことを期す	昭和八・二	教授和田性海	三〇
大正大学	正法護国会	日本仏教精神に基き社会教化の徹底を期す（正法発行）	昭和九・二	教授塩入亮忠	三八
大正大学	伝道部	信仰の確立及伝道の研究実践を期す（菩提樹発行）		教授吉原自覚	四二
東洋大学	仏教研究会		大正一五・一一	教授常盤大定	八八

『学内団体一覧』（文部省教学局、一九四〇）より。

表2 財団法人啓明会による仏教学関連助成研究（一九一八―一九四二）

助成年	研究タイトル	代表者	金額	期間
一九一八	古社寺所蔵図書の調査	高楠順次郎	五、〇〇〇	五年
一九一八	英国博物館所蔵支那古写本の研究	矢吹慶輝	三、五〇〇	
一九一八	中央亜細亜発掘の古書の模本作成	瀧精一	一〇、〇〇〇	
一九二一	支那に於ける仏教並に仏教に関係ある儒、道両教の史蹟の踏査	常盤大定	六、〇〇〇	
一九二五	善見律毘婆沙の出版	高楠順次郎	三、〇〇〇	
一九二五	「大唐西域記に記せる東南印度諸国の研究」の出版	高桑駒吉	一、三五四	
一九二六	佛教大辞典編纂	望月信亨	六、〇〇〇	三年
一九二七	印度叙事詩「マハーバーラタ」の国訳	山上曹源	五、〇〇〇	
一九二七	英国博物館所蔵支那古写本の写真帖出版	矢吹慶輝	二、七〇〇	
一九二九	梵文金光明経出版	泉芳璟	二、三〇〇	
一九二九	梵文楞伽経の英訳	鈴木貞太郎（大拙）	五、〇〇〇	二年
一九二九	朝鮮佛教の研究	忽滑谷快天	一、五〇〇	二カ月
一九三二	梵文法華経の英訳	鈴木貞太郎（大拙）	一〇、〇〇〇	五年
一九三二	「大乗院寺社雑事記」の出版	辻善之助	三、〇〇〇	
一九三三	釈迦伝の研究	立花俊道	一、五〇〇	
一九三三	弁中辺論註釈の梵本の出版並に其の和訳及研究註釈の発表	山口益	二、五〇〇	
一九三四	巴利語佛教辞典の出版	高楠順次郎	四、五〇〇	
一九三四	日本佛教社会事業史の研究	谷山恵林	二、五〇〇	
一九三五	欧文佛教文献目録の編纂及出版	花山信勝	二、七〇〇	
一九三七	高野山文書の編纂刊行	高岡隆心／中田法壽	二、二五〇	
一九四一	印度語文典の出版	澤英三	一、四〇〇	

啓明会編『財団法人啓明会事業報告』より。

ここにおける仏教学関連への助成[11]は総額八一、七〇四円、二一件となる。これをまとめたものが表2である。これは助成額・件数ともに全体のおよそ八パーセントを占めている。ただの八パーセントであるかもしれないが、この助成事業が開始されるおよそ二五年前には日本近代化を阻害するとされた仏教に関する研究で、文系・理系を問わず採択率およそ三〇パーセントの関門を突破したうえでの八パーセントと理解するべきだろう。ここでもエポックとなる研究（「三階教の研究」、『仏教大辞典』等）につながる業績が上げられている。

また、啓明会は期間中一二八回の講演会を開催している。仏教学に関係する講演は計一六回（全体の八パーセント）であり、これをまとめたものが表3である。

全講演中、複数回講演をおこなったのは、伊東忠太（建築）、穂積重遠（法学）、宇野哲人（東洋史）、矢野仁一（東洋史）、黒板勝美（史学）、山田孝雄（国語学）、柳田國男（民俗学）、矢代幸雄（美術史）、田邊尚雄（音楽学）、下村宏（時事）、富田愛次郎（時事）、安岡正篤（時事）であるが、仏教学関連では高楠順次郎四回、矢吹慶輝三回、辻善之助二回であり、高楠の四回は伊東九回について二位、矢吹三回は安岡と同数で三位となっている。

これら助成研究・講演会における仏教学関連の八パーセントという数字は〈大学〉によって担保されている。『事業報告』には研究代表者の「略伝」という項目があり、ここには代表者の学歴、〈大学〉での職歴・研究歴が記載されている。ここで〈大学〉に依拠しないのは、法相宗管長で唯識学においては現在でも基本テキストのひとつとされる『新導成唯識論』（一九四一）を講じた佐伯定胤のみである。近代仏教学の形成と展開において佐伯定胤の存在は特異点となる。これについては稿を改めて述べたい。

さて、昭和一八年度の『事業報告』の「總則」には、理事長一名、理事六名（うち二名常務理事）、評議員一八名を置くことが定められている。仏教学関連でいえば評議員に辻善之助が名を連ねている。大正大学に特化すれば、

表3 財団法人啓明会による仏教学関連講演（一九一八―一九四三）

開催年	回次	講演者	演題
一九二〇	二	高楠順次郎	独逸の近況
一九二一	四	瀧精一	スタイン氏発見の敦煌画に就て
一九二二	七	常盤大定	支那仏教史蹟踏査報告
一九二五	一四	矢吹慶輝	英国博物館所蔵敦煌出土古写本仏典ロートグラフに就きて
一九二六	一九	佐伯定胤	声明
一九二八	二九	矢吹慶輝	敦煌出土品に就いて
一九二九	三四	矢吹慶輝	敦煌出土経巻に就きて
一九三四	五二	高楠順次郎	日本精神の内容
一九三六	六五	辻善之助	社会事業と佛教
一九三八	八四	河口慧海	西蔵文化と我国との関係
一九三八	八五	水野梅曉	支那の文化と其の振興
一九四〇	九七	高楠順次郎	外国文化の移入と其の発展
一九四〇	一〇二	辻善之助	異国との人的交渉と其の影響
一九四二	一一五	高楠順次郎	日本仏教の要諦
一九四二	一一九	宇野圓空	南方文化と宗教
一九四三	一二一	板澤武雄	東インド文化の史的考察
一九四三	一二五	伊東忠太	遺跡より観たる緬甸安南の文化

啓明会編『財団法人啓明会事業報告』より。

「経済」（農村社会問題）を担当した笠森伝繁[12]が常務理事と評議員を兼担している。また、物故職員には評議員として澤柳政太郎（大正大学初代学長）の名がみえる。あるいは、こうした人的ネットワークが助成・講演につながったのかもしれない。だが、たとえそうであっても、啓明会のおこなう研究助成・出版助成・講演・出版等は「公益ニ資スル爲」[13]（傍点筆者）におこなわれている。公器としての〈大学〉で生まれた〈仏教学〉が公の基準で判断された点を評価しなければならない。ここには〈仏教学〉の社会的需要が認められる。

第三節　大正大学の寺院的性格

前節では〈大学〉〈仏教学〉が仏教の社会化を担保、推進したことを仏教学関連の学生団体、研究助成・講演の例からみた。本節では〈大学〉のあり方として大正大学の自己規定をみていきたい。

まず、大正大学学事資料「校旗制定由来」（以下、「由来」）をみる。これは昭和一四（一九三九）年七月二九日付の文部省教学局発企二三号（各学校の校旗とその由来の調査）への答申である。「由来」によれば、大正大学はかつてインドに存在したナーランダ僧院（那蘭陀寺）を再現するものとされる。[14]故に校旗も単に校名をあらわすものではなく釈迦の生涯を象徴するものとして大正一五（一九二六）年一一月五日に制定されている。

ここで注目すべきは大正大学の自己規定が〈寺院〉というかたちをとる点である。これを「学校教育における宗教的情操涵養に関する具体的資料票」（以下、「宗教的情操涵養」）から補足したい。これは神戸商業大学からの質問状（一九三六）への返答である。神戸商業大学からの質問は、

写真１　大正大学校旗原画

一、学校教育に於ける教育勅語教育又は神ながらの道と宗教的情操教育との関係に就いての御高見
二、教育上実施されたる宗教的情操に関する学校又は寄宿舎における物的又は人的施設又は行事
三、学校長又は職員から学生、生徒児童への信仰的講話、座談会等の開催の内容
四、昨年の文部省訓令に従ひ、旅行、見学、各科教授に際しての宗教的情操涵養をなされたる具体的内容
五、学校長の信仰的生活（思想的又は実践的）、所属宗派と実践的「行」の内容等
六、職員の信仰生活（思想的又は実践的）、教会寺院教団等に関係し生きた信仰生活を営みておらるる方々の宗派並にその数等
七、学生生徒児童の信仰生活内容、宗派に所属し実践的「行」を生活する者の種別並に数等

の七点である。これに対する返答について、筆者がまとめたものを以下に記す。

一、教育勅語教育…御真影中心。
宗教的情操涵養…釈尊・聖徳太子・三宗祖師を敬う。

神ながらの道との関連…（十七条憲法二の）「篤敬三宝」：崇敬本尊、（十七条憲法三の）「承詔必謹」：御真影・御詔勅。
二、物的施設…本尊仏、聖徳太子・三宗祖師画像、香花・灯具・梵鐘・木魚等。
人的施設…三宗、および他の宗門系大学等から講師を招聘しての講演・研究会。

行事…毎週月火木土の午前一〇時より本尊前において二〇分間の読経礼拝（教職員・学生）。釈尊・祖師の出

生日における降誕奉祝法要。入滅日における涅槃会・御忌等。教職員学生（卒業生含む）に不幸があった場合、随時、読経礼拝焼香等の追悼慰霊。

三、水曜講演…毎週水曜午前一〇時より二〇分間、全学生に対し訓育指導の講演。
信仰座談会…年数回、学長以下教職員を中心とする座談会を開催。学生の信仰、思想上の疑問に回答。

担当会…宗派所属の教職員が各自十数名の学生を分担。学期ごとに担当会を開催。信仰、思想上の意見交換や修学上の相談をうける。

公開講演会…教職員・名士碩徳を講師とし、学生・一般公衆を対象として講演会を開催。

四、浅草寺・寛永寺・護国寺・増上寺等の法要への参加。開講科目に仏教・宗教に関するものが多いため、教授にあたって自然に情操涵養に資する。

五、大乗仏教共生主義の立場より全国的に共生会を組織し、その師表として随時、結衆指導に当る（当時の学長は椎尾弁匡。浄土宗）。

六、職員の過半数は寺院住職。近在の者は寺院の実務（勤行・教化・その他）をおこなう。遠隔の者は居室に信仰の対象を安置し朝夕礼拝、本尊を遥拝。浄土宗四一名、天台宗一五名、真言宗豊山派一七名、真言宗智山派一名、日蓮宗一名、曹洞宗一名（昭和一二年現在）。

七、学生の大部分は寺院徒弟。寺院、または宗派経営の寄宿舎より通学。それぞれが定めるかたちで朝夕勤行読経をおこなう。なかには追善祈禱・葬儀等の助法をおこなう学生もいる。浄土宗四五〇名、真言宗豊山派二〇六名、天台宗山門派一二〇名。その他、時宗、臨済宗、融通念仏宗、古義真言宗、真言宗智山派、日蓮宗等、各少数（昭和一二年現在）。

これによれば、まず、大正大学には礼拝対象として本尊（阿弥陀仏）が安置されており、これを荘厳する諸具が具備されている。次に、大正大学を構成する人員の大半は寺院関係者であり、各個に宗教儀礼（勤行）をおこないつつ、大学行事としても宗教儀礼（涅槃会等）をおこなう。また、各宗本山の宗教儀礼（法要）にも参列する。つづいて、布薩（罪の告白、懺悔）を模したと思われる信仰座談会・担当会が設けられており、さらに、教職員・学生（卒業生含む）が死亡した場合は追悼慰霊をおこなう。これらからすれば、大正大学には〈寺院〉としてのかたちが整っていたといえるだろう。

次に、大学行事としての宗教儀礼について詳しくみていく。これは「大正大学諸規程及び内規」（以下、「規程内規」）から確認する。この資料には年月日が付されていないが、資料中「研究室規定」に後述する東亜学研究室がないことから昭和一六（一九四一）年以前のものであることがわかる。

「規程内規」の「儀式に関する内規」によれば、釈尊降誕会、聖徳太子会、弘法大師会、興教大師会、天台大師会、伝教大師会、明照大師会が「降誕会」としてまとめられ五月八日に、釈尊成道会、天台宗開宗記念日、浄土宗記念日、真言宗記念日、本校創立記念日が「記念日」としてまとめられ一一月五日に、涅槃会、聖徳太子御忌、弘法大師御忌、伝教大師御忌、天台大師御忌、興教大師御忌、明照大師御忌が「御忌日」としてまとめられ二月一五日に執行と定められている。そして、ここには「当日は授業を休み、式及講演は可成午前中に済ます事」と付記される。つまり、年度中三日ではあるが〝学習〟よりも宗教儀礼が優先されるのである。

つづいて、宗教儀礼の内容について触れたい。「宗教的情操涵養」と異なり「規程内規」には「毎日（授業ある日）午前一〇時五分より同一五分迄の間」（傍点筆者）とある。また、やむを得ず参加できない者にも「登校後、直ちに講堂に入りて黙礼し職及学業に従事すること」と略礼が定められている。この朝礼では懺悔文・仏祖法号・四弘誓願・摩訶般若波羅蜜多心経・回向文を唱え、「降誕会」では前記に加え灌仏偈（「仏説浴像功徳経」）、「御忌日」では「仏遺教経」（抄）を唱えるとある。こうした宗教儀礼の全体を「記念日」の式次第から確認しておく。（一）一同着席、（二）校旗入場、（三）讃仏歌、（四）仏式、（五）国歌、（六）勅語奉読、（七）学長訓話、（八）祝辞、（九）校歌、（一〇）校旗退場、（一一）饗宴、（一二）散会（万歳）。ここにおける（四）仏式は朝礼と同内容である。

　前述したようにカリキュラム上からは〝学習〟への特化＝僧侶養成における〝行〟の欠如が指摘できるが、上記のとおり、規程・内規上からは、むしろ〝行〟の恒常性があらわれる。はたしてその実際はどうであったのか。当事者の声からこの点を確認しておこう。

　まず、学生側からの視点として『大学教授評判記』（一九三五）の記述をみる。ここでは朝礼における本尊前での読経や合掌が与えるインパクトを「どんなモダン・ボーイもこの時だけは神妙です」「配属将校も暫く居る中にお經を讀むやうになります[16]」といった例で表現する。そして、

　宗門外の大學から見れば異色でせうが、大正大學としての校風はまだ完成されてない。（中略）学生としても過渡期の悩みがある[17]（傍点筆者）

と、学生は大正大学における〝行〟を特殊なものと認識したうえで、これを「校風」と理解している。「悩み」とは「髪ものばした學生とクリ〳〵と半々[18]」と表現されるように、研究と信仰とを二律背反として捉えることによって生じたものである。「過渡期」とは後文に「仏教原理研究の學園[19]」とあることから、大正大学は信仰の場から研

究の場へと推移すると予想していることが窺える。

次に、教員側からの視点を昭和一七（一九四二）年に大学当局より教員に下された五カ条の諮問、これへの「答申書」からみていきたい。五カ条の諮問とは、一、多新入学人の訓練、二、教学一如の方法、三、宗団所要の応需、四、東亜学の成就、五、国際学府の任務の五つである。この諮問には、東亜学科開設に臨んで僧侶以外の一般人の入学が予想される状況で、如何に仏教を基盤とした教育、あるいは僧侶養成をおこなうか（一、二、三）、如何に他校と差別化するか（四、五）という問題意識があらわれている。「答申書」中のメモ書きには提出者として三二人の教員名が記されているが、実際に答申書が残されているのは三一である。[20] 本節では諮問の一、二、三への答申に注目したい。その答申内容をまとめたものが表4である。

ここで一〜三に共通してみられる〝実践〟がどういった主旨であるのかを確認したい。

本年招待の世間の子弟の新入は勿論、三派の新入学生と雖も、入学に際して予想し居ることは、仏教大学なれば宗教味の横溢する所ならんと思うに相違なく、入学後に於て一〇時の勤行は予想に合致する一相なるも其他は全く世間の学校と異なる者なしとなれば彼等の予想を裏切る仏教大学の貧困を曝露するものなり。故に訓錬方法は宗教的形式を用いるを可とす。

（大野法道・仏教学）

要するに、仏教系大学としての独自性を何によって演出するかという問題であり、一般の大学との差別化は〝実践〟によってなされるべきとする意見である。その具体案をまとめれば、一、勤行の精励、二、一と関連して勤行式・経文の解説、三、授業開始前に三分間の黙念、四、休業期間を利用しての法儀講習、五、行軍（日帰り小旅行）、

六、大学独自の新戒律の設定、七、六と関連して式日における袈裟の着用・精進、八、学内清掃・教室整頓等となる。その他は教員から学生への垂範、寺院子弟から一般学生への垂範といった熏習に期待するものである。これを一歩進めたものが僧伽を想定した寄宿舎の設立案であろう。反対に、習慣性に期待するのではなく積極的な統制

表4　「答申書」内容のまとめ

多新入学人の訓練	教学一如の方法	宗団所要の応需
指導組織の強化（担任制、班制）【8】	既存組織の活用【2】	既存科目と要求との関連づけ
固定教室	委員会の設立	僧侶への教養教育
希望科選別試験の実施	学風（確立、刷新）	宗学講義【4】
出欠管理	教員の努力【4】	実践【5】
代返一掃【3】	仏教信念をもった研究	大学と宗団の相互理解
教職員の垂範【2】	教科書の使用	寺院との連絡強化
教員学生の信頼関係構築	代返一掃	市中寺院への宿泊および通学
僧侶・一般人の弁別	清掃【2】	学内に寺院本堂形式の施設を設置
内地人・外地人の弁別	実践【7】	寄宿舎の設立
一般学生向け指導【2】	各教室に仏像を設置	皇道仏教の宣揚
実践【4】	袈裟の着用	拒否
勤行【2】	布薩の実施	
法話	教職員の垂範	
寄宿舎の設立【3】	寄宿舎の設立	
仮面浪人の排除		

【】内は複数回答の数。

（規律の厳格化）を望む声もある。学生対象としては、一、代返の一掃、二、遅刻・欠席の管理・処罰、三、下宿生活の監視であり、教員対象としては、一、始業時間の厳守、二、無欠勤、三、口授の排除（教科書使用の推奨）である。また、環境整備として、

一、寺院本堂形式の道場を学内に建設し、学園の中心的設備たらしめ、如法の修行にこれが最大限の利用を計り、学園に学林的意義を蘇生せしむること（安西覚承・国語）

二、教室の悉く道場なり。それらしき感じを少しにても多く室内に醸し出さんが為に、各教室ということ困難ならば一部の教室にても宜しければ、仏教に因たる額、或は仏像等を置きたし（松浦一・英文学）

と、大学＝学林、教室＝道場という理解から、寺院形式の建築物の建設案、教室への仏像設置案が出されている。つまり、大正大学の独自性の演出、その案出された方策は〈寺院〉化という傾向をもつ。つづけて学生が「悩み」としていた研究・信仰の関係について、教員の意見を以下に示す。

①行訓練により教学を一貫せしむべし（池田英淳・仏教学）

②講義内容が信仰を基本とすべきものにして単なる学事に終るべきに非ず（大野法道・仏教学）

③宗教・学術の一如は、教育者は仏教信念を以て学術を研究すること（山内為之輔・英語）

④応用的学風、即ち学の実践的面に新しく考慮を払うこと（大村桂巌・教育学）

⑤諸科目の教授、特に仏教学の教授に際しては抽象的観念的説明を避け、凡そ其れ等の教説そのものが直に祖師

先賢の修道の欲求より出でたるものなることを充分に会得せしむること（石原恵忍・社会学）

①〜⑤からわかるとおり、教員は研究・信仰が矛盾するとは捉えていない。そして①〜③にみられるように信仰を土台とした研究であるべきであるとされている。また④〜⑤にみられるように、この〝研究〟は実地に応用され〝実践〟につながるべきものとされる。この理解は極めて重要である。何故なら、この研究の拡大解釈、いわば社会有用性をもつ〝研究〟は社会を前提とする。そして、そもそも自身に社会性を内包しない仏教は、社会との同化をはかることで社会有用性をアピールすることによる。

たとえば、東亜学の成就についても、

本大学の立場に依る限り、東亜に最も広い信仰を持つ仏教の研究、即ち皇道に即する日本仏教の鮮明と［心］得る。東亜諸国の各仏教の特色性格を研究し、如何にして皇道仏教を以て彼等を指導するやを研究して、以て其目的を達成する所に東亜学としての東亜学成就の大半が成就されるものと考う。（石井教道・仏教学）

と、社会＝皇道、皇道＝日本仏教、即ち〝皇道仏教〟が「東亜諸国の各仏教」を「指導」するものと何の疑問も説明もなく前提とされる。あるいは、〈仏教学〉と社会との関係に自覚的であったとしても「先ず従来の自由主義学臭を学内より一掃するを要す」（池田英淳・仏教学）というように、ここでは建設的批判すら許容しない没入が要求され、これによる一律な調和が「敬上慈下」（阿川貫達・仏教学）と表現されるのである。こうした教員による研究・信仰の理解をあますところなく体現したのが、以下に示す「本学綱領」（一九四一）である。

写真2　宮城遥拝

一、国体の本義に透徹し聖勅を奉体して学徒の本分を恪守し皇運を扶翼したてまつるべし（信条）
二、皇道の大義と聖徳太子の仏教精神に基づき正法護国の本領を発揮すべし（建学の精神）
三、大乗兼済の理念を体し規律厳正質実剛健にして師友礼譲に厚く全学和合の美風を昇揚すべし（学風）
四、学解に精進して時勢の認識誤らず無我の信念に立脚して仏道の実践に努むべし（日常生活の本体）

先に引用した『大学教授評判記』の「はしがき」には、

學問の獨立と、研究の自由が、その時代に攻勢を保つてゐる社會的風潮から歪曲される度に、「大學の顚落」が叫ばれて來た。今日もまたそれが叫ばれてゐる。そして、この眞理探求の法城を護る人々こそ、常に、否、永遠に教授と學生でなければならぬ。[21]

とある。では、『大学教授評判記』がいう社会的風潮によって歪曲された学問・研究がどうあったのか。これを大正大学の具体例からみていきたい。

第四節　大正大学の戦時対応　―皇道仏教―

本節では大正大学における〝皇道仏教〟をとりあげる。ただし、如何なる理由か不明だが、学事資料中にあるべき〝皇道仏教〟関連資料が現存しない。『大正大学五十年略史』によれば、昭和二〇（一九四五）年九月一七日、終戦連絡委員会から豊島区を経て、二二日までに大学校舎を明け渡すようにとの接収通告が下された。同二〇日より学内の書籍・用具は、近隣学校や豊山中学校・川口国民学校に移転されている。[22] 接収自体は同二七日に解除されたが、この際に〝皇道仏教〟関連資料が破棄された可能性もある。その行方については調査を続行するが、本節においては残存資料から昭和一三年に設立された皇道仏教研究所についてみていきたい。

まず、皇道仏教研究所の概略を『大正大学一覧』（一九四〇）に記載されている「皇道佛教研究所規程」（以下、「規程」）から確認する。ここでは「第二條　本研究所ハ皇道翼賛ノ佛敎ノ理論及實際ヲ研究シ以テ皇國佛敎ノ進展ニ資スルヲ目的トス[23]」から、「本学綱領」に先立って皇道に適う仏教が前提とされる。そして皇道と仏教の接続点は、事業を示した第四条の冒頭に「一、聖徳太子祭奉修[24]」とあるように聖徳太子に求められる。これは「本学綱領」も同様である。また、研究所の財源は「第七條　本研究所ノ經費ハ佛敎々育財團負擔金寄附金其他ノ収入金ヲ以テ之ニ充ツ[25]」とあるので、大学の「設立經營[26]」を目的として天台宗・真言宗豊山派・浄土宗によって設立された仏教教育財団によっていることが確認できる。ここに第五条の「所長ハ大正大學長之ニ任シ[27]」をあわせてみれば、皇道仏教研究所と大正大学はほぼ同体と考えてよいだろう。注目すべきは第三条の「研究員ヲ選任シ研究調査ニ従事セシム[28]」、第五条の「審査員ハ所長之ヲ委囑シ研究員ノ推薦徵募論文ノ審定研究ノ指導及審査ヲ行フ[29]」である。

ここから皇道仏教研究所が採択研究制を採っていたことがわかる。

次に、この皇道仏教研究所の設立経緯を昭和一四年度の「主任会決議録」「総務会議事録」「評議員会決議録」（以下、「会議資料」）といった資料から抜粋する。

四月一〇日　猶、皇道精神仏教研究につきては、三派より各千円の寄附を受くるにつきては、近く具体案を提言すべきに各主任に於かれては攻究を乞うこととす。

五月二三日　イ、皇道と仏教との関係につき本学に於て研究をなさんとするものにして、従来称えし名称中、精神を除き皇道仏教研究所とす。

ロ、所長は学長とし、事務に関しては機構を総務会に一任す。

ハ、研究事項に関する審査員には可然手当を給することとし、審査員の選定は総務会に於て定む。

ニ、委員は学長、部長、科長、加藤、椎尾、二宮、望月、□□とし、又臨時委員を嘱託することとす。

七月一〇日　塩入氏の立案の規則につき、協議の上、修訂を加う。

一〇月六日　イ、規定は時報に登載すること。

ロ、評議員として財団理事に依嘱状発送。

ハ、理事として学部長、科長は主事として主幹に、会計として会計幹事に依嘱状発送。

ニ、審査員と論題提出者との打合会を来る二五日午前開催す。

　ホ、来る二五日教職員総会を開き経過を報告することとす。

ここから皇道仏教研究所が天台宗・真言宗豊山派・浄土宗から各一、〇〇〇円の寄附を受けて設立されたことがわかる。また、当初は「皇道精神仏教研究所」という名称であった点に注意したい。これについては、七月一〇日の条の「塩入氏の立案」（塩入亮忠・仏教学）が別資料（以下、「塩入原案」）として残されている。ここには「規程」にない「設立趣旨」という項目がある。原文には評議員会における打消線や訂正の書き込みが確認できる。打消線はそのまま、訂正語句は［　］で示す。なお、（　）は原文中で「トル」と指示がある。

　我が国体観念、国民精神に背反する左傾思想が国民の一部に浸潤し、或は西洋の思想学問を勝れたるものと盲信して日出づる国に生まれながら、その誇るべき国体伝統的の精神を忘るる者少なくないのを憂い玉うて国民精神作興に関する御詔書が煥発されて本年は満十五年を迎えた。聖旨を奉体して国体観念を層一層明了ならしめ、国民精神作興に力を致すは最も重要なことであるが、往々にして、識者の間には偏狭な考から却て国民の赴くべき方向を過［誤］らしむる者がないではない。（それは明治維新当時に行われた廃佛毀釋を再び此の機会にむしかえさんとすることである。）畏いことであるが歴朝の仏教御信仰、我が祖先の日常生活を見、今日の我々の環境を考えた時、若し偏見者の指導精神に引きずられたならば、その結果は恐るべき事となるは火を見［観］るよりも明らかで、（引いては内憂外患を惹き起さないとも限らない。）これら偏見者の考を~~正常に導き~~［是正し］、国民全般をして帰趨に迷わしむるなきように指導精神を十分に研究することは刻下の急務である。~~并ゆ~~［そして］最も正しい指導精神は、我が国民精神を培養して来た仏教と建~~國の~~精神との密切な関係を研究して国民をして安心して曲［その大］道を進むよう導くにある。これまでも此の問題に就て仏教徒は決して無関心ではないが、従来の研究は誠に多岐亡羊の憾深いものであった。茲に思を致して、本学では特に学内に皇道精神仏教研究所を設立し、これが徹底的な研究を行ない、国民をして迷うなからしむるよう指導精神を確立せんとするにある。

この「塩入原案」によれば、皇道精神仏教研究所は「国民精神作興ニ関スル詔書」（一九二三）に基づくものである。これに関連し、文中で多用される「精神」の使い分けに注意したい。ここでは「国民精神」、あるいは「国体伝統的の精神」を阻害するものとして、左傾思想の浸潤・西洋の学問思想への盲信が挙げられている。しかし、問題視されているのは「偏見者の指導精神」である。これは廃仏毀釈をもたらすような「偏狭な考」えとされる。そして「国民精神」を培養してきた仏教、「建国の精神」と密接な関係にある仏教、これらを明らかにし「最も正しい指導精神」の確立が主張される。つまり、ここでは指導精神の指導が目的とされるのである。その結果としてあらわれるのが「皇道精神」であり、これが「規程」における「皇道翼賛の仏教」「皇国仏教」となることはいうまでもない。

つづいて、皇道仏教研究所の活動について昭和一五年度の「会議資料」抜粋からみていこう。

六月二八日　甲、研究題目提出書　承認。猶、勧誘することとす。
乙、審査員　仏教関係主任五名と各部長を依嘱し、学長を所長とす。
丙、審査委員会　五日午前十時よりとす。

七月三日　　あまり少数につき更に八月末まで延期す。
七月一九日　研究題目追加。松田貫了「皇道と浄土思想の一考察」
一二月四日　延期したるも研究報告を提出したもの久野芳隆氏のみにつき、これを以て打切り、可然調査の上、それぞれ研究費を寄附することとし、具体案は□□。

ここから採択研究へのエントリーが少なかった点、採択研究の報告書提出に相当な遅れがあった点、交付研究費の回収（寄附というかたちでの返還）が予定されていた点を確認できる。

あわせて「学術研究団体調査表」（以下、「調査表」）からも活動の実際をみていきたい。これは昭和一五年五月八日付の文部省教学局企画部発企一七号への答申である。発企一七号には「日本諸学振興委員会の事業実施上の參考に供し度に付貴学（校）内所在の学会、研究会、其の他学術研究に関する諸団体（但自然科学に関するもの及び学生生徒を中心とするものを除く）に関し調査の上別紙調査表に依り五月末日迄に報告相成度」とある。日本諸学振興委員会とは昭和一一（一九三六）年に「「国体、日本精神ノ本義」に依拠して従来の「学問」を批判し、「我ガ国独自」の「学問」を確立して「教育ノ刷新」を行うことを目的」として設立された組織である。ここでいう「別紙調査表」には、名称・設立・事務所・電話・役員氏名・組織（イ、財団法人・社団法人・其ノ他、ロ、会員資格、ハ、会員数、ニ、其ノ他）・目的・事業・機関誌紙（イ、名称、ロ、発行回数、ハ、発行部数）・昭和十四年度ノ主要事業という記入項目がある。では、「調査表」をみてみよう（事務所・電話・組織除く。打消線は原文ママ）。

名称　　：皇道精神仏教研究所

設立　　：昭和一三年一一月
役員氏名：所長　加藤精神、主事　高瀬承厳、評議員　山口察常・田島隆純・清水谷恭順・長谷川良信。
目的　　：皇道精神を基調とする仏教の教理・歴史を研究し、国民精神の指導・煥発。
事業　　：本学教授~~中皇道精神の研究者~~をして各方面に亘り研究をなさしむ。猶、学外知名のこの方面の研究者を招きて講演せしめ、教授の研究参考となさしむ~~こととあり~~。
機関誌紙：無之も研究の成果は大正大学学報其他に発表せしむ。
主要事業：教授~~その他~~一九名に若干の研究費を交附して研究をなさしめおり、その成果は来る六月二〇日までに提出せしむることとなり居れり。

同じく昭和一六（一九四一）年六月一〇日付「日本諸学振興委員会委員長・教学局長官藤野恵」名義の回答督促状がある。ここから学術研究団体の調査が継続的におこなわれていたことがわかる。上記との相違は、組織欄に「会員資格　本学教職員全員」「会員数　一三九名」とされている点である。また、一五年度事業の欄には研究発表として、櫛田良洪「平安密教の皇国的性格」、伊藤智源「仏教的宣命の研究」、木下栄昇「信修法につきて」が記入されている。

この「調査表」では名称が旧来の皇道精神仏教研究所とされているなど不可解な点もあるが、先述の「会議資料」とあわせて皇道仏教研究所の活動を以下にまとめる。まず会員資格に本学教職員とあるので、採択研究制は学内を対象としていたと考えられる。そして昭和一四年度は一九名、昭和一五年度は五名以上一九名以下に研究費が交付され、〝皇道仏教〟に関する研究がおこなわれていたことになる。また、「調査表」の「機関誌紙」には研究成果の発表先として『大正大学学報』が挙げられていることから、第二九輯の武田新吉（天台学副手）「日本国体と日本宗教」（『研究室彙報』）、第三〇・三一輯の友松圓諦「勤王僧考」、筑土鈴寛「鎮魂と仏教」、長谷川良信「僧道論」、山口察常「教育原理としての「行」」、第三二輯の椎尾弁匡「共栄圏確立の本義」等は皇道仏教研究所による採択研究であった可能性もある。

これらをみてわかるとおり、皇道仏教研究所の活動は総じて低調である。だが、大正大学が時局への「即応」に不熱心であったわけではない。この時期に注力されていたのは、次節で述べる東亜学科の開設である。

第五節　大正大学の戦時対応 二――東亜学――

大正大学の東亜学科は、『大正大学一覧』（一九四四）によると昭和一七（一九四二）年一〇月一日に認可されている。だが、東亜学関連科目は既に昭和一六年の学則更改によって開講されていた。この点を仏教学科の開設科目からまとめたものが表5である。何故、仏教学科であるかは後述する。

この東亜学関連科目の開講は昭和一四年から準備が進められている。それを「会議資料」の抜粋から確認してみる。

一一月七日　　大陸思想学科の件

満蒙支に赴き活動せしむるには現在の学科課程のみにては不足につき、適当なる大陸関係の学科若干を課して活動に□なくしたるよう明年度より学部に開設することとし、その実行方法は

表5 仏教学科開設科目の変遷

昭和一五年度		昭和一六年度		昭和一九年度	
必修科目	選択科目	必修科目	選択科目	必修科目	選択科目
仏教学概論	哲学概論	仏教学概論	仏教東亜学	仏教学概論	仏教特殊講義
仏教学各論	心理学概論	仏教学各論	哲学概論	天台学概論	哲学講義
仏教史	倫理学概論	仏教史	心理学概論	真言学概論	心理学概論
印度哲学	教育学概論	印度哲学	倫理学概論	浄土学概論	倫理学概論
支那哲学	教授法	支那哲学	教育学概論	各宗学	教育学概論
西洋哲学	社会学概論	西洋哲学	教授法	仏教教理史	教授法
宗教学概論	西洋倫理学	宗教学概論	社会学概論	仏教史	社会学概論
梵文学梵語学	東洋倫理学	梵文学梵語学	日本倫理学	仏教学各論	東洋倫理学
外国語	宗教史	外国語	東洋倫理学	皇道学	宗教哲学
	宗教哲学		西洋倫理学	印度哲学	宗教各論
	東洋美術史		宗教史	宗教学概論	宗教史
	西洋美術史		宗教哲学	宗教史	仏教文学
	日本史特殊講義		美術史	西洋哲学	美術史
	東洋史特殊講義		日本史概説	支那哲学	西洋哲学
	巴梨文学巴梨語学		日本史学	外国語	西洋哲学史概説
	西蔵文学西蔵語学		東洋史概説	教練	東洋哲学史概説
			東洋史学		東亜学概論
			西洋史学		東亜現代史
			東亜学概論		東亜宗教思想史
			東亜地理学		世界交流史
			東亜現代史		西学概論
			東亜社会制度		東亜社会制度
			東亜民族学		東亜法制

			東亜宗教思想史		東亜経済
			東亜経済学		東亜語学
			東亜法制		東亜民族学
			民法		梵語
			経済学		巴梨語
			経済政策		西蔵語
			憲法		憲法
			行政法		行政法
			社会政策		民法
			巴梨文学巴梨語学		経済学
			西蔵文学西蔵語学		経済政策
					社会制度
					武道

昭和一五・一六・一九年度『大正大学一覧』より。

総務会に立案することとす。

一一月二九日　大陸関係開設学科の件
東洋民族の研究、東洋経済、地理史欠《ママ》、支那語等を開設することとす。

一二月一三日　一五年度開設学科に関する件
一五年度に於ては大陸関係の講義三単位を新設することとなり、予算は通過。

ここでいう「大陸思想学科」「大陸関係開設学科」の「学科」とは科目を意味している。一一月七日にみえる

「満蒙支に赴き活動せしむるには現在の学科課程のみにては不足」というのは、同年七月に「興亜青年勤労報国隊ニ参加シ北支蒙疆へ十名（學部）満州へ十名（豫科専門部）ヲ派遣[31]」したことからの実感であろう。あるいは、これに先行して昭和一二（一九三七）年四月に設立されている「大陸研究会」の要望であった可能性もある。この研究会について「調査表」から基本情報を確認しておく。

名称　　：大陸研究会
役員氏名：会長　笠原武雄、主任　坂戸智海
組織　　：資格　大正大学教職員、会員数　五四名
目的　　：満洲支那に関する研究を行い、興亜大業完遂に翼賛す。
事業　　：毎月一回集会して各自の研究につき座談会を行い、時に可然人を招きて特殊事情を聴取す。

また、別資料「大正大学大陸研究会会則（案）」には、事業として、一、例月集会（研究会、座談会並講演会）、二、大陸事情調査、三、学生指導、四、関係諸機関との連絡、五、必要なる資料蒐集、六、大陸進出の助成、七、其他必要なる諸事業が挙げられ、発起人として、星野俊英・塩入亮忠・藤本了泰・坂戸智海・福井康順・田中賢・佐藤賢順・坪井徳光の名が挙げられている。

つづけて、昭和一六年度「会議資料」より東亜学科の開設経緯を以下にまとめる。

三月　調査委員会発足…委員　椎尾弁匡・中里貞隆・石原恵忍・永持徳一・松田寿男

四月　新学科人員配置…学科主任　石原恵忍、指導教授　福井康順・松田寿男
　　文部省訪問　　…学部長（大島泰信）・椎尾・石原
六月　文部省訪問　　…椎尾・石原・幹事（高瀬承厳）

まず、調査委員会の提出した開設科目案を確認したい。これは、①常設の科目、②従来の科目が充当される科目、③半期の科目、④年度で交代する科目、⑤講義内容が年度でかわる科目、⑥その他の六つに分類できる。

①仏教東亜学・東亜学概論・支那語
②支那仏教教理史↓仏教東亜学、三教交渉史↓東亜宗教学
③東亜医学史・東亜民俗学・東亜土俗学
④東亜経済学・東亜地理学・東亜社会問題／東亜殖民史・東亜法制・東亜比較言語学・東亜民族学
⑤東亜宗教学…喇嘛教／道教／婆羅門教／シャーマン教
　語学…蒙古語／泰語／馬来語
⑥回回教・東亜宗教民俗学・東洋史概説・支那仏教史・皇室と仏教・支那哲学(32)

次に、新学科開設の認可を得るための文部省訪問（六月）では、一、専門学校における東亜科・興亜科は既に飽和状態である、二、大学学部への東亜学科新設に関する当該学科の指導要項がないという点から申請を保留するよう指示、一〇月までには指導要項を確立すると説明をうけたとある。また、既に開設されている科目、開講予定の

科目は、新学科ではなく従来の仏教学・宗教学・哲学の選択科目とするよう指示があったとされる。この結果が先の表5だと考えてよいだろう。

では、ここで管見の限りではあるが「飽和状態」とされた他校の東亜関係の学科、または研究所の開設年・設立年を順にみておこう。[33]

大正一〇（一九二一）年　東亜同文書院

昭和四　（一九二九）年　国士舘専門学校興亜科

昭和八　（一九三三）年　山口高等商業学校東亜経済研究所

昭和一二（一九三七）年　日本大学専門部拓殖科

昭和一三（一九三八）年　拓殖大学専門部開拓科／法政大学専門部大陸部／早稲田大学特設東亜専攻科／東洋大学専門部拓殖科

昭和一四（一九三九）年　早稲田大学興亜経済研究所／國學院大学専門部興亜科／山口高等商業学校／東亜経済研究科／明治大学興亜科

昭和一五（一九四〇）年　高岡高等商業学校東亜科

昭和一六（一九四一）年　興亜専門学校／彦根高等商業学校東亜科

昭和一七（一九四二）年　東京商科大学東亜経済研究所／大谷大学専門部興亜学科／興亜工業大学／長崎高等商業学校大東亜経済研究所

昭和一八（一九四三）年　慶應義塾大学亜細亜研究所／大分高等商業学校東亜科／京都女子専門学校東亜科

先に専門学校における東亜科・興亜科が「飽和状態」としたが、これは大学専門部が専門学校令によるためと考えられる。先行する、あるいは後続する東亜関係学科のなかで大正大学の独自性をいうならば、それは大学令による大学への学科新設であった点であろう。この点は文部省より「拓士授学機関としては可」と評価されたと「会議資料」にある。

つづいて、「答申書」「東亜学の成就」から大正大学東亜学科の他校との差別化が如何に企画されたかをみていきたい。ここでの意見は「資料の蒐集」「語学の振興」（金山正好・仏教学）に集約される。

「資料蒐集」については、より具体的に、東亜各地の研究所からの購入・交換（古江亮仁・東洋史）、満鉄東亜経済調査局・東亜研究所・藤山工業図書館内印度支那研究会・文部省調査課・東方文化学院・東洋文庫・外務省調査部・日仏会館図書室・外務省南洋局調査部・三井タイ室等といった東亜関係諸機関の図書カードの書写（久野芳隆・巴利語）が案出されている。

「語学振興」についても、北京語・上海語・広東語（永持徳一・支那語）、北京官話・広東語・福建語／巴利語／安南語・タイ語・マライ語・ビルマ語・現代印度語（久野芳隆・巴利語）というように、地域性を踏まえた中国語や南方諸語の学習といった具体案が提出されている。

さらに、「答申書」「国際学府の任務」では主に国際交流が期されている。具体的には、

①東亜共栄圏内の留学生を収容し、日本を理解せしめ、共存共栄の為め働きえる人物を養成すること（山内為之輔・英語）

②将来留学するもの多かるべき泰・仏印等、南方諸国民を収容して恥じざる教育をなすべき事（阿川貫達・仏教

学）

③現在に於ては大東亜共栄諸国より留学生を招くこと未だ困難なるも、将来時期到らば其等諸国と連絡を保ち、日本の精神文化を知らんとせば日本仏教を知らざるべからずとの理解の下に、其等諸国より留学生を本学に迎えるようにしたし。其時期到来したる時、学内に先ず日本語練習所の設置あるべし（松浦一・英文学）

④日本への留学僧を収容すべき設備の新設。或は都下寺院の一宇を之れに宛てしめ、常に其の計を持って、努めて留学僧の末枝を計る事（藤本了泰・仏教学）

⑤新進学徒の海外留学を励行すること（大村桂厳・教育学）

⑥東亜各地に研究員を派遣し、各地の実情を調査精通せしむべし（池田英淳・仏教学）

と、①～④のように留学生の受入れ、⑤～⑥のように留学生・研究員の派遣という双方向的な国際交流案が提出されている。また、③のように受入れ留学生を対象とした日本語教育、あるいは④のように留学生受入れ施設としての寺院の転用という提言もなされている。東亜学科の展望では、総じて従来の「北支」偏重に対して「南方」への注視が確認できる。

では、ここで教員が大学に提出した昭和一七年度「授業経過報告書」（以下、「経過報告」）から実際の講義内容をみておきたい。

1、東亜社会制度・長谷川良信

（一）**指導方針**

本講は東亜学一般に対する主要なる補助的学科たるを期し、特に其の思想文化史的解明の具体的素材を提供すべき目標の下に東亜諸民族・諸国家の展開せる具体的生活規制の諸定型を把捉究明せんとするものなるが、講者の研究未だ道程にあり。視野汎からざるを以て、先ず支那社会制度に就き、特に清朝を中心に（通例は古代を主とするも制度の完備は清朝に求むべしとの観点より）其の社会組織、生活慣行を始め、政治、法制、□□文化の諸機構を□□検討せんとす。教授方針としては毎時の講述に加うるに、学生をして制度的典籍（□礼等の）、現行定期刊行物（支那発行のもの）を指示攻究せしめ、一方、支那制度と日本・満蒙・南方諸国との比較に就き、これ又文献資料の蒐集整理に当らしめ、或は諸大学専門学校より応□せしめて東亜学的研究状況実践を講義せしめんとす。

（二）**教授条個**

一、序説　1、東亜学に於ける「東亜社会制度」の位置。
2、東亜とは何ぞや。其の概念、地域及範囲。
3、社会制度とは何ぞや。
4、東亜社会制度研究の必要及研究の方法。
5、所謂東亜精神は日本精神に然り。

二、支那の社会制度

1、支那社会制度の基盤としての社会組織　a、血縁制度、b、地縁制度、c、□□制度

2、東亜民俗学・宇野圓空

東北シベリアの諸民族から始めてツングス・蒙古・トルコ系回民及び漢民族より東南アジア諸民族の文化と宗教の諸特徴を概観し、就中南方諸民族について評説する。最後はこれら東亜民族の諸文化系統とその移動交錯の歴史を顧みて、その現状と推移を判別し、将来の新しき東亜文化と思想の建設への示唆とする。

3、東亜現代史・八百谷孝保

一、日本及諸外国に於ける東亜研究機関及び諸雑誌・諸報告の紹介

一、序論　東亜現代史の世界史的重要性を説き、現代史の取扱うべき範囲を限定す。主として東南アジア島嶼部につき論じ、世界大戦後の諸国家の動向と現時新体制国家樹立の経緯を明らかにし、以て大東亜共栄圏指導者たる日本の、否、世界の日本たる地位を、使命を論及す。

第一　東南アジア

第一章　世界大戦前の東南アジア

第一節　欧人渡来前の東南アジア　1、印度人活躍時代、2、アラビヤ人活躍時代

第二節　欧人の渡来と東南アジア　1、欧人のアジアに対する認識、2、欧人による新航路の発見、3、ポルトガルの東方進出、4、イスパニヤ・オランダの進出、5、英仏

の東方進出と印度、6、英国と支那、7、仏国と支那
第三節　東南アジア各地に於ける各国の植民政策とその消長
第四節　東南アジア各地の地域性と特殊文化対策
第二章　世界大戦と東南アジア
第三章　大戦後に於ける欧米諸国の東南アジア観
第四章　世界政局の変転と東南アジア
第五章　大東亜共栄圏に於ける東南アジアの地位
第六章　大東亜戦争と東南アジア
第七章　将来の東南アジア

4、巴利語上級・久野芳隆

四月九日、四月一六日　南方の地理、歴史と文化
四月二三日　南海の定義、東南アジアの地政学
四月三〇日、五月七日、五月一四日、五月二一日、五月二八日　仏領印度支那の仏教
六月一一日、六月一八日、六月二五日　ビルマ・タイ・セイロンの仏教（南方巴利仏教）
七月二日、七月九日、七月二三日、八月六日、八月二〇日、九月三日、九月一〇日　パリッタ講読（巴利語）

ここから、実際の講義においても「南方」に注力されていることが確認できる。これは学科卒業生が東亜学科を

「東南アジアへの仏教伝搬を学ぶ学科[34]」と回顧している点も傍証となるだろう。

これらをみる限り、東亜学科は皇道仏教研究所と比較すれば順調に活動している。ただし、東亜学に問題がなかったわけではない。「答申書」の「将来留学するもの多かるべき」「将来時期到らば」、また「経過報告」の「将来の新しき東亜文化と思想の建設」「将来の東南アジア」という記述からわかるとおり、東亜学の理想と現実双方において「将来」が語られている。これは取りも直さず「現在」の不如意をあらわしてはいないだろうか。大正大学図書館には宗教大学時代の明治四四（一九一一）年からはじまる「図書館日誌」が残されている。その昭和一七年六月九日の条には「東亜学とは？と云うことにつき館長先生の意見を聞く」と、東亜学についての漠とした違和感が記されている。また、「答申書」ではより明確に「東亜学は未だ学的性格確立せざるは事実」（二宮守人・仏教学）と、東亜学の未完成を指摘する。時局への「即応」である東亜学を未完成とする認識は、大東亜共栄圏の未完成という現状認識を映したものと考えるべきだろう。これを踏まえ、「語学振興」の実際を「答申書」からみてみよう。

加藤精神（仏教学）は、大陸は中華民国、南洋は華僑が中心であるから大東亜共栄圏の確立は「支那人を中心とする文化の建設指導」だとする。故に東亜学の成就には漢訳仏典の研究が必要だと主張する。そのうえで、

然るに本学学生の性来の欠点は漢訳仏典に対する読書力の欠乏である。其の最も甚だしき者にありては、蘊処界、諦縁度等の如き簡単成る名目すら卒業時に於ける口述試験に於て更に説明すること能はざるが如き実状である。

と、大正大学の学生全般に仏教漢文の読解能力が生来的に欠乏していると憤慨する。一方、久野芳隆（巴利語）も、

巴利語上級を専門でやる学生は極めて少ないのですが（之は今始まったことではなく荻原先生時代からそうですが）、それが更に皆無の状態になることが近年多くなりまして（後略）

と、パーリ語を選択する学生がごく少数、あるいは皆無であると嘆く。これはサンスクリット語も同様であり、昭和一五年度「経過報告」の「梵語」（土田勝彌）には、ただ「聴講生なし」と記入されている。学生の〝学習〟に対する教員の不満は世の常であろうが、仏教漢文・サンスクリット語・パーリ語の〝学習〟は〈仏教学〉、ひいては大正大学の根幹をなすといっても過言ではない。教員の危機感（憤懣・悲嘆）はここからきている。ここからすれば、大正大学では〝行〟の欠如ではなく〝学習〟の欠陥が生じていたといえるだろう。

第六節　おわりに

第四節・五節では、社会的風潮によって歪曲された学問・研究の具体例として、大正大学の皇道仏教研究所と東亜学科をとりあげ、その設立経緯、教育・研究の実際を確認した。このふたつはその後どうなったのか。結論からいえば、どちらも昭和二〇年度中に廃止されている。その詳しい経緯は不明であるが、「会議資料」二〇年一〇月二四日の条には「時局の進運に鑑み、研究の上、処理方法を決定のこと」とあり、皇道仏教研究所の廃止決定とその方法が審議されたことが確認できる。東亜学については、同年一二月五日に嘱託職員交附式が執行され、新たに主任教授として山本快龍、主事として梶芳光雲が着任している。ところが、そのわずか四カ月後の二一年四月には学科編成自体が変わり新体制へと移行する。そのなかに東亜学の名はみえない。

「時局の進運に鑑み」ということばで表現される当時の状況は、現在的視点から理解するよりよほど深刻であったのだろうが、その変り身はあまりに露骨に過ぎよう。そして時局に即応した結果が研究の低調（皇道仏教研究所）と学習の欠陥（東亜学）では、ここに注力した人々があまりに報われない。まさしく「大學の顚落」である。これをもたらすのが社会的責任の所在を明確にしないまま進められる仏教の社会対応である。これは現在でも変わらない。「皇道翼賛の仏教」と「社会貢献する仏教」には何ら違いがないのである。

最後に、本章ではあえて戦時下の教育行政・制度への言及を避けている。ここには教育・研究への統制といった方向性が示されるだろう。ただ、上記でみたように大正大学はその方向性を積極的に受容する。これに際して、逐一教育行政・制度を提示するよりは、各大学の対応の一例として、具体的な内容を例示するほうが今後の研究に寄与すると考えたためである。だが、紙面の都合上、割愛せざるを得なかった資料も多い。たとえば、〝皇道仏教〟をみるに際して校友会から報国団への組織変遷を提示すれば「時局への即応」がより具体的に示せたはずである。また、中国近代仏教において人間仏教を提唱した太虚法師門下の釈墨禅の留学受入れ、興亜青年勤労報国隊の中国視察、華北仏教団（ラマ僧一行）による大正大学の視察、満洲国協和会からの北支（モンゴル）留学要請等を示せたならば、東亜学における国際交流という課題により具体性をもたせることができたであろう。さらに、「経過報告」の「伝道学」（中野隆元）では標準語の教授が詳細に記されている。近代において均質性を構築する標準語は軍隊における幼年教育や初等教育でも重視されている。これが「伝道学」として教授されている点は近代における僧侶の実践を考えるうえで非常に興味深い。これらは文中で示した仏教の社会化における仏教青年会の機能、近代仏教学の形成と展開における特異点としての佐伯定胤と同様、今後の課題としたい。

なお、本稿は日本学術振興会科学研究費補助金若手研究（B）「近代仏教学と帝国日本―仏教国益論に関する基礎的研究―」（代表者三浦周、一五K一六六一九）での成果も兼ねている。

註

（1）拙稿「仏教の社会的役割―僧侶のプロフェッショナリティを問う―」（『日本仏教学会年報』第八〇号、二〇一六）。
（2）井上哲次郎『井上博士論集（第一編）』（敬業社、一八九四）九三頁。
（3）江島尚俊「近代高等教育行政における宗教」（『近代仏教』第二三号、二〇一六）一一頁。
（4）このように書くと語弊があるが、大槻文彦『大言海』（冨山房、一九三五）の「デモクラシー」の項には「民本主義、又ハ民主主義ナドト訳ス。下流ノ人民ヲ本トシテ、制度ヲ立テ、政治ヲ行フベシト云フコト。古ヘノ所謂、下克上ト云フモノカ」とある。
（5）拙稿「〝近代仏教学〟は洋学か―近代梵語学研究史（序）―」（『佛教文化学会紀要』第二一号、二〇一三）参照。
（6）ここには運動部・文化部、校友会なども含まれる。
（7）文部省教学局編『学内団体一覧』（文部省、一九四〇）四七九頁。
（8）拙稿「『漢訳対照梵和大辞典』に関する一考察」（『三康文化研究所』第四四号、二〇一三）参照。
（9）福田須美子「平山成信と啓明会」（『相模女子大学紀要』第七七号、二〇一三）参照。
（10）啓明会編『財団法人啓明会事業報告　第二五回（昭和一八年度）』（啓明会、一九四四）には、補助事業二六七件とあるが、対象年度における助成研究を合計すると二六八件になる。
（11）仏教学関連とは、研究の課題、あるいは研究者が仏教、あるいは仏教学・インド学と関係のあるものをいう。
（12）笠森については、笠森伝繁「私の履歴書」（『駒沢大学商経学会研究論集』第四号、一九六三）に詳しい。
（13）啓明会編、前掲書、六一頁。
（14）「由来」には「本学は、西紀第五世紀の初頭崛多王朝の帝日王に依りて印度摩伽掲陀国王舎城の北方七哩バラカオンに創立せられ、爾来歴代の君主相次いで増築し、護法、徳慧、勝友、戒賢、達摩笈多、地婆訶羅、善無畏、金剛智、等の碩学相継いで住し、支那よりは玄奘、義浄、道琳、道生、等の学僧相次いで修学し、最盛時には一万の学徒集まれりと伝ふる印度仏教研究の中心叢林として第十四世紀まで隆昌を極めし那蘭院寺等を再現せるもの」とある。

(15) 菩提樹の葉三枚は釈迦の誕生・成道・涅槃をあらわすと同時に設立三宗派（天台宗・真言宗豊山派・浄土宗）を象徴し、中央の実が釈迦、実中の八つの大きな点が八万の法蔵、八つの小さな点が八相成道、三六本の吉祥草が仏教研究、あるいは信徒を守護する三十六部善神をそれぞれ意味するとされる（写真1参照）。

(16) 報知新聞社編輯局編『大学教授評判記』（河出書房、一九三五）四〇―四一頁。

(17) 同書、四一頁。

(18) 同前。

(19) 同前。

(20) 回答者（五十音順、職位・担当科目は昭和一六年度・一九年度『大正大学一覧』による）

阿川貫達（学部講師　仏教学）、天谷虎之助（講師　経済学）、安西覚承（学部講師　国語）、池田英淳（専門部講師　仏教学）、石井教道（学部講師　仏教学）、石井眞峰（学部講師　英語）、石原恵忍（学部教授　社会学）、上野隆誠（学部講師　宗教学）、大島泰信（学部教授　宗教史）、大野法道（学部教授　仏教学）、大村桂厳（学部教授　教育学）、岡田契昌（専門部教授　仏教）、笠森伝繁（予科講師　経済）、加藤精神（学部教授　仏教学）、加藤純隆（専門部講師　応召教職員）、金山正好（専門部講師　仏教）、神林隆浄（学部教授　仏教学）、久野芳隆（学部講師　巴利語）、佐久間政一（教授）、平了照（専門部講師　仏教）、瀧善成（予科講師　英語）、鳥野幸次（専門部高等師範科講師　国語）、中島眞考（学部教授　教授法）、中野隆元（学部講師　伝道学）、中村康隆（学部講師　宗教学）、永持徳一（学部講師　支那語）、二宮守人（学部教授　仏教学）、能代信助（予科教授　英語）、藤本了泰（学部教授　日本史学）、古江亮仁（予科講師　東洋史）、松浦一（学部教授　英文学）、山内為之輔（予科教授　英語）

このうち瀧善成の答申書は確認できなかった。

(21) 報知新聞社編輯局編、前掲書、一頁。

(22) 大正大学五十年編纂史委員会編『大正大学五十年略史』（大正大学、一九七六）四一七―四一八頁。

(23) 大正大学編『大正大学一覧』（大正大学、一九四〇）七一―七三頁。
(24) 同前。
(25) 同前。
(26) 同書、一一頁。
(27) 同書、七一―七三頁。
(28) 同前。
(29) 同前。
(30) 駒込武・川村肇・奈須恵子編『戦時下学問の統制と動員』（東京大学出版会、二〇一一）七七頁。
(31) 大正大学編『大正大学一覧』（大正大学、一九四四）七頁。
(32) 『大正大学学報』第三二輯（大正大学、一九四一）一三〇頁には、昭和一六年文学部開講学科表・東亜学として、東亜学（無記入）、東亜学概論（松田寿男）、皇室と仏教（神林隆浄）、皇道仏教学（椎尾弁匡）、仏教東亜学（椎尾弁匡）、東亜民族宗教（宇野圓空）、東亜経済学（植田捷雄）、東亜地理学（多田文男）、東亜社会問題（長谷川良信）、東亜学演習（石原恵忍）、支那哲学史（福井康順）、唐以後三教交渉史（久保田量遠）、東洋史概説（岩井大慧）、回回教（小林元）、支那仏教史（望月信亨）が挙げられ、また、同第三五輯（大正大学、一九四二）九〇―九三頁には、大正大学文学部開講学科表・東亜学として、皇道仏教（椎尾弁匡）、南方仏教概説（佐藤良智）、東亜諸民族の宗教文化（宇野圓空）、東亜回教の特殊性（小林元）、東亜学概論（江上波夫）、東亜学演習（石原恵忍）、東亜地理学（多田文男）、東亜法制（友松圓諦）が挙げられている。
(33) 東亜関連学科の創設については、浅田毅衛「興亜科（現産業経営学科の前身）の創設と悲運な商学部」（『大学史紀要』第二号、明治大学、一九九八）、常松洋「史学科の半世紀」（『史窓』第五八号、二〇〇一）、和田純・土田宏成「日本国内所在の主要アジア歴史資料」（『アジア歴史資料センター第一次〈平成一八年度〉調査報告書第一・二号、二〇〇八）、慶應義塾大学亜細亜研究所編『慶應義塾大学亜細亜研究所概要』（慶應義塾大学亜細亜研究所、一九四三）、東京商科大学東亜経済研究所編『東京商科大学東亜経済研究所概要』（東京商科大学東亜経済研究所、一九四二）、山口高等商業学校東亜経済研究所編『東亜経済研究所一覧』（山口高等商業学校東亜経済研究所、一九三九）、国士舘百年史編纂委員会編『国士舘百年史　資料編』上・下（国士舘大学、二〇一五）、日本大学百年史編纂委員会編『日本大学百年史』二巻（日本大学、二〇〇〇）、拓殖大学創立八十周年記念事業事務局編『拓殖大学八十年史』（拓殖大学創立八十周年記念事業事務局、一九八〇）、法政大学編『法政大学百年史』（法政大学、一九八〇）、早稲田大学大学編纂所編『早稲田大学百年史』三巻（早稲田大学、一九八七）、東洋大学創立百年史編纂委員会、東洋大学井上円了記念学術センター編『東洋大学百年史　通史編一』（東洋大学、一九九三）、明治大学編纂委員会編『明治大学百年史』第三・四巻（明治大学、一九九二）、玉川学園五十年史編纂委員会編『玉川学園五十年史』（玉川学園、一九八〇）、藤田佳久『日中に懸ける　東亜同文書院の群像』（中日新聞社、二〇一二）等を参照した。

（34）　真山剛「寺院紀行　明福寺」（宮林昭彦編『浄土』第六七号、二〇〇一）三二頁。

第九章　戦前戦中期における宗教系大学の慰霊・追悼

——大正大学を事例として——

寺山賢照

第一節　はじめに

総力戦下における大学の役割および動員について、主にこれまでは学問または教育の観点から研究が深められてきた[1]。ただし、大学とはその両者のみを担っていたわけではない。そこで本章では、それらとは異なる視点、具体的には大学における慰霊・追悼という視点より考察を進めていきたいと考えている。戦前および戦中期を対象に、宗教系大学で行われていた慰霊・追悼行事の実態および主催当事者の見解を明らかにして、大学における慰霊・追悼の変化を検討していきたい。

本章で研究対象とする宗教系大学とは、戦前期に旧制大学として存在していた、設立背景に神道、仏教、キリスト教が深く関与している以下の一二校（國學院大學、同志社大学、立教大学、大谷大学、龍谷大学、立正大学、駒澤大学、大正大学、高野山大学、上智大学、関西学院大学、神宮皇學館大學）である。なお、神道は戦前期においては法制度上、宗教ではないとされていたが、比較検討事例としての重要性を考慮し、本章では宗教系大学に含めたうえで検討を行っていく。なお、対象とする時期は、宗教系大学が大学令によって認可された以降の時期とする。また、慰霊・追悼の意味変化を時間軸上において捉えていく都合上、便宜的に、昭和一二(一九三七)年以前を戦前期、それ以降から昭和二〇年までを戦中期と表記している。

第二節　先行研究の整理と課題――戦争・大学および慰霊・追悼――

第一項　戦争と慰霊・追悼に関する先行研究

近現代の日本を対象とした慰霊・追悼、顕彰に関する研究では、いわゆる「靖国神社問題」をはじめとして、戦没者慰霊に関する国家レベルでの祭祀動向や制度史をめぐる研究がひとつの大きな流れを形成してきた[2]。これは一九七〇~八〇年代におこった、靖国神社法案や戦没者祭祀をめぐる現実問題への応答を目指したものであると言えよう。

その中でも、代表的な研究として挙げられるのが村上重良『慰霊と招魂―靖国の思想―』[3]である。本著は、戦没者慰霊が近代日本で果たした役割について、特に靖国神社を焦点化して論じたものである。国家による戦没者慰霊の起源を招魂社に求め、東京招魂社から靖国神社の設立に向けての設備および制度整備の過程を整理している。対外戦争を機として戦没者慰霊が定着・発展し、昭和期には戦時体制化が進展していく中で、地域の護国神社、忠魂碑を組み入れた一大システムが構築されていったと指摘した。そして、日本の近代国家としての始まりから、戦没者慰霊とは天皇のために死ぬことを賛美し、また、それを強制するシステムであり、その頂点に靖国神社が君臨してきたとしている。

村上が示した戦没者慰霊に関する上記の理解は、今日の研究および論争においても根強い影響力を保っている一方で、その影響を受けた「靖国神社問題」に関する研究は、戦後期を対象とした研究に偏りがちであるという批判がある。(4) さらには、村上が「近代天皇制国家の構造の中の靖国」への対抗言説として研究を組み立てたというイデオロギー的側面を持ち、戦没者慰霊問題を国家と靖国の関係でのみ捉えようとしたことから、その後の慰霊に関する宗教学説の発展に結びつかなかったとの批判もあった。(5)

この反省に立ち、戦後五〇年を経た頃から、政治問題から一定の距離を置き、多角的な視点で慰霊・追悼研究に取り組む、新たな研究動向がみられるようになった。地域史や民俗学においては、地域社会や軍隊内部、イエなどに着眼し、戦死者儀礼の実態把握を目指す研究が行われている。たとえば、一ノ瀬俊也は、軍隊教育と軍事救護が徴兵制度の正当化および維持のための機能を持つことを指摘し、(6) また、戦死者遺族に対する生活援護政策の展開過程を検討し、国家による「慈愛のまなざしによる支配」が遺族の悲嘆や不満を押さえつけていたとも指摘した。(7) さらには、公葬、慰問文、記念誌などを取り上げ、国家ではなく「郷土」がいかに戦争に関わってきたのか、という視点で考察を行った。(8) 西村明は、戦争死者慰霊を「シズメ」と「フルイ」という両面性を持つ概念を用いて分析している。また、靖国神社や護国神社、忠魂碑・忠霊塔といった国家的慰霊システムと、その一方にある民衆レベルの慰霊が持つ私的側面との、両面合わせた戦争死者慰霊に関する理解を試みている。(9) また、岩田重則は、国民ではなく一人ひとりの私的人間として戦死者を捉え、イエやムラの民俗としての戦死者祭祀の実態を解明することの必要性を主張する立場より、家の信仰体系による祭祀と集団によって祀られる祭祀との多重性に対する批判を行っている。(10) 白川哲夫は近代日本における戦没者慰霊の形成プロセスを、特に戦没者追悼行事における仏教界が果たした独自的役割に着目して検討している[11]。

一方で、戦争と慰霊・追悼に関する先行研究は、いずれも地域性を前提に枠組みを設定しているという特徴がある。たとえば、靖国問題は国（靖国神社）・県（護国神社）・市町村（忠魂碑など）の各レベルにおける慰霊・追悼施設を中心とした議論に留まっている。また、教育や銃後支援に着目したアプローチも、それぞれの地域団体を研究単位とするものが多い。そのため、地域に根ざした小学校と慰霊・追悼の関係が指摘されることはあっても、大学とそれの関係は論じられることがほとんどなかった。

大学は、全国からの学生・教職員によって構成されており、地域を超えた性格をもつ団体である。それゆえ地域社会がいかに国民国家に組み入れられていったか、という従来の慰霊・追悼研究の枠組みでは研究対象からこぼれ落ちてきた可能性がある。

そこで本章では、従来研究で取り上げられることが少なかった戦前および戦中期の大学における慰霊・追悼の実態把握を目的に掲げながら、その中でも特に大正大学を事例として検討していくこととする。大学での慰霊・追悼の起源と実態についてまず明らかにし、その後、総力戦体制に組み込まれていく過程について考察する。

第二項　大学における慰霊・追悼に関する先行研究

戦時下の大学に関する研究は、主として大学史研究の中で行われてきた。戦後における大学沿革史編纂の活発化と共に発展し、特に平成七（一九九五）年の戦後五〇年を機として学徒出陣・学徒動員等、大学の戦争協力への反省的視点からなされた研究が蓄積されてきた[12]。一方、戦前戦中期の大学における慰霊・追悼については、一般的な大学沿革史では戦時における大学当局の戦争協力への一形態として触れられる程度であり、その動機や成立過程、実態および意味づけについては論じられることが少なかった。

また、前述した村上重良によって提起された枠組みでは、常に戦没者慰霊・追悼の頂点に靖国神社があり、地域神社から各種団体の葬儀や行事に至るまで、靖国神社の影響力が徹底していた時代である、という前提を有しており、多くの論者に受け入れられてきた。例えば、白井厚はこの前提に立ち、戦前期に大学で行われた慰霊・追悼を「超国家主義的・軍国主義的な慰霊」と位置づけている[13]。

筆者は大枠としてそれを首肯するが、この枠組みは論ずる余地のない自明な理であるといえるだろうか。この枠組みによれば国家神道の定めた様式に基づく慰霊・追悼行事が一貫して大学でも行われていた、ということになる。しかし、実際には宗教系大学において、慰霊・追悼行事は戦時以前から積極的に行われてきたという記録が残されている。宗教の社会的役割のひとつとして、死者を弔い、遺族を慰める行為が挙げられる。宗教系大学では、戦時体制になって初めて慰霊・追悼行事が誕生したわけではなく、志半ばにして亡くなった恩師・学友に対する追悼会が戦時とは関係なく先行して存在していた。この事実に鑑みるとき、それがいかなる経緯で戦時動員へと変質かつ変容していったのか。本章では戦時慰霊・追悼に先駆けて存在したこれら慰霊・追悼行事との連続・断絶についても考察していきたいと考えている。

第三節　戦前戦中期の宗教系各大学における慰霊・追悼の概観

本節においては、戦前戦中期の宗教系大学において、いかなる慰霊・追悼行事が行われてきたのか、大学沿革史を用いて概観を捉えることとしたい。表1（本章文末に掲載）は、戦前期に開学した宗教系大学一二校における慰霊・追悼行事について、各大学の沿革史における記述（通史および年表）をもとにまとめた年表である。[14] 本表をもとに、戦前・戦中期に宗教系大学で行われてきた慰霊・追悼を三期に大別して概観しておきたい。

第一項　大学令による昇格以前

まずは、各大学の前身である教育機関において行われた慰霊・追悼行事についてである。日清・日露戦争および第一次大戦戦死者に対する慰霊追悼会を行うケースがあった。その例としては、仏教大学（後の龍谷大学）が、大学昇格以前に行っていた「八甲田山歩兵第五連隊兵士追弔会」「日露戦争戦死者追弔会」などがある。また、同大学では明治天皇崩御にあたり学長などが講堂で阿弥陀経を読誦している。また、関西学院（後の関西学院大学）では、日露戦役に出征した学生が慰霊碑を建立している。出征当事者が学内に慰霊碑を建てることとなった稀有な例であった。

第二項　大学令による昇格から日華事変以前

各宗教系大学では大学昇格を目指し、大正九（一九二〇）年から続々と大学令により認可されていった。大正九年の國學院大學、同志社大学をはじめとして、同一一年には大谷大学、立教大学、龍谷大学、同一三年には立正大学、同一四年には駒澤大学、同一五年には大正大学、高野山大学、昭和三（一九二八）年には上智大学、そして同七年には関西学院大学と、大正末期～昭和初期にかけての時期に宗教系大学が誕生した。

この時期に行われた慰霊・追悼行事での追悼対象は、主として大学教職員および学生、卒業生であり、それらの死因は病死や事故死がほとんどであった。昭和六年に満州事変が勃発しているが、大学沿革史においてこれに関連する戦死者追悼会の記述は、管見の限り高野山大学の満韓慰問団による現地慰霊のみしかみられなかった[15]。また、大正一五年に大正天皇崩御のときにも、大谷大学、龍谷大学が慰霊・追悼行事を開催している。

第三項　日華事変から敗戦まで

昭和一二（一九三七）年、盧溝橋事件を契機に日華事変が始まると、従来の病死・事故死者への慰霊・追悼行事に加えて、戦没者追悼式が活発化する。大学沿革史にみられる慰霊・追悼の記述は、この時期に集中しているといってよい。この時期では、昭和一五年に神宮皇學館大學が開学し、館友戦死者慰霊祭を開催している。

大学沿革史の通史編において、慰霊・追悼行事はいかなる記述をされているのだろうか。拙稿「大学沿革史にみる慰霊・追悼行事」（註17参照）では、これらは、「学徒勤労動員」の章・節を割いて記述されることが多く、国民精神総動員実施の一環として慰霊・追悼行事の開催が宗教系大学に要請されたことと無関係ではないだろう、と指摘した。そして、「創立記念式典」の一部として慰霊・追悼行事が行われたとされる記述が多数みられるが、これは戦時下だけでなく平時においても創立記念式典に物故者慰霊祭を組み入れる事例が多いこと、式典の記録が保管されやすく、沿革史記述に必要な資料が残存しやすいことを理由として挙げた。

また、通史本文中とは別に独立して「慰霊・追悼行事」の項目を設けた大学には、國學院大學、立教大学、関西学院大学があるが、その理由として、建学理念に関わる論点の存在が指摘されている。例えば立教大学は、戦中に戦没者慰霊祭式次第がキリスト教式から神式に変更され、チャペルでの開催が不可能になるなどの苦難があった。そのため戦時における建学理念・キリスト教主義の危機を表す代表的な事例として取り上げられている。関西学院大学は「旌忠碑」とよばれる慰霊碑を昭和一五年に建立したが、「旌忠」の意味や碑文の内容が[16]、建学の精神やキリスト教主義と矛盾するのではないかという問題提起が戦後なされたことが記述されている。このように、建学理念にかかわる大きな論点を内包しているため、大学沿革史で敢えて項目立てがなされている可能性があるといえよう。一方、仏教系大学において、通史中に項目を立てて「慰霊・追悼行事」を取り上げた大学はみられなかった。[17]

以上、戦前・戦中期に創立した宗教系大学一二校での慰霊・追悼について、大学沿革史の記述をもとに検討した。調査した全ての宗教系大学沿革史において、学内で慰霊・追悼行事の記述がみられた。慰霊・追悼行事の起源は前身も含めれば明治期にまで遡れることが明らかとなった。また追悼会や慰霊祭は立教大学において一時期神式に変更させられた事例があったが、それ以外はおおむね設立宗派の法式によって行われていた。[18]

これまで大学沿革史を用いて宗教系大学における慰霊・追悼行事について概観してきたが、複数回にわたり慰霊・追悼行事が行われた場合、最初期に行われた行事のみを記述する事例、「恒例により」などと記述され回数が不明となる事例がみられた。また史実についての誤りや脱落、筆者の史観が影響している可能性があるなど、沿革史は資料の性格上限界があり、正確な実態理解には他資料による補完が不可欠であるといえる。そこで次節では、大正大学を事例として焦点を絞り、既刊の大学沿革史に加えて、各種刊行物、さらには学内資料などを用いてより詳細な検討を行っていきたい。

第四節　戦前戦中期の大正大学における慰霊・追悼の展開

本節では大正大学を対象に、そこで行われた慰霊・追悼事例について詳細に検討していく。

筆者は、すでに『大正大学学報』（以下、『学報』）、大正大学五十年史編纂委員会編『大正大学五十年略史』（以下、

『五十年略史』）を基に研究論文を上梓しているが[19]、そこで取り扱った資料は不十分であった。ゆえに以下では、より具体的な慰霊・追悼の実態を把握するべく、学内の公刊雑誌、設立宗派関係の逐次刊行物、大学内部資料を用いたうえで検討を行っていく。前論文で論及することができなかった、慰霊・追悼行事開催にあたっての、大学当局側の動機についても考察していきたいと考えている。表2は、これら資料から得た情報をもとに、戦前・戦中期の大正大学における慰霊・追悼関係の行事・出来事を示した年表である（本章文末に掲載）。なお、対象とした資料は、『五十年略史』および『学報』『浄土学』『山家学報』『密教論叢』等の学内雑誌[20]、『浄土教報』等設立宗派関係の逐次刊行物、当時の大学における総務関係資料および会議録などの内部資料（『理事会議事録』『評議会決議録』『総務会記録』等）である。

第一項　大正大学開学と慰霊・追悼行事の意義

卒業生・教職員・学校関係者に対する慰霊・追悼

大正大学は大正一五（一九二六）年に、天台宗大学、豊山大学、宗教大学の三大学が合同する形で開学した[21]。大正大学として初めての追悼行事は昭和二（一九二七）年九月二七日に行われた大学職員および学生の追悼会である。『浄土教報』第一七三二号には次のように記されている。

> 昇格して大正大学となつて以来始《ママ》めての企てとして同校先亡教職員学生の追悼会を行ふ事となり、導師は三派が交互に勤める事とし、第一回が去る二十七日午後一時より行はれた。今年は浄土宗の担当にて伝通院貫主野澤俊冏僧正が導師を勤め、盛大な追悼会を行つた[22]。

ここでは大正大学の前身となる各学校教職員が追悼の対象となっているが、導師を「三派」（天台宗、真言宗豊山派、浄土宗）で交互に勤めると定めた点に、学校合同にあたっての配慮がうかがえる。また同年一〇月二七日には、天台座主吉田大僧正の追悼会を大講堂において修している。この時の導師は真言宗豊山派の加藤精神管長であり、豊山派法式にて法要が行われたが、これも同様の配慮であったと考えられる(23)。

翌三年一月には、初代学長澤柳政太郎の追悼式が学校当局により計画されたが、東京市内の仏教徒各種団体との連合開催となり、場所も増上寺へと変更された。

昭和五年頃より、『学報』など学内の逐次刊行物の彙報・研究会報に、研究室ごとの追悼会の情報が掲載され始める。例えば、英文学研究室副主任の追悼会の様子は、『学報』第九輯の研究会報にて次のように紹介されている。

十一月九日当研究室副主任中西教授死去せらる。清潔なる性格の所有者として亦不断の努力家としての氏を失つた事は吾等一同に取つて償い得ぬ大きな傷手である。

二十五日に伝通会館にて故人を偲ぶさゝやかな追悼会を催す。松浦先生を初め、山内、大谷、熊代、原の諸先生を初め、中西教授の校外の友人である榎本氏並に本学会の会員一同出席、其の席上松浦先生の故人の遺稿の朗読があつて、転た哀悼の情切なるものを覚ゆ(24)。

この追悼会では、研究室の教職員と学生、校外の友人、所属学会の会員が参加し、遺稿の朗読などが行われたようである。

また、翌六年九月には、英文学研究室主催による第一回卒業生加留部光運氏の追悼会が講堂において実施されたが、これには英文科教授、卒業生、在学生ならびに加留部氏令兄が参列した[25]。在学生、教職員のみならず卒業生であっても追悼会に大学講堂が使用可能であり、親族の参列が行われるなど手厚い弔いが行われていたのである。

大学における追悼会の数は年を経るごとに増加し、その対象も多様化していく。昭和七年には仏教学研究室が主体となって追悼会が開催され[26]、また、浄土宗では在学生の亡母に対する追悼会が三十余名の参加者によって催されている[27]。翌八年には、宗教学研究室で卒業生の葬儀に参列し[28]、英文学研究室では卒業生に対する追悼会を同級生主催にて施行、茶話会を開催した[29]。昭和一〇年には、真言学研究室の学生二名が亡くなっているが、その際、学長を導師とした追悼会が催された[30]。また、毎年三月一五日に行われる卒業式においては、学事報告の最後に年度内に病没した学生ならびに教職員に対して哀悼の意をささげて締めくくることが恒例であった[31]。

さて、大学特有の追悼の形態の一つとして、記念論集刊行がある[32]。一例を挙げると、昭和八年一二月発行の『学報』第一六輯は「渡辺海旭教授追悼号」として発行された。発行前日には教職員、学生、来賓の列席のもと、「捧呈式」が次のとおり行われた。

十二月十六日、神林出版部主事の動議によつて、同日午後一時半から正大の講堂で崇厳なる儀式の下に捧呈式が行はれた。福田学長導師をつとめ、内部の教職員は言も更なり、朝野内外の名士、全校の学生講堂に満ち近来の威儀であつた。特に河口慧海老師がこの日、式後の記念講演として「蒙古に使せる」感想をかたられしことは、ひろく会集の諸士に興味をそへ、いかにも故人追憶の記念講演には格好のものであつた[33]。

このように、大正大学では開学後早い時期から、学校関係者の追悼会が実施されていた。そこでは現役の教職員・学生だけでなく、卒業生や在学生の家族、設立宗派の管長まで追悼されていた。参列者も、教職員・学生はもとより遺族親族や学外からの来賓が招待されている。追悼会には座談会や茶話会が併催され、追憶の機会としていることが多かった。また、記念論集発行や記念講演の実施には、大学特有の追悼形態をみることができる。

訓育および宗教的情操教育と慰霊・追悼

ここで、大正大学において慰霊・追悼行事が行われていた点について、大学当局の見解を検討しておきたい。いつ頃、なぜ、大正大学は慰霊・追悼行事を、自らの果たすべき役割として認識したのだろうか。それを大正大学年史資料として所収の『主任会決議録』を参考に明らかにしていきたい。

この資料は、昭和五年一一月二八日付で作成されたものだが、その中には「訓育方法」として、大正大学で思想的訓育を実施する方法などが書かれていた。そこでいうには、大正大学は学生の大部分が宗門関係者であり、多くは寺院より通学しながら「将来宗教家トシテ品性ノ陶冶徳性ノ涵養ニ努力シアリ」と評価している。学生は常識に富み思想穏健ながらも「近来頻発スル学校ノ不祥事件ニ鑑ミ本学ニ於テモ深甚ナル注意ヲ要スルモノアル」とし、監督指導と家庭との連絡を緊密にして訓育の効果を上げているとしている。「本学並ニ各宗派ニ於テ訓育上実施シアル事項」として、「朝礼ノ勤行」「精神訓話ノ実施」「祖師ノ紀年祭」と並び、

（ハ）先亡者ノ法会　毎年十二月先亡教職員学生ノ追悼会ヲ行ヒ其恩師学生ノ霊位ニ対シ謝恩講演ヲ行ヒツツアリ（後略）

（ヘ）宗教行事ノ実施　各宗派毎ニ宗教行事ニヨリ毎年数回実施シ修導ニ資シツツアリ

（ト）学生ノ忌引　尊族《ママ》近親師僧ノ忌引ニハ三日乃至七日ノ休暇ヲ許シ報恩感謝ノ念ヲ懐想セシム(34)

と、追悼会および宗教行事や忌引の取決めを訓育の実例として示している。このように、大正大学では大学開学後の早い段階から設立宗派と連携し、宗派行事への参加、および追悼会の実施を思想訓育の一環として位置づけ、忌引などの制度を整備していたことがわかる。ではなぜ、この時期に学生へ宗教色の強い思想訓育が実施されたのか。そこには、二つの理由が考えられる。

第一として、この時期高まりをみせていたマルキシズム、反宗教運動、学生運動など、いわゆる思想問題への危機感が考えられる。『浄土教報』によると、昭和六年一月二八日に行われた教員総会では、私立大学学長会議を受けて「学生生徒指導訓育ニ関スル件」「思想問題ニ関スル中正穏健ナル知識ノ涵養ヲ図ル件」に関して大論戦が行われ、全教員が一般学生の指導訓育に留意することや、全教員は社会情勢および思想問題に留意し左傾学生の実情を知るに努めることなどが協議されたという(35)。

第二として、大学での僧風教育・精神教育が不足しているという批判への対応である。宗門立大学である大正大学へ子弟を送り出す側としては、卒業後僧侶として即戦力となる教育が施されることを大学に望む声が少なくなかった。しかし、初期の大正大学のカリキュラムでは、僧風教育・精神教育が不足しているため、その声に応えられていないという批判も多かった。例えば昭和四年四月発行の『浄土教報』第一八〇〇号掲載の社説「宗門教育の根本方針を確立せよ」では、「宗門の普通教育とは何か。それは宗門子弟を律師にまで養成することである」との主張のもと、大正大学が律師を養成するところに根本義を置き、若しくはその上に大学教育を施すものであれば、それは宗門教育として価値がある。……然るに近時各宗立専門学校並に大学等は往々にして、その反対の歩調をとりつゝあることを仄聞する。高等教育、専門教育の美名にあこがれて宗門教育、単位教育の如きは、殆どその付属の如き観を与へつゝあるのである。是れ実に甚しき本末顛倒である。試みに世間かぶれしたる教育を施され近時の各宗大学の学生を見よ、仏教の教理を辨へるものさへ極めて少く、殆んど僧侶としての出色を見ぬのである。何のために宗門は多額の費用を投じて子弟教育の大機關を設置したのか、吾人は殆んど了解にくるしむものさへ生ずるに至つたのである。[36]

と、大学教育を「世間かぶれしたる教育」と呼び、学生が僧侶としての出色をみないとしている。そして子弟教育機関として大正大学を設置したことは「了解にくるしむ」という痛烈な批判を行っている。[37] また、宗乗および法式等の補習のために大学が設置した特別講座制度は、短時間に詰込み教育を施すものとしても批判を浴びていた。[38] それらの中には大学の解体や、旧教校制度への回帰を提案するものまであった。

厳しい批判に対し大学は、特別講座の内容見直しや、学生監の設置、寄宿舎内での教育などを通じて僧風教育・精神教育を拡充し、また日常的に勤行や慰霊・追悼会などを学生指導訓育の名のもとに行うこととしたのである。

次に、大正大学年史資料『総務会記録』内「学校教育における宗教的情操涵養に関する具体的資料票」では、昭和一〇年一一月の「学校ニ於ケル宗教的情操ノ涵養ニ関スル件」という文部次官通牒を受けて、大正大学における宗教的情操に関する方針および実施状況が記されている。まず「一、学校教育に於ける教育勅語教育又は神ながらの道と宗教的情操教育との関連に就ての御高見」において、教育勅語教育に就ては御真影を中心とし宗教的情操教育涵養に関しては本学が天台宗、浄土宗、真言宗豊山派の共同設立なる仏教教育財団の経営に係る関係上、釈尊を仰ぎ聖徳太子三宗祖師を敬ふ今太子の以和為貴篤敬三宝承詔必謹の憲意を具現し篤敬三宝は崇敬本尊に於て承詔必謹は御真影御詔勅に於て実現し一層日本仏教の特色を発揚せんとす[39]。

と、釈尊、聖徳太子、天台、真言、浄土の祖師達全てを敬う教育を宗教的情操教育と位置づけている。そして聖徳太子を引き合いに出し、「篤敬三宝」と「承詔必謹」は両立するとして、釈尊や祖師を敬う教育と勅語教育とが併存可能であると主張している。次に「二、教育上施されたる宗教的情操に関する学校又は寄宿舎における物的又は人的施設又は行事」のうち、行事の実施状況を以下のように記述している。

大講堂本尊前に於て毎週月火木土午前十時より二十分間教職員学生相共に読経礼拝
釈尊並に各宗祖師の出生日には降誕奉祝法要　入滅日には涅槃会　御忌等の謝恩報徳の宗教儀式を行ふ
尚教職員学生乃至卒業生等に不幸ありし場合随時読経礼拝乃至焼香等の様式に於て追悼慰霊の誠意を捧げたり[40]

大学内において、日常的に教職員および学生による読経礼拝が大講堂で行われていたこと、釈尊ならびに各宗祖師の出生・入滅に関わる多彩な法要が行われていたこと、教職員、学生、卒業生に対する慰霊・追悼を宗教的情操教育に関わる行事と位置づけてきたことがわかる。このように大正大学において慰霊・追悼行事とは、日々の学校生活の周辺に位置するものではなく、訓育と宗教的情操の涵養という重要な意義づけをされたうえで積極的に実施されていたのであった。

第二項　戦没者慰霊・追悼と学内外における展開

応召者の増加と戦没者慰霊・追悼のはじまり

昭和六（一九三一）年の満州事変、昭和一二年の日華事変を通じ、日本においては総力戦体制化が本格的に進展していく。大正大学においても、卒業生はもとより、助手や研究生に至るまで多数の同窓生が応召し、入営していった。これらの増加に伴い慰霊・追悼の儀式においても、病没・物故と並行して戦没者が対象とされていく。

まず、昭和八年九月一八日に満州事変戦病死者の追弔会が大講堂にて開催された。[41] また『浄土教報』によれば、昭和一二年四月二六日に満州事変追悼会が、[42]『五十年略史』によれば、昭和一二年六月に同窓生戦死者多数による追悼会が、[43] それぞれ行われた。

研究室単位で行われた戦没者追悼としては、昭和一二年一二月発行の『学報』第二七輯の宗教学研究室室報「研究室関係応召、出征」欄に、「十一月十日　武田信定氏追悼会講堂にて挙行せらる」との記述がみられる。[44] 翌昭和一三年六月三日には支那文学研究室で第一回卒業生の戦没追悼会が、[45] 同年一一月二六日には国文学研究室で第一〇回卒業生の戦没追悼法要がそれぞれ行われた。[46]『学報』第二八輯の支那文学研究室室報には、当時の追悼会の様子について、以下のように記されている。

一、追悼会　第一回卒業生の小西亮我君は北支戦線に立ち、一度戦傷にて入院加療の上、再び前線に在つて活躍中、遂に名誉の戦死を遂げられたるを以て、六月三日、講堂に於いて追悼会を催せり。山口主任、近藤、吉井の諸教授、栗本、鬼頭、神田、岸田の同期生、室員一同相会し、読経一会を以て英霊に感謝の恩を捧げ、後研究室に於て同君を偲ぶ座談会を行へり。尚、弔慰金を集めて出雲の未亡人に贈り、追慕の微意を表せり。(47)

追悼会にあたっては、教職員、同期生、研究室室員が参集し、読経、座談会、遺族への弔慰金贈呈などが行われていた。

昭和一四年五月一七日には大正大学および大正大学鴨台会主催による「物故者ならびに戦死者追悼法要」が大講堂にて開催された。同年五月一〇日付「総務会協議事項」の開催要項によれば、当日の式次第は次のごとくである。

式次第

第一鐘…遺族教職員学生同窓生一同入場着席
第二鐘…導師大衆入場着席
先　導師登壇
次　十方念仏
次　願偈
次　弔辞　学校代表
次　弔辞　正会員代表
次　弔辞　学友会代表
次　始経

次　導師焼香
次　焼香　学□　遺族　会員　学生
次　念仏回向
次　導師□□退出[48]

この慰霊・追悼行事では、神式ではなく仏式に基づく式次第が組まれていることがわかる。追悼会の対象となったのは教職員および卒業生であり、それぞれ物故教員二名、戦死者一三名であった。遺族は菓子折により接待され、うち戦死者一三名の遺族は同日夜に行われた晩餐会に招待されるなど、特に手厚く配慮されていた。

写真1　椎尾弁匡博士による追悼講演。「学友会主催戦没将士追悼会及び出征遺族家族慰安会」昭和13（1938）年。

学外に進出する慰霊・追悼と学生団体

昭和一三年一一月五日、学友会主催戦没将士追悼会及び出征遺族家族慰安会が、九段軍人会館で開催された。大正大学創立六〇周年記念写真集の『写真でみる六〇年』によれば、僧侶による法要、謝辞、弦楽による合奏、聖歌合唱、椎尾弁匡博士による追悼講演などが行われたようである。[49]

これまでの追悼会のような学内講堂での開催ではなく、学外の軍人会館を会場とした点、『浄土教報』で「銃後学生の報国運動」という見出しで紹介されたように[50]、追悼に加えて遺族・家族への慰安という銃後後援を目的とした点、合奏や合唱がプログラムに入っている点、研究室単位ではなく学友会主催により営まれた点が特徴といえる。

さらに、この時期に特徴的な慰霊・追悼事例として「現地回向団」についても触れておきたい。これは昭和一四〜一五年にかけて派遣された大正大学学生および引率僧侶らによって組織された団体である。北支方面、中支方面の二隊に分かれて戦地慰問および戦死者に対する回向を行った。『豊山派宗報』昭和一五年二月号の記事では、旅程終了後に回向団員が本山に向かい、本堂にて奉告法要および奉戴英霊の回向を勤修したこと、化主猊下に慰労された後に帰京したことが記されている。[51]帰国後には全国で派遣報告の講演会が行われた。

写真2　法要「学友会主催戦没将士追悼会及び出征遺族家族慰安会」昭和13（1938）年。

現地回向団団員は、真言宗豊山派の学生団体である「豊山新人会」から選ばれていた。本会は昭和七年六月四日、豊山派学生大会兼新入生歓迎会の決議により誕生した。本会は真言宗豊山派に所属する大正大学の教職員（賛助会員）、卒業生（特別会員）、学部、予科、専門部在学生（正会員）により組織される会であり、会員の相互の親睦、研究ならびに福利を図ることをその目的として掲げている。真言学研究室発行の『密教論叢』内に、「豊山新人会報告」「豊山新人会だより」として活動報告が毎号掲載されていた。

豊山新人会の主な活動としては、伝道活動がまず挙げられる。毎年春季・秋季に「伝道大会」「仏教思想大講演会」を、浅草仏教青年伝道会館にて定期的に開催した。また夏季には伝道行脚を企画し、千葉や新潟など地方における仏教講演活動を企画・実行した。その他、宗派主催の弘法・興教大師御降誕会への出仕、災害時義捐金募集、創立記念祭における展示や映画上映などの活動を行った。また会員の死去にあたっては追悼式も執り行った。

このような学外伝道や慰霊・追悼を積極的に行う学生組織の存在が、研究室内・学内にとどまらない慰霊・追悼行事の拡大を支えたと考えられる。

国民精神総動員運動と大学の慰霊・追悼

この時期に大学で戦没者慰霊・追悼が行われた背景には、国民精神総動員運動があった。昭和一二年に文部省専門学務局長名で大正大学学長宛に出された「国民精神総動員ニ関スル件」では、本運動の目的達成には教育関係者の活動が欠かせないとしつつ、留意事項を八つ指摘している。その中に、

六、派遣及応召軍人其ノ家族及遺族ニシテ学校ニ関係アル者ニ対シテハ之ガ慰問幇助慰霊ニ関シ萬遺漏ナキヲ期スルト共ニ学校外ノ者ニ対シテモ夫々学校ノ種別ニ従ヒ適切ナル方法ヲ以テ銃後ノ後援ノ強化持続ニ力ムルコト(52)

とあり、派遣および応召された学校関係者に対する慰霊が、銃後後援強化として推奨されていたことがわかる。また、

一、高等教育機関ニアリテハ将来国家社会ノ指導的人物ヲ育成スルノ重大使命ニ鑑ミ克ク本運動ノ趣旨ニ徹シ

挙校一致之ヲ実践ニ於テ具現スベク適切ナル方策ヲ講ズルコト

五、高等教育機関ノ施設ガ一般国民ニ対シ指導的影響ノ甚ダ大ナルモノアルニ啓ヘ適切ナル社会教育的施設ヲナスト共ニ進ンデ他ノ実施機関ト連絡提携シ本運動ノ全般的貫徹ニ力ムルコト(53)

とあり、大学をはじめとする高等教育機関は、国家社会に対する指導的人物の育成、ならびに一般国民に対する指導的影響を考慮した積極的実践を求められた。九段軍人会館で行われた追悼会および慰安会や、「現地回向団」にみられる学校外における慰霊・追悼は、まさに大正大学が学校の種別に従い、社会の指導的影響に配慮した結果であるということができよう。

第三項　報国団結成と総力戦体制下の慰霊・追悼

報国団結成と慰霊・追悼

昭和一五（一九四〇）年に文部大臣より、学校報国団組織編成への指示が出され、大学の総力戦体制化は大きく進展した。

学校報国団とは、戦時国防体制に教職員、学生・生徒全員を組み込むために構成された組織である。昭和一六年一月に大正大学報国団が結成された。団長および報国隊長は学長が兼任した。教職員や学生は団員として総務・鍛錬・国防・文化の各本部に組織され、鍛錬や防空訓練等の実践活動にあたった。また結成に伴い、従来の学校組織や学内団体は合同および再編成された(54)。

翌一七年一月には、国民勤労報国協力令施行規則に基づく学徒動員令により、学生が本格的に勤労動員されることとなる。

報国団結成に伴い、慰霊・追悼行事はどのように変化したのか。昭和一六年一一月の大正大学創立記念祭で行われた「講演と映画」の会を例にとってみよう。

講演と映画

報国団に於ては創立記念祭を祝して同四日午後一時より九段軍人会館に於いて「講演と映画」の会を催す。これには豊島区滝野川区の御遺族並都下本学関係中等学校専門学校生徒を招待し近年稀なる盛会にて超満員終ひに止む無く入場〆切の掲示を出す迄に至る。当日のプログラムを抜粋すれば

第一部　護国英霊追悼法要

導師　学長報国団長　加藤大僧正(55)

挨拶　文化本部長　清水谷教授(56)

第二部　講演

「長期戦の勝利」陸軍大佐　笠原武雄殿

「厳粛且つ明朗なる生活」司法次官　大森洪太閣下

吟詠

「下筑後川感有作」「釈大俊」皇風会理事　渡辺緑村先生

第三部　映画

吟詠「大正大学歌」全日本学制吟詠連盟理事　関谷賢祐君
映画「輝く正大」「最後の一兵まで[57]」

本行事は、大正大学の位置する豊島区滝野川区の戦争遺族に加えて、関係中等学校や専門学校の生徒を招待するなど、学外参加者も含めた規模の大きい追悼行事であったといえる。式次第を見ると、講演者が学内の教授でなく、陸軍大佐や司法次官である点に、戦時体制の進展がうかがえる。追悼法要と戦争の意義を説く講演・映画がセットで行われており、報国団による本行事はこれを伝道する役割を果たしたのである。

以降も報国団は、戦没者慰霊・追悼に関する様々な行事を実施している。同年一二月二二日には皇居遥拝の後、靖国神社で英霊の冥福と必勝を祈願した[58]。昭和一七年五月には新井薬師へ行軍し、武運長久と戦没将士に対する冥福を目的とした祈禱を行っている[59]。

一方で、報国団による戦没者慰霊・追悼と並行して、研究室を中心とした従来の慰霊・追悼行事も行われている。昭和一六年四月には哲学研究室主催で副手と病没学生の追悼会が[60]、翌一七年五月には仏教学研究室による、陸軍の任務中に死去した室友の追悼会がそれぞれ行われている[61]。また昭和一四年六月一〇日に逝去した大学教授矢吹慶輝を偲び、翌一五年の命日には一周忌法要と講演会[62]、さらに翌一六年の三回忌には法要と記念展覧会が行われている[63]。

戦争末期における大学と慰霊・追悼

戦局の激化に伴い、昭和一六年以降の大学は、困難に直面していく。昭和一六年一〇月には「大学学部等ノ在学年限又ハ修業年限ノ昭和十六年度臨時短縮ニ関スル件」が公布され、昭和一六年度は三カ月、昭和一七年度は六カ月の修業年数短縮が行われた。昭和一八年六月には「学徒戦時動員体制確立要項」が閣議決定され、学徒の勤労動員と軍事教練体制が強化された。同一〇月には「在学徴集延期停止ニ関スル件」が通牒され、理工科系統および教員養成諸学校学生を除く、一般学生の徴兵猶予が停止された。大正大学では全学生九二八名中三七八名が入営または応召となり、全校生徒の実に四割が学徒出陣の対象となった。残留した学生も勤労動員強化による苦難が続き、昭和一九年四月に始まる学校工場化の推進により、授業実施はほとんど不可能になった。昭和二〇年三月には「決戦教育措置要項」の閣議決定により、同年四月一日から翌年三月三一日まで原則として授業停止となった。その後ついに同年八月一五日に敗戦を迎えることとなる。

戦争末期の大学でいかなる慰霊・追悼が行われていたのだろうか。まず昭和一七年一〇月四日には、軍事保護院主催の「都下大学合同慰霊祭」に大正大学から一〇〇名が動員されている。これは軍人援護強化運動の一環として行われたものであり、学長宛に出された「学生動員願」が残されている(64)。

次に『五十年略史』によれば、昭和一八年五月に文部省に訓育状況を報告した書類には次のように記されている。

本学ニアリテハ午前十時ヨリ卅分間ヲ錬成時トシ、学生生徒ヲ折半シ隔日ニ一部ハ講堂ニテ勤行ヲナサシメ、一部ハ屋外ニテ体操ヲナサシム、講堂入場ニ先チ体操組ト共ニ校庭ニテ点呼シ、一同ニテ本学綱領ヲ大声ニテ読マシム(65)

また、昭和一八年四月に新入生訓練のために作成された「訓練要旨」には次のような内容が記されている。

行軍（十七）（別紙参照）
［教練、訓育、教員指導］体力ト忍耐トヲ検スルト同時ニ神社仏閣ニ参詣シ、而モ志士ノ墓前ニ詩歌ヲ合吟シテ自ラ以テ身心ヲ策励セシム
護国寺、寛永寺、増上寺（十二月、十三火、十二月、十三火、十五木）
［訓育部指導］或ハ晨朝参拝シテ勤行スルト共ニ其ノ拝ム心ノ萠シタル所ヘ簡服スル法話ヲ頂キ仏ノ心ノ一端ニ触レシム(66)

このように訓育や錬成のカリキュラムの中に勤行が取り入れられている。しかし本節第一項で見たような慰霊・追悼の語は登場していない。

昭和一九年には、勤労動員先にて大正大学の生徒が戦没者慰霊法要を行った、という指摘もある。

また軍需工場だけでなく食糧増産のための勤労動員として農村に出動した。その一例としては十九年七月二日から十一日の十日間、長野県東筑摩郡神林村、今井村へ専門部・予科生徒百五十名が派遣された。農村のため勤労作業の余暇には国民学校並託児所慰問、夜間講演、紙芝居、農村行事調査、戦没者慰霊法要等《ママ》などを行い地元民との交流を図ったようである。(67)

動員・派遣の主目的はあくまで農村のための勤労作業にあるものの、余暇において戦没者慰霊法要が行われたことがわかる。

戦争末期には、カリキュラムの変更や各種動員により、学内における慰霊・追悼が困難となる一方で、動員先での慰霊・追悼がささやかではあるが行われていた、ということができるだろう。

第五節 結語

本章においては、まず宗教系一二大学における慰霊・追悼の概略を踏まえ、その後、大正大学に焦点を当てて戦前および戦中期の慰霊・追悼の実態について検討を行ってきた。

大正大学では、大正一五（一九二六）年に開学した当初から学内で慰霊・追悼法要を行っていたが、それは学生への訓育の一環として位置づけられていた。学生の思想問題対策と子弟教育に関する批判への応答を企図したものであり、大学で不足していた僧風教育・精神教育を補うという側面も有していた。昭和一〇（一九三五）年に宗教的情操教育が要請された際にも、特定宗派教育に依らないという宗教的情操教育を、大学設立宗派の宗祖や聖徳太子の関係に置き換えながら、慰霊・追悼法要実施を積極的に意味づけていた。大正大学にとって慰霊・追悼行事は、大学独自の訓育を担う重要な実践であった。また、追悼論集の編集・刊行にみられるように、研究活動とも深く結びついていた。重要なのは、戦争を契機として大学内で慰霊・追悼が開始されたのではなく、そもそも大学の方針としてそれ以前において、すでに慰霊・追悼行事が重大な意味づけを持っており、大学当局、研究室、学内団体により積極的に行われていたという事実である。

なお、大学における慰霊・追悼が大きく転換するのは、国民精神総動員と報国団結成であった。国民精神総動員運動の展開に伴い、大学に求められる銃後活動のひとつに大学関係戦死者への慰霊・追悼が加わった。しかし、本章で紹介した初期の追悼会では、物故者と戦病死者とが並んだ形で追悼会が開催されていた。これは従来行われてきた学内慰霊・追悼の延長線上に戦死者の慰霊・追悼を位置づけていたからだと考えられる。また、式次第は仏式であり神式でなかったことも特徴であった。しかし、報国団結成にみられるような学校の軍事体制化が進展することによって、学校主催の慰霊・追悼行事にも軍事色が強まり、戦争の意義を説くものへと内容も変質していった。

総動員体制下において、大学は高等教育機関として指導的人材の育成ならびに一般国民に対する教導的な役割期待に応えようとした。その一環が慰霊・追悼の実践であり、大正大学では学徒勤労動員などにとどまらず、仏式の慰霊・追悼行事を主催することで、仏教系大学の独自性を発揮しつつ指導的役割を果たそうとしたと考えられる。しかし、学徒動員・学徒出陣によって大学が機能不全へと陥るに従い、大学の慰霊・追悼は縮小していった。

従来の研究においては、戦前期の慰霊・追悼の頂点には国家神道があり、地域行事や教育に「靖国の論理」が貫徹し、特に仏教は従属していたという理解が根強いが、今回取り上げた戦前戦中期の大正大学における慰霊・追悼の実態は、その理解を再考するひとつの契機となると考えている。当然のことながら、他の宗教系大学についても詳細な事例研究が必要となるであろう。それについては、今後の研究課題としたい。

註

（1）戦時下の大学に関する研究動向については、江島尚俊「国内諸大学における「戦時下の大学」研究の現状と課題」（『大正大学綜合佛教研究所年報』第三七号、二〇一五）に詳しい。

（2）主な成果として、大江志乃夫『靖国神社』（岩波書店、一九八四）、赤澤史朗『靖国神社―せめぎあう〈戦没者追悼〉のゆくえ―』（岩波書店、二〇〇五）などがある。

（3）村上重良『慰霊と招魂―靖国の思想―』（岩波書店、一九七四）。

（4）藤田大誠「日本における慰霊・追悼・顕彰研究の現状と課題」（國學院大學研究開発推進センター編『慰霊と顕彰の間　近現代日本の戦死者観をめぐって』〈錦正社、二〇〇八〉）七—一四頁。藤田は、「靖国神社問題」「靖国神社の戦後史」に関する評論、研究は増加している一方、既存研究が「占領期や戦後の展開を詳述するためにあえてその殆どを「棚上げ」にし、さらりと触れただけの靖国神社の「近代」の研究は、意外なほど乏しい」と指摘している。そして近代の靖国神社に関する史料の全体像も未だ明らかでなく、刊行されている基礎文献や公文書、原資料に直接当たって考察している研究が極めて少ないとし、今後「戦後」を語る前に踏まえるべき靖国神社の近代史研究こそが最重要課題だと主張している。

（5）西村明『戦後日本と戦争死者慰霊—シズメとフルイのダイナミズム—』（有志舎、二〇〇六）六—一五頁。西村は「宗教研究における戦死者慰霊の問題は、この村上の枠組みをはなれては、せいぜい先祖祭祀（祖先崇拝）をめぐる議論において周縁的位置をえるか、「御霊信仰」という強力な説明言説に還元されてしまうかのどちらかであったのである」と村上による影響力の問題点を指摘している。

（6）一ノ瀬俊也『近代日本の徴兵制と社会』（吉川弘文館、二〇〇四）。

（7）一ノ瀬俊也『銃後の社会史—戦死者と遺族—』（吉川弘文館、二〇〇五）。

（8）一ノ瀬俊也『故郷はなぜ兵士を殺したか』（角川選書、二〇一〇）。

（9）西村、前掲書。

（10）岩田重則『戦死者霊魂のゆくえ—戦争と民俗—』（吉川弘文館、二〇〇三）。

（11）白川哲夫『「戦没者慰霊」と近代日本　殉難者と護国神社の成立史』（勉誠出版、二〇一五）。

（12）東京大学史史料室編『東京大学の学徒動員・学徒出陣』（東京大学、一九九七）、蜷川寿恵『学徒出陣—戦争と青春』（吉川弘文館、一九九八）、福間敏矩『学徒動員・学徒出陣—制度と背景—』（第一法規、一九八〇）などがある。

（13）白井厚『大学における戦没者追悼を考える』（慶應義塾大学出版会、二〇一二）七頁。白井は、戦後の大学において追悼が一部を除き行われていない現状を批判し、「敗戦以前の超国家主義的・軍国主義的な慰霊の仕方に懲りたという面もあろうが、だからと言って多くの学生や卒業生を戦場に送った母校が戦没者たちを忘却したままでよいのだろうか」と問題提起を行っている。

（14）大学沿革史は執筆者の協業体制化、史学専門家の編纂参加などを通じて質的向上が図られ、近年においては教育史のみならず、社会史、文化史、政治史などの専門研究家も見逃せない水準に達したと評価されている。一方で編纂者により記載事項の取捨選択が行われるという情報の限界もある。本表はあくまで時代感覚をつかむための参考資料として限定的に使用した。

（15）実際は後述するように大正大学において昭和八年九月に追悼会が行われており、この時期に満州事変関係の戦没者追悼会が行われた可能性がある。多くの大学沿革史においてこの時期に戦時慰霊・追悼の記述がないのは、日華事変以降（昭和一二年以降）に慰霊・追悼の記事をまとめたいという編者の意図があるためと考えられる。

（16）「旌忠」とは国家に対する忠義を顕彰することを意味する。また、碑文には自己を絶対的正義の立場に置いて他者を討つ意味を持つ中国古典の語句や、神武天皇の故事を述べる『日本書紀』の一節が利用されるなど、当時の時代風潮を色濃く反映した内容となっている。

（17）拙稿「大学沿革史にみる慰霊・追悼行事」（『豊山教学大会紀要』第四四号、二〇一六）一七七―二一三頁。

（18）各大学沿革史における具体的な記述部分については、同論文を参照。

（19）拙稿「宗教系大学における慰霊と追悼―戦前戦中期大正大学を例として―」（『真言宗豊山派総合研究院紀要』第二〇号、二〇一五）六七―八〇頁を基にしながら大幅に加筆・修正したのが本章である。

（20）昭和二年四月に『大正大学学報』が創刊され、多数の論文が寄稿されている。この『学報』では巻末の「学会報告」（後に「雑報」「研究会彙報」）欄にて、大学内各研究会の動向を彙報として掲載している。また『学報』だけでなく、浄土学研究室の『浄土学』、天台学研究室の『山家学報』、真言学研究室の『密教論叢』など、各研究会もそれぞれ紀要を発行した。これら雑誌の彙報欄は研究室内の人事や研究会の活動報告、同窓生の近況報告などの情報が掲載されており、当時の大学生活の一端を知ることができる。

（21）昭和一八年に智山専門学校を合併して三宗四派の大学となる。大正大学設立経緯の詳細については大正大学五十年史編纂委員会編『大正大学五十年略史』（大正大学、一九七六）、星野英紀編『大正大学―回顧と展望―』（大正大学出版会、二〇一〇）が詳しい。

(22)『浄土教報』第一七三一号(浄土教報社、一九二七年一〇月一四日)一二面。
(23)『浄土教報』第一七三四号(浄土教報社、一九二七年一一月四日)六―七面。なお、比叡山で行われた一一月一日の本葬には、渡辺教職員総代と学生総代(天台出身)二名が登嶺し、一般学生は休講して謹慎の意を表した、と記されている。
(24)『大正大学学報』第九輯(一九三一年二月二五日)一一六頁。
(25)『大正大学学報』第一一輯(一九三二年一月一〇日)一〇九頁。
(26)『大正大学学報』第一五輯(一九三三年六月三〇日)一七〇頁。
(27)『浄土学』第四号(一九三二年一一月一〇日)一三六頁。
(28)『大正大学学報』第一五輯(一九三三年六月三〇日)一七三頁。
(29)『大正大学学報』第一六輯(一九三三年一二月一七日)一七三頁。
(30)『大正大学学報』第二〇輯(一九三五年七月一〇日)一五一頁。
(31)大正大学総務資料『学事報告』。
(32)追悼記念論集を編まれたのは『学報』では渡辺海旭の他、権田雷斧(第一八輯)、矢吹慶輝(第三〇、三一輯)である。なお『山家学報』では末広照啓が七周忌を機に追悼記念号を編まれ(新第四号)、発行翌々日の昭和六年一二月二〇日に献本式が行われた。
(33)『大正大学学報』第一六輯(一九三三年一二月一七日)九〇頁。
(34)大正大学会議録『主任会決議録』。
(35)『浄土教報』第一八八七号(浄土教報社、一九三一年二月八日)八―九面。
(36)『浄土教報』第一八〇〇号(浄土教報社、一九二九年四月一四日)一面。
(37)『浄土教報』社説はその後も「統一なき宗門教育」(第一八四八号)、「模倣は遂に壊滅す」(第一八五六号)等で同様の大学教育批判・僧侶養成課程批判を行っている。
(38)『浄土教報』第一八六五号では「誌上宗門教育討議会」と題して特別講座制度に関する意見募集を行ったが、第一八六九号までの集計結果は「現状維持」が一通に対し、「現制度撤廃」が一五通と大量の批判意見が集まることとなった。
(39) 大正大学会議録『総務会記録』。
(40) 同資料。なおこの時期は涅槃会においても物故者追悼会が開催されていた。
(41)『浄土教報』第二〇〇六号（浄土教報社、一九三三年九月二四日）六面。
(42)『浄土教報』第二一八五号（浄土教報社、一九三七年五月二日）一〇面。
(43)『大正大学五十年略史』七〇一頁。
(44)『大正大学学報』第二七輯（一九三七年一二月二五日）九〇頁。
(45)『大正大学学報』第二八輯（一九三八年一二月一五日）一四一頁。
(46)『大正大学学報』第二九輯（一九三九年五月一〇日）一九五頁。
(47)『大正大学学報』第二八輯（一九三八年一二月一五日）一四一頁。
(48) 大正大学会議録『総務会協議事項』。原文は手書きであり、一部判読不能文字があったため□にて示した。
(49) 大正大学創立六〇周年記念事業事務局編『写真でみる六〇年　創立六〇周年記念』（大正大学、一九八六）一八頁。
(50)『浄土教報』第二三五二号（浄土教報社、一九三八年一〇月二日）七面。
(51)『豊山派宗報』第二八六号（昭和一五年二月二〇日）四九頁。
(52) 大正大学総務資料『国民精神総動員関係書類』。
(53) 同資料。
(54) 先述した豊山新人会も消滅の危機にあったが、一転存続の途が開かれたという。のちに真言宗合同により「真言宗新人会」と名称が変更になるが、『密教論叢』の休刊によりその後の詳細は不明である。『密教論叢』第二一輯（一九四一年九月三〇日）一三三頁、『密教論叢』第二二・二三輯（一九四二年七月一〇日）二五〇―二五二頁を参照。
(55) 加藤精神（一八七二―一九五六）、大正大学第八代学長。
(56) 清水谷恭順（一八九一―一九七九）、大正大学文学部教授。

(57) 『大正大学学報』第三二輯(一九四一年一二月三〇日)一三三頁。
(58) 『大正大学学報』第三三輯(一九四二年五月三一日)一四〇頁。
(59) 『大正大学学報』第三四輯(一九四二年一〇月三〇日)一〇二頁。
(60) 『大正大学学報』第三二輯(一九四一年一二月三〇日)一四八頁。
(61) 『大正大学学報』第三四輯(一九四二年一〇月三〇日)九三頁。
(62) 『浄土教報』第二三二六号(浄土教報社、一九四〇年六月九日)一〇面。
(63) 『大正大学学報』第三四輯(一九四二年一〇月三〇日)九七・九九頁。
(64) 大正大学総務資料『昭和一七年度官庁往復』。
(65) 『大正大学五十年略史』四〇二頁。
(66) 同書、四〇四頁。
(67) 同書、四一一—四一二頁。

表1　戦前・戦中期　大学沿革史に基づいた宗教系大学の慰霊・追悼関連年表

元号	西暦	大学史における慰霊・追悼関連事項	一般通史
明治三五年	一九〇二	★【龍谷大学】二・二七　大学講堂で八甲田山行軍中凍死した歩兵第五連隊兵士の追弔会	
明治三七年	一九〇四	★【龍谷大学】七・二　日露戦争戦死者追弔会	日露戦争開戦
明治三八年	一九〇五	★【龍谷大学】一・二八　旅順陥落祝賀会、戦死者追悼式を挙行	ポーツマス条約締結
明治四二年	一九〇九	★【関西学院大学】三・一〇　日露戦役出征同窓生等、校庭に記念碑を建立	
明治四五年／大正元年	一九一二	【龍谷大学】七・三〇　明治天皇崩御につき講堂で学長などが阿弥陀経を読誦 【龍谷大学】九・一三　明治天皇崩御につき講堂で遥拝式を挙行	明治天皇崩御
大正三年	一九一四	【龍谷大学】四・一一　皇太后の崩御により講堂で追弔会 ★【龍谷大学】一一・二一　戦没者追弔会を挙行	第一次世界大戦勃発
大正九年	一九二〇	○【國學院大學】開学 ○【同志社大学】開学	
大正一一年	一九二二	○【立教大学】開学 ○【大谷大学】開学 ○【龍谷大学】開学	
大正一三年	一九二四	○【立正大学】開学	
大正一四年	一九二五	○【駒澤大学】開学	
大正一五年／昭和元年	一九二六	○【大正大学】開学 ○【高野山大学】開学 【大谷大学】一二・二五　大正天皇崩御の通達を受け、滞京中の教職員・学生一同、午後一時より講堂にて奉悼会を厳修	大正天皇崩御
昭和二年	一九二七	【大谷大学】二・七　大正天皇葬儀につき休業。午後六時より講堂にて奉悼会を厳修	

		【龍谷大学】二・七　大正天皇崩御につき追弔会を挙行	
昭和三年	一九二八	○【上智大学】開学	
昭和四年	一九二九	【高野山大学】七・一九　臨時学友会総会にて「教職員並学生病死者供養塔建立の件」を決議	
昭和五年	一九三〇	【高野山大学】九　教職員並学友会員物故者供養塔を建立。開眼法要を挙行。以来年一回学友会主催本学物故祭を厳修 【同志社大学】九・一七　山岳部員三宅恒夫、立山登山練習中、源次郎尾根で遭難、墜死につき追悼式	
昭和六年	一九三一		満州事変
昭和七年	一九三二	○【関西学院大学】開学 【神宮皇學館大學】五・二　物故職員慰霊祭 【上智大学】五・五　靖国神社参拝拒否事件 【同志社大学】六・一七　新島八重の同志社葬を栄光館で行う	五・一五事件
昭和九年	一九三四	★【高野山大学】八・三一—九・一八　満韓慰問伝道団による現地英霊供養	
昭和一一年	一九三六	【龍谷大学】六・五　講堂で東郷平八郎追悼会挙行	
昭和一二年	一九三七	★【大正大学】六　同窓生戦死者多数、追悼会挙行 ★【同志社大学】一〇・三一　戦死した校友岡部孫四郎ほか五名の慰霊祭を公会堂で行う ★【高野山大学】秋　昇格祝賀祭にて慰霊祭、皇軍武運長久祈願祭挙行 ★【上智大学】一一・二　先哲祭。物故せる本学設立者ならびに本学関係教授の追悼祈念 ★【関西学院大学】一二・二一　第一回関西学院出身戦死者慰霊祭	盧溝橋事件、日華事変へ
昭和一三年	一九三八	★【國學院大學】五　上海事変以降の戦没者慰霊祭 ★【大谷大学】六・一四　学内にて戦死者追悼会 ★【龍谷大学】一〇・七　龍谷大学生戦死者追弔会を挙行 ★【龍谷大学】一〇・一九　靖国神社臨時大祭で臨時休講。以後、敗戦ま	国家総動員法公布

		で遥拝、休講が恒例化 ★【大正大学】一一・五　学友会主催戦没将士追悼会および出征遺族家族慰安会（九段軍人会館） ★【上智大学】一一・二五　創立二五周年式典。記念式典中、国歌斉唱の後に「一、戦没将兵ノ慰霊、皇軍将士ノ武運長久ノタメ黙禱」 ★【大谷大学】一二・八　正午より真宗学会にて、教授および会員の追悼会 ★【関西学院大学】一二・一四　第二回関西学院出身戦死者慰霊祭	
昭和一四年	一九三九	★【國學院大學】五　戦没者慰霊祭 【神宮皇學館大學】六・六　建武中興六百年記念祭に伴う慰霊祭 ★【大正大学】五・一七　物故者戦死者追悼法要 ★【立教大学】六・一一　第一回慰霊祭。チャペルにおいてキリスト教式で開催 ★【関西学院大学】九　興亜青年勤労報国隊参加の病没学生への慰霊祭 ★【同志社大学】一一・二九　創立記念礼拝式ならびに第二回支那事変戦没同志社関係者慰霊祭を公会堂で挙行	文部省、大学における軍事教練必修を各大学に通達 国民徴用令公布
昭和一五年	一九四〇	★【関西学院大学】二・一八　旌忠碑除幕式、第三回戦死者慰霊祭 ★【立教大学】六・一五　第二回慰霊祭 ○【神宮皇學館大學】開学 ★【神宮皇學館大學】九・二三　館友戦死者慰霊祭 【國學院大學】五十周年記念式典に伴い物故者慰霊祭 ★【同志社大学】一一・三〇　第四回支那事変戦没同志社関係者慰霊祭をチャペルにて執行	学校報国団組織化
昭和一六年	一九四一	★【立教大学】六・二一　第三回慰霊祭 ★【大谷大学】一〇・三　「軍人援護に関する勅語奉戴式並本学関係戦没者追弔会」開催 ★【大正大学】一一・四　創立第十六周年記念祭、九段軍人会館にて護国英霊追悼法要執行	「青少年学徒食糧増産運動実施要項」を通達 「大学学部等ノ在学年限又ハ修業年限ノ昭和十六年度臨時短縮ニ関スル件」が公布される

		★【関西学院大学】一二・一七　第四回関西学院出身戦没者慰霊祭 ★【同志社大学】一二・三〇　支那事変戦没同志社関係者第五回慰霊祭を礼拝堂において執行	太平洋戦争開戦
昭和一七年	一九四二	★【立教大学】六・六　第四回慰霊祭 ★【関西学院大学】一一・七　第五回関西学院出身戦没者慰霊祭 ★【同志社大学】一一・二八　第六回支那事変並大東亜戦争校友護国英霊慰霊祭を礼拝堂において執行	学徒動員令通達
昭和一八年	一九四三	★【龍谷大学】六・五　故山本五十六元帥の国葬日につき、本館前で遥拝式挙行 ★【立教大学】六・二六　第五回慰霊祭。この回よりキリスト教式から神式へ、チャペル外での開催に変わる ★【関西学院大学】一一・六　第六回関西学院出身戦没者慰霊祭 ★【同志社大学】一一・二八　校友護国英霊第七回慰霊祭を礼拝堂において行う	大学令改定。修業年限短縮。「学徒戦時動員体制確立要項」閣議決定。「在学徴集延期停止ニ関スル件」通牒 第一回学徒出陣
昭和一九年	一九四四	★【國學院大學】四・二二　院友学生慰霊祭 ★【龍谷大学】五・二二　講堂で前連合艦隊司令官古賀元帥の追悼式を挙行 ★【大正大学】七・二―一一　専門部・予科生徒一五〇名が長野県神林村、今井村へ勤労動員。余暇に戦没者慰霊法要を行う ★【龍谷大学】七・一九　講堂でサイパン島戦死者追悼式を挙行 ★【立教大学】一一・一一　第六回慰霊祭。神式での開催 ★【関西学院大学】一二・二　第七回慰霊祭	「決戦非常措置要項ニ基ク学校工場化実施要項」通達
昭和二〇年	一九四五	★【國學院大學】四・一〇　入学式後に石川島造船所に動員の被災学徒三名の慰霊祭	日本無条件降伏 アジア太平洋戦争終結

※立正大学は大学沿革史に慰霊・追悼関係の記述なし。駒澤大学は慰霊・追悼記述に日時を特定できる記述なし。
○は大学令に基づく開学を、★は戦没者慰霊・追悼に関わる記述をそれぞれ示す。

【表1の参考文献】

大谷大学百年史編集委員会編『大谷大学百年史』（大谷大学、二〇〇一）
大谷大学真宗総合研究所・真宗学事研究所・真宗学事史研究所編『大谷大学百年史　資料編別冊　戦時体験集―「勤労動員」・「学徒出陣」の記録―』（大谷大学、二〇〇四）
關西學院五十年史編纂委員編『關西學院五十年史』（關西學院五十年史編纂委員、一九三九）
関西学院六十年史編纂委員編『関西学院六十年史』（関西学院六十年史編纂委員、一九四九）
関西学院七十年史編集委員会編『関西学院七十年史』（関西学院七十周年記念事業中央委員会、一九五九）
関西学院百年史編纂事業委員会編『関西学院百年史　資料編二』（関西学院、一九九五）
関西学院百年史編纂事業委員会編『関西学院百年史　通史編一』（関西学院、一九九七）
関西学院百年史編纂事業委員会編『関西学院百年史　通史編二』（関西学院、一九九八）
関西学院事典編集委員会編『関西学院事典』（学校法人関西学院、二〇〇一）
プレート起草委員会・関西学院学院史編纂室『関西学院史紀要　資料集　旌忠碑』（学校法人関西学院、二〇〇四）
高野山大学百年史編纂室編『高野山大学百年史』（高野山大学、一九八六）
皇學館大學編『創立九十年　再興十年　皇學館大學史』（皇學館大學、一九七二）
皇學館百二十周年記念誌編纂委員会編『皇學館百二十年史年表』（学校法人皇學館、二〇〇二）
皇學館史編纂室編『皇學館大學百二十六年の軌跡』（皇學館館史編纂室、二〇〇八）
皇學館館史編纂室編『皇學館大學の百二十七年』（皇學館館史編纂室、二〇〇九）
皇學館館史編纂室編『神宮皇學館大學―昭和十五年〜昭和二十一年―』（皇學館館史編纂室、二〇一〇）
学校法人皇學館館史編纂委員会編『皇學館大學百三十年史（総説篇）』（学校法人皇學館、二〇一二）
学校法人皇學館館史編纂委員会編『皇學館大學百三十年史（資料篇二）』（学校法人皇學館、二〇一四）
学校法人皇學館館史編纂委員会編『皇學館大學百三十年史年（表篇・写真篇）』（学校法人皇學館、二〇一四）
松尾三郎編『國學院大學七十年史』（國學院大學、一九五二）
國學院大學八十五年史編纂委員会『國學院大學八十五年史』（國學院大學、一九七〇）
國學院大學『國學院大學百年小史』（國學院大學、一九八二）
國學院大學校史資料課編『國學院大學百年史（下巻）』（國學院大學、一九九四）
駒澤大学八十年史編纂委員会『駒澤大學八十年史』（駒澤大学八十年史編纂委員会、一九六二）

駒澤大学九十年史編纂委員会『駒澤大学九十年史』（駒澤大学九十年史編纂委員会、一九七二）
駒澤大学百年史編纂委員会『駒澤大学百年史』（駒澤大学年史編纂委員会、一九八三）
駒澤大学開校百二十年史編纂委員会『駒澤大学百二十年史』（駒澤大学、二〇〇三）
上智大学編『上智大学五十年史』（上智大学出版部、一九六三）
上智大学史資料集編纂委員会編『上智大学史料集（第三集）』（上智学院、一九八五）
上智大学史資料集編纂委員会編『上智大学史料集（補遺）』（上智学院、一九九四）
上智大学創立一〇〇周年記念誌企画・編纂委員会編『上智の一〇〇年』（上智学院、二〇一三）
大正大学五十年史編纂委員会編『大正大学五十年略史』（大正大学五十年史編纂委員会、一九七六）
同志社社史史料編集所編『同志社九十年小史』（同志社、一九六五）
同志社社史史料編集所編『同志社百年史（通史編二）』（同志社、一九七九）
同志社社史史料編集所編『同志社百年史（資料編二）』（同志社、一九七九）
海老沢有道編『立教学院百年史』（立教学院、一九七四）
寺﨑昌男・立教ブックレットプロジェクトチーム編『立教学院の歩いてきた道　立教ブックレット　二』（立教学院、二〇〇八）
「立教学院史研究」編集委員会編『立教学院史研究（創刊号）』（立教大学立教学院史資料センター、二〇〇三）
立教学院八十五年史編纂委員編『立教学院八十五年史』（立教学院事務局、一九六〇）
立教学院百二十五年史編纂委員会編『立教学院百二十五年史（資料編第一巻）』（立教学院、一九九六）
立教学院百二十五年史編纂委員会編『立教学院百二十五年史（図録）』（立教学院、二〇〇〇）
立教大学立教学院史資料センター『立教大学の歴史』（立教大学、二〇〇七）
大学史編纂委員会編『立正大学の一二〇年』（立正大学学園、一九九二）
立正大学史編纂委員会編『立正大学史資料集（第一集）』（立正大学学園企画広報室大学史編纂室、一九九五）
立正大学史編纂委員会編『立正大学の一四〇年』（立正大学学園、二〇一二）
足利端義『龍谷大学　三百年史』（龍谷大学出版部、一九三九）
龍谷大学三百五十年史編集委員会編『龍谷大学　三五〇年の歩み』（龍谷大学、一九八九）
龍谷大学三百五十年史編集委員会編『龍谷大学三百五十年史（通史編上巻）』（龍谷大学、二〇〇〇）
龍谷大学編『龍谷大学　三七〇年の歩み』（龍谷大学、二〇〇九）

表2　戦前戦中期の大正大学と慰霊・追悼関係年表

元号	西暦（年月日）	大正大学慰霊・追悼関連史（丸カッコ内は掲載元）	大正大学関連史、図書発行史	一般通史	備考
大正一五年	一九二六・四・五	大正大学、大学令による昇格認可			
昭和元年	一九二六・一二・二五	大正天皇崩御に伴い、講堂において望月学部長を導師として追悼会を奉修（『浄土教報』一六九〇）			
昭和二年	一九二七・四・二五	『大正大学学報』創刊			
	一九二七・九・二七	教職員学生追悼会（『浄土教報』一七三一）			大正大学になってから初
	一九二七・一〇・二七	天台座主吉田大僧正追悼会を大講堂で勤修（『浄土教報』一七三四）			
	一九二七・一二・二四	大正大学初代学長澤柳政太郎逝去			告別式時、学生生徒は沿道で霊柩を迎える
昭和三年	一九二八・一・二九	澤柳学長追悼会を増上寺にて開催			当初大学主催を目指すも市内仏教徒各種団体と連合開催に
昭和五年	一九三〇・四・一五	『浄土学』創刊			
	一九三〇・七・一〇		『山家学報』創刊		
	一九三〇・一一・二五	英文学研究室　伝通会館にて中西教授追悼会（『学報』九）			一一月九日に逝去

昭和六年	一九三一・九・一八			満州事変	
	一九三一・九・二九	英文学研究室　第一回卒業生加留部光運氏追悼会（『学報』一一）			
	一九三一・一二・一八	『山家学報』末広照啓追悼記念号刊行（『五十年略史』）			七周忌記念
昭和七年	一九三二・一・二六	仏教学研究室　大橋正信氏追悼会（『学報』一五）			
	一九三二・三・一			満州国建国	
	一九三二・五・一五			五・一五事件	
	一九三二・六・四		豊山派学生大会兼新入生歓迎会の決議により豊山新人会誕生		
	一九三二・七・八		『山家学報』第一巻第五号刊行。「末広先生追悼記念『山家学報』献本式」記事掲載		
	一九三二・九・三〇		豊山新人会発会式		
	一九三二・一二・五	中林義英氏御母堂追悼会。望月博士を導師に仰ぎ読経回顧す。参列者三十余名（『浄土学』四）			中林氏追孝のために金十円を『浄土学』に寄進
	一九三二・一二・一七		『山家学報』第六号刊行。「故佐藤徳全君の死を悼む」記事掲載		

昭和八年	一九三三・一・一四	宗教学研究室　田中芳全氏葬儀参列（『学報』一五）			
	一九三三・六・三〇		『大正大学学報』第一五輯発行		この頃より『学報』に入営送別会の記事掲載
	一九三三・九・一八	★大正大学大講堂にて満州事変戦病死者の追弔会（『浄土教報』二〇〇六）			
	一九三三・九・一九	英文学研究室　第四回卒業生岸本戒善氏追悼会（『学報』一六）			
	一九三三・一一・一		『密教論叢』創刊		
	一九三三・一一・一六	『大正大学学報』第一六輯「渡辺海旭教授追悼号」捧呈式（『学報』一六）			
	一九三三・一二・一七		『大正大学学報』第一六輯「渡辺海旭教授追悼号」発行		
昭和九年	一九三四・二・一〇	権田雷斧猊下追悼会（『密教論叢』二・三）			
	一九三四・三・一五		『浄土学』第七号発行。「室友近親者の御不幸」記事掲載		法名を掲載して哀悼の意を表す
	一九三四・四・二八	大正大学葦水会の故岡田立穎上宮中学校長追悼会（『浄土教報』二〇三六）			大阪上宮中学校ならびに大阪出身者の会「葦水会」による追悼会

年	年月日	事項	刊行物		備考
	一九三四・六・四	東郷平八郎元帥の追悼会を大講堂にて挙行（『浄土教報』二〇四一）			
	一九三四・七・五		『大正大学学報』第一八号「権田雷斧前学長追悼号」発行		
昭和一〇年	一九三五・二・一四	伝通院貫主木村玄俊氏導師のもと講堂にて涅槃会法要ならびに死亡教職員および学生の追悼会（『浄土教報』二〇七五）			式後に福井康順氏の講演「我等攻学の態度」
	一九三五・五	真言学研究室　入室直後に学生二名が逝去。学長導師のもと追悼会（『学報』二一〇、『密教論叢』八）			
	一九三五・七・九	豊山新人会会友二名鮮満視察のため出発（『密教論叢』八）			『密教論叢』第七号に旅行記を掲載。道中慰霊の様子が書かれる
	一九三五・九・一八	新人会員柴崎一郎氏（学二）の追悼会を大講堂で挙行。導師神林会長（『密教論叢』八）			
	一九三五・一〇・二五		『浄土学』第九号発行。「長谷川義彦氏の訃」記事掲載		法名を掲載して哀悼の意を表す
	一九三五・一一・五	創立十周年記念式典。法楽時に学長先亡教職員学生生徒各			

		位牌に焼香（『密教論叢』七）			
昭和一一年	一九三六・一・二五	宗祖御忌会ならびに故高橋廣元君追悼会を修す（『浄土学』一〇）			
	一九三六・七・一		『浄土学』第一〇号発行。「高橋廣元氏の訃」記事掲載		第六回卒業生。法名を掲載して哀悼の意を表す
	一九三六・九・二二	新人会員故田中良穎氏追悼式（『密教論叢』一〇）			
昭和一二年	一九三七・四・二六	★満州事変追悼会（『浄土教報』二一八五）			
	一九三七・六	★同窓生戦死者多数、追悼会挙行（『五十年略史』）			
	一九三七・六・二二	例月御忌会奉修、学三　土橋君師僧の追善回顧を修す（『浄土学』一二）			
	一九三七・七・七			盧溝橋事件、日華事変へ	
	一九三七・七・三〇		『山家学報』第一一輯発行。丸山恭観氏、浮岳堯允大僧正他界に関する記事掲載		
	一九三七・一一・一〇	★宗教学研究室　武田信定氏追悼会（『学報』二七）			
	一九三七・一二・二五		『浄土学』第一一号発行。「藤田定道氏の訃」記事掲載		

昭和一三年	一九三八・四・一			国家総動員法公布	
	一九三八・六・三	★支那文学研究室　第一回卒業生小西亮我氏追悼会（『学報』二八、『浄土教報』二二三八）			
	一九三八・六・九			文部省「集団的勤労作業運動実施ニ関スル件」を通牒	
	一九三八・八・五		『浄土学』第一三号発行。編集後記にて英霊の冥福を祈る		「珠山源信氏（第十回生）師僧御遷化に就き弔電を発す」と記録掲載
	一九三八・九・二〇	★国文学研究室　第一〇回卒業生柴田芳人氏戦死。葬儀に参列（『学報』二八）			
	一九三八・九・二五	八・二六に他界した予科三年長塚克視氏本葬に豊山新人会員二名が参列し弔辞を述べる（『密教論叢』一五）			
	一九三八・一〇・一	土曜勤行時に長塚克視氏の追悼会を営む。会長神林先生導師のもと厳修（『密教論叢』一五）			
	一九三八・一〇・五	★仏教科卒業生神谷英厳氏追悼会（『浄土教報』二二五四）			
	一九三八・一一・五	★学友会主催戦没将士追悼会および出征遺族家族慰安会（九段軍人会館）（『学報』二			

		八、『写真でみる六〇年』、『浄土教報』二二五六）			
	一九三八・一一・六	★支那事変戦没軍用動物慰霊祭（『浄土教報』二二五七）			
	一九三八・一一・二六	★国文学研究室　第一〇回卒、柴田芳人氏戦死追悼法要（『学報』二九）			
	一九三八・一二・二〇	仏教学第二研究室　荻原雲来博士一周忌追悼会（『学報』二九）			梵文学研究室が名称変更（仏教学第二研究室）
昭和一四年	一九三九・三・一九	浄土学研究室　今岡達音教授逝去。葬儀に研究室から参列（『学報』三〇・三一）			
	一九三九・三・三〇			文部省、大学における軍事教練必修を各大学に通達	
	一九三九・四		皇道仏教研究所設立		
	一九三九・五・一七	★物故者ならびに戦死者追悼法要（『学報』三〇・三一、『五十年略史』、『浄土教報』二二七六）			
	一九三九・六・一〇	矢吹慶輝教授急逝、一四日に伝通院にて学葬。葬儀に学部全学生参列（『学報』三〇・三一、『浄土教報』二二八一）			
	一九三九・六・二九	★大正大学光塵会が長野善光寺にて物故会員および陣没者			

年	月日	事項	刊行	社会
	一九三九・七・八	追弔慰霊法要（『浄土教報』二二八二）		国民徴用令公布
	一九三九・一〇・一二	仏教学第一研究室　前副手野々村弘宣氏追悼会（『学報』三〇・三一、『浄土教報』二二九六）		
	一九三九・一二・一〇		『浄土学』第一五号発行。桑門師および今岡師の西化にともない追悼欄を特輯	
	一九三九・一二・二三	★学生支那現地回向団出発見送り（『密教論叢』一九）		
昭和一五年	一九四〇・一・三〇	★学生現地回向団帰還を出迎え（『密教論叢』一九）		
	一九四〇・二・一六	★新人会後現地回向団慰労会、報告会（『密教論叢』一九）		
	一九四〇・三・一〇		『大正大学学報』第三〇・三一輯発行「矢吹慶輝博士追悼号」	
	一九四〇・四・二四	★今次事変陣没者追悼法会（『浄土教報』二三二一）		
	一九四〇・六・一〇	故矢吹慶輝氏の一周忌法要、追悼講演（『浄土教報』二三二七）		
	一九四〇・一〇	★遺家族慰問の夕べ　於共立		

		講堂（『密教論叢』二一）			
昭和一六年	一九四一・一・二三	大正大学報国団結成		報国団結成で豊山新人会消滅危機も存続決定	
	一九四一・二・八			「青少年学徒食糧増産運動実施要項」を通達	この頃より集団勤労作業増加
	一九四一・四・二二	哲学研究室　前副手山本幸道氏と第六回生対馬僧石氏追悼会（『学報』三二）			
	一九四一・六・九	大正大学光塵会　故矢吹慶輝先生三回忌追悼座談会（『学報』三二）			
	一九四一・六・一〇	故矢吹先生三回忌法要ならびに記念展覧会（『学報』三二）			社会事業研究室と合同で開催
	一九四一・一〇・一六			「大学学部等ノ在学年限又ハ修業年限ノ昭和十六年度臨時短縮ニ関スル件」が公布される	
	一九四一・一一・四	★報国団　創立第十六周年記念祭、九段軍人会館にて護国英霊追悼法要執行（『学報』三二）			
	一九四一・一二・八			太平洋戦争開戦	
	一九四一・一二・二二	★報国団　皇居遥拝ののち靖国神社へ行軍、社頭にて英霊の冥福と必勝を祈願（『学			

	一九四一・一二・三〇	報』三三）	『大正大学学報』第三三輯発行		「報国団彙報」登場、編集後記にて出版統制に触れる
昭和一七年	一九四二・一・九			学徒動員令通達	
	一九四二・一・二〇	荻原雲来教授追悼会（『学報』三三）			加藤精神学長導師による法要、および講演二件
	一九四二・四・一九	★報国団（射撃部）関東学生連盟主催の仏式慰霊祭（『学報』三四）			
	一九四二・五・九	★仏教学研究室　新入生歓迎会後、陸軍教授米野海照氏の追悼会（『学報』三四）			米野氏は昭和一二年度卒業生。任務中に死亡
	一九四二・五・二三	★報国団　記念行軍。新井薬師にて英霊冥福の祈禱を勤修（『学報』三四）			
	一九四二・六・一〇	宗教学研究室　伝通院にて矢吹慶輝先生追悼会（『学報』三四）			主催は光塵会、社会事業研究室、三輪学院
	一九四二・七・一〇		『密教論叢』第二一・二二号発行		最終号。「真言宗新人会たより」に改題（真言宗合同のため）
	一九四二・一二・一〇		『大正大学学報』第三五輯発行		報国団彙報、研究室彙報掲載なし、戦前期最終号
昭和一八年	一九四三・一・二一			大学令改定。修業	

				年限短縮	
	一九四三・四		智山専門学校合併		
	一九四三・六・二五			「学徒戦時動員体制確立要項」閣議決定	
	一九四三・一〇・二			「在学徴集延期停止ニ関スル件」が通牒される	
	一九四三・一二・一			第一回学徒出陣	
昭和一九年	一九四四・四・一七			「決戦非常措置要項ニ基ク学校工場化実施要項」通達	大正大学は東京光学の分工場を学内に設置
	一九四四・七・二—一一	★専門部・予科生徒一五〇名が長野県神林村、今井村へ勤労動員。余暇に戦没者慰霊法要を行う（『五十年略史』）			
昭和二〇年	一九四五・三・一八			「決戦教育措置要項」閣議決定。一年間大学における授業停止	
	一九四五・八・一五			日本無条件降伏、アジア太平洋戦争終結	

※『大正大学学報』『大正大学五十年略史』『密教論叢』『山家学報』『浄土学』『浄土教報』より筆者作成。
★は戦没者慰霊・追悼に関する項目。

第十章　戦時下の日本基督教団と神学校の統合

齋藤崇德

第一節　本章の視座

第一項　本章の目的

本章の目的は、日本基督教団の神学校成立の意義を示すことを通じて、戦時下におけるキリスト教と高等教育との関係性の一端を明らかにすることにある。

まず、この目的自体の説明を通じて、本章の視座を記しておかなければならない。目的自体に説明が必要だというのは、この主題に関しては数多くの研究者が優れた議論を行ってきたからである。

前提として、近代日本において宗教が戦争に「協力」してきたことは、多数の研究が指摘している。近年、宗教と戦争の通史を著した小川原正道[1]は、報国会や南方への宗教教師派遣、教化など、当時の各宗教が多様な形で戦争と関わっていたことを明らかにしており、それはキリスト教会においても同様であった。

戦時下のプロテスタント諸教会の状況および日本基督教団の成立については、代表的なものとして土肥昭夫の諸研究および原誠の研究[2]があり、また、キリスト教系学校の戦争「受容」に関する研究も数多く存在する。教会史の文脈における諸学校の位置づけについても土肥が議論しており[3]、一般的にもキリスト教系大学はとくに国家と衝突することになった学校としてしばしば言及されている[4]。また、『深き淵より』のような戦後比較的早期に出された戦争経験談においてもキリスト教系学校の状況は記述されており[5]、近年でも様々に詳細な研究が行われている[6]。

それでは、いわゆる神学校についての研究はどうであろうか。神学校についても同じく言及がされてきており、近年では戦時期を含む日本のプロテスタント系諸神学校の通史が出版された[7]。また日本基督教団およびその神学校についての資料集もすでに刊行されている[8]。

では、本章は何を議論するものなのか。それは、戦時下において宗教教師養成機関の成立が持った意義である。戦時下でみられた構造の変動は、それまでの、そしてそれ以降の日本のキリスト教系の宗教教師および宗教教師の養成にとって、大きな意味を持っていたと考える。研究機関であると同時に宗教教師養成機関であった神学校は、戦時下という時期における宗教との関係の中で、何のために存在するものとされたのだろうか。あるいは戦時下という時期においてなぜ神学校はつくられたのだろうか。これは戦時下における教会と教師を養成し研究を行う高等教育機関との特殊な関係性と、その役割、そして本書全体の主題にたいするその含意についての問いである。

先に結論を述べておけば、すなわち、日本基督教団の神学校は、その教会の成立を可能にした統合という思想によって同じく成立したものであった。このことは、その教育内容を「日本化」したこともそうであるが、統合を通じて、日本の唯一の教会と制度的につながり、ひいては日本のために貢献するほぼ唯一の神学校という構造が成立したことを意味する。それは、他でもなく宗教教師養成機関ならではの、総力戦体制への独自な回路を示していたと言える。

第二項　宗教教師養成機関

大学をはじめとする高等教育機関と宗教との関係を考えたとき、いくつかの類型が考えられる。次のリストは包括的でも相互に排他的でもないが、しかしその関係の多様性を示すものであり、そして、この類型により戦時下という状況への対応もまた多様であったことを含意するものである。

・その理念のみが宗教的な機関
・その組織自体に宗教的な要素を組み込んでいる機関
・信徒を含む宗教人一般の養成を目指す機関
・宗教教師の養成を目指す機関
・宗教の研究を行う機関
・世俗的な機関

本章はこのなかでも、宗教教師の養成を目指す機関（神学校）を扱う。宗教教師養成機関の戦時下における特質を確認することは、高等教育機関と宗教との関係を解き明かすために必要な要素の一つであると考えられる。

近代において、専門職の養成は大学ないし高等教育機関が行うものだとされてきた。ただし、少なくとも宗教教師の場合においては、大学は、歴史的にその養成において必要でもなければ必要十分でもなく、現代においてすらそうあり続けている。本章の対象は確かに大学ではない。しかし、宗教教師養成の機関をみることは、大学の位置づけを探るための前提として必要になると思われる。神学校は戦時下における高等教育政策の特質を備えながらも、(9)

とくに宗教的な理念や宗教団体の事情が影響しやすいものであった。例えば、カトリックの東京公教神学校が専門学校令による専門学校となることは、当時の国による宗教を含む支配の徹底として必要なことだったのである。[10]

第三項　日本基督教団

日本基督教団は、一九四一（昭和一六）年六月に三四のプロテスタント教会が合同して成立した教会であり、現在でもプロテスタント・キリスト教系では大きな勢力を保っている。[11]

もともと、プロテスタント教会諸派の間には、日本基督教会同盟・日本基督教会連盟（以下、連盟）という超教派的活動・教会合同運動が存在した。理念上・神学上は、このような潮流の運動の成果として日本基督教団は位置づけられることが多い。

ただ、政治的には、宗教団体法（一九三九年）に関連する文部省の一連の施策によるものともされている。具体的には、宗教団体としては所属教会五〇以上、信徒数五、〇〇〇人以上が必要だという文部省の見解（一九四〇年六月一二日）、および、プロテスタント教会合同を求める直接的な政治的圧力によるものであった。

プロテスタント教会（キリスト教会）は、文部省の保護および社会的な承認を得る必要を感じ、これを受け入れることになった。結果的には、プロテスタント教会のうち約三分の一が宗教団体法に基づく「宗教団体」としての日本基督教団に加入し、その他は単立の「宗教結社」（宗教団体法第二三条）となった。一九四一年六月二四日から二五日の創立総会での宣誓に、「われら基督教信者であると同時に日本臣民であり、皇国に忠誠を尽すを以て第一とす」とあるように、まさに戦時期における教会として誕生した。

つまり、その成立には内発的な要因と外発的な要因とがあったと言えるだろう。[12]そして、日本基督教団の神学校はこの教団成立に際して成立した。

日本基督教団の成立をめぐっては、その評価が現在でも割れている。中村敏による整理を確認してみよう[13]。第一には、肯定的評価が存在する。教団の成立は神の御旨として積極的に評価する立場であり、経緯はどうあれ、主にその合同という成果を評価する[14]。第二は、否定的評価である。教団の成立を国家や天皇制への服従にすぎないとする[15]。第三は、中立的評価である。教団の成立が文部省の圧力によるものだということを認めつつ、成立したからにはこれを正しく育てるべきだとする立場であり、この分類を行った中村の立場でもある[16]。

このような説明が本章にとって重要であるのは、日本基督教団の成立の評価とその神学校の評価はある程度関係すると思われるからである。後述するように、神学校は他でもなく日本基督教団という日本の教会のために統合され、成立したからである。この評価の問題については結論部で述べよう。

以下では、第二節で制度的に神学校が統合された事情を確認し、第三節では、教育内容面における神学校の特徴を議論する。第四節では、当時存在した諸神学校について検討する。第五節では終戦にいたるまでの事情を確認し、最後に第六節ではその戦後における意義と結論を述べる。

第二節　教会の統合と神学校の統合

日本基督教団の成立によって、既存の神学校は、日本東部神学校、日本西部神学校、日本女子神学校に統合された。これらは日本基督教団神学校財団（一九四三〈昭和一八〉年三月三一日認可）が設置する、専門学校令による専門学校であった[17]。男子は予科二年、本科三年、研究科二年以上、専修科三年（西部はなし）、女子は予科一年、本科三年、研究科一年以上、専修科二年であった。[18]日本東部神学校が始業した際（一九四三年四月一二日）の学生は統合された神学校の学生がほとんどであった。具体的には、日本神学校六四人、青山学院神学部一五人、ルーテル神学校八人、聖公会神学院二人、東亜神学校二七人、日本一致神学校一〇人、東光学院三人、聖化神学院三人、新入生三一人であった。[19]

上記のように、日本基督教団はプロテスタント諸教会が合同して成立したものである。諸教会は当然ながらそれぞれ性格が異なる教会であったがゆえに、成立当初は「部制」がとられた。一一の各「部」は既存の教会を中心に構成されていた。

ただ、文部省は、これを単なる部の連合体にすぎないとし、部制を解消せねば、認可はできないとした。当時文部省にはクリスチャンやキリスト教に理解を持つ者がおり、また、混乱を避けるためにも基本的にはキリスト教に好意的な態度をとっていたと言われるが、部制についてはその統制が不完全になるおそれがあるため、難色を示していた。[20]そして、部制を解消するという上申書と引き換えに教団の認可が実現することとなった（一九四二年一一月に部制解消）。

神学校の統合は、このような教会合同の雰囲気に従ったものだと言える。教団には当初教師養成機関はなく、神学校の設立は「最も困難だと思へた」問題だとされていたにもかかわらず、[21]比較的短期間で成立したのは、そのような風潮・前提があったからだと思われる。もちろん、一般に、とくに人文・社会科学系において、専門学校が戦時下において政策上、整理統合の対象となったことはよく知られている。[22]問題は、その統合においてどのような論理が展開されたのかである。

部制の解消に伴う大きな問題、すなわち信条の統合と財務の統合およびミッションからの独立の問題[23]と同列のものとして[24]、神学校の統合が、教会の統合のために期待されていた[25]。つまり、教派や部制の解消において神学校は重要な要素と考えられていた[26]。当初は、「教師養成機関については文部省案はたゞ五校のみを別記として記載するに止まれど将来学校の整備するに従ひ追加する用意ある旨当局に於て特に言明ありたる事」といった程度だったが[27]、部制の解消に伴う「本教団直営の神学校問題[28]」として「教師養成機関研究委員会」が設置され、議論されていった[29]。男子神学校、女子神学校をそれぞれ東西に一校ずつに加えて聖書学校（大学令や専門学校令に基づかない）を設置する案もあったものの、最終的には三校案が採決される[30]。

注目すべきは、この教会合同という思想により、その神学校もまた「合同」するべきだとされていたことである。なぜならば、「各教派が消滅しながらその教派によつて支持されてゐる神学校が存在してゐることは、ブロック制［部制］解消を差し迫つた問題とする教団としては大きな矛盾であるから」[31]（［　］内は執筆者が補った。以下同）、また、「教派的観念に捉はれて居るべきときではない[32]」からである。そして統合は、「教師養成の一本化をはかると共に、教師の神学的水準の統一や信仰理解の均質化のために、欠くことのできない措置と考えられた」のである[33]。事実、上述したように神学生の教派的背景は多様であったし、その教授陣も教派的にバラエティに富んでおり、「専任教師の採用の場合、旧教派の背景には一切こだわらなかった[34]」という。「日本神学校の教授だけではなく、メソジストからは比屋根安定教授、左近義慈教授、木村米太郎教授、松田明三郎教授の四人が加わった。組合教会からは平賀徳造教授、ルーテルから北森嘉蔵教授（中略）が加わった。バプテストからは、非常勤だったが友井楨牧師が参加している[35]」。

例えば、当時盛んに神学校について言及していた比屋根安定は、「日本基督教団神学校は、唯一に限り、東西に各々一校を設けてはならない。教団一つ、信仰一つ、神学校一つ、神学一つである[36]」、「神学校は唯一つが宜しい。

信仰一つ、教育方針も一つ［、］神学生自身の生活から云つても、一つでなければならぬ。（中略）神学校一つその課程も一つである」などと述べていた。[37]これらは当時の過度に統合を求める風潮を端的に表現したものであろう。この神学校の統合という論理は、カトリックにおいても日本天主公教団の成立にあわせて類似した形で表れており、[38]当時のキリスト教あるいは宗教全体の風潮を反映しているとも考えられる。

このような風潮から当然ながら、神学校の統合は、広い社会的文脈としての「時局」への適応のためのものとして考えられていた。これは、教派的な「神学教育のみはどうしても根本的であるから所謂他派のものには托かされぬといふ考へ[39]」への強力な反論となったと考えられる。

特に此の驚く可き転換期に際し、世界諸民族に対する其の重責を思ふ時、俄然起つて基督の福音を宣伝し、以て救霊済世の大使命を果す可きは、正に我等に課せられたる尊とき任務なりと信ずる。（中略）それが為には、人格識見共に群を抜き、不惜身命、不動不惑の献身的努力と更に科学的基礎を有する学的教養を兼ね備へねばならぬ。（中略）故に斯かる福音の戦士を養成する事は現下に於ける最大の急務にして是れ我等に託されし最高の責務なりと信ずる。特に全基督教会が完全合同に邁進しつゝある今日我等は徒に旧套に捉はるることなく先づ堅実なる神学校を設立し、錬成琢磨、論より証拠、実際役立つ処の人物を養成せねばならぬ。[40]

とくに、神学校は宗教教師という当時の社会のために重要視されていた存在をつくりださねばならぬために必要だとされた。

又、我教団の教師は、皇国世界観の体得に努むると共に、時局に関する教養を深める事を要す。教師を養成する神学専門学校に於ては知信一如、学行一体を旨とすると共に、体位の向上を図りて、教師たるの信念と気魄との堅持に努めねばならぬ。(41)

これと同様の趣旨は、次の、神学校の開校式にたいする文部大臣岡部長景の祝辞にも示されている。

抑々大東亜建設の偉業たる皇化を宇内に宣布し、萬邦共栄の基を固うせんとするものにして、皇謨深遠規模雄大征戦の前途倍々多事多端にして、特に之が世界観の確立普及を目指し、興亜理念の拡大強化民族志操の醇化作興に、将たまた新文化の建設扶植に今後日本基督教の活動発展に俟つこと多かるべく、忠誠真摯なる教師の養成は焦眉の急を要し、これら三校の将来に期待せしむるところ極めて大なり。(42)

そしてその神学校は「教団直営」のものとして、つまりその日本唯一の教会と一致すべきものとして構想されていた。

これは従来各部、若しくは各部関係の機関に於て経営されて居る関係上部廃止後にゆづる事は許されぬ。部廃止前に十分準備が進められ、部廃止の時には既に教団直営の学校として存在して居る必要がある。教団百年の計の上から教職養成機関たる神学校の事は一日も忽にする事が出来ない。幸にしてこれ亦特設委員会に於て着々その準備が進められて居る事は喜ぶべき事である。(43)

以上のような意義づけを要述すると、まさしく日本のための統合された教会の学校だったということである。教団規則上は「教団神学校」[44]、一般には「教団立神学校」などと呼ばれていた。

このことが重要であるのは、日本の歴史において教会と学校とが完全に一致していたわけではないことによる。一般に、日本のキリスト教系高等教育機関と日本の教会とは疎遠だと言われてきた。それは、高等教育機関は主に諸外国のミッション・ボードがつくるものであったからである。これまで、基督者は神学校の経営に無関心であり、「是迄の欧米模倣主義を排し錬成方針に於ても学究方針に於ても亦生命と力に溢れた日本的性格の者たらしめねばならない」などとされていた[45]。実務においても、また経済的な援助の意味でも、ミッション・ボードや宣教師の影響力は大きかった（ほとんどの宣教師は一九四二年に引き揚げた[46]）。

このような状態を解消するために、外国にたいする「自給独立」および「日本化」が目指された。まず、管理組織上、教会の学校となった。教団規則第一九二条の二三には「教団神学校ノ校長及教授ハ前条財団ノ理事会ノ推薦ニヨリ教団統理者之ヲ任命ス」とあった[47]。また、その財団の理事一二名のうち四名は常議員と重複するようになっていた[48]。

また、教師の資格を通じても、教団の学校となった。

これら両校の卒業生は日本基督教団の教師となる一大特権が与へられてゐる。即ち補教師となる場合には学校長の推薦と人物、信仰の考査が課せられるだけである。第二の正教師となる場合には規定の三箇年を経た後、神学論文一篇、説教一篇が課せられるだけである[49]。

もっとも、その統合に深い教会・神学的な意図があったわけではなく、その意義づけは以上のように行う必要があったかもしれない。神学校の統合が性急であったという言及はしばしばみられるし[50]、次の言葉は第二回総会に際してのものであるが、教団の形成と同様に神学校の形成が強い政治的圧力によって推進されていたことを示唆している。

問題は具体的な点に就ての論議に終始したが、もつと根本的な、日本基督教団の神学教育をどうするかといふやうな事柄や、教師養成機関の本質といふやうな事柄が取り上げられて欲しいと思つた。併し乍らこれは時間的な余裕が無かつたから、やむを得なかつたことであらう[51]。

しかし、以上のような構造が形式的にでも成立したことは、歴史上大きな意義があった。日本のための唯一の統合された教会、そしてその教会に奉仕する神学校という構造が成立することができたのである。

第三節　日本基督教

では、そのような神学校は、その教育内容においてどのような特徴を持つものであったのだろうか。

神学校は、「日本基督教」の樹立において期待されていたものであった。これは「教団への学的奉仕[52]」が期待されていた神学校としては当然のこととされ、文部省に提出された三校の「目的」にも「教育ニ関スル勅語ヲ奉戴シ日本基督教神学ニ基キ基督教ノ教師ヲ養成ス」とあった[53]。日本とキリスト教の関係は明治以降からの課題であり[54]、

「日本的基督教」の語は内村鑑三や無教会派が使用したことが知られているが[55]、ここではとくに一九三〇年代以降[56]、戦中期において盛んに用いられていた「日本とキリスト教」をめぐる用語として検討する[57]。ただ、「日本基督教」についてはすでに数多くの文献が存在するため、以下では神学校に関わる限りの言説をみていく。

日本基督教とは、「日本の伝統的な精神・思想・宗教とキリスト教との接合をはかる思想の総称」であると言える[58]。あるいは、「日本のキリスト者の信仰・思想・経験に基づいたキリスト教であり、その使命は「日本教化」であり、「国策に従い、国家の要請する事業に協力し、奉仕するもの」とされる[59]。この思想は、キリスト教が外国に依存し、時局に対応していない、「日本化」していないことに不満を持つ国家が要請するものでもあったと同時に、その主張はかなり幅が広く[61]、日本においてキリスト教がどうあるべきかという教会側の理念も存在したと言え、単純に国粋主義・軍国主義と一括し得るものでもない[62]。

そして、森岡巌は日本基督教団への合同の「信条の問題とか、教会的な、教派的な伝統とか秩序とかいうものを全部棚上げして行われた」という性格から日本基督教は「日本基督教団の成立そのもの」であったとしているが、日本基督教団そのものの性格に関連する思想だったと言えるだろう[63]。それは、教会合同運動の最大の要因・動機づけは「日本人の教会」となるということであったという塚田理による指摘と共通しており[64]、これはさらに神学校の成立にも通底すると考える。日本人の教会となることと、教会の合同は同一視されていたのである[65]。これは仏教における「皇道仏教」概念とも類似したものだとも言えるが、日本基督教の場合は、どのような意味にせよ「日本化」することがとくに意識されていたと言えるだろう[66]。

文部省の公的な説明による神学校の「趣旨」としては次のようにされていた。ここでは「欧米基督教」と「日本基督教」とが対立させられている。

欧米基督教に対する追随的傾向の排除と是正に努め、基督教の醇化を図ると共に、堅固なる国民的自覚の下にその教義・信仰を飽くまで我が国体、日本精神に帰一随順せしめ、以て日本基督教の確立を図らしむるを要す。[67]

そして、これは教会代表者にも自覚されていたことであった。

日本基督教の樹立といふことには、神学校の設立は最大の問題であるから、私共はこのことに全力を傾倒して行かねばならぬのである。新しく設立される神学校には最も優秀なる学者を集めて教授の陣容を整備し、日本基督教学を樹立するとともに、最も優秀なる学生をこゝに集めて、将来の日本基督教のために備へるところありたく望んでゐる。[68]

事実、神学校の「精神」としては例えば次のように言われていた。

一、健全なる福音主義に立脚し、滅私奉公、世界教化の重責を負はんとする実際的伝道者を養成する事
二、確固不抜の信念により、錬成琢磨、志操堅固なる人物を作り、来る可き時代の霊的要求に応ずる事
三、東西文化の精髄を探求し、実践躬行、健全なる日本基督教神学の樹立と、人類指導の大原理を確立する事[69]

ここに「錬成」という言葉が出てきているが、これは、当時しばしば語られた概念であり、神学校にも適用されるものだとされていた。[70]また、一九四〇（昭和一五）年一〇月八日において連盟の合同委員会で決定された「合同

教会案」では「神学校は原則として行の教育に重点を置き、寄宿舎生活を原則とす」とある。[71] これは単に寄宿を通じた教育を重視しているとも言えるが、当時「錬成」概念と同様に用いられていた「行」概念を取り入れているとも言える。[72]

将来の教師養成機関において錬成の問題が最も重要視されて来なければならない。即ち基督教諸学の学的精確さをもつて若い人材を指導すべきは勿論であるがかうした場合福音の真義を日本的精神地盤に適応するやうに指導する人材錬成を主眼目とするものでなくてはならない。[73]

以上のような論理から、神学校では「日本」を学ぶことが望まれていた。「日本基督教」論者の一人でもあった比屋根[74]は次のように述べている。「新設されんとする神学校に於て、日本学や日本基督教学が学課の真先に位しなければならぬ、否その上に神学校が構成されねばならぬ[75]」。それは「蓋しこの課目は従来何れの神学校に於ても軽視或は殆ど無視したし、今日我国の神学教育が殊に重要視せねばならぬ[76]」ためであり、「全学年を通じて、毎日少なくとも一時間は日本学が講ぜらるべきであらう。我々は日本に伝道するのであるから、日本の精神的風土を充分に知つてゐなければならぬ[77]」という論理であった。そのため、神学校の教員たちも日本学について詳しくならねばならないとされた。[78] そしてこれは文部省の次のような方針にも適うものであった。

宗教々師の養成に付ては専門的知識と共に特に国体に関する自覚に重きを置き以て真に国民の師表たる人格識見の育成練磨に努むべく、(中略) 国体・日本文化に関する科目の編成及教授方針は高等学校の夫に照準せしめ、

又必要に応じては専門の学科課程と雖も廃合整理を行はしめること[79]

このような議論は、神学校がもともと「欧米」のものであるため、日本ではこれに抗して興亜教育が行われねばならぬという論理ともつながった[80]。従来の「余りに主知的であり、超国家的である《ママ》、都市中心的であり、日本国的」であったものを、「全日本の国民を率ゐると同時に東亜共栄圏諸民族をも率ゐることの出来る力ある福音戦士を送り出すところ」でなくてはならないとされた[81]。また、「此際至急に朝鮮、台湾、満州にある神学校に人を派し、更らに北京及び山東の神学校にも援助に乗り出すべき義務が負はされてゐるのではあるまいか」という意見もあった[82]。

具体的には、「欧米神学校の学科編成に倣へるを是正」することを趣旨として、「仏教学」や「日本精神史」を担当する教授講師がおかれた[83]。科目も、文部省が要請した道義、古典、国史などが含められ、道義では「国体の本義」や「臣民の道」などのテキストが使用された[84]。一九四四年に日本基督教神学専門学校（後述）に入学した安藤肇は、当時の授業を「「国体の本義」や「臣民の道」の講義がなされ、聖書を軍国主義的に解釈した講義のなされていた」ものであったと回顧している[85]。なお、女子と男子とでカリキュラムにそこまでの差異はなかったようである。女子神学校の意義を疑う者もいたが[86]、これは神学校の統合を過度に期待するがゆえだろう。

ただし、このような傾向は、統合以前の諸神学校のカリキュラムにもみられる。一九四〇年一〇月の臨時総会で決議された、日本メソヂスト教団の教師養成機関のカリキュラムをみてみよう。これらは、教団認定の課程として定められている。そこでは、青山学院神学部男子部予科学科課程には「教練」、同本科学科課程には「教練」と「国民道徳」、同女子部本科学科課程には「国民道徳」、関西学院神学部予科学科課程には「国民道徳」と「教練」、同本科学科課程には「教練」、大阪ランバス女学院神学部学科課程には「修身」が定められている[87]。ただし、その「教師試験規定」にはこれに類するような科目名は見当たらない[88]。しかし他方で一九四〇年五月の聖公会の教務院会議で承認された「日本聖公会教団規則」（案）には、執事検定試験学科の「神学以外ノモノ」の筆頭として、「国体衍義」が挙げられていた[89]。教団の神学校成立とほぼ同時期には聖公会神学院も日本基督教に沿った「使命」が議論されていた[90]。このような傾向は、一九三七年時点での日本神学校でも部分的にみられるため[91]、とくに日本基督教団の成立への流れで生まれたものだと推測できる。

他方で神学校における日本基督教の含意としては、その教育内容の意義づけとは別のものもあったと考えられる。というのは、前述したように近代日本においては、教会と学校の距離の問題は常に存在したからである。そして、戦中の、総力戦体制、そして「日本の」キリスト教そして神学校を強調する論理は、日本の教会と神学校との距離感を縮める契機になり得たと考えられる。これは教会および神学校の外国からの独立ということも絡んでいよう。ただ、後述するように、そこで充分な教育ができていたとは言えず、また、その性格も、教団自体と同様に曖昧なものとなっていたとも考えられる[92]。

第四節　統合された学校、統合されなかった学校

既存の各神学校の多くは、少なくとも表面的・形式的には統合に協力的であり、例えば、一九四二（昭和一七）年に成立し直後に日本東部神学校に統合された東亜神学校も[93]、「特に全基督教会が完全合同に邁進しつゝある今日、我等は徒に旧套に捉はる、事なく、先づ神学校の合同一致を計り」としていた[94]。また、青山学院では「訣別記念

式」が開かれており、その解体には全般として肯定的であったと言える[95]。

日本基督教会系であった日本神学校は日本東部神学校の主たる母体となった学校である。形式上は財団法人日本神学校から日本基督教団神学校財団に組織変更されたものであり[96]、統合にあたっては、日本神学校の全財産（土地、校舎、図書など）が流用された[97]。予算においても、もともとあった神学校の負担と授業料、および各部が負担するものによって占められていた[98]。ただ、例えば青山学院の神学部は教員を二人出したのみで持参金はなかったなど[99]、その負担には偏りがあり、西部神学校も主に関西学院が経済的な負担を要求された[100]。日本神学校は統合について次の引用文のように述べている。ここでは「無条件」の教団への服従の意思が表明されている。

写真１　日本神学校講堂ならびに校舎

さて此の重大問題［神学校の統合］に就て、元来本校は法人組織を持てる独立機関ではあるが、然し現在に於ては教団第一部の意示表示を俟つて最期の決定に至るのが当然であり、又第一部は教団総会の決議を俟つべきであるが故に、本校自ら積極的に決議し或は行動すべきでなく、前記二機関の動きに従ふのが妥当適正の途であることを牢記すべきである。併し、本校としては固より深き関心を有することではあり、従つて又最妥当適正な心構と準備とが為さるべきであらう。

（中略）

第一、本校教職員は右教団立神学校に対して深き関心を有し且つ義務責任をさへ感ずるのであるが、然もそれは全然無条件的である。即ち教団立神学校の建設と共に本校は合併又は其の他の形式を探ることであらうが、その際本校教職員は辞職願を出し且つ校長は自らの辞表と共に取り纏めて可然筋へ提出しようとするのである。(101)

日本神学校には当時の多くの学校と同様に、また統合後の学校でみられたような「日本化」の影響が見いだせる。例えば、勅語の下賜(一九三九年九月二日)、勅語の奉読式(一九三九年九月一二日)、夏期中勤労奉仕(一九三九年七月一九日から一週間ないし二週間)、文部省の通達による海事訓練(一九三九年一〇月一三日)(102)、海軍中佐からの特別講演(一九三九年五月二七日)(103)などである。

ただ、当初は、日本基督教会は合同慎重派であったとされる。(104)この意味で、部制解消において、教会責任があるのは日本基督教会ではなかったかという論も存在する。確かに、長老制度のもと、最大の教派であり有力であった「慎重派・良識派」として、日本基督教会は部制を主張していたが、「主体的」に反対できなかったのではないかということである。(105)また、統理である富田満を輩出した教会であるということでもある。(106)もちろん現実的には、一九三九年において連盟における選出された合同委員は、日本基督教会、メソヂスト教会、組合教会を問わず、積極的な意見を持っていたためであろう。(107)しかしいずれにしても、そのような教会系の日本神学校が占めていた位置づけは大きなものであっただろう。

そもそも日本神学校がどのように成立したかというと、これもまた統合によって成立したのであった。では、そこでの統合の論理は、日本基督教団の神学校成立の論理とどう関連するだろうか。一九二四年一〇月における日本基督教会の神学校調査委員報告には次のようにある。

要するに三校（明治学院神学部、東京神学社、東北学院神学部）共に各々堅実に其機能を発揮しつつあるも只非常に盛大なりとは申し難いのであります。これが若し合一したる一個の神学校であつたと仮定するならば如何に日本の神学校教育は大いなる威容を添ふる事でありませうか。[108]

この記述によれば、日本神学校への統合は、規模の問題があったように思われ、複数の学校が統合すれば一層「大いなる威容を添ふる」だろうと考えられている。東北学院は、統合にあまり積極的ではなかったようだが、[109]財政上の問題、すなわち神学生の数が少ないことおよびアメリカのミッションの財政の状態がその統合に踏み切った原因とされている。[110]また、上記引用文でも示唆されているように、日本の教会の自治自給という意味づけもされていた。[111]ここで注目すべきは、神学校の統合というのは、もちろんしばしば起こることではないが、あり得る、可能なこととして考えられていることだろう。このような観念は日本基督教団の神学校成立においても働いていたかもしれない。[112]

他方、同志社大学文学部神学科はあくまで独立を貫いた。同志社大学は、日本基督教団にたいし、この神学校「合同」の件について一九四三年六月二四日付で「具陳書」を提示した。[113]

そこでは、「而シテソノ［教派の］合同ノ結果トシテ各教派経営ノ教師養成機関ガ合同シテ新シキ教団立学校ノ成立ヲ可能ナラシムベキコトモ亦理ノ当然ナリ」としながらも、その神学科が「解消シ得ザリシ理由」を四つ挙げている。第一に、神学科は一教派が経営しているものではなく、「寧ロ常ニ超教派的神学校トシテノ特質ヲ発揮シ来レルモノ」であること、第二に、経営上同志社学園の一部となっていること、第三に、総合学園のさらに大学の一科としてあることは、とくに教練の点で「基督教々師タランコトヲ志ス学生ノ教育及訓練上甚ダ有利」であること、第四に、神学科は日本で唯一の大学令による神学教育機関であり、これが専門学校になることは教団および「大東亜ヲ指導スベキ大日本帝国ニトリテ一大損失」であること、である。

もっとも、同志社は独立を主張しながらも教団への協力の姿勢を示していた。すなわち「神学ノ蘊奥ヲ究ムル」と同時に、「信仰学識共ニ具ハレル有力ナル基督教々師ヲ養成スル」ことで、「日本基督教団ノタメ又大東亜ノ精神的指導ノ為メニ貢献」するということである。事実、「日本基督教神学」、そして「大東亜基督教」のための神学講座が開かれるなど、内容的には同調していた[114]。ただ、「具陳書」の末尾にあるように、これは日本基督教団に「教団教師養成機関」として認定してほしいという主張のためにされたものとも考えられる。結果的に一九四三年一一月の第二回教団総会においては、この同志社神学科卒にたいする補教師検定試験における科目減という特典を一九四七年九月までとするとした[115]。

これにより、例えば「一層充実強化せしめて日本基督教団に強力なる貢献をなさん《ママ》しめんとする趣旨を以て」同志社大学の「後援会」が発足することもあった[116]。そこで、文学部の一部であるという「特殊なる立場」であり、「その特色ある伝統を隔絶せしむることな」きようにするという理由が付された[117]。

これは、東部神学校に比べ、西部神学校の設立が一年遅れた原因となった。つまり、西部神学校について「設立性急論者」がおり[118]、関係者や関西の関西学院神学部、聖書学舎、日本聖化神学校との折り合いがつかなかったからだとされる。もっとも、例えば関西学院にとっても神学部の実質的な閉鎖は本意ではなかった[119]。

このような動きにたいし教団は次のような「諒解」を表明し、その「独立」を事実上認めることになった。すなわち「同志社大学文学部神学科トノ関係ニ就テハ教団ハ十分ナル同情ヲ以テ解決ノ途ヲ講ズルコト」としたのである[120]。

ただ、同志社はこのような経緯から、例えば前述の比屋根により神学教育を行うべきではないとも[121]、また、次のように批判されることもあった。もっとも、その神学科はそのまま存続していく。

同志社大学の神学科が如何になるか知らないが、宜しく飛び出して教団神学校と全く合一すべきである。同神学科を教団認定の神学校とすべきでないし、況んや第三部（直ぐ解消すべき）の神学校たらしむべきでない[122]。

別の論理で統合されなかった神学校もあった。アメリカ長老派系の中央神学校は閉校の道を選んだ。中央神学校は、反「国家神道」的な性格を持っていたとされる。すなわち、「国家神道の民族的祭式と妥協」せず、教育勅語と御真影の奉安の要請を断り、チャペルの礼拝などで「宮城遙拝」をせず、神社にも学校の代表を送らないといったものである[123]。これは国家にも認知されており、一九四一年春に、官憲が教育勅語奉読と御真影奉拝をしていないのかどうか訊きに来たり、また、二、三度特高が教授たちを訪ね講義について質問しに来たという[124]。

ただ、その閉校の直接の原因は一九四一年以降、外国人教員が退去させられたことによると思われる[125]。一九四一年一二月にW・H・マヤス教授が戦争反対の理由により捕えられ、堺の大阪刑務所に投獄され、また、他の宣教師は全員抑留された[126]。そしてミッションからは「学校運営者らが「偶像崇拝」（これはむしろ神社崇拝と表現されていた）を強行する場合は学校を閉鎖すること」（括弧は原文ママ）とされていたようであり、これは一九四一年一一月二三日に実行されることになった[127]。一九四一年一二月末日には実質的に閉鎖の状態となり、最上級生は一二月に繰り上げ卒業し[128]、残りの学生は日本基督教神学専門学校に転入した[129]。正式にはW・B・マキルエンという抑留されていた宣教師によって一九四二年三月に閉鎖され、「昭和神学研究所」が後継の研究所として設立された[130]。神学校は教団を離脱したこととなり、学生は一時教団の教師試験が受けられなくなった[131]。

統合されなかった神学校が存在していたことは、日本の、そして唯一の教会の学校となるためには統合と同時に排除が必要であったことを示唆している。そしてそれはおそらく組織としての論理と同時に日本基督教的な理念を純粋に保つためであったと思われる。

第五節　再統合と終戦

一九四四（昭和一九）年度より、日本東部神学校と日本西部神学校はさらに統合される。一九四四年八月一二日に、教団規則の変更の通知があり、日本基督教神学専門学校と日本基督教女子神学専門学校がそこで定められた。引き続き、教団の教師養成機関としてであり、日本西部神学校は廃校とされ、編入が行われ、教授や講師も移った（一九四四年四月一日）[132]。一九四四年度の入学者は約二〇名、転入者は約五〇名程度であった[133]。日本基督教神学専門学校の予算作成は日本東部神学校のものがそのまま使われた[134]。本科は三年に短縮、研究科は二年とし、予科と専修科は廃止された[135]。なお、日本基督教女子神学専門学校は一九四七年三月三一日に閉鎖されることになる[136]。これは、男女共学が認められたからであるようだ[137]。

男女神学校の目的はそれぞれ、「教育に関する勅語を奉戴し日本基督教神学に基き基督教の教師を養成す」、「教育に関する勅語を奉戴し日本基督教神学に基き基督教の伝道其の他の基督教事業の為に働かんとする女子に必要なる教育を与ふ」とされた[138]。これらは再統合以前と変化していない。さらに、教練科、体練科、修練科といった科目も三年間を通じて設けられていた[139]。

写真2　昭和19年の日本基督教神学専門学校卒業式

この再統合は諸神学校および教会にはミッションの援助が多大であった反動[140]、および性急な成立ゆえに財政が確立しなかったからであるとされる[141]。すでに一九四〇年には、連盟主導の懇親会において「日本のキリスト教会は、内外の情勢に鑑み、この際ミッションとの関係を断ち、自給独立を決意すること」という申し合わせをしていた[142]。また、神学校入学者の減少という事情や[143]、文部省の統合政策のためでもあった[144]。

ただ、この神学校は時期的にあまり機能しなかった。そもそも、これら神学校では修業年限が短縮されており、すでに一九四一年からは卒業時期も繰り上げされた。東部神学校は一九四一年一二月に翌年三月卒業を繰り上げ、一九四二年九月に一九四三年三月卒業を繰り上げ、統合してからは一九四三年九月、一九四四年九月、一九四五年九月にそれぞれ翌年三月卒業を繰り上げした[145]。

また、徴兵の影響もあるとともに[146]、勤労動員の影響もあった。一九四三年一二月一日に学徒出陣、一九四四年五月一一日に学徒勤労動員、一九四四年五月一二日から八月三一日にかけて愛知県豊川市豊川海軍工廠に動員、一九四四年七月一日から二〇日にかけて帝都建物疎開事業に動員、一九四四年七月三日から神奈川県大船三菱電機工場に鵠沼附属寮に寄宿しながら通年動員、が記録されている[147]。工場に出勤できない者は、毎週一回学校農園における勤労と学校防空に従事することとした[148]。一九四四年九月の動員により学校での正式の授業は停止したが、教授たちは一〇日交代で工場に出張し、同じく寄宿し、監督・指導を行い、また、毎週一回教授が出張し授業を続けた[149]。例えば桑田秀延は、工場の一室で二人の学生を相手に講義していた[150]。同時に、学校に残留した学生にも授業を行った[151]。学徒練成会の開催（一九四四年一一月九日）、学徒隊の結成（一九四五年六月二三日）、一九四五年七月一〇日の入学式直後から一カ月間学徒動員のための短期訓練などが行われた[152]。

また、学校には様々な干渉があった。一九四四年六月三日には、文部省教学局長と軍人が視察にきたが、そこでは「役人達に分らなく、従って問題にされることのない」授業が行われ、その一つとして「新約聖書原典講読」が左近義慈によって行われた[153]。

教師の選定に関する指示も文部省から来ていたようである。「日本女子神学校昭和十九年度収支予算案」（日付なし）には、「昨年度予算総計と本年度予算総計との相異の主なる理由は文部省の指示により講師が第一流の学者となりし故昨年度予算額の倍額を要することとなりしためなり」と表外に記されている。この「講師」とは主に兼任教員のことを指していると思われる。一九四三年度から一九四四年度にかけ、「給料」のうち「校長給」および「事務員給」は変動しておらず、また「専任教員給」は九、六〇〇円から一〇、二〇〇円と六〇〇円増加しているのみだが、「兼任教員給」は七、六八〇円から一二、七二〇円と約一・六倍になっている。ただ、他方で収入に直接文部省から資金の提供があったわけではもちろんなく、主に神学校財団提供の補助金の増額と旧（東京）聖経女学院による指定寄付金（四、〇〇〇円）で賄ったようである。

第六節　神学校の戦後と結論

第一項　戦後

本章第一節第三項で述べた日本基督教団への三つの評価は、戦後日本のキリスト教のあり方と強く関係している。言うまでもなくそのような評価が可能であり必要であったのは、戦争が終わったということと同時に日本基督教団が存続し続けていたからであった。

一般に「総力戦」という概念はその後の社会に大きな影響を及ぼすという含意を持つ(154)。同時にこの概念は、社会的にマイノリティであったキリスト教にとっても大きな意味を持つ。本章の事例で言えば、日本基督教団自体がそうであったが、その神学校、およびその後継の東京神学大学も総力戦の産物と言えるだろう(155)。教会そのもののみならず、宗教教師の養成においても、戦時期に成立した構造が戦後存続したと言える。一九四六（昭和二一）年四月一日に、日本基督教神学専門学校は修業年限六年（予科二年、本科四年）となり、女子神学校新入生を委託される(156)。そして、一九四九年四月二六日に東京神学大学が開校する(157)。終戦後の一九四八年の新入生もまた、（旧）教派的にバラエティに富んでいた(158)。また、構造だけでなく神学生たちの経験上においても、戦後にできた学友会の一学生が「幸か不幸か、我々は学徒出陣、学徒勤労動員により、この二、三年を他校の学徒と共に生活しました。この点は一般的に歳こそ若けれ、今の神学生は昔の神学生と違ひます(159)」と述べるように、継承されることがあった。このような意味で、次のような回想において、戦中に学校の性格の変化があったとされていることは興味深い。

日本神学校では、教師と学生という関係より、召命を受けた同労者といった交わり、堅苦しくではなく、信仰的な交わり、つまり修道院的な、しかもプロテスタント的、ピューリタン的研鑽の場をつくっておりましたが、今度は普通の大学の雰囲気に変わってしまいました。[160]

このような戦時下に統合した構造や経験は、戦後の基礎を作ったのである。ただし、本章の対象の場合、むしろ問題を含めて継承したと言える。

日本基督教団は超教派の団体として戦後においても隆盛する。ただ、その教会合同という理想によって成立したにもかかわらず、戦後、プロテスタント教会は部分的に「分裂」することになる。また、結局、組織や信仰の不一致をはじめとする、合同の問題、会派問題は存在し続けた。これは戦中期のホーリネスや救世軍の事例にみられるように、[161]また、旧教派同士の問題はあったことからも、予想された問題であった。つまり、当時の状況下における半ば強制的な過程を経てすら、日本において教会合同は議論を呼ぶものであったとも言える。

そして、教会自体と同様に、神学校は戦後になって多数成立することになる。[162]例えば戦中期の神学校の母体の一つであったルーテル神学校も独立し、[163]日本聖書神学校の場合は、一九四八年三月一九日に教団の認可神学校となる決定をしていた。[164]この意味でも、日本基督教団の成立についての評価と神学校との評価はパラレルなものとなるはずである。教団の「分裂」と神学校が新たに成立していったことは重ねあわせられていたのであり、神学校が「教派分裂」の原因となったのではないかと言う者や「日本の教団には神学校は一つで充分であるといつて反対される」者もいた。[165]また、新たな神学校の成立にあたっては、統合によって失われたものを取り戻すという論理も使われた。[166]これはあまり指摘されることがないが、日本基督教団の成立と「日本化」についての評価において重要な点の一つだと思われる。

他方で、存続した構造としての東京神学大学は、例えば「神学校日」の制定などにより、教団と神学校とのつながり、および教団の神学校への「責任」を戦後になって一層強調するようになる。具体的には、祈り、神学生の輩出、寄付金によるつながりである[167]。これはやはり性急に設立された神学校であったがゆえに、その基礎が危ぶまれたからだと考えられる。また、その財政が確立しないうちに終戦になったこと、戦後直後のインフレで苦しい状態におかれていたことも関連していた[168]。

> 神学校と教会との関係は全く生命的なものである。神学校は教会の神学校であり、教会は神学校から新しい教職を補充せられるのである。（中略）教会が神学教育に大なる責任をもつてゐる。神学校と教会との関係は全く生命的である。（中略）事変中に出来た神学校として、従来は事実上なほ諸教会と親密な関係を開拓するまでに至つてゐない。しかし我々の目標は常にここにあつたし、今後も之を我々の学校の特色となし、この方向に進んでゆきたいと希つてゐる。（中略）そこで教会に対して私の御願ひ申したいのは、諸教会が神学校に対して更に深い関心をもち、もつともつと神学校に接近して頂きたいことである[169]。

> 今や教団設立十周年を迎へて、神学校は自らこの大任［教職養成］を新しくかつ強く自覚する必要を感ずる者であるが、同時に全教会が教職養成のことを自己の責任問題として考えるように、神学校え《ママ》の考え方を切りかえて頂きたく切に願う者である[170]。

東京神学大学を「分裂」させずにそのまま保つことについての論理としては、「合同神学校」ということが改めて肯定的に意味づけされるようになる。[171]また、統理であった富田満などもその「合同神学校」成立の必然性を主張するようになる。[172]それは、一旦成立してしまったものを崩すということへの否定、言い換えれば経路依存性が戦後期に出来上がっていたと言える。[173]むろん、これは「合同神学校」として成立したがゆえに、各個教会とのつながりが明確でないことの反面であった。[174]

特にこの神学校は合同神学校として、旧教派関係についても無理のない教育が施されてゐると思はれるが、合同教会はただ教派の寄せ集めではなく、公同教会的な意義や理念をもつて運営される筈であるからして、この学校の方向もまたその線に沿つて、公同的正統的な神学・思想を尊重すべきであらう。[175]

第二項　神学校統合の意義

上記の日本基督教団への三つの評価は当然ながらあくまで戦後においてなされたものである。批判がしばしばなされる他方で、現在からみればそれが強制的な過程であったとしても合同することができたという半ばポジティブな視座は、現在の状況からの憧憬を映したものでもあるだろう。これは、本章でみた神学校についてもあてはまる。また、一層複雑なことは、宗教による戦争への「協力」や「抵抗」というものは、永岡崇が理論的に述べているように単純に措定できるわけでもなく、[176]また、島薗進が創価教育学会と牧口常三郎の事例から思想史的に議論しているように相互に排他的あるいは二者択一であるわけでもない。[177]本章でみてきたような制度的・組織的な変動においてもこのように言うことができるだろう。[178]

ただし、本章の叙述から導かれ得ることは、戦時下における日本基督教団の神学校が持っていた位置づけの歴史的な特殊さである。

日本基督教団は統合の思想を通じて、日本唯一の公的なプロテスタント教会として成立した。そしてその神学校はそのための学校として、教会自体と同様に統合を通じて、その教師養成と神学研究のために成立した。

これはしばしば語られるようなキリスト教会の「受難」とも考えられるが、同時に、日本社会独自の、そして日本社会のための公の教会、さらにそのため（だけ）に存在する神学校という構造の成立でもあった。その独自の、日本史上・日本のキリスト教史上における神学校の新しい関与の仕方の回路が開かれたということである。それは、他でもなく宗教教師養成のための高等教育機関であるがゆえの、戦争などの当時の国家的事業への直接的な回路を示していたと言える。それは日本的な宗教教師養成、専門的神学教育の一つの頂点を示していたのである。

もちろん、キリスト教の日本化それ自体がこの戦中期の特徴であるとは言えない。これは近代日本から現代にいたるまでキリスト教にとっての大きな課題の一つであり続けている。だが、日本基督教団の成立には国家と強く結びついた、公的に認められた唯一のプロテスタント教会としてあった（そうあろうとした）という特徴がある。

また、実効があったのかという疑問もある。開校していたのが数年であり、また、学生も減っていったということのみならず、実効があったのはむしろ、報国会や教師の錬成会、あるいは教学研究所ではなかったろうかとも思える。だが、形式上、公にそのように位置づけられたことは重要であった。そして、日本基督教団が成立した際に松村克己が広く社会に問うた次の言葉は、未だ意味を持ち続けていると言えるだろう。

右のやうな「国民の内面的道徳性にまで及ぶ」今日の国家の要求のもつ性格、全体主義国家の形態は所謂非常時に於ける一時的現象に過ぎぬものであつて、非常時が平常時に移ると共に消滅するものであらうか。それとも茲には国家そのものの発展に於ける新段階としての歴史的必然性が認められるであらうか。[179]

註

（1）小川原正道『日本の戦争と宗教―一八九九―一九四五―』（講談社、二〇一四）。
（2）原誠『国家を超えられなかった教会―一五年戦争下の日本プロテスタント教会―』（日本キリスト教団出版局、二〇〇五）。
（3）土肥昭夫『日本プロテスタント・キリスト教史　第五版』（新教出版社、二〇〇四）。
（4）白井厚「大学―凪にそよぐ葦の歴史―」（白井厚編『大学とアジア太平洋戦争―戦争史研究と体験の歴史化―』日本経済評論社、一九九六）二〇―二一頁。
（5）安藤肇『深き淵より―キリスト教の戦争経験―』（長崎キリスト者平和の会、一九五九）。
（6）例えば、老川慶喜・前田一男編『ミッション・スクールと戦争―立教学院のディレンマ―』（東信堂、二〇〇八）。
（7）中村敏『日本プロテスタント神学校史―同志社から現在まで―』（いのちのことば社、二〇一三）。
（8）日本基督教団宣教研究所教団史料編纂室編『日本基督教団史資料集（第二巻）―戦時下の日本基督教団（一九四一～一九四五年）―』（日本基督教団宣教研究所、一九九八）八二―一〇一頁。なお、戦争責任の問題については、かなりの量の議論が積み重ねられてきたこともあり、本章で取り扱うものではないが、結論部で関連する問題に触れる。
（9）寺﨑昌男「戦時下の高等教育政策」（老川慶喜・前田一男編、前掲書）一九―二七頁。
（10）高木一雄『大正・昭和カトリック教会史（三）』（聖母の騎士社、一九八五）二六―二七頁、三六―三七頁。
（11）日本基督教団史編纂委員会編『日本基督教団史』（日本基督教団出版部、一九六七）など。
（12）笠原芳光「日本基督教団成立の問題―宗教統制に対する順応と抵抗―」（同志社大学人文科学研究所編『戦時下抵抗の研究（Ｉ）』〈みすず書房、一九六八〉）一四九頁、小野静雄『増補　日本プロテスタント教会史（下）―昭

和篇―』（聖恵授産所出版部、一九八九）六八―六九頁。
(13) 中村敏『日本キリスト教宣教史―ザビエル以前から今日まで―』（いのちのことば社、二〇〇九）二四六―二五一頁。
(14) 海老沢亮『日本キリスト教百年史』（日本基督教団出版局、一九五九）、都田恒太郎『日本キリスト教合同史稿』（教文館、一九六七）。
(15) 土肥昭夫、前掲書（二〇〇四）、同『日本プロテスタント教会の成立と展開』（日本基督教団出版局、一九七五）、小野静雄、前掲書。
(16) 石原謙『日本キリスト教史論』（新教出版社、一九六七）、日本基督教団史編纂委員会編、前掲書。
(17) 「移牒」（『教団時報』第二二九号、一九四三年五月一五日）一頁、「過去十年間年表」（『東京神学大学報』第一五号、一九五三年一〇月）二頁。
(18) 中村敏、前掲書（二〇一三）二〇三頁、二〇五―二〇六頁、同右「過去十年間年表」二頁。
(19) 同右「過去十年間年表」。
(20) 日本基督教団史編纂委員会編、前掲書、一一〇―一一一頁。
(21) 「日本基督教団　第一回総会所感」（『日本基督教新報』第二四二九号、一九四三年一一月三日）四頁。
(22) 寺崎昌男、前掲論考、二四―二五頁。
(23) 日本基督教団史編纂委員会編、前掲書、一〇一頁。
(24) 「教団の一体化」（『教団時報』第二二五号、一九四三年三月一五日）一頁。
(25) 「日本基督教団第一回総会　終始緊張裡に議事進行―重要案件大要左の如く決定―」（『日本基督教新報』第二四二八号、一九四二年一一月二六日）六頁、「富田満氏　統理就任の辞」（『福音新報』第二三九一号、一九四二年二月一九日）六頁。
(26) 友井楨「教団神学校論」（『新興基督教』第一三九号、一九四二年四月一日）一四頁。
(27) 「第二回常議員会」（『教団時報』第二一一号、一九四一年一一月一五日）二頁。なお、その五校は同志社大学文学部神学科、日本神学校本科、青山学院神学部男子本科および女子部本科、関西学院神学部本科、日本ルーテル神学専門学校本科である〈中村敏、前掲書〈二〇一三〉二〇九頁〉。
(28)「教務会」(『教団時報』第二二四号、一九四二年二月一五日)五頁。
(29)中村敏、前掲書〈二〇一三〉二〇一頁。
(30)「教師養成機関研究委員会報告」(日本基督教団宣教研究所教団史料編纂室編、前掲書)八四—八五頁、土肥昭夫『キリスト教会と天皇制—歴史家の視点から考える—』(新教出版社、二〇一二)九五—九六頁。
(31)亀徳正臣「神学校の合同」(『基督教世界』第二五八一号〈合同第五号〉、一九四二年一月一九日)一頁。
(32)溝口靖夫「基督教主義学校に於ける興亜教育」(『新興基督教』第一三九号、一九四二年四月一日)一〇頁。
(33)小野静雄、前掲書、一二九頁。
(34)佐藤敏夫「旧日本基督教会の神学校の伝統—東京神学大学—」(日本神学校同窓会レバノン会編『日本神学校史』レバノン会、一九九二)一五一頁。
(35)同論考、一五〇頁。
(36)比屋根安定「信条及び神学校の諸問題」(『日本基督教新報』第二四二六号、一九四二年一一月一二日)六頁。
(37)比屋根安定「教団神学校の性格」(『新興基督教』第一四五号、一九四二年一二月一日)九頁。
(38)松岡孫四郎「神学校に寄せて」(『INTER NOS』第二六〇一号、一九四一年一二月二〇日)五頁。
(39)溝口靖夫、前掲論考、一〇頁。
(40)白戸八郎「神学生養成の急務(一)」(『日本基督教新報』第二四三七号、一九四三年二月一一日)五頁。
(41)富田満「文部省主宰宗教教化方策委員会答申に基ける日本基督教団戦時教化活動要旨」(『日本基督教団教団新報』第二四九二号、一九四四年六月一日)一頁。
(42)「日本基督教団三神学校開校式盛大に挙行」(『日本基督教新報』第二四五二号、一九四三年六月三日)一頁。
(43)「直面せる教団の諸問題」(『教団時報』第二二九号、一九四二年七月一五日)一頁。
(44)「第二回日本基督教団総会」(『教団時報』第二三六号、一九四三年一二月一五日)三頁。
(45)白戸八郎「神学生養成の急務(二)」(『日本基督教新報』第二四三八号、一九四三年二月一八日)五頁。
(46)日本基督教団史編纂委員会編、前掲書、一一四頁。

(47) 前掲「第二回日本基督教団総会」三頁。
(48)「第三回常議員会記録」(『教団時報』第二三六号、一九四三年一二月一五日) 四頁。
(49)「日本東部神学校　日本女子神学校―両校の教授陣容大体決定―」(『日本基督教新報』第二四三四号、一九四三年一月二一日) 七頁、前掲「第二回日本基督教団総会」三頁。
(50) 例えば、友井楨、前掲論考、一四―一五頁。
(51) 眞鍋頼一「第一回総会を終りて」(『日本基督教新報』第二四二九号、一九四二年一二月三日) 二頁。
(52)「神学校近信」(『日本基督教団新報』第二五一一号、一九四四年一二月一〇日) 三頁。
(53)「教団神学校関連の決議」(日本基督教団宣教研究所教団史料編纂室編、前掲書) 九三頁。
(54) 柳父圀近『日本的プロテスタンティズムの政治思想』(新教出版社、二〇一六)。
(55) 宮田光雄『権威と服従―近代日本におけるローマ書十三章―』(新教出版社、二〇〇三) 一三五頁。
(56) 長谷部弘「《日本的基督教》における国家の論理」(『改革派神学』第二一号、一九九〇) 五七―七七頁。
(57) 熊野義孝「日本とキリスト教」(『福音と世界』一九六二年二月号) 八頁。
(58) 原誠、前掲書、三五頁。以下、「日本基督教」、「日本的基督教」、「日本的キリスト教」などの多様な表記を一括して「日本基督教」と記載する。その思想は共通していたと考えられるからである。
(59) 川口葉子「アジア・太平洋戦争下の「日本基督教」―伝道活動を中心に―」(『東北宗教学』第四号、二〇〇八) 三四頁。
(60) 同論考、三五頁。
(61) 小野静雄、前掲書、二一頁。
(62) 原誠、前掲書、五〇頁。
(63) 森岡巌・笠原芳光『キリスト教の戦争責任―日本の戦前・戦中・戦後―』(教文館、一九七四) 五一頁。
(64) 塚田理『天皇制下のキリスト教―日本聖公会の戦いと苦難―』(新教出版社、一九八一) 一三〇頁。
(65) 同書、一六九―一七〇頁、小野静雄、前掲書、一二八頁。ただ、この合同と日本基督教とはイコールではないとする反合同派もいた(塚田理、同書、一九八頁)。

(66)この点については思想的な吟味が必要であると考えられるため、ここでは示唆に留まる。また、教育機関を通じてそれら理念をどのように普及させたのかについても比較研究が必要だろう。新野和暢『皇道仏教と大陸布教―十五年戦争期の宗教と国家―』（社会評論社、二〇一四）。

(67)「日本基督教団　宗教教師養成機関の統合刷新（文部省発表）」（『日本基督教新報』第二四四九号、一九四三年五月一三日）一頁。

(68)富田満「日本基督教の樹立と教団の戦時体制」（『日本基督教新報』第二四二六号、一九四二年一一月一二日）五頁。

(69)白戸八郎、前掲「神学生養成の急務（二）」五頁。

(70)比屋根安定、前掲「教団神学校の性格」一二頁。

(71)都田恒太郎、前掲書、一四一頁。

(72)前田一男「教師の再教育と錬成」（寺﨑昌男・戦時下教育研究会編『総力戦体制と教育―皇国民「錬成」の理念と実践―』〈東京大学出版会、一九八七〉）五五―七九頁。

(73)亀徳正臣、前掲論考、一頁。

(74)ただ、比屋根は過激なシンクレティズムを表明していたわけではないとされている。宮田光雄、前掲書、一四四―一四五頁、原誠、前掲書、五七頁。

(75)比屋根安定「日本基督教確立の一方面」（『基督教世界』第二六〇三号、一九四二年七月二三日）四頁。

(76)比屋根安定、前掲「信条及び神学校の諸問題」六頁。

(77)比屋根安定、前掲「教団神学校の性格」一〇頁。

(78)同論考、一一頁。

(79)前掲「日本基督教団　宗教教師養成機関の統合刷新（文部省発表）」一頁。

(80)溝口靖夫、前掲論考、一一頁。

(81)友井楨、前掲論考、一六頁。

(82)都田恒太郎「日本基督教会の直面せる諸問題」（『新興基督教』第一四四号、一九四二年九月一日）三七頁。類似

の意見として、比屋根安定、前掲「教団神学校の性格」一二頁。
(83)「日本基督教団　三神学校の新編成　教授講師の新陣容」(『日本基督教新報』第二四四九号、一九四三年五月一三日）五頁。
(84) 中村敏、前掲書（二〇一三）二〇三―二〇四頁、「教団立三神学校教授並講師氏名及担任学科」(『教団時報』第二三〇号、一九四三年六月一五日）四―五頁。
(85) 安藤肇、前掲書、一九七頁。
(86)「女子神学校の特設が不必要である事を、最も雄弁に証明するものは女子神学校の現状である。(中略) 女子にして教団の正教師となり、一教会の牧師を務める婦人もゐるが、これは極めて特殊又稀有である事実を忘れてはならぬ。」(比屋根安定、前掲「信条及び神学校の諸問題」六頁)。
(87)「第六章　教師」より「第三節　教師養成機関」(日本メソヂスト教団『日本メソヂスト教団規則』〈基督教出版社、一九四一〉) 四四―四八頁。
(88) 同書、四三―四四頁。
(89) 塚田理、前掲書、一八三頁。
(90) 前島生「聖公会神学院の使命」(『基督教週報』第八二巻第一四号、一九四二年四月一七日)。ただ、ここでなされている「高派低派」(ハイ・チャーチ、ロー・チャーチ) は「欧米的」であるので日本ではこれを解消し神学院はその「中心的存在」となるべきだという議論は、統合の風潮に影響されているものの、聖公会神学院にやや特殊な論理だろう。
(91) 予科の一年次に「国民道徳」が一時間あった (『日本神学校学則』〈『日本神学校一覧』日本神学校、一九三七〉一九頁。書誌情報は東京神学大学図書館による)。
(92) 他方で、「教学研究所」も存在した (［記事名なし］〈『日本基督教団教団新報』第二四九七号、一九四四年七月二〇日〉二四頁)。「教学研究所規定」の「目的」には、「日本基督教学ノ研究並ニ教師ノ再教育ヲ目的トス」とあり (「教学研究所の設置」〈『日本基督教団教団新報』第二五〇〇号、一九四四年八月二〇日〉四頁)、神学校と並立していたとしても、そのねらいは再教育というより、日本基督教の学的樹立に重点が置かれていたようだ (「教学研

究所の開所式」〈『日本基督教団教団新報』第二五〇四号、一九四四年一〇月一日〉三頁)。

(93) その名が示す通り、綱領には「我等は健全なる福音主義の信仰に立脚し、滅私奉公、以て東亜教化の重責を負はんとする伝道者の養成を期す」とあった(渡瀬常吉「東亜神学校の主張」〈『新興基督教』第一三九号、一九四二年四月一日〉一八頁)。

(94) 同論考、一八—一九頁。

(95) 「青山学院の神学部訣別記念式」(『日本基督教新報』第二四三七号、一九四三年一月一一日)七頁。

(96) 前掲「過去十年間年表」二頁。

(97) 比屋根安定、前掲「教団神学校の性格」一二頁。予科の校舎は旧ルーテル神学校のものが使われた(同右「過去十年間年表」二頁)。

(98) [記事名なし](『教団時報』第二三四号、一九四二年一二月一五日)四—五頁。

(99) 左近義慈『神学校と共に三八年—一九三七年〜一九七五年—』(一九七九)一三頁。

(100) 関西学院百年史編纂事業委員会編『関西学院百年史〈通史編Ⅰ〉』(関西学院、一九九七)五七一—五七二頁。

(101) 「日本神学校近況」(『福音新報』第二四一六号、一九四二年八月二〇日)七頁。

(102) 『日本神学校第十年度年報』(日本神学校、一九四〇)三頁。書誌情報は東京神学大学図書館による。

(103) 同書、四—五頁。

(104) 笠原芳光、前掲論考、一七九頁、日本基督教団出版局編『教団を語る』(日本基督教団出版局、一九七一)四五頁、四七頁、七〇頁。ただ、これはその教職というよりは信徒の力だったのではないかとも言われている(日本基督教団出版局編、同書、四七頁)。これはその「責任」論において微妙な点であろう。

(105) 金田隆一『昭和日本基督教会史—天皇制と十五年戦争のもとで—』(新教出版社、一九九六)ⅳ頁。

(106) 同書、三六五頁。

(107) 都田恒太郎、前掲書、一二九頁。

(108) 郷司慥爾「日本神学校小史(年譜の形式にて)」(『神学と教会』第五巻Ⅱ、一九三九)四一一頁。

(109) 桜井重秀「東北学院と日本神学校との合同」(日本神学校同窓会レバノン会編、前掲書)二一一—二一二頁。

(110) 東北学院創立七十年史編纂委員会編『東北学院創立七十年史』(東北学院同窓会、一九五九) 六〇五—六〇六頁、東北学院創立七十年史編纂委員会編『東北学院創立七十年写真誌』(東北学院同窓会、一九五五) 五〇頁。東北学院は一九三七年に日本神学校と統合している (『東北学院創立七十年史』六〇八—六〇九頁)。
(111) 『東北学院創立七十年史』六〇六—六〇七頁。
(112) ただし、むろん、これに反論する者もいた。例えば、東北学院神学部の日本神学校統合にあたり、D・B・シュネーダーは大都市に集中することは必ずしもよいことではないとして反対していた。それは、地方 (仙台) における宣教を不利にし、また、東北学院自体のキリスト教性を奪ってしまうものだとしている (東北学院創立一〇〇周年記念百年史編集委員会編『東北学院の一〇〇年』〈東北学院、一九八六〉七九頁)。
(113) 同志社社史史料編集所編『同志社百年史 (資料編二)』(同志社、一九七九) 一七〇七—一七一〇頁。以下の引用はこの文書による。
(114) 同書、一七一四—一七一八頁。
(115) 土肥昭夫、前掲書 (二〇一二) 九五—九六頁。
(116) 「同志社大学神学科後援会の設立」(『日本基督教新報』第二四三七号、一九四三年二月一一日) 七頁。
(117) 「神学教育後援会の発会」(『日本基督教新報』第二四三九号、一九四三年二月二五日) 五頁。
(118) 前掲「日本基督教団　第一回総会所感」四頁。
(119) 『関西学院百年史 (通史編Ⅰ)』五七二—五七三頁。
(120) 「諒解」(『教団時報』第二三六号、一九四三年一二月一五日) 五頁。
(121) 比屋根安定、前掲「教団神学校の性格」九頁。
(122) 比屋根安定、前掲「信条及び神学校の諸問題」六頁。
(123) ゴルドン・K・チャップマン「回想の中央神学校」(近藤利夫訳、中央神学校史編集委員会編『中央神学校の回想』〈中央神学校同窓会、一九七一〉) 一一一頁。
(124) 同論考、一一二—一一三頁。
(125) 今村好太郎「神戸・中央神学校と私—〈ならびに神戸神学院のこと〉—」(同書) 一三〇頁。

(126)「中央神学校　年表」(同書)二〇三頁。
(127)岡田稔「神戸・中央神学校の記録と思い出」(同書)一四二—一四三頁。
(128)「卒業式当日、式が終ってそれぞれ卒業証明を手にして寄宿舎に入ろうとしたとき、私服刑事が幾人か待ちふせ、学友の韓国人三、四人がそのまま連れてゆかれました」(野田辰夫「神戸・中央神学校の記録と思い出」〈同書〉一八七頁)。
(129)今村好太郎、前掲「神戸・中央神学校と私—〈ならびに神戸神学院のこと〉—」(同書)一三〇—一三一頁。
(130)岡田稔「神戸・中央神学校の記録と思い出」(同書)一四二—一四三頁、同「神戸改革派神学校開設に至るまでの事情」(岡田稔『神戸改革派神学校史資料』〈神戸改革派神学校、一九八〇〉)四—六頁。
(131)山口千代子「九人はどこに」(中央神学校史編集委員会編、前掲書)一九六頁。
(132)「教務報告」(『神学校通信』第一号、一九四五年一二月一日)三頁、前掲「過去十年間年表」二頁。
(133)「教団神学校の改組」(『日本基督教新報』第二四八八号、一九四四年三月三〇日)五頁。
(134)「第四回常議員会記録」(『教団時報』第二三六号、一九四三年一二月一五日)五頁。
(135)中村敏、前掲書(二〇一三)二〇六頁、前掲「過去十年間年表」二頁。
(136)同右「過去十年間年表」三頁。
(137)富田満「教団立神学校の問題」(『神学校通信』第九号、一九四九年一二月)一頁。
(138)「教団規則の変更」(『日本基督教団教団新報』第二五〇一号、一九四四年九月一日)四頁。
(139)「日本基督教神学専門学校学則」(日本基督教団宣教研究所教団史料編纂室編、前掲書)九七—九九頁。
(140)日本基督教団史編纂委員会編、前掲書、一五四頁、白戸八郎、前掲「神学生養成の急務(一)」五頁。
(141)富田満「十年の回顧と将来の問題」(『東京神学大学報』第一五号、一九五三年一〇月)一頁。
(142)日本基督教団史編纂委員会編、前掲書、九五頁。
(143)白戸八郎、前掲「神学生養成の急務(一)」五頁、岡田五作「宣教と神学教育に関する諸問題」(『日本聖書神学校学報』第一〇号、一九六二年一〇月二〇日)二頁。
(144)土肥昭夫「天皇制下の日本基督教団」(富坂キリスト教センター編『十五年戦争期の天皇制とキリスト教』〈新教

出版社、二〇〇七〉）五五二頁。
(145) 左近義慈、前掲書、二五頁。
(146) 「日本基督教団教師養成機関」（『日本基督教新報』第二四七二号、一九四三年一一月一一日）一頁。
(147) 左近義慈、前掲書、二六―二七頁、前掲「教務報告」三頁。
(148) 同右「教務報告」三頁。
(149) 左近義慈、前掲書、二六―二七頁、同右「教務報告」三頁。
(150) 相沢良一「非常時学徒徴兵下の神学生」（日本神学校同窓会レバノン会編、前掲書）一〇七頁。
(151) 前掲「教務報告」三頁。
(152) 同右、四頁。ちょうど一カ月後に終戦したため、動員はされなかった。
(153) 左近義慈、前掲書、二七頁。
(154) 森武麿「総力戦・ファシズム・戦後改革」（成田龍一ほか編『岩波講座　アジア・太平洋戦争（一）―なぜ、いまアジア・太平洋戦争か―』〈岩波書店、二〇〇五〉）一二五―一六〇頁、山之内靖「方法的序論―総力戦とシステム統合―」（山之内靖／ヴィクター・コシュマン／成田龍一編『総力戦と現代化』〈柏書房、一九九五〉）九―五三頁。
(155) 宮本武之助「日本神学校が志向したもの」（日本神学校同窓会レバノン会編、前掲書）七二頁。
(156) 前掲「過去十年間年表」二頁。
(157) 同右、三頁。
(158) 「新入学生についての諸調査」（『神学校通信』第六号、一九四八年六月一五日）。
(159) 「学友会の一員として」（『神学校通信』第二号、一九四六年三月二〇日）四頁。
(160) 都留忠明「戦時下の神学校生活―作業場の片隅での授業―」（日本神学校同窓会レバノン会編、前掲書）一九九頁。
(161) 上中栄「戦時下の合同問題―ホーリネスの視点から―」（『ウェスレー・メソジスト研究』第一四号、二〇一四）六三―八二頁。

(162) 富田満、前掲「十年の回顧と将来の問題」一頁。
(163) 桑田秀延「十周年に際して」(『東京神学大学報』第一五号、一九五三年一〇月)一頁。
(164) 藤田昌直編『日本聖書神学校二〇年史』(日本聖書神学校出版部、一九六六)一七—一八頁。
(165) 岡田五作「ライブラリー建設に当つて」(『日本聖書神学校学報』第六号、一九五四年一一月)一頁。
(166) 前掲『東北学院の一〇〇年』七九頁。
(167) 桑田秀延「「神学校日」メッセエジ」(『神学校通信』第五号、一九四七年一〇月一五日)一頁、同「教団十周年に際し教職養成の重要性につき全教会に訴える」(『神学校通信』第一二号、一九五一年七月)一頁。
(168) 富田満、前掲「十年の回顧と将来の問題」一頁、「神学校経営の実状に就て」(『神学校通信』第八号、一九四九年四月)二頁、富田満、前掲「教団立神学校の問題」一頁、「財務報告—特に賛助金に就て—」(『神学校通信』第九号、一九四九年一二月)二頁。
(169) 桑田秀延「神学校日に際して」(『神学校通信』第七号、一九四八年一〇月)一頁。
(170) 桑田秀延、前掲「教団十周年に際し教職養成の重要性につき全教会に訴える」一頁。
(171) 桑田秀延、前掲「十周年に際して」一頁。
(172) 富田満、前掲「教団立神学校の問題」一頁、富田満、前掲「十年の回顧と将来の問題」一頁。
(173) 森岡巌・笠原芳光、前掲書、一〇一頁、日本基督教団出版局編、前掲書、五八頁。長期的には、旧教派の伝統の忘却と世代交代の問題があったと言える(日本基督教団出版局編、前掲書、二九頁)。
(174) 桑田秀延、前掲「教団十周年に際し教職養成の重要性につき全教会に訴える」一頁。これは戦後を通じて常に言及されていく(例えば、日本基督教団出版局編、前掲書、三〇頁)。つまり、この問題は容易に解決しなかったのである。
(175) 「神学校の方向」(『神学校通信』第七号、一九四八年一〇月)一頁。
(176) 永岡崇『新宗教と総力戦—教祖以後を生きる—』(名古屋大学出版会、二〇一五)四〇頁。
(177) 島薗進「抵抗の宗教/協力の宗教—戦時期創価教育学会の変容—」(成田龍一ほか編『岩波講座　アジア・太平洋戦争(第六巻)—日常生活の中の総力戦—』(岩波書店、二〇〇六))二三九—二六八頁。

(178)「いわゆる主要の教派や団体を担っていた人たちは、その維持、存続のためには天皇制に順応するより外にないと考えた。否むしろ天皇制に関する自意識よりすれば、それは当然の途と考えた。それは、抵抗とか挫折といったカテゴリーではとらえられない。また埋没といったある種の敗北意識でもない。もっと自然で当然のことであった」（土肥昭夫「天皇制狂奔期を生きたキリスト教―日本基督教連盟を中心として―」〈富坂キリスト教センター編、前掲書〉一二八頁）。

(179)松村克己「日本基督教団成立の意義とその課題」（『思想』第二三五号、一九四一年一二月一日）四七五頁。

引用・参考文献一覧

【第一章】

赤澤史朗『近代日本の思想動員と宗教統制』（校倉書房、一九八五）

赤澤史朗・粟屋憲太郎・豊下楢彦・森武麿・吉田裕編『年報・日本現代史（第三号）―総力戦・ファシズムと現代史―』（現代史料出版、一九九七）

阿部恒久・大日方純夫・天野正子編『男性史（第二巻）―モダニズムから総力戦へ―』（日本経済評論社、二〇〇六）

雨宮昭一『総力戦体制と地域自治―既成勢力の自己革新と市町村の政治―』（青木書店、一九九九）

伊勢弘志『近代日本の陸軍と国民統制―山縣有朋の人脈と宇垣一成―』（校倉書房、二〇一四）

伊藤彰浩『戦間期日本の高等教育』（玉川大学出版部、一九九九）

今村仁司『近代性の構造』（講談社選書メチエ、一九九四）

伊豫谷登士翁・成田龍一編『再魔術化する世界―総力戦・「帝国」・グローバリゼーション―』（御茶の水書房、二〇〇四）

上野千鶴子『ナショナリズムとジェンダー』（青土社、一九九八）

ブライアン・アンドレー・ヴィクトリア著／エイミー・ルイーズ・ツジモト訳『禅と戦争』（えにし書房、二〇一五〈原著一九九七、邦語訳初版二〇〇一〉）

臼杵陽「戦時下回教研究の遺産―戦後日本のイスラーム地域研究のプロトタイプとして―」（『思想』第九四一号、二〇〇二）

臼杵陽編『日本・イスラーム関係のデータベース構築―戦前期回教研究から中東イスラーム地域研究への展開―』（科学研究費補助金〈基盤研究A、二〇〇五―二〇〇七年度〉研究代表者・臼杵陽、二〇〇八）

江島尚俊「第一章　近代日本の高等教育における教育と教化」（江島尚俊・三浦周・松野智章編『シリーズ大学と宗教Ⅰ　近代日本の大学と宗教』〈法藏館、二〇一四〉）

江島尚俊「なぜ大学で宗教が学べるのか―明治期の教育政策と宗教系専門学校誕生の過程から―」（『宗教研究』第三八一号、二〇一四）

老川慶喜・前田一男編『ミッション・スクールと戦争―立教学院のディレンマ―』（東信堂、二〇〇八）

大石嘉一編『日本帝国主義（第三巻）―第二次大戦期―』（東京大学出版会、一九九四）

大澤広嗣「昭和前期におけるイスラーム研究―回教圏研究所と大久保幸次―」（『宗教研究』第三四一号、二〇〇

四）
大澤広嗣『戦時下の日本仏教と南方地域』（法藏館、二〇一五）
大西修『戦時教学と浄土真宗—ファシズム下の仏教思想—』（社会評論社、一九九五）
小川原正道『近代日本の戦争と宗教』（講談社、二〇一四）
荻野富士夫『戦前文部省の治安機能—「思想統制」から「教学錬成」へ—』（校倉書房、二〇〇七）
奥村哲編『変革期の基層社会—総力戦と中国・日本—』（創土社、二〇一三）
金田隆一『戦時下キリスト教の抵抗と挫折』（新教出版社、一九八五）
北河賢二「翼賛運動の思想」（木坂順一郎編『体系・日本現代史（第三巻）—日本ファシズムの確立と崩壊—』（日本評論社、一九七九）
木坂順一郎「日本ファシズム国家論」（木坂順一郎編『体系・日本現代史（第三巻）—日本ファシズムの確立と崩壊—』（日本評論社、一九七九）
木村清孝「原坦山と「印度哲学」の誕生—近代日本仏教史の一断面—」（『印度学仏教学研究』第四九巻第二号、二〇〇一）
キリスト教史学会編『戦時下のキリスト教—宗教団体法をめぐって—』（教文館、二〇一五）
近代日本経済研究会編『戦時経済』（山川出版社、一九八七）
久保義三『日本ファシズム教育政策史』（明治図書、一九六九）
久保義三『新版昭和教育史—天皇制教育の史的展開—』（東信堂、二〇〇六）
桑野弘隆「国民的総動員体制について」（『社会科学年報』第四七号、二〇一三）
桑野弘隆「総力戦体制から国民的総動員システムへ」（『社会科学年報』第四八号、二〇一四）
桑野弘隆「資本主義国家という概念について」（『社会科学年報』第四九号、二〇一五）
桑野弘隆「ハウスホールドの再編をつうじてのフォーディズムへの国民総動員について」（『社会科学年報』第五〇号、二〇一六）
桑野弘隆・山家歩・天畠一郎編『一九三〇年代・回帰か終焉か—現代性の根源に遡る—』（社会評論社、二〇〇七）
倉澤剛『総力戦教育の理論』（目黒書店、一九四四）
纐纈厚「臨時軍事調査委員会の業務内容—『月報』を中心にして—」（『政治経済史学』第一七四号、一九八〇）
纐纈厚『日本陸軍の総力戦政策』（大学教育出版、一九九九）

纐纈厚『田中義一―総力戦国家の先導者―』（芙蓉書房出版、二〇〇九）
纐纈厚『総力戦体制研究―日本陸軍の国家総動員構想―』（三一書房、二〇一〇〈初版一九八一〉）
駒込武・奈須恵子・川村肇編『戦時下学問の統制と動員―日本諸学振興委員会の研究―』（東京大学出版会、二〇一一）
小森陽一・酒井直樹ほか編『岩波講座近代日本の文化史（第七巻）―総力戦下の知と制度―』（岩波書店、二〇〇二）
小柳敦史「第四章　京都帝国大学文学部基督教学講座の成立」（江島尚俊・三浦周・松野智章編『シリーズ大学と宗教Ⅰ　近代日本の大学と宗教』〈法藏館、二〇一四〉）
近藤俊太郎『日本仏教史研究叢書　天皇制国家と「精神主義」―清沢満之とその門下―』（法藏館、二〇一三）
近藤正己『総力戦と台湾―日本植民地崩壊の研究―』（刀水書房、一九九六）
近藤正己・北村嘉恵『内海忠司日記　一九四〇～一九四五―総力戦体制下の台湾と植民地官僚―』（京都大学学術出版会、二〇一四）
酒井直樹・伊豫谷登士翁、ブレット・ド・バリー編『ナショナリティの脱構築』（柏書房、一九九六）
佐々木陽子『総力戦と女性兵士』（青弓社、二〇〇一）
佐藤広美『総力戦体制と教育科学―戦前教育科学研究会における「教育改革」論の研究―』（大月書店、一九九七）
下谷政弘・長島修編著『戦時日本経済の研究』（晃洋書房、一九九二）
杉井六郎・太田雅夫編『戦時下のキリスト教運動―特高資料による―』全三巻（新教出版社、一九七二・七二・七三）
高橋陽一「宗教的情操の涵養に関する文部次官通牒をめぐって―吉田熊次の批判と関与を軸として―」（『武蔵野美術大学研究紀要』第二九号、一九九八）
店田廣文「戦中期日本における回教研究―『大日本回教協会寄託資料』の分析を中心に―」（『社会学年誌』第四七号、二〇〇六）
店田廣文「戦中期日本における回教研究機関―『大日本回教協会寄託資料』の検討―」（『日本中東学会年報』第二八巻第二号、二〇一三）
谷川穣『明治前期の教育・教化・仏教』（思文閣出版、二〇〇八）
谷川穣「教育・教化政策と宗教」（『岩波講座　日本歴史』編集委員編『岩波講座　日本歴史（第一五巻）』〈岩波書店、二〇一四〉）

塚田理『天皇制下のキリスト教―日本聖公会の戦いと苦難―』〈新教出版社、一九八一〉
鶴見俊輔『戦前期日本の精神史―一九三一～一九四五―』〈岩波書店、二〇〇一〈初版一九八二〉〉
寺﨑昌男「森文政と学校令」〈土屋忠雄・渡部晶・木下法也編著『概説近代教育史―わが国教育の歩み―』〈川島書店、一九六七〉〉
寺﨑昌男・戦時下教育研究会編『総力戦体制と教育―皇国民「錬成」の理念と実践―』〈東京大学出版会、一九八七〉
東京大学社会科学研究所編『ファシズム期の国家と社会〈第二巻〉―戦時日本経済―』〈東京大学出版会、一九七九〉
同志社大学人文科学研究所編『戦時下抵抗の研究―キリスト者・自由主義者の場合―〈Ⅰ・Ⅱ〉』〈みすず書房、一九六八・六九〉
戸ノ下達也・長木誠司編著『総力戦と音楽文化―音と声の戦争―』〈青弓社、二〇〇八〉
戸ノ下達也『音楽を動員せよ―統制と娯楽の十五年戦争―』〈青弓社、二〇〇八〉
中村政則編『戦争と国家独占資本主義』〈日本評論社、一九七九〉
成田龍一「解説　山之内靖と「総力戦体制」論をめぐって」〈山之内靖著／伊豫谷登士翁・成田龍一・岩崎稔編『総力戦体制』〈筑摩書房、二〇一四〉〉
畠山弘文『近代・戦争・国家―動員史観序説―』〈文眞堂、二〇〇六〉
林淳「近代仏教の時期区分」〈『季刊　日本思想史』第七五号、二〇〇九〉
林淳「明治仏教から近代仏教へ」〈『禅研究所紀要』第四二号、二〇一三〉
久木幸男「訓令十二号の思想と現実〈一〉・〈二〉・〈三〉」〈『横浜国立大学教育紀要』第一三・一四・一六号、一九七三・七四・七六〉
菱木政晴『開放の宗教へ』〈緑風出版、一九九八〉
平野武「宗教団体法下の本願寺宗制」〈『龍谷法学』第四二巻第四号、二〇一〇〉
平原春好『配属将校制度成立史の研究』〈野間教育研究所、一九九三〉
福嶋寛隆・「戦時教学」研究会編『戦時教学と真宗』全三巻〈永田文昌堂、一九八八・九一・九五〉
藤田省三『天皇制国家と支配原理』〈未来社、一九七四［第二版］〉
藤田大誠「第五章　近代国学と高等教育機関―東京大学文学部附属古典講習科の設置と展開―」〈『近代国学の研究』〈弘文堂、二〇〇七〉〉

藤原彰「太平洋戦争」（家永三郎など編『岩波講座日本歴史（第二一巻現代四）』（岩波書店、一九六三））
前川理子『近代日本の宗教論と国家―宗教学の思想と国民教育の交錯―』（東京大学出版会、二〇一五）
前田一男「「教学刷新」の設計者・伊東延吉の役割」（寺﨑昌男・編集委員会共編『近代日本における知の配分と国民統合』（第一法規出版、一九九三））
牧野邦昭『戦時下の経済学者』（中央公論新社、二〇一〇）
松永典子『比較社会文化叢書Ⅺ「総力戦」下の人材養成と日本語教育』（花書院、二〇〇八）
丸山眞男『現代政治の思想と行動』（未来社、一九五六）
三谷太一郎『近代日本の戦争と政治』（岩波書店、二〇一〇）
三宅正樹・庄司潤一郎・石津朋之・山本文史編著『検証太平洋戦争とその戦略一　総力戦の時代』（中央公論新社、二〇一三）
村上重良『国家神道』（岩波書店、一九七〇）
村上重良『天皇制国家と宗教』（日本評論社、一九八六）
森靖夫『永田鉄山―平和維持は軍人の最大責務なり―』（ミネルヴァ書房、二〇一一）
文部省編『学制百年史（資料編）』（株式会社帝国地方行政学会、一九六七）
安武真隆「「動員史観」再考―畠山弘文『近代・戦争・国家―動員史観序説―』（文眞堂、二〇〇六）を読む―」（『政策創造研究』第九号、二〇一五）
山崎志郎・原朗編著『戦時日本の経済再編成』（日本経済評論社、二〇〇六）
山崎志郎『戦時金融禁錮の研究―総動員体制下のリスク管理―』（日本経済評論社、一〇〇九）
山崎志郎『戦時経済総動員体制の研究』（日本経済評論社、二〇一一）
山之内靖『社会科学の現在』（未来社、一九八六）
山之内靖、J・V・コシュマン、成田龍一編『総力戦と現代化』（柏書房、一九九五）
山之内靖『システム社会の現代的位相』（岩波書店、一九九六）
山室信一『複合戦争と総力戦の断層―日本にとっての第一次世界大戦　レクチャー第一次世界大戦を考える―』（人文書院、二〇一一）
山室信一・岡田暁生・小関隆・藤原辰史編『現代の起点第一次世界大戦』第一～四巻（岩波書店、二〇一四）
山本信良・今野敏彦共著『近代教育の天皇制イデオロギー―明治期学校行事の考察―』（新泉社、一九七三）
山本信良・今野敏彦共著『大正・昭和教育の天皇制イデオロギー〈Ⅰ〉―学校行事の宗教的性格―』（新泉社、一九七六）

山本有造『「大東亜共栄圏」経済史研究』（名古屋大学出版会、二〇一一）
由井正臣『軍部と民衆統合』（岩波書店、二〇〇九）
吉田裕「近現代史への招待」（大井透ほか編『岩波講座日本歴史（第一五巻）』〈岩波書店、二〇一四〉）
陸軍士官学校第十六期生故永田中将伝記編纂委員編『鉄山永田中将』（川流堂小林又七本店、一九三八）
林琪禎『日本学研究叢書一八　帝国日本の教育総力戦―植民地の「国民学校」制度と初等義務教育政策の研究―』（国立台湾大学出版中心、二〇一五）
臨時軍事調査委員『国家総動員に関する意見』（陸軍省、一九二〇、国立国会図書館所蔵）
『官報』第一二一一号（一九二七年五月二七日）
「業務担任区分表提出の件」（JACAR［アジア歴史資料センター］レファレンスコード C03024648600、『大正五年「歐受大日記　五月」』所収）
『全國動員計畫必要ノ議』（大正六年九月於参謀本部印刷）防衛研究所史料閲覧室所蔵
「文部省訓令第五号」『官報』第三八八号（一九二八年四月一七日）

【第二章】

阿部猛『歴史文化ライブラリー七七　太平洋戦争と歴史学』（吉川弘文館、一九九九）
伊沢甲子麿「序文」（松永材『天皇―生命体制―』〈今日の問題社、一九六七〉）
石川到覚・落合崇志「宗教大学社会事業研究室の開室をめぐって　一」（『日本仏教社会福祉学会』第一五号、一九八四）
井上義和『日本主義と東京大学―昭和期学生思想運動の系譜―』（柏書房、二〇〇八）
川北稔『世界システム論講義―ヨーロッパと近代世界―』（筑摩書房、二〇一六）
北一輝『日本改造法案大綱』（一九二三）
京都大学百年史編集委員会編『京都大学百年史（部局史編一）』（京都大学教育研究振興財団、一九九七）
京都大学百年史編集委員会編『京都大学百年史（資料編二）』（京都大学教育研究振興財団、二〇〇〇）
久保義三『昭和教育史―天皇制と教育の史的展開―』（東信堂、二〇〇六）
慶応義塾編『慶應義塾百年史（中巻　後）』（慶応義塾、一九六四）
河野司編『二・二六事件―獄中手記・遺書―』（河出書房新社、一九七二）
菅孝行『菅孝行『天皇制論集』（第一巻）―天皇制問題と日本精神史―』（御茶の水書房、二〇一四）

高須芳次郎『大日本詔勅謹解』全七巻（日本精神協会、一九三四）

高野邦夫『天皇制国家の教育論—教学刷新評議会の研究—』（あずみの書房、一九八九）

武井正教『新編集　武井の体系世界史—構造的理解へのアプローチ—』（栄光、二〇〇六）

東京大学百年史編集委員会編『東京大学百年史（部局史一）』（東京大学出版局、一九八六）

ピーター・バーガー著／薗田稔訳『聖なる天蓋—神聖世界の社会学—』（新曜社、一九七九）

平沼騏一郎回顧録編纂委員会編『平沼騏一郎回顧録』（平沼騏一郎回顧録編纂委員会、一九五五）

トマス・ホッブズ著／水田洋訳『リヴァイアサン』全四巻（岩波文庫、一九九二）

前川理子『近代日本の宗教論と国家—宗教学の思想と国民教育の交錯—』（東京大学出版会、二〇一五）

増田知子『天皇制と国家—近代日本の立憲君主制—』（青木書店、一九九九）

松永貞子「父の遺言」（松永材『カントの哲学』〈思索の道舎、一九八八〔初版一九二三〕〉）

松永材『日本主義の哲学』（思索の道舎、一九八八〈初版一九二九〉）

カール・マルクス、フリードリヒ・エンゲルス著／堺利彦・幸徳秋水訳『共産党宣言—決定版—』（彰考書院、一九四七）

三島憲一「西欧近代のトポスとしての歴史哲学—普遍主義と個別主義の抗争—」（飯田隆ほか編『岩波講座哲学一一　歴史／物語の哲学』〈岩波書店、二〇〇九〉）

文部省編『国体の本義』（内閣印刷局、一九三七）

安田浩「近代天皇制国家試論」（藤田勇編『権威的秩序と国家』〈東京大学出版会、一九八七〉）

トマス・ルックマン著／赤池憲昭、ヤン・スィンゲドー訳『見えない宗教—現代宗教社会学入門—』（ヨルダン社、一九七六）

ジョン・ロック著／加藤節訳『完訳　統治二論』（岩波文庫、二〇一〇）

早稲田大学大学史編集所編『早稲田大学百年史（第三巻）』（早稲田大学出版部、一九八七）

無署名・記事名無し『報知新聞』（一九三六年一月二九日号）

Mark. Juergensmeyer, *Terror in the Mind of God: The Global Rise of Religious Violence*, University of California Press, 2003、マーク・ユルゲンスマイヤー著／立山良司監修、古賀林幸・櫻井元雄訳『グローバル時代の宗教とテロリズム—いま、なぜ神の名で人の命が奪われるのか—』（明石書店、二〇〇三）

Francis, Fukuyama, *After the Neocons: America at the Crossroads*, Profile Books LTD, 2007.

【第三章】

磯前順一・深澤英隆『近代日本における知識人と宗教―姉崎正治の軌跡―』（東京堂出版、二〇〇二）
井上哲次郎「日本精神と今後の教育」（『ソフィア』第九号、一九三五）
老川慶喜・前田一男編『ミッション・スクールと戦争―立教学院のディレンマ―』（東信堂、二〇〇八）
大江満「明治後期キリスト教主義学校の文部省訓令一二号問題への対応―立教の動向を中心として―」（江島尚俊・三浦周・松野智章編『シリーズ大学と宗教Ⅰ　近代日本の大学と宗教』〈法藏館、二〇一四〉）
小野雅章『御真影と学校―「奉護」の変容―』（東京大学出版会、二〇一四）
リンダ・グローブ「一九三二年上智大学靖国事件」（中野晃一編『ヤスクニとむきあう』〈めこん、二〇〇六〉）
テオドール・ゲッペルト（Theodor Geppert）による日付のない覚書「曾比亜大学学則訂正案」（昭和三年四月五日）上智大学史資料室所蔵
栄田猛猪「設奠斉仰碧眼翁」（『ホフマン先生のおもいで』〈上智大学・東京ソフィアクラブ、一九五七〉）
上智大学史資料集編纂委員会編『上智大学史資料集』全五集・補遺（上智学院、一九八〇―一九九五）
中島耕二『近代日本の外交と宣教師』（吉川弘文館、二〇一二）
久木幸男「訓令一二号の思想と現実」（『横浜国立大学教育紀要』第一三・一四・一六号、一九七三・七四・七六）
宮崎賢太郎「キリシタンの生き方に学ぶ、第一回―夢とロマンのキリシタン史観―」（『福音宣教』二〇一五年一月号）
山梨淳「映画『殉教血史　日本二十六聖人』と平山政十―一九三〇年代前半期日本カトリック教会の文化事業―」（『日本研究』第四一集、国際日本文化研究センター、二〇一〇）
山梨淳「二十世紀初頭における転換期の日本カトリック教会―パリ外国宣教会と日本人カトリック者の関係を通して―」（『日本研究』第四四集、国際日本文化研究センター、二〇一一）
無署名「配属将校を迎へたる上智大学」（上智大学史資料集編纂委員会編『上智大学史資料集（第三巻）』〈上智学院、一九八五〉）
「アンリ・ブシェー（Henri Boucher）日記」（一九一三年一二月三一日）上智大学史資料室所蔵

「教育勅語謄本及式日ニ関スル件」（上智大学長発文部次官宛、昭和一一年九月一〇日）上智大学史資料室所蔵
「麴町区役所宛回答」（大正九年一一月三〇日）上智大学史資料室所蔵
「御真影御下賜申請書」（上智大学長発文部大臣宛、昭和一二年一一月三〇日）上智大学史資料室所蔵
「御真影御下賜通知」（文部大臣官房秘書課長発上智大学長宛東秘二六九号、昭和一二年一二月八日）上智大学史資料室所蔵
「式日ニ於ケル教育勅語奉読等ニ関スル件」（上智大学長発文部省専門学務局長宛、昭和一〇年一一月二二日）上智大学史資料室所蔵
「私立大学設立願」に添付された課程表（上智学院理事ヘルマン・ホフマン発文部大臣宛、大正二年三月一四日）上智大学史資料室所蔵
「上智大学設立申請書」（上智学院理事ヘルマン・ホフマン発東京府知事宛、大正二年三月二七日）上智大学史資料室所蔵
「上智大学設立ニ関スル件」（文部省専門学務局長発東京府知事宛東専二六号、昭和三年五月八日）上智大学史資料室所蔵複写
『上智大学創立弐拾五年記念』（上智大学、一九三八）
「上智大学長宛文部省発専一七四号」（昭和四年九月五日）、
「文部次官宛回答」（昭和四年九月一四日）上智大学史資料室所蔵
「勅語捧読要領書」（昭和一一年三月二三日）上智大学史資料室所蔵
「東京府知事宛大正四年度学事年報調書」上智大学史資料室所蔵
「日本文化講義実施状況報告ニ関スル件」（文部省教学局指導部宛、昭和一三年六月三日）上智大学史資料室所蔵
『入学式及始業式に於て示されたる本学の精神』（昭和一〇年四月六日）上智大学史資料室所蔵
「復申書」（上智大学予科長発文部次官宛、昭和一四年六月）上智大学史資料室所蔵
「文部省専門学務局宛照会回答送付状」（昭和一〇年五月三一日）上智大学史資料室所蔵
Joseph Dahlmann, "Educazione morale in Giappone," *Civilta Cattoica*（1909）
Theodor Geppert. *The Early Years of Sophia University*（Tokyo: privately published, 1993）
Hans Martin Krämer, *Unterarückung oder Integration? Die Staatiche Behandlung der katholischen Kirche in Japan, 1932 bis 1945*（Marburg: Förderverein Marburger Japan-Reihe, 2002）
George Minamiki, *The Chinese Rites Controversy from Its*

Beginning to Modern Times (Chicago: Loyola University Press, 1985)

Mark Mullins, "How Yasukuni Shrine Survived the Occupation: A Critical Examination of Popular Claims," *Monumenta Nipponica* 65:1 (2010)「いかにして靖国神社は占領期を生き延びたのか」(國學院大學デジタル・ミュージアム、双方向論文翻訳、k-amc.kokugakuin.ac.jp)

Kate Wildman Nakai, "Between Secularity, Shrines, and Protestantism: Catholic Higher Education in Prewar Japan"

Kate Wildman Nakai, "Coming to Terms with 'Reverence at Shrines': The 1932 Sophia University-Yasukuni Shrine Incident," in Bernhard Scheid, ed., *Kami Ways in Nationalist Territory: Shinto Studies in Prewar Japan and the West* (Vienna: Austrian Academy of Sciences, 2013)「「神社参拝」受諾へのみちのり―一九三二年上智大学靖国神社事件―」(國學院大學デジタル・ミュージアム、双方向論文翻訳、k-amc.kokugakuin.ac.jp)

Klaus Schatz, *Geschichte der deutschen Jesuiten* (Münster: Aschendorff, 2013)

Klaus Schatz, "'Japan helfen, sich auf eine Stufe mit den Völkern des Westens zu erheben': P. Joseph Dahlmann und die Anfänge der Sophia-Universität 1908-1914," in Mariano Delgado et al., ed., *Evangelium und Kultur: Begegnungen und Brücke* (Freiburg: Academic Press, 2010)

Klaus Schatz, "The Yasukuni Shrine Affair: Paolo Marella and the Revision of the Prohibition of Eastern Rites," *Archivum Historicum Societas Iesu* 81:2 (2012)

Bernhard Scheid, "In Search of Lost Essence: Nationalist Projections in German Shinto Studies," in *Kami Ways in Nationalist Territory: Shinto Studies in Prewar Japan and the West*, ed. Bernhard Scheid (Vienna: Austrian Academy of Sciences, 2013)

Jan Swyngedouw, "The Catholic Church and Shrine Shinto," *The Japan Missionary Bulletin* 21 (1967)

"Aims and Objectives," *Monumenta Nipponica* 1:1 (1938)

Aus dem Lande der aufgehenden Sonne 13 (1931)

Aus dem Lande der aufgehenden Sonne 25 (1935)

Aus dem Lande der aufgehenden Sonne 30 (1937)

Aus dem Lande der aufgehenden Sonne 32 (1938)

Aus dem Lande der aufgehenden Sonne 35 (1939)

"Ein Vorschlag für die Organisation des Kenkyûsho"「昭和十九年五月三日開催理事会議案」上智大学史資料室

所蔵

Kirishitan Bunko: A Manual of Books and Documents on the Early Christian Missions in Japan, with special reference to the principal libraries in Japan and most particularly to the collection at Sophia University, Tōkyō.

"In Memoriam: Fr. Johannes B. Kraus, S.J.," *Monumenta Nipponica* 7（1951）

"Memorandum über die Lage und den Ausbau unserer Universität," 上智大学史資料室所蔵

Michael Cooper, "Sixty Monumental Years," *Monumenta Nipponica* 53:1（1998）

"Programm einer mehrsprachigen Vierteljahreszeitschrift," 上智大学SJハウス所蔵

Woodstock Letters 50（1921）

【第四章】

今村随順編『日蓮宗僧侶人名録　全』（今村随順、一八八七）

薩和上遺稿事蹟編纂会編『新居日薩』（日蓮宗宗務院、一九三七）

田中謙周編『日蓮宗法規（昭和十二年版）』（日蓮宗布教助成会、一九三七）

内閣官報局編『法令全書　明治五年』（長尾景弼、一八八九）

内閣官報局編『法令全書　明治七年』（長尾景弼、一八八九）

内閣官報局編『法令全書　明治九年』（長尾景弼、一八九〇）

内閣官報局編『法令全書　明治十年』（長尾景弼、一八九〇）

内務省社寺局編『現行社寺法規』（報行社書籍部竹内拙三、一八九五）

牧口泰存・増田海円編『現行日蓮宗法令』（日蓮宗長運寺、一九〇五）

無署名「立正大学三十年史」（『大崎学報』第八三号、一九三三年一〇月六日）

『宗報』第五号（日蓮宗宗務院、一九一七年四月一〇日）

『宗報』第二九号（日蓮宗宗務院、一九一九年四月一〇日）

『宗報』第三一号（日蓮宗宗務院、一九一九年六月一〇日）

『宗報』第三三号（日蓮宗宗務院、一九一九年八月一〇日）

『宗報』第四一号附録（日蓮宗宗務院、一九二〇年四月一〇日）

『宗報』第六五号（日蓮宗宗務院、一九二二年四月一〇日）

『宗報』第七七号（日蓮宗宗務院、一九二三年四月一〇日）

『宗報』第七八号（日蓮宗宗務院、一九二三年五月一〇日）

『宗報』第八二号（日蓮宗宗務院、一九二三年一〇月一〇日）
『宗報』第八六号（日蓮宗宗務院、一九二四年二月一〇日）
『宗報』第八七号（日蓮宗宗務院、一九二四年三月一〇日）
『宗報』第九〇号（日蓮宗宗務院、一九二四年六月一〇日）
『宗報』第一四号（日蓮宗宗務院、一九四二年三月）
『宗報』第一六号（日蓮宗宗務院、一九四二年六月）
『日蓮宗教報』第三五号（日蓮宗、一九三八年五月一〇日）
『日蓮宗教報』第三六号（日蓮宗、一九三八年六月一〇日）
『日蓮宗教報』第四六号（日蓮宗、一九三九年四月一五日）
『日蓮宗教報』第二九号（日蓮宗教報社、一八八六年五月八日）
『日宗新報』第四七三号（日宗新報社、一八九二年一二月一五日）
『日宗新報』第六〇一号（日宗新報社、一八九六年六月二八日）
『日宗新報』第六〇三号（日宗新報社、一九〇四年四月一日）

【第五章】

上杉千郷『学生日記—学徒出陣前の学生生活—』（私家版、二〇〇六）
上杉千郷『神主学徒出陣残懐録』（神社新報社、二〇一〇）
遠藤潤「神道研究室の歴史的変遷」（島薗進・磯前順一編『東京帝国大学神道研究室旧蔵書　目録および解説』〈東京堂出版、一九九六〉）
大原康男監修『國學の子我等征かむ—國學院大學戦歿院友学徒遺稿追悼集—』（展転社、二〇〇四）
岡田瑛「『神宮皇學館大學』〝戦中から廃校へ〟—予科生の一証言—」（『館友』第二〇五〜二〇七号、一九五三）
岡田重精「畏友岡本健治君」（『神社新報』第二四九五号、一九九九）
岡田重精「専門部」（『館友』第一〇〇号、一九七一）
岡田重精「わが青春の記」（『全学一体』第九号、一九七六）
岡田重精先生を偲ぶ会編『岡田重精先生短文集』（二〇一三）
学校法人皇學館館史編纂室編『神宮皇學館大學—昭和十五年〜昭和二十一年—』（学校法人皇學館、二〇一〇）
学校法人皇學館館史編纂委員会編『皇學館大學百三十年史　総説篇』（学校法人皇學館、二〇一二）
鎌田純一「神道と教育—皇学館・国学院の歩み—」（財団法人神道文化会編『明治維新　神道百年史（第二巻）』〈神道文化会、一九六六〉）
工藤伊豆『神々と生きる道』（東京新聞出版局、二〇〇〇）
皇典講究所編『皇典講究所五十年史』（皇典講究所、一九

三二）
國學院大學研究開発推進機構校史・学術資産研究センター編『國學院大學百三十周年記念誌』（学校法人國學院大學、二〇一二）
國學院大學八十五年史編纂委員会編『國學院大學八十五年史』（國學院大學、一九七〇）
古山悟由「宮良當壯の國學院（二）―國學院大學入学と「大学令」大学昇格―」（『校史』第二六号、二〇一六）
齊藤智朗「青戸波江と皇典講究所・國學院大學」（『神道宗教』第二三四号、二〇一四）
齊藤智朗「國學院設立期の国学界―皇典講究所講師時代における三上参次の事績・活動を中心に―」（『國學院大學伝統文化リサーチセンター研究紀要』第一号、二〇〇九）
齊藤智朗「松野勇雄と皇典講究所・國學院大學」（『大学史資料センター報告　大学史活動』第三二号、二〇一〇）
酒井逸雄「岡田米夫先生のことども」（『大いなるものに導かれて』〈酒井逸雄、一九九八〉）
佐上信一「神社局は六ヶ敷い所」（神祇院教務局調査課編『神社局時代を語る』〈神祇院教務局調査課、一九四二〉）
志賀桜子「二十世紀初頭における府県社以下神職（一）―任用をめぐる議論と神社経営の実況から―」（『東京大学日本史学研究室紀要』第一四号、二〇一〇）
志賀桜子「二十世紀初頭における府県社以下神職（二）」（『東京大学日本史学研究室紀要』第一五号、二〇一一）
澁川謙一「終生の師「葦津さん」―澁川謙一氏に聴く―」（『神社新報』第二九八八号、二〇〇九年八月一七日）
高崎正秀・仲宗根政善監修『宮良當壯全集』（第一書房、一九八四）
高野裕基「戦時下の皇典講究所　國學院大學」（『校史』第二六号、二〇一六）
武田幸也「皇典講究所・國學院の神職養成における『古事記』」（『國學院大學校史・学術資産研究』第七号、二〇一五）
戸浪裕之『明治初期の教化と神道』（弘文堂、二〇一三）
内閣記録局編『社寺取調類纂（第二六巻　社寺門）』（一八九一）
中川友次郎『神社法令講義』（神社協会本部、一九〇四）
西川順土「原田敏明」（『悠久』第三〇号、一九八七）
藤田大誠「近代国学における「神道」と「道徳」に関する覚書―皇典講究所・國學院の展開を中心に―」（『國學院大學校史・学術資産研究』第二号、二〇一〇）

藤田大誠「近代日本の高等教育機関における「国学」と「神道」」（『國學院大學人間開発学研究』第三号、二〇一一）
藤田大誠「皇典講究所・國學院大學における日本法制史の特質」（『國學院大學伝統文化リサーチセンター研究紀要』第四号、二〇一二）
藤田大誠「皇典講究所・國學院の伝統文化研究・教育に関する覚書」（『國學院大學研究開発推進センター研究紀要』第二号、二〇〇八）
藤田大誠「国学的教育機関に関する基礎的考察―「近代国学と教育」の視座から―」（『國學院大學人間開発学研究』第七号、二〇一六）
藤田大誠「財団法人大阪國學院の創立過程」（『浪速文叢』第二二号、二〇一二）
藤田大誠「明治後期の皇典講究所・國學院の研究教育と出版活動」（『國學院大學校史・学術資産研究』第一号、二〇〇九）
藤本頼生「照本亶と『皇国』―大正期・昭和初期の神社人の言説―」（『昭和前期の神道と社会』〈弘文堂、二〇一六〉）
藤本頼生「神職養成と宗教教育―戦後六十五年の歩みからみる課題と現状―」（『宗教研究』第三六九号、二〇一一）
藤本頼生「宗教教育と神社神道との関わりについての一考察―現状と課題―」（『神社本庁総合研究所紀要』第一五号、二〇一〇）
松本久史「明治前半期における古語拾遺と国学者」（『神道宗教』二四〇号、二〇一五）
茂木貞純「概括〈神職〉」（神社本庁総合研究所監修『戦後の神社・神道―歴史と課題―』〈神社新報社、二〇一〇〉）
宮部香織「井上頼囶述「神祇令講義」と田邊勝哉講述『神祇令義解講義』について」（『國學院大學紀要』第四九巻、二〇一一）
牟禮仁「印刷に際しての覚え」（八原昌元所蔵原田敏明講義ノート刊行会編『八原昌元所蔵　原田敏明講義ノート―神道学・神道史―』〈二〇〇八〉）
文部省編『学制百年史（資料編）』（帝国地方行政学会、一九八一）
八原昌元所蔵原田敏明講義ノート刊行会編『八原昌元所蔵原田敏明講義ノート―神道学・神道史―』（二〇〇八）
渡邊剛「近代の教育政策と皇学館」（『皇學館論叢』第三二巻第六号、一九九九）
無署名「神宮皇學館大學　けふ輝く誕生　熱烈な昇格運動を顧る」（『大阪朝日新聞』一九四〇年四月一日）
「階位検定・授与白書」『神社本庁研修所報』第一九号（神

社本庁研修所、二〇〇七）

「旧制大学一覧」（皇學館館史編纂室編『神宮皇學館大學―昭和十五年～昭和二十一年―』（皇學館館史編纂室、二〇一〇））

「教部省にて神官奉務規則を定めたる件」明治六年六月七日太政官布告第一九一号

「皇典講究所学階試験ニ拘ハラス神官タルヲ得ル者」（内務省訓令第五號　明治二五年三月一七日、北海道及び沖縄ヲ除ク府県宛）

「空襲・特設防護団の活躍」（國學院大學八十五年史編纂委員会編『國學院大學八十五年史』（國學院大學、一九七〇））

「国家神道、神社神道ニ対スル政府ノ保証、支援、保全、監督並ニ弘布ノ廃止ニ関スル件」（昭和二〇年一二月一五日連合国軍最高司令官総司令部参謀副官発第三号〈民間情報教育部〉終戦連絡中央事務局経由日本政府ニ対スル覚書：SCAPIN―448）

『社寺取調類纂』（第二六巻　社寺門）』（昭和五四年に原書房より発刊の復刻版）

「新予科の発足」（國學院大學校史資料課編『國學院大學百年史』（國學院大學、一九九四））

「神官奉務規則」（明治六年七月七日教部省達第二四号、府県宛）（文部省文化局宗務課編『明治以後宗教関係法令類纂』（第一法規、一九六八））

神祇事務局達第一六五「諸国神社の別当、社僧復飾の令」（一八六八年三月一七日）

「戦前の神職職制・任用制度について」（『神社本庁研修所所報（月刊若木付録）』第四号、一九九二）

「大正十三年三月高等師範科卒業生勤務先調査」（『國學院雑誌』第三〇巻第四号、一九二四年五月）

「大正初期の学生」（國學院大學校史資料課編『國學院大學百年史』（國學院大學、一九九四））

太政官達「神祇の菩薩号廃止に関する件」（一八六八年四月二四日）

太政官布告一九六号「神仏の区別に関する件」（一八六八年三月二八日）

太政官布告第二三四（番号は正式には太政官布告無番であり、法令全書の番号による）「神社は国家の宗祀につき、神宮の下神社の世襲神職を廃し精選補任の件」（明治四年五月一四日）

太政官布告第二八〇号「別当、社僧還俗の上は神主・社人と称せしむる件」（一八六八年閏四月四日）

「同窓会活動」（國學院大學校史資料課編『國學院大學百年史』（國學院大學、一九九四））

「入学式」（『國學院雑誌』第二七巻第四号、一九二一年四月）

「本大學學生入學式」（『國學院雜誌』第二五巻第九号、一九一九年九月）
「明治八年五月一五日教部省第一八号達」（内務省社寺局編『現行　社寺法規』〈一八九三〉）

【第六章】

上野直蔵編『同志社百年史（通史編一）』（同志社、一九七九）
鵜川馨「カンタベリイ大主教デヴィドソン文書―聖公会神学院の端緒―」（『立教女学院短期大学紀要』第二九号、一九九七）
大江真道「合同所属申込書と教会名一覧―新発見の史料にもとづいたリストと教会名申請教区一覧―」（『歴史研究』第五号、一九九四）
大江満「日本聖公会の教会合同問題」（老川慶喜・前田一男編『ミッション・スクールと戦争―立教学院のディレンマ―』〈東信堂、二〇〇八〉）
オードリー・サンスベリー・トークス著／松平信久・北條鎮雄訳『二つの日本―真珠湾までの一〇年間―』（聖公会出版、二〇一三）
豊田雅幸「教育における戦時非常措置と立教学院」（老川慶喜・前田一男編『ミッション・スクールと戦争―立教学院のディレンマ―』〈東信堂、二〇〇八〉）
永井均・豊田雅幸「立教学院関係者の出征と戦没―戦時下の学内変動に関する一考察―」（老川慶喜・前田一男編『ミッション・スクールと戦争―立教学院のディレンマ―』〈東信堂、二〇〇八〉）
奈須恵子・山田昭次・永井均・豊田雅幸・茶谷誠一編『遠山郁三日誌一九四〇～一九四三年―戦時下ミッション・スクールの肖像―』（山川出版社、二〇一三）
松平惟太郎「聖公会神学院史」（『神学の声』第三巻第一号、一九五六）
宮本馨太郎『宮本日記』
立教大学編『立教大学一覧』（立教大学、一九三三）
立教大学編『立教大学一覧』（立教大学、一九三四）
立教大学編『立教大学一覧』（立教大学、一九三八）
立教大学編『立教大学一覧』（立教大学、一九三九）
立教大学編『立教大学一覧』（立教大学、一九四〇）
立教学院百二十五年史編纂委員会編『立教学院百二十五年史（資料編　第三巻）』（立教学院、一九九九）
"*Christian Education for Young Men in Japan*", by J. S. Motoda to the Department of Missions of the Protestant Episcopal Church, received by A. B. Parson, 14 May 1921, JR, 33-1-299, AEC.
CENTRAL THEOLOGICAL COLLEGE (Seikokwai Shingakuin) Ikebukuro, Tokyo, Japan, "*Report for the Ac-*

ademic Year April 1936-March 1937", JR, 32-5-295, AEC.

Appeal from the Nippon Sei Kokwai for a Higher Theological College, in Lambeth Palace Library, Davidson Papers, vol. 145.

Awdry to Lord Archbishop, Lambeth Palace Library, Davidson Papers, vol. 145.

Charles Shriver Reifsnider to John Wilson Wood, 26 July 1922, JR, 29-5-270, AEC.

Draft Scheme for Central School of Divinity of the Sei Kokwai, in Lambeth Palace Library, Davidson Papers, vol. 145.

Extract from the Standing Committee of the Diocese of South Tokyo, in Lambeth Palace Library, Davidson Papers, vol. 145.

John Wilson Wood to John McKim, 13 October 1921, Japan Records（hereafter cited as JR）, 27-4-253, Archives of the Episcopal Church in the USA（hereafter as AEC). 日本聖公会管区事務所所蔵。

Letters that passed on the subject between Bishop McKim and Awdry in Japan, April, 1908, in Lambeth Palace Library, Davidson Papers, vol. 145.

Lawrence Rose to John W. Wood, 23 November 1936. JR, 30-5-278, AEC.

Primate's Memorandum, Lambeth Palace, 10 August 1908, in Pan-Anglican Congress, 1908, vol.I, General Report.

無署名「学則変更認可願　財団法人聖公会神学院理事松井米太郎、文部大臣荒木貞夫殿、昭和十四年五月三十一日」

無署名「学則変更認可願　昭和十五年四月一日、財団法人聖公会神学院　理事　松井米太郎　文部大臣松浦鎮次郎殿」

無署名『財団法人聖公会教育財団寄附行為並理事変更沿革誌』

無署名『財団法人立教学院第五四回理事会記録　昭和十七年九月二一九日』

無署名「私立専門学校学則中変更ノ件　案　聖公会神学院設立者　聖公会教育財団　昭和三年二月九日起案」

無署名「昭和十五年八月三十一日起案　学則中変更ノ件指令案　聖公会神学院設立者　財団法人聖公会神学院　昭和十五年四月一日付申請学則中変更ノ件認可ス　年　月　日　文部大臣」

登記簿写本『財団法人立教学院』

記事名なし『立教大学新聞』一九四二年三月一日

『部長会記録』（立教大学）

【第七章】

老川慶喜「医学部設置構想と挫折」（老川慶喜・前田一男編『ミッション・スクールと戦争―立教学院のディレンマ―』〈東信堂、二〇〇八〉）

大島宏「「基督教主義ニヨル教育」から「皇国ノ道ニヨル教育」へ―寄附行為にみる学院の目的の変更―」（老川慶喜・前田一男編『ミッション・スクールと戦争―立教学院のディレンマ―』〈東信堂、二〇〇八〉）

関西学院百年史編纂事業委員会編『関西学院百年史（通史編Ⅰ）』（学校法人関西学院、一九九七）

駒込武・川村肇・奈須恵子編『戦時下学問の統制と動員―日本諸学振興委員会の研究―』（東京大学出版会、二〇一一）

上智大学史資料集編纂委員会編『上智大学史資料集（第三集　一九二八～一九四八）』（学校法人上智学院、一九八五）

寺﨑昌男・「文検」研究会編『「文検」の研究―文部省教員検定試験と戦前教育学―』（学文社、一九九七）

寺﨑昌男・「文検」研究会編『「文検」試験問題の研究―戦前中等教員に期待された専門・教職教養と学習―』（学文社、二〇〇三）

同志社社史史料編集所編『同志社百年史（資料編二）』（学校法人同志社、一九七九）

同志社社史史料編集所編『同志社百年史（通史編二）』（学校法人同志社、一九七九）

奈須恵子「戦時動員と立教大学における教育の変容」（老川慶喜・前田一男編『ミッション・スクールと戦争―立教学院のディレンマ―』〈東信堂、二〇〇八〉）

船寄俊雄・無試験検定研究会編『近代日本中等教員養成に果たした私学の役割に関する歴史的研究』（学文社、二〇〇五）

立教学院百二十五年史編纂委員会編『立教学院百二十五年史（資料編　第一巻）』（立教学院、一九九六）

立教学院百二十五年史編纂委員会編『立教学院百二十五年史（資料編　第三巻）』（立教学院、一九九九）

立教大学史学会編『立教大学史学会小史』（立教大学、一九六七）

立教大学立教学院史資料センター編『立教大学の歴史』（立教大学、二〇〇七）

無署名『高等学校教員規程ニ依ル無試験検定ヲ受クルコトヲ得ル者ノ指定　第一冊　大正十三年～昭和三年』（国立公文書館所蔵）

無署名　一九二四年二月一〇日申請、同年四月一日結了「立教大学学則中変更認可」（国立公文書館所蔵『立教大学　第一三冊　自大一三年四月至昭二二年五月』）

一九二五年四月一日申請、四月一〇日結了「同志社大学学則中変更認可」（国立公文書館所蔵『同志社大学　第八冊　自大一三年一月至昭和二二年四月』）
無署名　一九二六年一月二五日申請、同年四月五日結了「同志社大学学則中変更認可」（国立公文書館所蔵『同志社大学　第八冊　自大一三年一月至昭二二年四月』）
無署名　一九二六年一二月九日申請、一九二七年二月九日結了「同志社大学学部学則並定員変更認可」（国立公文書館所蔵『同志社大学　第八冊　自大一三年一月至昭二二年四月』）
無署名『上智大学（東京）第十八の一冊　昭三年五月』（国立公文書館所蔵）
無署名「上智大学学則」（上智大学史資料室所蔵）
無署名『高等学校教員規程ニ依ル無試験検定ヲ受クルコトヲ得ル者ノ指定　第二冊　昭和五年～昭和十二年』二三号、二一九号（国立公文書館所蔵）
無署名　一九三〇年三月二二日申請、同年四月三〇日結了「立教大学学則中変更認可」（国立公文書館所蔵『立教大学　第一三冊　自大一三年四月至昭二二年五月』）
無署名　一九三〇年三月二九日申請、同年四月二四日結了「上智大学学則変更認可」（国立公文書館所蔵『上智大学　第二四冊　自昭四年一一月至昭二二年五月』）
無署名　一九三〇年一〇月二五日申請、同年一二月二二日結了「上智大学学則変更認可」（国立公文書館所蔵『上智大学　第二四冊　自昭四年一一月至昭二二年五月』）
無署名　一九三〇年三月二二日申請、四月三〇日結了「立教大学学則中変更認可」（国立公文書館所蔵『立教大学　第一三冊　自大一三年四月至昭和二二年五月』）
無署名　一九三〇年一二月九日申請、同年一二月二七日結了「立教大学学則中変更認可」（国立公文書館所蔵『立教大学　第一三冊　自大一三年四月至昭二二年五月』）
無署名　一九三一年一月七日申請、同年三月一七日結了「同志社大学学則中変更認可」（国立公文書館所蔵『同志社大学　第八冊　自大一三年一月至昭二二年四月』）
無署名『関西学院大学（兵庫）第一の二冊　昭七年三月』（国立公文書館所蔵）
無署名　一九三二年一二月一五日申請、一九三三年四月一二日結了「同志社大学学則中変更認可」（国立公文書館所蔵『同志社大学　第八冊　自大一三年一月至昭和二二年四月』）
無署名　一九三三年一二月二〇日申請、一九三四年一月一五日結了「関西学院大学学則中変更認可」（国立公文書館所蔵『関西学院大学　第二五冊　自昭七年三月至昭二二年七月』）
無署名『高等学校教員規程ニ依ル無試験検定ヲ受クルコト

ヲ得ル者ノ指定　第三冊　自昭和十二、十三、十四、二十四年』（国立公文書館所蔵）

無署名　一九三七年一二月一三日申請、一九三八年二月一〇日結了「立教大学学則中変更認可」（国立公文書館所蔵『立教大学　第一三冊　自大一三年四月至昭和二二年五月』）

無署名　一九三七年一二月一三日申請、一九三八年二月一〇日結了「立教大学学則変更認可」（国立公文書館所蔵『立教大学　第一三冊　自大一三年四月至昭二二年五月』）

無署名　一九三九年二月一四日申請、三月一六日結了「立教大学学則中変更認可」（前掲『立教大学　第一三冊自大一三年四月至昭二二年五月』）

無署名「理事会記録No.一　一九四〇～五一」（関西学院学院史編纂室所蔵）

無署名　一九四〇年一月九日申請、同年三月二〇日結了「同志社大学学則中変更認可」（国立公文書館所蔵『同志社大学　第八冊　自大一三年一月至昭二二年四月』）

無署名　一九四〇年一一月二八日申請、一九四一年二月一〇日結了「同志社大学学則変更認可」（国立公文書館所蔵『同志社大学　第八冊　自大一三年一月至昭二二年四月』）

無署名「同志社大学学則」（国立公文書館所蔵『同志社大学　第八冊　自大一三年一月至昭二二年四月』）

無署名　一九四一年一月三〇日申請、同年二月二八日結了「関西学院大学学則中変更認可」（国立公文書館所蔵『関西学院大学　第二五冊　自昭七年三月至昭二二年七月』）

無署名　一九四一年一二月一八日申請、一九四二年三月一三日結了「上智大学学則変更認可」（国立公文書館所蔵『上智大学　第二四冊　自昭四年一一月至昭二二年五月』）

無署名　一九四二年三月一〇日申請、四月一一日結了「立教大学学則中変更認可」（前掲『立教大学　第一三冊自大一三年四月至昭二二年五月』）

無署名　一九四二年三月一三日申請、同年五月三〇日結了「関西学院大学学則変更認可」（国立公文書館所蔵『関西学院大学　第二五冊　自昭七年三月至昭二二年七月』）

無署名　一九四二年六月一七日申請、同年七月二四日結了「同志社大学学則中変更認可」（国立公文書館所蔵『同志社大学　第八冊　自大一三年一月至昭二二年四月』）

無署名　一九四二年七月一六日申請、同年八月二四日結了「関西学院大学学則変更認可」（国立公文書館所蔵『関西学院大学　第二五冊　自昭七年三月至昭二二年七月』）

無署名　一九四三年七月「学則中一部改正ニ付認可申請ノ件」（同志社社史資料センター所蔵「文部省関係往復文書綴　昭和十八年度」）
無署名　一九四四年四月一日改正「同志社大学学則」（同志社社史資料センター所蔵「同志社大学学則　昭和十九」）
無署名『昭和十九年度　上智大学学則』（上智大学史資料室所蔵「上智大学学則」）
無署名「大学学則並ニ学則中一部変更ノ件（戦時非常措置方策）昭和一九年九月」（同志社社史資料センター所蔵）
無署名　一九四六年二月一日申請、同年二月一九日結了「立教大学学則中変更認可」（国立公文書館所蔵『立教大学　第一三冊　自大一三年四月至昭二二年五月』）
無署名　一九四六年三月三〇日結了「学則中変更認可」（国立公文書館所蔵『同志社大学　第八の二冊　自昭二一年三月至昭二二年一〇月』）
無署名「教員検定ニ関スル指定（旧制大学）」（上智大学史資料室所蔵）
無署名「文部省教員無試験検定申請書関係綴」（関西学院学院史編纂室所蔵）

【第八章】
浅田毅衛「興亜科（現産業経営学科の前身）の創設と悲運な商学部」（『大学史紀要』第二号、明治大学、一九九八）
井上哲次郎『井上博士論集（第一編）』（敬業社、一八九四）
江島尚俊「近代高等教育行政における宗教」（『近代仏教』第二三号、二〇一六）
大槻文彦『大言海』（冨山房、一九三五）
笠森伝繁「私の履歴書」（『駒沢大学商経学会研究論集』第四号、一九六三）
慶應義塾大学亜細亜研究所編『慶應義塾大学亜細亜研究所概要』（慶應義塾大学亜細亜研究所、一九四三）
啓明会編『財団法人啓明会事業報告　第二五回（昭和一八年度）』（啓明会、一九四四）
国士舘百年史編纂委員会編『国士舘百年史（資料編上・下）』（国士舘大学、二〇一五）
駒込武・川村肇・奈須恵子編『戦時下学問の統制と動員』（東京大学出版会、二〇一一）
大正大学五十年編纂史委員会編『大正大学五十年略史』（大正大学、一九七六）
大正大学編『大正大学一覧』（大正大学、一九四四）
大正大学編『大正大学学報（第三一輯）』（大正大学、一九

四一）
大正大学編『大正大学学報（第三五輯）』（大正大学、一九四二）
拓殖大学創立八十周年記念事業事務局編『拓殖大学八十年史』（拓殖大学創立八十周年記念事業事務局、一九八〇）
玉川学園五十年史編纂委員会編『玉川学園五十年史』（玉川学園、一九八〇）
常松洋「史学科の半世紀」（『史窓』第五八号、二〇〇一）
東京商科大学東亜経済研究所編『東京商科大学東亜経済研究所概要』（東京商科大学東亜経済研究所、一九四二）
東洋大学創立百年史編纂委員会、東洋大学井上円了記念学術センター編『東洋大学百年史（通史編一）』（東洋大学、一九九三）
日本大学百年史編纂委員会編『日本大学百年史（第二巻）』（日本大学、二〇〇〇）
福田須美子「平山成信と啓明会」（『相模女子大学紀要』第七七号、二〇一三）
藤田佳久『日中に懸ける　東亜同文書院の群像』（中日新聞社、二〇一二）
法政大学編『法政大学百年史』（法政大学、一九八〇）
報知新聞社編輯局編『大学教授評判記』（河出書房、一九三五）
真山剛「寺院紀行　明福寺」（宮林昭彦編『浄土』第六七号、二〇〇一）
三浦周「『漢訳対照梵和大辞典』に関する一考察」（『三康文化研究所』第四四号、二〇一三）
三浦周「〝近代仏教学〟は洋学か―近代梵語学研究史（序）―」（『佛教文化学会紀要』第二二号、二〇一三）
三浦周「仏教の社会的役割―僧侶のプロフェッショナリティを問う―」（『日本仏教学会年報』第八〇号、二〇一六）
明治大学編纂委員会編『明治大学百年史（第三・四巻）』（明治大学、一九九二）
文部省教学局編『学内団体一覧』（文部省、一九四〇）
山口高等商業学校東亜経済研究所編『東亜経済研究所一覧』（山口高等商業学校東亜経済研究所、一九三九）
早稲田大学大学史編纂所編『早稲田大学百年史（第三巻）』（早稲田大学、一九八七）
和田純・土田宏成「日本国内所在の主要アジア歴史資料」（『アジア歴史資料センター第一次（平成一八年度）調査報告書第一・二号、二〇〇八』）

【第九章】

赤澤史朗『靖国神社―せめぎあう〈戦没者追悼〉のゆくえ―』（岩波書店、二〇〇五）

一ノ瀬俊也『近代日本の徴兵制と社会』（吉川弘文館、二〇〇四）
一ノ瀬俊也『銃後の社会史―戦死者と遺族―』（吉川弘文館、二〇〇五）
一ノ瀬俊也『故郷はなぜ兵士を殺したか』（角川選書、二〇一〇）
今井昭彦『近代日本と戦死者祭祀』（東洋書林、二〇〇五）
岩田重則『戦死者霊魂のゆくえ―戦争と民俗―』（吉川弘文館、二〇〇三）
江島尚俊「国内諸大学における「戦時下の大学」研究の現状と課題」（『大正大学綜合佛教研究所年報』第三七号、二〇一五）
老川慶喜・前田一男編『ミッション・スクールと戦争―立教学院のディレンマ―』（東信堂、二〇〇八）
大江志乃夫『靖国神社』（岩波書店、一九八四）
大谷大学百年史編集委員会編『戦時体験集―学徒出陣・勤労動員の記録―』（大谷大学、二〇〇四）
小川原正道『日本の戦争と宗教―一八九九～一九四五―』（講談社、二〇一四）
関西学院大学学院史編纂室編『関西学院史紀要（資料集一）』（関西学院、二〇〇四）
國學院大學研究開発推進センター編『慰霊と顕彰の間―近現代日本の戦死者観をめぐって―』（錦正社、二〇〇八）
國學院大學研究開発推進センター編『霊魂・慰霊・顕彰―死者への記憶装置―』（錦正社、二〇一〇）
國學院大學研究開発推進センター編『招魂と慰霊の系譜―「靖國」の思想を問う―』（錦正社、二〇一三）
金光教教学研究所「資料紹介　戦没者慰霊に関する資料」（『金光教学』第四六号、二〇〇六）
白井厚『大学とアジア太平洋戦争』（日本経済評論社、一九九六）
白井厚『大学における戦没者追悼を考える』（慶應義塾大学出版会、二〇一二）
白川哲夫『「戦没者慰霊」と近代日本―殉難者と護国神社の成立史―』（勉誠出版、二〇一五）
新谷尚紀「民俗学からみる慰霊と追悼」（『明治聖徳記念学会紀要』第四四号、二〇〇七）
菅原伸郎編著『戦争と追悼』（八朔社、二〇〇三）
大正大学五十年史編纂委員会編『大正大学五十年略史』（大正大学五十年史編纂委員会、一九七六）
大正大学創立六〇周年記念事業事務局編『写真でみる六〇年―創立六十周年記念―』（大正大学、一九八六）
大正大学『大正大学年史資料日録（一）』（大正大学、一九八六）
大正大学会議録『主任会決議録』

大正大学会議録『総務会協議事項』
大正大学会議録『総務会記録』
大正大学総務資料『学事報告』
大正大学総務資料『国民精神総動員関係書類』
大正大学総務資料『昭和一七年度官庁往復』
田中丸勝彦『さまよえる英霊たち』（柏書房、二〇〇二）
寺山賢照「宗教系大学における慰霊と追悼―戦前戦中期大正大学を例として―」（『真言宗豊山派総合研究院紀要』第二〇号、二〇一五）
寺山賢照「大学沿革史にみる慰霊・追悼行事」（『豊山教学大会紀要』第四四号、二〇一六）
東京大学史史料室編『東京大学の学徒動員・学徒出陣』（東京大学、一九九七）
東京都編『都史　資料集成　第一〇巻　非常時へ・動員される東京』（東京都、二〇一二）
波平恵美子『日本人の死のかたち―伝統儀礼から靖国まで―』（朝日選書、二〇〇四）
西村明『戦後日本と戦争死者慰霊―シズメとフルイのダイナミズム―』（有志舎、二〇〇六）
蜷川壽惠『学徒出陣』（吉川弘文館、一九九八）
秦修一「戦争と霊―戦没者慰霊から問われる信仰の意味―」（『金光教学』四六、二〇〇六）
原田敬一「慰霊と追悼―戦争記念日から終戦記念日へ―」（『岩波講座アジア・太平洋戦争2　戦争の政治学』〈岩波書店、二〇〇五〉）
福間敏矩『学徒動員・学徒出陣―制度と背景―』（第一法規、一九八〇）
藤田尚則「靖国神社と戦没者慰霊問題」（『創価法学』第三三巻第三号、二〇〇四）
星野英紀編『大正大学―回顧と展望―』（大正大学出版会、二〇一〇）
村上興匡・西村明『慰霊の系譜』（森話社、二〇一三）
村上重良『慰霊と招魂―靖国の思想―』（岩波書店、一九七四）
矢野敬一『慰霊・追悼・顕彰の近代』（吉川弘文館、二〇〇六）
龍谷大学創立三七〇周年記念誌編纂室編『龍谷大学戦没者名簿―龍谷大学創立三七〇周年記念―』（龍谷大学、二〇一一）
『山家学報』新一～一三輯（天台学研究室）
『浄土学』第一～二〇輯（浄土学研究室）
『浄土教報』第一六九四～二三四三号（浄土教報社）
『真言宗報』第一六七～一七三輯、改題第八～四一輯（真言宗宗務所）
『大正大学学報』第一～三六輯（大正大学出版部）
『豊山派宗報』第一二九～二九六号（豊山派宗務所）

『密教論叢』第一～二三輯（真言学研究室）

【第一〇章】

相沢良一「非常時学徒徴兵下の神学生」（日本神学校同窓会レバノン会編『日本神学校史』〈レバノン会、一九九一〉）
安藤肇『深き淵より―キリスト教の戦争経験―』（長崎キリスト者平和の会、一九五九）
石原謙『日本キリスト教史論』（新教出版社、一九六七）
今村好太郎、前掲「神戸・中央神学校と私―〈ならびに神戸神学院のこと〉―」（近藤利夫訳、中央神学校史編集委員会編『中央神学校の回想』〈中央神学校同窓会、一九七一〉）
海老沢亮『日本キリスト教百年史』（日本基督教団出版局、一九五九）
老川慶喜・前田一男編『ミッション・スクールと戦争―立教学院のディレンマ―』（東信堂、二〇〇八）
岡田五作「ライブラリー建設に当つて」（『日本聖書神学校学報』第六号、一九五四年一一月）
岡田五作「宣教と神学教育に関する諸問題」（『日本聖書神学校学報』第一〇号、一九六二年一〇月二〇日）
岡田稔「神戸・中央神学校の記録と思い出」（近藤利夫訳、中央神学校史編集委員会編『中央神学校の回想』〈中央神学校同窓会、一九七一〉）
岡田稔「神戸改革派神学校開設に至るまでの事情」（岡田稔『神戸改革派神学校史資料』〈神戸改革派神学校、一九八〇〉）
小野静雄『増補　日本プロテスタント教会史（下）―昭和篇―』（聖恵授産所出版部、一九八九）
笠原芳光「日本基督教団成立の問題―宗教統制に対する順応と抵抗―」（同志社大学人文科学研究所編『戦時下抵抗の研究（Ⅰ）』〈みすず書房、一九六八〉）
金田隆一『昭和日本基督教会史―天皇制と十五年戦争のもとで―』（新教出版社、一九九六）
上中栄「戦時下の合同問題―ホーリネスの視点から―」（『ウェスレー・メソジスト研究』第一四号、二〇一四）
亀徳正臣「神学校の合同」（『基督教世界』第二五八一号〈合同第五号〉、一九四二年二月一九日）
川口葉子「アジア・太平洋戦争下の「日本基督教」―伝道活動を中心に―」（『東北宗教学』第四号、二〇〇八）
川原正道『日本の戦争と宗教―一八九九～一九四五―』（講談社、二〇一四）
関西学院百年史編纂事業委員会編『関西学院百年史（通史編Ⅰ）』（関西学院、一九九七）
熊野義孝「日本とキリスト教」（『福音と世界』一九六二年

二月号、一九六二)
桑田秀延「「神学校日」メッセエジ」(『神学校通信』第五号、一九四七年一〇月一五日)
桑田秀延「神学校日に際して」(『神学校通信』第七号、一九四八年一〇月)
桑田秀延「十周年に際して」(『東京神学大学報』第一五号、一九五三年一〇月)
桑田秀延「教団十周年に際し教職養成の重要性につき全教会に訴える」(『神学校通信』第一二号、一九五一年七月)
郷司慥爾「日本神学校小史(年譜の形式にて)」(『神学と教会』第五巻Ⅱ、一九三九)
桜井重秀「東北学院と日本神学校との合同」(日本神学校同窓会レバノン会編『日本神学校史』〈レバノン会、一九九一〉)
左近義慈『神学校と共に三八年—一九三七年～一九七五年—』(一九七九)
佐藤敏夫「旧日本基督教会の神学校の伝統—東京神学大学—」(日本神学校同窓会レバノン会編『日本神学校史』〈レバノン会、一九九一〉)
島薗進「抵抗の宗教/協力の宗教—戦時期創価教育学会の変容—」(成田龍一ほか編『岩波講座　アジア・太平洋戦争(第六巻)—日常生活の中の総力戦—』〈岩波書店、二〇〇六〉)
白井厚「大学—風にそよぐ葦の歴史—」(白井厚編『大学とアジア太平洋戦争—戦争史研究と体験の歴史化—』〈日本経済評論社、一九九六〉)
白戸八郎「神学生養成の急務(一)」(『日本基督教新報』第二四三七号、一九四三年二月一一日)
白戸八郎「神学生養成の急務(二)」(『日本基督教新報』第二四三八号、一九四三年二月一八日)
高木一雄『大正・昭和カトリック教会史(三)』(聖母の騎士社、一九八五)
ゴルドン・K・チャップマン「回想の中央神学校」(近藤利夫訳、中央神学校史編集委員会編『中央神学校の回想』〈中央神学校同窓会、一九七一〉)
塚田理『天皇制下のキリスト教—日本聖公会の戦いと苦難—』(新教出版社、一九八一)
都留忠明「戦時下の神学校生活—作業場の片隅での授業—」(日本神学校同窓会レバノン会編『日本神学校史』〈レバノン会、一九九一〉)
同志社社史史料編集所編『同志社百年史(資料編二)』(同志社、一九七九)
東北学院創立七十年史編纂委員会編『東北学院創立七十年史』(東北学院同窓会、一九五九)
東北学院創立七十年史編纂委員会編『東北学院創立七十年

写真誌』（東北学院同窓会、一九五五）
東北学院創立一〇〇周年記念百年史編集委員会編『東北学院の一〇〇年』（東北学院、一九八六）
土肥昭夫『日本プロテスタント教会の成立と展開』（日本基督教団出版局、一九七五）
土肥昭夫『日本プロテスタント・キリスト教史　第五版』（新教出版社、二〇〇四）
土肥昭夫「天皇制下の日本基督教団」（富坂キリスト教センター編『十五年戦争期の天皇制とキリスト教』（新教出版社、二〇〇七））
土肥昭夫『キリスト教会と天皇制―歴史家の視点から考える―』（新教出版社、二〇一二）
富田満「日本基督教の樹立と教団の戦時体制」（『日本基督教新報』第二四二六号、一九四二年一一月一二日）
富田満「文部省主宰宗教教化方策委員会答申に基ける日本基督教団戦時教化活動要旨」（『日本基督教団教団新報』第二四九二号、一九四四年六月一日）
富田満「神学校経営の実状に就て」（『神学校通信』第八号、一九四九年四月）
富田満「教団立神学校の問題」（『神学校通信』第九号、一九四九年一二月）
富田満「十年の回顧と将来の問題」（『東京神学大学報』第一五号、一九五三年一〇月）
友井楨「教団神学校論」（『新興基督教』第一三九号、一九四二年四月一日）
永岡崇『新宗教と総力戦―教祖以後を生きる―』（名古屋大学出版会、二〇一五）
中村敏『日本プロテスタント神学校史―同志社から現在まで―』（いのちのことば社、二〇一三）
中村敏『日本キリスト教宣教史―ザビエル以前から今日まで―』（いのちのことば社、二〇〇九）
新野和暢『皇道仏教と大陸布教―十五年戦争期の宗教と国家―』（社会評論社、二〇一四）
日本基督教団史編纂委員会編『日本基督教団史』（日本基督教団出版部、一九六七）
日本基督教団出版局編『教団を語る』（日本基督教団出版局、一九七一）
日本基督教団宣教研究所教団史料編纂室編『日本基督教団史資料集（第二巻）―戦時下の日本基督教団（一九四一～一九四五年）―』（日本基督教団宣教研究所、一九九八）
日本神学校編『日本神学校第十年度年報』（日本神学校、一九四〇）
野田辰夫「神戸・中央神学校の記録と思い出」（近藤利夫訳、中央神学校史編集委員会編『中央神学校の回想』（中央神学校同窓会、一九七一））

長谷部弘「《日本的基督教》における国家の論理」（『改革派神学』第二一号、一九九〇）
原誠『国家を超えられなかった教会―一五年戦争下の日本プロテスタント教会―』（日本キリスト教団出版局、二〇〇五）
比屋根安定「日本基督教確立の一方面」（『基督教世界』第二六〇三号、一九四二年七月二三日）
比屋根安定「信条及び神学校の諸問題」（『日本基督教新報』第二四二六号、一九四二年一一月一二日）
比屋根安定「教団神学校の性格」（『新興基督教』第一四五号、一九四二年一二月一日）
藤田昌直編『日本聖書神学校二〇年史』（日本聖書神学校出版部、一九六六）
前島生「聖公会神学院の使命」（『基督教週報』第八二巻第一四号、一九四二年四月一七日）
前田一男「教師の再教育と錬成」（寺﨑昌男・戦時下教育研究会編『総力戦体制と教育―皇国民「錬成」の理念と実践―』〈東京大学出版会、一九八七〉）
松岡孫四郎「神学校に寄せて」（『INTER NOS』第二六〇一号、一九四一年一二月二〇日）
松村克己「日本基督教団成立の意義とその課題」（『思想』第二三五号、一九四一年一二月一日）
眞鍋頼一「第一回総会を終りて」（『日本基督教新報』第二四二九号、一九四二年一二月三日）
溝口靖夫「基督教主義学校に於ける興亜教育」（『新興基督教』第一三九号、一九四二年四月一日）
都田恒太郎「日本基督教会の直面せる諸問題」（『新興基督教』第一四四号、一九四二年九月一日）
都田恒太郎『日本キリスト教合同史稿』（教文館、一九六七）
宮田光雄『権威と服従―近代日本におけるローマ書十三章―』（新教出版社、二〇〇三）
宮本武之助「日本神学校が志向したもの」（日本神学校同窓会レバノン会編『日本神学校史』レバノン会、一九九一）
森岡巌・笠原芳光『キリスト教の戦争責任―日本の戦前・戦中・戦後―』（教文館、一九七四）
森武麿「総力戦・ファシズム・戦後改革」（成田龍一ほか編『岩波講座　アジア・太平洋戦争（一）―なぜ、いまアジア・太平洋戦争か―』〈岩波書店、二〇〇五〉）
山口千代子「九人はどこに」（近藤利夫訳、中央神学校史編集委員会編『中央神学校の回想』〈中央神学校同窓会、一九七一〉）
山之内靖「方法的序論―総力戦とシステム統合―」（山之内靖／ヴィクター・コシュマン／成田龍一編『総力戦と現代化』〈柏書房、一九九五〉）

柳父圀近『日本的プロテスタンティズムの政治思想』（新教出版社、二〇一六）

渡瀬常吉「東亜神学校の主張」（『新興基督教』第一三九号、一九四二年四月一日）

無署名「青山学院の神学部訣別記念式」（『日本基督教新報』第二四三七号、一九四三年二月一一日）

無署名「移牒」（『教団時報』第二二九号、一九四三年五月一五日）

無署名「学友会の一員として」（『神学校通信』第二号、一九四六年三月二〇日）

無署名「過去十年間年表」（『東京神学大学報』第一五号、一九五三年一〇月）

無署名「教学研究所の開所式」（『日本基督教団教団新報』第二五〇四号、一九四四年一〇月一日）

無署名「教学研究所の設置」（『日本基督教団教団新報』第二五〇〇号、一九四四年八月二〇日）

無署名「教団規則の変更」（『日本基督教団教団新報』第二五〇一号、一九四四年九月一日）

無署名「教師養成機関研究委員会報告」（日本基督教団宣教研究所教団史料編纂室編『日本基督教団史資料集（第二巻）―戦時下の日本基督教団（一九四一～一九四五年）―』〈日本基督教団宣教研究所、一九九八〉）

無署名「教団神学校関連の決議」（日本基督教団宣教研究所教団史料編纂室編『日本基督教団史資料集（第二巻）―戦時下の日本基督教団（一九四一～一九四五年）―』〈日本基督教団宣教研究所、一九九八〉）

無署名「教団神学校の改組」（『日本基督教新報』第二四八八号、一九四四年三月三〇日）

無署名「教団の一体化」（『教団時報』第二二五号、一九四二年三月一五日）

無署名「教務会」（『教団時報』第二二四号、一九四二年二月一五日）

無署名「教団立三神学校教授並講師氏名及担任学科」（『教団時報』第二三〇号、一九四三年六月一五日）

無署名「教務報告」（『神学校通信』第一号、一九四五年一二月一日）

無署名「神学教育後援会の発会」（『日本基督教新報』第二四三九号、一九四三年二月二五日）

無署名「神学校近信」（『日本基督教団教団新報』第二五一一号、一九四四年一二月一〇日）

無署名「神学校の方向」（『神学校通信』第七号、一九四八年一〇月）

無署名「新入学生についての諸調査」（『神学校通信』第六号、一九四八年六月一五日）

無署名「第三回常議員会記録」（『教団時報』第二三六号、一九四三年一二月一五日）

無署名「第二回常議員会」（『教団時報』第二一一号、一九四一年一一月一五日）

無署名「第二回日本基督教団総会」（『教団時報』第二三六号、一九四三年一二月一五日）

無署名「第四回常議員会記録」（『教団時報』第二三六号、一九四三年一二月一五日）

無署名「中央神学校　年表」（近藤利夫訳、中央神学校史編集委員会編『中央神学校の回想』〈中央神学校同窓会、一九七一〉）

無署名「直面せる教団の諸問題」（『教団時報』第二一九号、一九四二年七月一五日）

無署名「富田満氏　統理就任の辞」（『福音新報』第二三九一号、一九四二年二月一九日）

無署名「同志社大学神学科後援会の設立」（『日本基督教新報』第二四三七号、一九四三年二月一一日）

無署名「日本基督教団三神学校開校式盛大に挙行」（『日本基督教新報』第二四五二号、一九四三年六月三日）

無署名「日本基督教神学専門学校学則」（日本基督教団宣教研究所教団史料編纂室編『日本基督教団史資料集（第二巻）―戦時下の日本基督教団（一九四一～一九四五年）―』〈日本基督教団宣教研究所、一九九八〉）

無署名「日本基督教団教師養成機関」（『日本基督教新報』第二四七二号、一九四三年一一月一一日）

無署名「日本基督教団　三神学校の新編成　教授講師の新陣容」（『日本基督教新報』第二四四九号、一九四三年五月一三日）

無署名「日本基督教団　宗教教師養成機関の統合刷新（文部省発表）」（『日本基督教新報』第二四四九号、一九四三年五月一三日）

無署名「日本基督教団　第一回総会所感」（『日本基督教新報』第二四二九号、一九四三年一二月三日）

無署名「日本基督教団第一回総会　終始緊張裡に議事進行―重要案件大要左の如く決定―」（『日本基督教新報』第二四二八号、一九四二年一一月二六日）

無署名「日本神学校近況」（『福音新報』第二四一六号、一九四二年八月二〇日）

無署名「日本東部神学校　日本女子神学校―両校の教授陣容大体決定―」（『日本基督教新報』第二四三四号、一九四三年一月二一日）

無署名「諒解」（『教団時報』第二三六号、一九四三年一二月一五日）

「第六章　教師」より「第三節　教師養成機関」（日本メソヂスト教団編『日本メソヂスト教団規則』〈基督教出版社、一九四一〉）

「日本神学校学則」（『日本神学校一覧』日本神学校、一九三七）

[記事名なし]（『日本基督教団教団新報』第二四九七号、一九四四年七月二〇日、二四頁）
[記事名なし]（『教団時報』第二二四号、一九四二年一二月一五日、四―五頁）

図版一覧

第一章
写真1　『職員録　昭和十七年』（内閣印刷局）より転載。
写真2　『天台宗報』第七号（昭和一六年一〇月）より転載。
第二章
写真1・2　執筆者撮影。
第三章
写真1　*Aus dem Lande der aufgehenden Sonne* 25（1935）より転載。上智大学史資料室所蔵。
写真2　『東京日日新聞』夕刊（一九三八年七月一八日）に掲載、毎日新聞社提供。
写真3　上智大学史資料室所蔵。
第四章
写真1　立正大学史料編纂室所蔵。
第五章
写真1　阪本是丸氏所蔵のものを同氏の許可を得て借用し、執筆者が撮影。
第六章
写真1　立教中学校所蔵。
写真2　立教学院史資料センター所蔵。
写真3　アメリカ聖公会機関誌『フォース』一九四七年九月号より転載。
第八章
写真1　大正大学所蔵。
写真2　個人（執筆者）所蔵。
第九章
写真1・2　大正大学創立六〇周年記念事業事務局編『写真でみる六〇年―創立六十周年記念―』（大正大学、一九八六）より転載。
第十章
写真1　東京神学大学図書館所蔵。『日本神学校一覧』（日本神学校、一九三七）より転載。
写真2　東京神学大学図書館所蔵。『東京神学大学報』第一五号（一九五三年）より転載。

あとがき

本書第二巻では、主に昭和前期の戦時下に焦点を当てたが、一九七〇年代生まれの編者三人にとって、その当時の戦時統制は言うに及ばず、敗戦後の大学改革、大学大衆化の時代、学生運動の過激さなども書物のなかの出来事でしかなかった。思い返せば、〝学問の自由〟〝大学の自治〟は、水道から出る水のごとく、特に意識化されることのない前提だった。しかし、前作第一巻を編纂していく過程で、近代日本のみならず〝近代そのもの〟に関心を抱くようになると、この前提を疑わざるを得なくなっていった。日本が近代化する過程において、我々にとって前提であったものは、どのように発生し、形成され、統制を受けていったのか。大学や宗教を国家が強烈に統制していくのは、総力戦を経験した全ての国に共通する普遍的な現象であったことを考慮すると、戦時日本の「大学と宗教」を問うこと、それは〝近代そのもの〟への問いに繋がっていくのではないかと、遅まきながら本書の意義を再認識している。

前作では、編者三人にとっての学問的基盤（江島・宗教学、三浦・仏教学、松野・哲学）を近代大学制度の上において歴史化していった。当たり前であるが、その作業は事実の解明のみならず、自身の立ち位置を再考する作業でもあった。大学制度上における宗教の位置づけ、近代仏教学の形成と僧侶養成との関わり、「東洋」の自覚と哲学の受容、そこでは、各々の方法に基づきながら、それぞれの学問分野でこれまで論じられることのなかった内容を明らかにできたと自負している。

さて、近代日本の大学制度に着目したのであれば、その制度を支えている近代国家日本そのものに関心を寄せていったのは自然の流れであったように思う。その意味において、明治一九（一八八六）年に公布された帝国大学令第一条は、何度読み返しても強烈である。その強烈さは、総力戦体制化が進展するほど激しさを増していく。〝大学は国家のためにこそ存在する〟この考えが当然視された時代があったことを、現在の我々は如何に受け止めるべきか。大学を取り巻く昨今の制度的・社会的な環境変化に鑑みれば、国家に関心を寄せながら大学を焦点化していくこと、その作業は過去を知るという以上の意義を見いだせるはずである。「大学と宗教」というテーマの現代的な意義については、『シリーズ大学と宗教Ⅲ（現代日本編）』を企画中なので、刊行の暁にはそちらをご覧いただきたい。


さて、ここで編者三人が抱いている現段階での展望を述べておきたいと思う。

江島は、前作において明治中期までを、本書においては昭和前期の戦時下を対象とした。お気づきのように、明治後期から大正期にかけての時期がすっぽりと抜け落ちてしまっている。明治後期は私立専門学校が中心となって大学昇格運動を本格化させた時期であり、それに押される形で大正七（一九一八）年に大学令が公布されている。同令によって、それ以前のような〝大学＝帝国大学〟という図式は消滅し、公私立大学が続々と新設され第一次高等教育拡大期を迎えることとなった。つまり、近代日本の大学制度史上、極めて重要な時期を未着手のまま残してしまっているのである。この時期に、宗教系専門学校がどのような昇格運動を行ったのか、昇格のために如何なる学内改革を実施したのか、さらには、大学昇格に対して宗教教団が有していた期待や目的とは何だったのか。これらを明らかにした上で、昭和四〇年代に起きる第二次拡大期との違いや宗教系大学の戦後史について研究を進めていきたいと考えている。

三浦は、現在の仏教学が再生産し続けている「仏教」言説の近代的特性について批判的に考察を行っていきたいと考えている。前作では、近代教育制度に依拠した僧侶養成の〝学習〟への特化（＝修行・修道的要素の排除）をカリキュラム上から実証した。本書では、社会性をもつ仏教、あるいは実学としての仏教学という幻想が、従来の「行」の範疇を逸脱させ、社会適応にまで拡大解釈させた事実を、大正大学における東亜学科・皇道仏教研究所の新設から論じている。「仏教の教えは社会的価値と一致している」という考えは、あくまで仏教側の信条でしかない。その意味で、大学内で再生産される近代的な「仏教」言説の多くは、自身の社会性に無自覚であると言わざるを得ない。これを踏まえ、次の課題としては現在に至るまでのおよそ一三〇年にわたる〝梵語学〟の展開をみていきたい。梵語学は「社会」といった俗事から隔絶され、学問としての純潔を保っているようにみえる。しかし、そもそもの導入背景には近世期から続く護法意識が認められる。その後は、国家の意向を色濃く反映する大学で展開するとともに、実は近代的な「言語と人種」という問題系のなかにも存在し続けてきたのである。政治的・社会的な文脈で梵語学を理解していくための手がかり、つまり学問史としての日本梵語学史を提示することで梵語学自体の相対化を試みたいのである。最後にあえて付言するが、三浦には梵語学を否定する意図は全くない。むしろ梵語学の将来を建設的に考えた上で、梵語学への歴史研究を企図しているのである。

松野は、大学におけるニューアカデミズムと宗教の問題に取り組みたいと考えている。戦後大学史の上では、確かに一九六〇～七〇年代に展開するマルクス主義や学生運動はメルクマールであろう。しかし、現在を考える上でむしろ着目すべきは、八〇年代以降のポストモダンや相対主義の流行と人学への影響である。この時期は、それ以前に流行したマルクス主義への解毒剤であるかの如く、絶対的価値の否定＝相対的価値の肯定という風潮が大学のなかでも蔓延した。世紀末という社会的潮流も相まって、空前の新宗教ブームが大学内でも生じており、例えば東京大学六月祭では、後に地下鉄サリン事件を引き起こすオウム真理教の教祖を呼ぶというイベントまで開催された。結果論かもしれないが、学問的姿勢の原則として客観性を標榜したがゆえに、当時の大学は反社会的な新宗教を批判する足場を用意できなかったのではないだろうか。この現象を思想史的に考えてみると、西洋の理性主義を相対化しアジア的な神秘主義に飛びつくことで、安易に反理性の実現を標榜してしまった現象に類似している。大学内で種々の宗教問題が起こるようになった昨今、無邪気な価値相対主義は、もはや大学で教授されるべきものではなくなった。二〇〇〇年代以降の大学を鳥瞰してみると、モダン（＝規律や規範）を取り戻そうとするかのような動きもみせている。これらの実情を踏まえた上で、大学におけるポストモダン・相対主義の課題を宗教および宗教関連学問に引き寄せながら論じてみたいと考えている。

「大学と宗教」とは如何なる研究なのか？と問われると、編者一同未だに明答できずにいる。しかし、本書編纂の過程で一つの方向性がみえてきたことは事実である。大学とは近代国家にとって重要な行政領域として確立された。一方、宗教は個人の内面問題として制度化され、最終的には、行政権能が及ばない領域、つまり不可侵の信教自由権として近代的に領域化されるに至った。近代学問の牙城として近代国家のなかに確固たる地位を占めてきた大学、この大学内において宗教に関する教育や学問を行う行為とは如何なる意味と意義をもつ行為なのか。言い換えれば、近代国家にとっての重要行政領域（大学）のなかで、非行政対象を内包している宗教およびそれを巡る諸事象を取り扱うこととは一体如何なることなのか。

そもそも考えるに、近代国家における〝学問の自由〟〝大学の自治〟とは、国家によって保障された世俗的な権利であり領域である。それを前提として営まれる宗教関連の諸学問とは、如何なる可能性と限界性を備えているのか。「大学と宗教」というテーマを掲げている以上、編者一同これらの問いかけに真摯に向き合っていかねばならないと考えている。

最後になるが、本書刊行にあたって多大なるご助力をいただいた三者の方々に御礼申し上げたい。まずは、前作に引き続いて出版助成金を交付いただいた大正大学綜合佛教研究所に、次に、日本学術振興会科学研究費補助金基盤研究（C）の代表をお引き受けくださった星野英紀先生に、そして最後に、前作同様に的確な助言と丁寧な編集作業を行っていただいた法藏館編集部・田中夕子氏に対し、編者一同、心より御礼申し上げる次第である。

平成二八（二〇一六）年一二月

新宿駅近くの喫茶らんぶるにて最終稿を囲みながら

編者一同

執筆者紹介（掲載順）

江島尚俊（えじま　なおとし）
一九七七（昭和五二）年佐賀県生まれ。名古屋大学工学部卒業、大正大学大学院文学研究科宗教学専攻博士後期課程単位取得退学。博士（文学）大正大学。現在、田園調布学園大学助教、立教大学兼任講師など。編著に『シリーズ大学と宗教Ⅰ　近代日本の大学と宗教』（法藏館、二〇一四）、共著に『近代仏教スタディーズ』（法藏館、二〇一六）、主要論文に「どこが宗教を所管するのか」（『宗教研究』第三八九号、二〇一六）など。

松野智章（まつの　ともあき）
一九七一（昭和四六）年神奈川県生まれ。國學院大學文学部卒業、大正大学大学院文学研究科博士後期課程修了。博士（文学）大正大学。現在、大正大学第一類科目非常勤講師、東洋大学文学部非常勤講師。編著に『シリーズ大学と宗教Ⅰ　近代日本の大学と宗教』（法藏館、二〇一四）、共著に『脳科学は宗教を解明できるか？』（春秋社、二〇一二）、論文に「フォーマットとしての宗教施設―プルーラリズムと神社の役割―」（『東洋学研究』第五二号、二〇一五）など。

ケイト・ワイルドマン・ナカイ
一九四二年アメリカ・カリフォルニア州生まれ。スタンフォード大学アジア言語と文化学科卒業、ハーバード大学東アジア言語と文明研究科博士課程修了。PhD ハーバード大学。現在、上智大学名誉教授。著書に *Shogunal Politics: Arai Hakuseki and the Premises of Tokugawa Rule* (Harvard University, Council on East Asian Studies, 1988)［和訳『新井白石の政治戦略―儒学と史論』（平石直昭・小島康敬・黒住真訳、東京大学出版会、二〇〇一）］、"Coming to Terms with 'Reverence at Shrines': The 1932 Sophia University-Yasukuni Shrine Incident," in Bernhard Scheid, ed., *Kami Ways in Nationalist Territory: Shinto Studies in Prewar Japan and the West* (Vienna: Austrian Academy of Sciences, 2013) など。

※ナカイ論文翻訳者
田中アユ子（たなか　あゆこ）
一九七五（昭和五〇）年東京都生まれ。上智大学比較文化学部卒業、上智大学外国語学研究科比較文化博士前期（修士）課程修了。修士（比較文化）。翻訳者。共同翻訳書にロバート・A・スカラピーノ著／安野正士・田中アユ子共訳『アジアの激動を見つめて』（岩波書店、二〇一〇）、川口浩・ベティーナ・グラムリヒ＝オカ編／田中アユ子・安野正士共訳『日米欧からみた近世日本の経済思想』（岩田書院、二〇一三）など。

安中尚史（あんなか　なおふみ）
一九六四（昭和三九）年東京都生まれ。立正大学仏教学部卒業、立正大学大学院文学研究科仏教学専攻博士後期課程単位取得退学。博士（文学）立正大学。現在、立正大学仏教学部教授。共著に『日蓮教団の成立と展開』（春秋社、二〇一五）、主要論文に「大

正期マレー半島における日蓮宗の開教活動」（勉誠社『仏教をめぐる日本と東南アジア地域』二〇一六）、「戦時下アメリカにおける日蓮宗の展開」（日本印度学仏教学会『印度學佛教學研究』第六三巻第二号、二〇一五年）など。

藤本頼生（ふじもと　よりお）
一九七四（昭和四九）年岡山県生まれ。皇學館大学文学部卒業、國學院大學大学院文学研究科神道学専攻博士後期課程修了。博士（神道学）國學院大學。現在、國學院大學准教授。著書に『神道と社会事業の近代史』（弘文堂、二〇〇九）、『神社と神様がよ～くわかる本』（秀和システム、二〇一三）、編著に『地域社会をつくる宗教』（明石書店、二〇一二）など。

大江　満（おおえ　みつる）
一九六一（昭和三六）年愛知県生まれ。同志社大学神学部卒業、同志社大学大学院神学研究科修了。博士（文学）筑波大学。現在、立教大学立教学院史資料センター一五〇年史首席編纂員。著書に『宣教師ウイリアムズの伝道と生涯』（刀水書房、二〇〇〇）、共著に『ミッション・スクールと戦争』（東信堂、二〇〇八）、『戦時下のキリスト教』（教文館、二〇一五）など。

奈須恵子（なす　けいこ）
一九六五（昭和四〇）年東京都生まれ。東京大学教育学部卒業、東京大学大学院教育学研究科総合教育科学（教育学）専攻博士課程単位取得満期退学。教育学修士（東京大学）。現在、立教大学文学部教授。共編著に駒込武・川村肇・奈須恵子共編著『戦時下学問の統制と動員』（東京大学出版会、二〇一一）、奈須恵子・逸見敏郎共編著『学校・教師の時空間―中学校・高等学校の教師をめざすあなたに―』（三元社、二〇一二）など。

三浦　周（みうら　しゅう）
一九七六（昭和五一）年埼玉県生まれ。大正大学人間学部卒業、大正大学仏教学研究科仏教学専攻博士後期課程単位取得退学。博士（仏教学）大正大学。現在、大正大学非常勤講師、城西国際大学非常勤講師。編著に『シリーズ大学と宗教Ⅰ　近代日本の大学と宗教』（法藏館、二〇一四）、主要論文に「仏教の社会的役割」（『日本仏教学会年報』第八〇号、二〇一六）、「護法と大和魂」（『佛教文化学会紀要』第二三号、二〇一五）など。

寺山賢照（てらやま　けんしょう）
一九七六（昭和五一）年栃木県生まれ。学習院大学法学部政治学科卒業、大正大学大学院仏教学研究科仏教学専攻（真言学）博士後期課程単位取得退学。修士（仏教学）大正大学、修士（政治学）学習院大学。現在、大正大学綜合佛教研究所研究員、真言宗豊山派総合研究院現代教化研究所研究員。主要論文に「真言密教と「公益性」」（『豊山教学大会紀要』第四一号、二〇一三）、共著論文に「戦後日本における宗教科教育職員の歴史と現状」（『大正大学綜合佛教研究所年報』第三六号、二〇一四）など。

齋藤崇徳（さいとう　たかのり）

一九八五（昭和六〇）年茨城県生まれ。国際基督教大学教養学部卒業、東京大学大学院教育学研究科総合教育科学専攻比較教育社会学コース博士課程単位取得退学。修士（教育学）東京大学。現在、独立行政法人大学改革支援・学位授与機構研究開発部助教。共著に『専門職の報酬と職域』（玉川大学出版部、二〇一五）、主要論文に「高等教育組織の環境と適応」（『教育社会学研究』第九四集、二〇一四）など。

本書は、大正大学綜合佛教研究所研究員の研究活動を奨励し、その優れた学術研究を公表するために創設された「大正大学綜合佛教研究所研究助成制度」の出版助成金の交付を受けて、「大正大学綜合佛教研究所叢書第31巻」として公刊されるものである。

シリーズ 大学と宗教Ⅱ
戦時日本の大学と宗教

二〇一七年三月一五日 初版第一刷発行

編者 江島尚俊
三浦 周
松野智章
（大正大学綜合佛教研究所「大学と宗教」研究会）

発行者 西村明高
発行所 株式会社 法藏館
京都市下京区正面通烏丸東入
郵便番号 六〇〇-八一五三
電話 〇七五-三四三-〇〇三〇（編集）
〇七五-三四三-五六五六（営業）

装幀者 高麗隆彦

印刷 立生株式会社・製本 新日本製本株式会社

ISBN 978-4-8318-5546-6 C3314